백상현

정신분석학자. 프랑스 발랑스의 '에꼴 데 보자르' 졸업 후 파리8대학에서 예술학을 전공했다. 파리8대학 철학과에서 라깡의 정신분석 연구로 박사학위를 취득했다(박사학위 논문「리요타르와 라깡, 증상적 문장」). 고려대, 이화여대, 강남대 등에서 정신분석과 미학을 강의했으며 한국프로이트라깡칼실대학교, '말과 활 아카데미'
『라깡 미술관의 유령들』, 조선에는 정신분석』(공저),『속

●『세미나 7』
1959년에서 1960년 사이 24회에 걸쳐 진행된 세미나. '정신분석의 윤리'라고 명명된『세미나 7』은 정신분석 이론과 임상에서 주요한 개념인 큰사물, 승화, 주이상스, 그리고 악의 문제를 집중적으로 다루면서 개념적으로 명료화된 임상 절차의 지형도를 제시한다. 특히『세미나 7』에서 라깡은 무의식의 윤리적 구조에 주목한다. 인간의 무의식은 이미 초자아를 중심으로 하는 윤리적 구조에 억압당하고 있는데,『세미나 7』은 이러한 무의식이 어떻게 윤리적으로 구조화되어 있는지를 밝힌다. 인간은 그가 선한 자이건 악한 자이건 이미 도덕규범에 짓눌려 있는 주체들이다. 라깡은 정신분석 임상이 성공하기 위해서 우선 이러한 도덕규범의 개인적 구조들이 파악되어야 한다고 강조한다. 그런 다음 비로소 두 번째 정신분석적 윤리가 시작될 수 있는데, 이것이 바로 위반의 장치화이다. 이를 통해 주체는 자신이 사로잡힌 도덕규범과 초자아의 환상들을 넘어서야 한다. 무의식의 미로를 구성하는 도덕의 신전에 대한 신성모독의 행위를 통해 정신분석이 말하는 두 번째 윤리, 진정한 윤리가 실현되는 것이다. 한편,『세미나 7』에서는 이후 전개될 라깡 이론의 전반을 꿰뚫는 보편 명제인 '죽음에 대한 욕망'의 윤리학이 명확히 정립된다. 사드의 '실험 문학'과 소포클레스의『안티고네』의 분석을 통해 드러나는 아토포스적 승화와 몰락의 윤리학이 바로 이것이다. 임상 영역을 제외하고『세미나 7』이 기여한 인문학적 반향들 중에서 가장 중요한 부분은 미학 또는 예술 비평의 영역이다. 라깡은 정신분석의 관점, 즉 무의식의 담화들을 가정하는 관점에서 예술이 무엇이며 무엇일 수 있는지를 규명한다. 예술의 절차와 목표에 관한 이러한 분석은 임상 분석을 은유하기 위한 방법이었지만 이 과정에서 예술 비평의 새로운 정립에 보석 같은 아이디어들을 제공하고 있다.

라깡의 인간학 　│　 『세미나 7』 강해

Lac🍂n

라깡의
인간학

『세미나 7』 강해

윤리 그 자체인
인간 존재에 관하여

백상현

위고

à Jisuk

비트겐슈타인이 말하듯 논리가 '세계의 건축술'이라면,
바로 그 세계를 지탱하는 무의식의 건축술 역시 논리이다.
그러나 이것은 로고스의 논리가 아닌 무의식의 논리,
억압과 부인의 논리학이다.

작가 노트

프롤로그
——————————
『세미나 7』의 의미

이 책은 라깡이 1959년에서 1960년 사이 24회에 걸쳐 진행했던 구술 세미나를 엮은 『세미나 7: 정신분석의 윤리』의 강해서이다. 2017년 현재까지 국내에 번역된 라깡의 세미나는 단 두 권, 『세미나 1』과 『세미나 11』이다. 『세미나 7』은 아직 번역되지 않았다. 따라서 국내에 번역조차 되지 않은 텍스트를 분석하고 강해한다는 것은 일견 모순처럼 보일 수도 있다. 어째서 이미 번역된 세미나의 강해부터 시작하지 않는가, 라는 질문이 제기될 수도 있다. 이에 대해 필자는 『세미나 7』이 라깡을 이해하는 데 가장 중요한 텍스트이기 때문이라고 답하려 한다. 비록 미번역된 텍스트이지만, 이것을 소개하고 강해하는 것은 국내 학계를 떠도는 라깡에 대한 오독과 몰이해라는 안개를 일소하는 데 커다란 역할을 해줄 것이라 믿기 때문이다. 나아가서 정신분석 임상을 실천하는 분석가들에게 라깡학파 임상의 방향성을 제시해줄 수 있을 것이라고 확신하기 때문이다.

『세미나 7』은 라깡이 생각하는 인간관과 세계관 그리고 정신분석의 지식과 역할에 이르기까지 라깡의 사유의 핵심을 고스란히 담고 있다. 그래서 『세미나 7』을 읽는 것은 곧 라깡의 새로운 '인간학'을 읽는 것과 같은 의미를 갖는다. 인간을 바라보는 라깡만의 독특한 관점을 통해서 도덕규범과 예술, 종교와 과학을 새롭게 이해한다는 의미를 갖는다. 또는, 이와 같은 이해 자체의 의미가 무엇인지 질문하도록 유도하면서 라깡이 우리에게 인간과 세계를 이해하는 새로운 절차를 각자의 영역에서 재발명해낼 것을 요구하고 있다는 사실을 알게 된다. 라깡은 자신이 발명해낸 정신분석의 이론과 세계관을 지식의 형태로 우리에게 전수하려는 의도가 전혀 없었다. 그가 입버릇처럼 반복하던 "프로이트로 돌아가자"라는 모토를 통해 보여주고자 했던 것은 인간에 관한 새로운 관점을 발명해내는 절차였지 결코 지식으로서의 내용이 아니었다. 그런 의미에서 프로이트로 돌아간다는 말은 프로이트가 문명의 표면에 뚫은 균열로, 그것이 벌려놓은 공백의 가장자리로 돌아가자는 것을 의미할 뿐이다. 공백으로 돌아가 모든 것을 다시 시작하는 무한 반복의 시지프스적 윤리를 실천하자는 의미를 가질 뿐이다. 라깡은 우리에게 물고기가 아닌 낚시의 기술을 전수하려고 했던 것이다. 그런 의미에서 프로이트는 라깡에게, 그리고 여전히 우리에게도 하나의 참조점이 되어준다. 그것은 하나의 문명이 무너지는 몰락의 지점인 동시에 또 다른 문명이 창조될 수도 있을 '엑스 니힐로ex nihilo'의 시작점이다. 프로이트의 텍스트를 끝없이 참조하는 해석자로서의 라깡이 응시하는 것은 프로이트의 지식이 아니었다. 그의 집요한 응시가 지치지 않고 겨냥하는 것은 프로이트의 텍스트가 무너뜨린 문명의 폐허와 그곳에 벌어진 허무의 동공이다. 이것을 우리는 일종의 공백의 해석학이라 부를 수 있다.

한편 『세미나 7』의 또 다른 중요성은 이 시기에 "죽음에 대한 욕망"의 윤리학이 명확히 정립된다는 것이다. 이것은 이후 전개될 라깡 이론의 전반을 꿰뚫는 보편명제가 된다. 사드의 '실험 문학'을 통한 아토포스적 승화를 통해 라깡이 말하고자 했던 바가 이것이다. 소포클레스의 『안티고네』를 분석하면서 말했던 몰락의 윤리학 역시 이것이었다. 페데리코 펠리니의 영화 〈달콤한 인생〉의 언급을 통해 암시하려 했던 바도 이것이다. 죽음을 욕망하지 않는다면, 삶을 고정시키는 환영적 욕망의 기둥들을 무너뜨리지 못한다면, 새로운 삶은 시작될 수 없음을 주장하는 윤리. 몰락하지 않는다면, 그리하여 삶의 끝자락에 도달하지 않는다면 새로움이란 시작조차 될 수 없을 것이라고 말하는 윤리학이 이곳에 있다. 정신분석 임상은 이와 같은 마음의 몰락을 준비하는 절차이다.

　무의식의 환상에 사로잡혀 평생을 동일한 욕망의 구도를 반복하며 같은 장소를 맴돌기만 하는 우리의 자아를 폐허로 이끌지 않는 한 새로운 삶의 가능성이란 존재할 수 없다고 라깡은 주장한다. 이로부터 십여 년이 지난 1973년의 『세미나 21』*에서 라깡은 다시금 이렇게 말하고 있지 않은가? 인생이란 여행과 같다고 간주되지만 사실은 파괴 불가능했던 욕망에 사로잡혀 그저 동일한 사태를 반복하고 있는 것에 불과하다고. '여행'이라는 뜻의 라틴어 'Itinerarium'의 어원은 'iterum', 즉 '반복'임을 기억하라고 말이다. 이와 같은 소외의 사태에서 빠져나가는 유일한 방법이 무엇일까를 고민하는 라깡은 『세미나 7』에서 이미 다음과 같은 해답을 제시하고 있었던 것이다. 죽음을 욕망하라고. 그리고 다시 태어남을 반복하라고. 그것이 어떤 담화가 되었든, 하나의 지식에 사로잡힌다는 것은 존재의 상실을 의미할 것이기 때문이다. 라깡의 존재론에서 인간의 본질은 공백 그 자체이다. 신경

---

* 1973년에서 1974년 사이에 진행된 세미나. "속지 않는 자들이 방황한다Les non-dupes-errent"라고 명명된 세미나이다. 이어지는 내용은 1973년 11월 13일 강의에 수록되어 있다.

증자로서의 인간만이 공백을, 없음을, 즉 상실을 사유할 수 있다는 사실로부터 라깡의 윤리학은 출발하고 있다.

　신경증자인 우리에게 공백이란 세계를 떠도는 유령이며, 바로 이 유령을 따라서 세계의 유한성을 빠져나가는 것은 궁극의 윤리가 된다. 이러한 무한성의 윤리가 『세미나 7』을 통해 명백히 정의되고 있다. 욕망의 대상이 법과 초자아의 수로들에 의해 통제되는 유한성의 한계를 벗어나게 하는 윤리학. 그런 다음 그것을 큰사물의 위상으로 전환시키는 윤리학. 달리 말해서, 의미로 봉합된 사물의 외관이 아닌 사물의 존재를, 공백인 그것을 사유하는 승화의 절차. 공백을 사유함으로써 주체 스스로도 공백과 동일시되는, 그런 다음 엑스 니힐로의 사건적 장소가 되는 그러한 절차의 윤리학이 명확히 제시되고 있다. 후에 자끄-알랭 밀레는 이것을 장치화된 위반의 임상이라고 부른다. 왜냐하면, 이 모든 과정 속에서 가장 중요한 것은 우리의 무의식을, 또는 문명의 무의식을 고착시키며 통제하고 있는 법-환상의 거대한 기둥들을 무너뜨리는 위반의 기술이기 때문이다.

윤리적으로 구조화된 인간의 무의식

『세미나 7』에서 라깡이 특히 주목했던 것은 무의식의 윤리적 구조였다. 인간의 무의식이란 이미 초자아를 중심으로 하는 윤리적 구조에 억압당하고 있기 때문이다. 그래서 라깡이 『세미나 7』을 '정신분석의 윤리'라고 명명한 것은 두 가지 차원에서 이해되어야 한다. 우선 정신분석 임상은 무의식이 어떻게 윤리적으로 구조화되어 있는지를 밝힌다. 각각의 개인에게는 각자의 타자가 남긴 흔적으로서의 초자아가 있으며, 이에 근거하여 건설된 윤리의 기둥들이 있다. 우리의 자아는 바로 이러한 도덕규범의 기둥들에 의해 고정되어 때로는 보호되고 때로는 억압된다. 그런 의미에서 인간은 그가 선한 자이건 악한 자이건 이미 도덕규범에 짓눌려 있는 주체들이라고 할 수 있다. 선한 자들은 직접적으로 목 졸리는 방식으로, 악한 자들은 역방향으로 튕겨져 나가려는 충동 속에서 도덕규범의 노예가 된다. 현실원칙에 내재한 도덕규범의 압력이 없다면 선과 악, 둘 모두 있을 수 없기 때문이다. 라깡은 정신분석 임상이 성공하기 위해서 우선 이러한 도덕규범의 개인적 구조들이 파악되어야 한다고 강조한다. 주체의 마음을 사로잡는 도덕의 미로 구조가 파악되어야 한다. 그런 다음 비로소 두 번째 정신분석적 윤리가 시작될 수 있는데, 이것이 바로 위반의 장치화이다. 이를 통해 주체는 자신이 사로잡힌 도덕규범과 초자아의 환상들을 넘어서야 한다. 사랑과 증오의 정동을 뿜어내는 무의식의 고정점들의 정체를 밝히고, 그것을 횡단해야 한다. 무의식의 미로를 구성하는 도덕의 신전에 대한 신성모독의 행위를 통해 정신분석이 말하는 두 번째 윤리, 진정한 윤리가 실현되는 것이다.

이를 강해하는 이 책의 제목이 '라깡의 인간학'인 이유는 원제목인 '정신분석의 윤리'가 실제 내용에 비해 협소한 의미를 갖는다고 판단했기 때문이다. 『세미나 7』은 단지 정신분석에서만 통용되는 윤리를 말하고 있지 않다. 이미 설명되었듯 이 책은 윤리 그 자체인 인간 존재의 전반적인 활동에 관하여, 문명 그 자체에 관하여 분석하려는 시도로 가득하기 때문이다. '인간학'이라는 제목은 윤리의 틀을 통해 문명의 다양한 현상을 탐사하려 했던 『세미나 7』을 강해하기 위한 보다 포괄적인 선택이었다.

큰사물, 주이상스에 대한 새로운 해석

『세미나 7』의 또 한 가지 중요한 요소는 그 이질성에 있다. 이전 세미나들의 흐름과 완전히 단절된 새로움을 보여주기 때문이다. 라깡은 프로이트의 큰사물이라는 개념을 도입하고 주이상스가 상징계와 상상계 모두로부터 독립된 독자적 공간에 위치한다고 가정한다. 이러한 생각은 체계로부터 벗어난 모든 것을 주이상스의 장소에 위치시키는 이론적 확장을 가져왔다. 상징과 상상의 구조에서 벗어난 모든 것, 즉 언어적 주체와 이미지의 자아로부터 벗어나는 "낯익은 낯섬Unheimlich"의 대상에 대한 이론적 접근이 보다 용이해지는 계기가 형성되고 있다. 이를 따른다면 욕망은 쾌락원칙의 항상성 원칙 속에서 대타자에 의해 주어진 대상들을 취하는 자기 방어적 만족의 실천이 된다.

다시 말해서 인간의 욕망이란 시스템이 지속되게 하는 원동력이다. 반면 주이상스는 이 같은 방어적 욕망의 너머에 존재하는 죽음충동, 타나토스의 자리를 표지한다. 언어로 구조화된 무의식은 위협적인 큰사물의 영토로 접근하지 않기 위한 다양한 방어의 장치들을 발명하여 주체의 접근을 지연시키는 전략을 취한다. 모든 기표연쇄와 이미지의 조직들은 죽음과 몰락을 초래할 큰사물로의 접근을 우회시키는 무의식의 전략이 된다. 따라서 이곳에서의 욕망의 대상 a는 (『세미나 11』과는 다르게) 큰사물로 가지 않기 위한 대체물, 죽음의 순간을 연기하기 위한 우회의 속임수에 불과하다. 욕망의 대상은 실재와의 대면을 무한 연기시키는 환영장치의 기능으로 파악되는 것이다. 그리하여 임상분석의 '대타자Autre'와 '대타자의 대타자Autre de l'Autre'라는 두 영역이 비로소 선명히 부각된다.

먼저 대타자는 상징계이다. 그것은 무의식을 장악하고, 존재를 언어적으로 분절하는 기표연쇄의 자동장치이다. (부모)타자의 언어 흔적에 의해 남겨진 이 장치는 반복의 기능을 통해 주체의 욕망을 언제나 동일한 장소로 돌아오도록 만든다. 『세미나 7』은 이러한 대타자가 그 자신에 대해서 절대적으로 이질적인 것, '동포'가 아닌 진정한 '이웃'으로서의 주이상스에 대한 방어의 역할을 수행한다고 가정한다. 대타자는 산물의 영역을 장려하는 방식으로 사물에 대한 장벽을 쌓는다. 그래서 대타자(상징계)에 대한 절대적 대타자는 큰사물이라는 논리가 도출된다. 언어로서의 대타자 저편에 파괴적 주이상스의 영토가 설정되는 것이다. 『세미나 7』에서 정립되는 이와 같은 구도는 이후 또다시 변화를 겪을 테지만, 그럼에도 주이상스를 대타자의 대타자로 설정하는 이 시기의 전회는 라깡 임상에 결정적인 이론적 궤적을 남기게 된다. 이후의 이론적 변화들은 '대타자의 대타자'*로서의 큰사물의 크기와 위치, 즉 상징계와 맺는 관계의 변주들로 간주할 수 있기 때문이다.

임상에의 반향

『세미나 7』의 논점은 임상에 온전히 적용될 수 있다. 정신분석 임상에서 분석가는 환자, 즉 분석 주체가 사로잡힌 윤리적 구조물들의 장애

---

* "대타자의 대타자는 없다"라는 방식으로 반복되는 라깡의 또 다른 명제는 상징계에 대한 상징계가 존재하지 않는다는 사실을, 즉 이데아와 같은 일자가 존재하지 않음을 명시한다. 대타자 뒤에는 큰사물이 있을 뿐이기 때문이다. 상징계의 관점에서는 카오스이며 질서 부재의 대상으로 파악되는 큰사물은 그렇게 없음의 방식으로 존재한다. 바디우가 존재의 질서 배후에서 방황하는 '공백'의 개념을 존재론의 토대로 제시할 때 암시되는 것이 바로 이것, 없음의 방식으로 존재하는 큰사물이다.

를 넘어서야 한다. 이에 대한 보다 자세한 설명을 전개하면 다음과 같다. 즉, 개인은 누구나 자신의 충동을 억압하기 위한 언어적 구조물을 갖는다. 라깡은 본 세미나에서 이것을 쾌락-현실원칙의 직조물로 자세히 설명하고 있다. 이것은 라깡이 "문체는 인간 그 자체"라는 명제를 통해 제시한 것이기도 하다. 쉽게 말해서 우리의 무의식은 고유한 문체를 소유하는데, 이것을 소유함으로써 개개인은 문명 속의 누군가가 된다. 강박증, 히스테리, 공포증, 성도착, 그리고 때로는 정신병의 유형으로 개인이 분류될 때, 이러한 특성을 개인에게 부여하는 것은 유아기에 타자에 의해 흔적으로 남겨진 문체인 것이다. 그런 의미에서 인간은 문체를 소유함으로써 그것에 소유되는 역설에 처한다. 하나의 문법이 무의식에 각인되는 형식으로 인간을 문명 속으로 들어설 수 있도록 했지만 이러한 각인은 또한 인간을 자신의 고유한 문법의 루틴에 사로잡히게 만든다. 이러한 사로잡힘이 인간 주체의 고유한 유한성을 구성해낸다. 즉, 언제나 동일한 욕망의 구도 속에 사로잡힌 채로 살아가야 하는 숙명이 그것이다.

환자가 분석가를 찾아오는 이유는 욕망의 반복되는 문법에서 특정 부분이 삶을 위기에 처하게 만들었기 때문이다. 욕망의 반복되는 루틴이 주체의 환경과 충돌하는 경우이다. 또는 주체의 마음을 찾아온 뜻밖의 새로운 욕망이 원래 자리잡고 있던 욕망의 구조와 충돌하는 경우도 있다. 이때 분석가는 분석 주체에게 자유로운 발화를 유도해냄으로써 그가 사로잡혀 있는 욕망의 루틴이 어떤 구조를 갖고 있는지 파악해야 한다. 분석 주체의 무의식이 어떤 문법으로 표기되어 있는지를 알아내고자 하는 것이다. 이를 위해서 분석가가 사용하는 것은 지식이 아니다. 왜냐하면 분석가가 소유한 정신분석 이론은 단지 일반론이기 때문이다. 분석가는 각각의 환자가 소유한 고유하고 특수한 문법을 알아내기 위해 자신의 지식을 포기해야 한다. 신경증의 히스테리나 강박증에 관한 지식은 단지 환자의 무의식에 접근하는 단초의 역할 이상은 될 수 없다.

분석가는 분석 주체의 말 속에서 무의식의 문법에 연결된 지점들을 찾아내려고 노력할 것이다. 분석 주체 역시 이 같은 시도에서 배제되지 않는다. 그 역시 분석가가 주목하는 말의 지점들―말실수의 기표, 무의식적으로 반복되는 기표, 배제되거나 우회되는 기표, 수렴되는 기표, 또는 특별히 과도한 정동을 불러일으키는 기표에 주목하면서 은폐된 무의식의 담화로, 주이상스의 중핵으로 접근하는 데 참여한다. 그리하여 근본환상이라 불리는 최종적인 기표연쇄에 도달하게 되면 이른바 공백의 연안가에 이르게 된다. 이때 분석가는 환자가 자신의 욕망의 건축물을 구성하던 마음의 기둥들이 초라한 환상에 근거한 지푸라기였다는 사실에 직면하도록 유도할 것이다. 그리고 이것은 분석 주체에게 일종의 각성효과를 가져올 것이다. 분석 주체가 자신의 욕망의 신화가 몰락하는 지점에 도달했기 때문이다. 그러나 이것이 전부도, 끝도 아니다. 분석은 계속 진행된다. 왜냐하면 분석 주체가 도달한 몰락의 장소는 쉽사리 또 다른 형태의 환상에 의해 봉합될 것이기 때문이다. 매번의 분석이 끝난 뒤 일상으로 돌아간 분석 주체는 자신이 도달했던 무의식의 장소를 다시 부인하고 억압하려 시도할 것이다. 그러지 않는다면 분석 주체의 자아는 삶을 이어갈 수 없기 때문이다. 이어지는 분석은 이전에 행해졌던 다양한 위반의 절차들을 지속적으로 반복하여 분석 주체가 공백에 도달하는 횟수를 늘리려고 노력해야 한다. 이와 같은 반복이 가져올 효과가 치료의 중요한 부분을 차지하기 때문이다. 공백에 도달하는 반복 속에서 분석 주체의 무의식에 또 다른 기표가 개입해 들어오는 우연적 사건이야말로 치료의 핵심이다.

여기서 분석 주체는 자신의 무의식의 문법을 구성했던 핵심적 기표연쇄 구조에 변화를 기대할 수 있다. 이러한 변화가 바로 엑스 니힐로, 즉 무로부터의 창조로서의 임상절차가 의미하는 바이다. 그리하여 분석이 도달하는 마지막 장소는 증상이 소멸되는 치료의 순간이 결코 아니다. 오히려 그 반대이다. 분석의 끝에서 증상은 주체에게 긍정될 것이기 때문이다. 그런 의미에서, 증상을 지탱하던 기표 배열의 변화를 모색하는 분석은 증상 자체가 주체의 삶을 지탱하는 쾌락의 지점이 될 수 있도록 노력해야 한다. 분석 주체가 비로소 자신의 증상을 즐길 수 있도록 말이다.

『세미나 7』은 이 같은 임상절차가 개념적으로 명료화될 수 있도록 공백의 자리에 큰사물을 설정하는 지형도를 제시한다. 큰사물은 충동의 자리로서, 그것에 접근하여 그것이 발휘하는 힘을 새롭게 이용할 수 있도록 해야 한다. 이를 위해 우선 큰사물과 주체 사이를 가로막는 법과 초자아의 장벽들을 넘어서야만 한다. 위반을 장치화하는 임상이란 바로 이것을, 법과 초자아가 무의식에 남긴 장벽을 위반하고 넘어설 수 있게 한다는 의미이다. 그리하여 도달된 공백, 큰사물의 가장자리에 새로운 기표를 심는 것이 치료의 핵심이다.

미학적 반향

임상의 영역을 제외하고 『세미나 7』이 기여한 인문학적 반향들 중에서 가장 중요한 부분은 단연 미학 또는 예술비평의 영역이다. 실제로 『세미나 7』의 상당 부분이 예술론의 전개에 할애되고 있다. 물론 라깡이 예술론의 전개를 통해 자신의 미학을 정립하려고 시도했던 것은 아니다. 라깡은 오히려 예술의 절차들과 목표들을 설명함으로써 임상분석을 은유하려 했을 뿐이다. 그럼에도 라깡이 남긴 예술에 대한 분석들은 새로운 예술비평의 정립에 보석 같은 아이디어들을 제공하고 있다. 그는 정신분석의 관점에서, 즉 무의식의 담화들을 가정하는 관점에서 예술이 무엇이며 무엇일 수 있는지를 규명하고 있다. 그에 따르면 예술, 예를 들어 미술은 공백(큰사물)을 둘러싸면서 은폐하거나 드러내는 기술이다. 이와 같은 관점은 이후 『세미나 11』에서 회화가 응시의 출현을 포획하여 진정시키는 기술이라는 이론을 통해 다시 한 번 확인될 것이다.

『세미나 7』은 알타미라 동굴벽화를 비롯하여 미술과 건축, 연극과 영화 등의 다양한 예술적 사례들을 끝없이 제시하면서 예술의 히스테리적 구조를 분석하고 있다. 여기서 라깡은 예술이 '무엇이었는지'를 집중적으로 설명하고 있지만, 후반부에 도입되는 사드의 '실험문학'의 개념을 통해서 예술이 또한 '무엇이어야 하는지'에 대한 암시를 남기고 있다. 만일 예술이 단순한 히스테리적 반응으로서의 문명 활동이라면, 예술은 또한 이러한 히스테리적 구조를 사용하여 자아의 유한성으로부터 빠져나가는 진리 사건의 실천이 될 수도 있음을 암시하고 있는 것이다. 이 같은 라깡의 예술론을 따라가는 독자는 분명 이제까지 국내 학계에 소개되지 못했던 미술비평의 새로운 지평과 만나게 될 것이라고 필자는 확신한다.

책의 구성

본 강해서가 참조한 『세미나 7』은 그의 충실한 편집자 자끄-알랭 밀레가 편집한 텍스트이다. 이를 밀레 판본이라고 부른다. 밀레 이외의 다른 제자들이 세미나를 녹취하여 전사한 판본들도 존재하며 아래의 인터넷 사이트에서 무료로 다운로드 받을 수 있다.

http://www.valas.fr
http://staferla.free.fr
http://gaogoa.free.fr/SeminaireS.htm

이처럼 다양한 판본들이 존재함에도 불구하고 필자가 밀레 판본을 참조한 이유는 라깡이 공식적으로 이 판본을 용인했기 때문은 아니다. 사실 밀레 판본과 파트릭 발라스 등 다른 제자들의 판본 사이의 차이는 극히 미미한 수준이다. 다른 제자들은 라깡의 토씨 하나 훼손하지 않은 극히 사실주의적인 전사본을 남겼다. 밀레 판본 역시 라깡의 강의 내용을 거의 손대지 않았다고 볼 수 있을 만큼 충실한 전사본이다. 그럼에도 밀레 판본에는 극히 미세한 교정과 생략 등이 발견된다. 바로 이 때문에 밀레 판본과 다른 제자들의 판본 사이의 차이를 주장하며 한쪽이 다른 한쪽을 비난하는 논쟁이 있어왔다. 그러나 필자는 이 같은 주장들의 배후에 라깡이론의 종교화를 시도하려는 무지몽매의 흔적을 발견할 뿐이다. 라깡의 이론은 그 자신이 줄기차게 주장해왔듯이 과학이 아니다. 그것은 실천이다. 따라서 라깡의 텍스트는 완결된 의미의 바벨탑이 아니며, 오히려 폐허의 돌무더기와 같이 취급되어야 한다. 우리는 라깡의 이론이 어디에 도달했는가에 주목하는 것이 아니라, 그로부터 어디로 나아갈 수 있는가를, 도래할 시간을 준비해야 한다. 따라서 『세미나 7』의 전사 과정에서 발생한 단어와 문장부호들의 미세한 탈락과 등재에 관련된 논쟁에 주목하는 것은 소모적이다.

그런 이유로 필자는 라깡이 공인한『세미나 7』의 밀레 판본을 비판 없이 채택했다. 그러나 이에 동의하지 않는 독자는 앞서 소개된 사이트를 통해 다른 판본을 참조해도 무방하다.

이에 덧붙이자면, 밀레 판본의 특징은 각각의 세미나에서 주요하게 다룬 개념들이 표지된다는 사실에 있다. 아마도 이것이 밀레 판본과 다른 판본 사이의 가장 주요한 차이점이라고 할 수 있다. 라깡의 동의 하에 이루어진 주요 개념 표지는『에크리』가 편집되는 과정에서도 텍스트 말미에 개념도를 배치하는 방식으로 그대로 반복되었다. 밀레는 라깡의 사유가 부유하듯 종횡무진하는 궤적에 어떤 통일성을 부여하려고 노력했다. 주요 개념이나, 개념별 이합집산을 위한 작업은 라깡 텍스트들에 대한 그의 가장 주요한 업적 중의 하나이다. 필자 역시 밀레의 이 같은 주요 개념 표지를 강해의 작업이 따라가는 방향타로 삼았음을 밝힌다. 독자는 강해서의 흐름이 바로 이 표지에 따르고 있음을 발견하게 될 것이다. 이를 분명히 하기 위해 각 강해의 시작에 밀레의 주요 개념들이 제시되었다. 그런 다음 '강의 개요'가 제시된다. 여기서 필자는 주요 개념들의 논점과 흐름을 짧은 논평의 방식으로 소개했다. 이어지는 본격적인 강해에서도 주요 개념들을 따라서 흐름이 편성되었다.

한편 본 강해서에는 첫 번째 강의와 열여덟 번째 강의가 제외되어 있다. 첫 번째 강의는 일종의 프롤로그에 해당해서 특별히 강해할 필요를 느끼지 않았다. 열여덟 번째 강의는 '미의 기능'이라고 명명된 강의인데, 라깡은 여기서 실제로 미의 기능을 이야기하기보다는 이전 세미나에서 다루어진 '선의 기능'에 대한 논평을 이어나갈 뿐이다. 실제로 '미의 기능'이 중점적으로 다루어지는 것은 그다음 강의인 '안티고네의 섬광'에서였다. 따라서 필자는 열여덟 번째 강의를 빼는 대신 이를 이후 세미나들의 강해에 녹아 들어가도록 편집했다. 이 두 강의를 제한다면 스물네 개 중 스물두 개의 강의가 예외 없이 강해되었음을 밝힌다. 대부분의 강의들은 각각 개별적으로 강해했으나 필요에 따라서 하나로 통합해 강해하기도 했다. 통합된 강의들을 구체적으로 명시하면 다음과 같다. 먼저 강의 3, 4, 5는 모두 '큰사물'이라는 주제를 중심으로 전개되었으므로 따로 나누지 않고 통합해 강해했다. 강의 19, 20, 21은 『안티고네』를 해설하기 위해 할애한 특별한 강의인 만큼 역시 통합해 강해했다. 마지막으로 강의 22, 23, 24는 일관성을 가지고 전체 강의의 결론부를 구성하는 만큼 역시 통합해 강해했다. 강해의 마지막에 덧붙인 에필로그는 라깡의 이론적 여정의 궤적을 밝히는 것으로 대신했다. 자끄-알랭 밀레의 텍스트인 『주이상스의 여섯 개 패러다임』에 토대한 이 글은 『세미나 1』에서부터 『세미나 25』에 이르기까지 개념적 변화를 여섯 개의 포인트로 정리했다. 이를 통해 라깡의 전체 여정에서 『세미나 7』의 이론적 좌표가 어디인지를 밝히려고 했다. 덧붙여, 강해 내용과 관련하여 원서를 참조할 수 있도록 해당 부분에 원서 페이지를 표기해두었음을 밝힌다.

마지막으로, 이 책의 출간에 무한한 신뢰와 우정을 보내주신 나의 친구이자 편집자, 위고 출판사의 이재현, 조소정 대표님께 감사의 인사를 드린다. 또한 필자에게는 인생의 책이기도 한 여성, 지숙에게 고마움을 표시하는 것도 잊지 않으려 한다. 이들은 지난여름 라깡을 강해한다는 일종의 모험이었던 글쓰기의 여정이 비극으로 끝나지 않으리라는 확신을 준 동지들이었다.

2017년 5월
백상현

차례

1장

큰사물의 소개

쾌락과 현실

1959. 11. 25.

• 주요 개념 •

도덕의 심급이 실재를 현시화한다 : 불활성과 교정 : 현실은 불안정하다

원칙들의 대립과 교차

• 강의 개요 •

이번 강의에서 라깡은 인간의 경험적 현실이 도덕의식에 의해 현시된다고 주장한다. 이에 따르면 세계는 주체의 쾌락에 대한 두 가지 원칙―쾌락원칙과 현실원칙―이 적용된 결과물이다. 쾌락원칙은 쾌락이 어디에 있는지를 표지하고 그것을 반복하도록 하는 기능을 한다. 쾌락원칙은 항상성의 유지를 위해 초과적 충동을 억압하는 기능도 하지만, 이번 강의에서는 쾌락원칙의 표지화의 기능과 환각을 통해 쾌락의 기억을 반복하려는 무의식의 의지가 보다 부각된다.

현실원칙은 이렇게 표지된 쾌락을 억압과 부인을 통해 무의식의 밑바닥으로 내리누른다. 그렇게 해서 출현하는 것이 바로 주체의 핍진한 현실이다. 그런데 주체 자신은 스스로의 현실이 그와 같은 조작에 의해 구성되어 있다는 사실을 알지 못한다. 억압은 무의식의 차원에서 일어나므로 의식적 세계 현실은 이러한 현상에 무지할 수밖에 없다. 특히 현실원칙에 관여하는 도덕의 심급은 현실을 구성하는 가장 주요한 필터링의 구조이다. 유아기에 경험되는 충동은 상징적 아버지의 개입에 의해 부도덕한 것으로 규정된다. 유아-어머니의 세계에서 경험되는 주이상스는 근친상간의 금지라는 표지로 억압된다. 이로부터 실재 자체를 현시화하는 것이 도덕의 심급이라는 결론이 도출된다. 라깡은 이것을 아리스토텔레스의 윤리학 개념인 '올바른 담화'의 기능으로 은유한다. 무의식의 쾌락이 기억되는 것은 기표에 의해 표지되는 방식이며, 이것을 다시 억압하는 것 역시 도덕담화의 형식을 통해서이기 때문이다. '불활성의 교정'이라는 개념을 통해 라깡이 말하고자 했던 것이 이것이다.

여기서 이 같은 교정에 관여하는 쾌락원칙과 현실원칙의 두 원칙들은 서로 교차하는 방식으로만 기능한다는 사실이 중요하다. 만일 둘이 분리될 경우 주체의 자아는 안정을 유지할 수 없다. 그런데, 라깡은 두 원칙의 안정성보다는 불안정성을 강조하는 데 집중한다. 현실원칙의 도덕적 명령은 쉽사리 초자아의 과잉을 불러오거나, 또는 쾌락원칙의 초과적 사태에 적절히 대응하지 못한다. 그리하여 욕망은 더욱 엄격히 억압될 것이고, 이러한 엄격한 억압은 만족을 모르는 초자아의 특성에 의해 극단으로 치닫게 된다. 바로 이것이 프로이트가 『문명 속의 불만』에서 설명하려 했던 내용이다. 라깡은 이처럼 주체의 현실의 불안정성을 강조함으로써 강의를 마무리 짓는다.

도덕의 심급이 실재를 현시화한다

문명의 무의식이 건설되는 논리를 탐사하는 1년여에 걸친 거대한 여정이 본격적으로 시작되는 이번 강의에서 라깡은 주체에게 현실이란 무엇이며, 어떠한 방식으로 구성되는지를 피력한다. 여기서 그가 말하는 현실은 물론 심리적 현실을 가리킨다. 인간이 자신을 파악하고 세계를 만나며, 그 속에서 다시 스스로의 존재 좌표를 확인하는 유일한 창구는 심리적 틀이며, 그런 의미에서 심리적 현실은 인간이 소유한 유일한 세계이다. 라깡은 이러한 현실이 출현하려면 쾌락과 그에 대한 억압이라는 양극점이 존재해야 한다고 말한다. 이에 따르면, 세계-현실은 인간의 무의식이 스스로의 쾌락을 통제하고 억압하는 과정에서 출현하는 효과이다. 여기서 쾌락은 근원적 소망Wunsch이라 부를 수 있으며, 어머니에 대한 욕망 또는 큰사물로 부를 수도 있다. 이 모든 명칭들은 주이상스 또는 죽음충동이라는 개념으로 총괄할 수도 있다. 이것이 인간 심리의 쾌락 영역을 대표한다면 그에 대립하는 억압의 영역을 라깡은 '도덕의 심급instance morale'이라고 부른다. 인간은 무의식의 담화로 자신의 쾌락을 스스로 억압하며, 이러한 담화는 언제나 도덕법의 형식으로 설계되기 때문이다. 이것을 도식으로 묘사하면 아래와 같다.

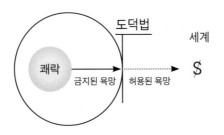

도식에서 왼쪽은 충동의 만족이 통제 없이 자동-반복적으로 일어나는 장소이다. 사회적 관습에서 유래하여 '아버지의 이름'이라는 일자적 좌표로 무의식에 유입된 억압의 심급은 도덕법의 형식으로 충동의 만족을 억압Verdrängung하고 나아가서 부인Verneinung한다. 오른쪽의 빗금친 주체는 도덕법으로 상징화되고 억압된 결과물로서의 핍진화된 주체, 주이상스로부터 소외된 주체를 의미한다. 라깡이 제시하는 다음 테제는 쾌락과 현실의 이러한 관계를 선명하게 드러낸다.

나의 테제는 이렇습니다. 상징계에 의해 구조화된 우리의 활동에서, 실재 그 자체가, 실재의 무게가 현실화되는 것은 도덕법, 도덕의 명령, 즉 도덕심급의 현존을 통해서입니다.*

28

이것은 라깡이 수업 초기에 가장 먼저 제시하는 명제이다. 이후 라깡은 다시 한 번 자신의 주장을 테제 형식으로 제시하는데, 다음과 같다.

나의 테제는 큰사물의 보증자가 되는 실재, 바로 이 실재 자체를 겨냥하면서 도덕법칙이 분절된다는 것입니다.*

이 두 개의 테제는 라깡이 『세미나 7』에서 이론을 전개시키기 위한 일종의 방향타 같은 역할을 한다. 둘을 펼친 뒤에 다시 연결해보면 다음의 해석이 도출된다.

먼저 라깡에게 현실이란 인간의 본질적 충동이 억압 장치에 의해 필터링된 결과물이다. 충동 자체는 언제나 과도한 쾌락의 영역을 구성하고, 이것은 주체의 존속을 위협한다. 따라서 이에 대한 안정화 작업이 무의식 속에서 일어나야 하는데, 이 역할을 떠맡는 것이 무의식의 담화이다. 이 담화는 근본적으로 명령어의 형태를 취한다. 라깡이 도덕의 심급과 도덕명령을 동일하게 간주하는 이유가 여기에 있다. 한편 여기서 실재réel란 주체가 맞닥뜨리는 충동의 실재인 동시에 그것이 필터링되어 출현하는 현실로서의 실재이기도 하다. 주이상스로 과도하게 무거워진 실재는 도덕명령의 심급에 의해 억압되면서 견딜 수 있는 무게로 감해질 것이다. 그런 의미에서 주체가 느끼는 현실의 무게는 이미 견딜 수 있는 수준으로 조율된 무게, 즉 통제된 무게이다.

이어지는 두 번째 테제에서 라깡은 실재가 큰사물의 보증자라고 언급한다. 여기서 큰사물은 이후 강의에서 중심 개념을 차지하는데, 우선 간단한 묘사로 시작하면 다음과 같다. 큰사물이란 어머니-욕망의 자리이며, 억압 이전에 존재했던 것으로 가정되는 주이상스의 대상이 은폐된 영역이다. 큰사물의 보증자로서 실재란 통제된 현실의 토대를 구성하는 실재, 즉 현실의 가상을 지탱하는 보다 근본적인 현실을 의미한다. 도덕법칙은 바로 이것을 테두리치고 대상화하면서 사후 그것을 악으로 규정하는 단계로 전개해나간다. 그런 의미에서 주이상스

의 자리인 큰사물은 단지 억압의 대상일 뿐만 아니라 도덕법을 끌어
들여 다양한 분절을 가능하게 하는 일종의 중력장을 형성한다. 라깡이
두 테제로 동일하게 말하고자 하는 바는, "도덕법이 쾌락에 반하여 스
스로를 규정한다"는 것과, 주체의 현실은 이러한 규정의 결과물이라
는 사실이다.* 쾌락과 도덕법의 이와 같은 상호작용이야말로 인간 주   28
체와 문명의 다양성을 출현시키는 가장 근본적인 구조다. 이에 대해
라깡은 다음과 같이 말한다.

> 도덕행위는 사실상 실재에 접합되어 있습니다. 도덕행위는 우리의
> 현존 지점이 스스로를 제한하게 될 흔적을 창조해내면서 실재 속에
> 새로움을 도입하는 것입니다.*   30

즉, 문명 내부에 도덕명령의 심급이 도입되면서 주체의 존재는 새
롭게 태어나며, 이러한 새로움을 '세계'라고 부를 수 있다. 또한 모든
것의 중심에는 도덕명령이 억압해야만 하는 것으로 간주하는 쾌락이
존재한다. 그런 의미에서 쾌락은 제거되어야만 하는 억압의 대상인 동
시에 세계를 출현시키는 원동력이다. 그런데, 여기서 한 가지 짚고 넘
어가야 하는 건 한계 없는 쾌락의 영역으로 간주되는 죽음충동을 일
종의 본능으로 이해하려는 오류를 향한 경계이다. 라깡은 다음 질문을
던지며 이러한 오해를 해소하려 한다.

> 죽음충동이란 무엇입니까? 모든 법 너머에 존재하는 이러한 종류의
> 법은 무엇일까요? 오직 마지막 구조와 같이 제시될 수밖에 없는, 모
> 든 접근 가능한 현실의 초과점과 같은 이러한 종류의 법은 무엇이란
> 말인가요?*   29

질문이 이미 답을 내포하고 있다. 죽음충동이란 단순한 충동이나 생물학적 표현이 아니다. 죽음충동은 일종의 법으로서, 모든 법 너머에 존재하는 최종법칙이며 원칙이다. 죽음충동은 현실의 구조에서 언제나 빠져나가는 방식으로, 초과점이나 소실점의 형식으로 존재한다. 그런 의미에서 죽음충동은 존재의 이면이다. 죽음충동은 삶의 충동과 대응하는 방식으로만 위치를 규정받고, 삶의 충동 역시 같은 방식으로 좌표를 확인한다. 따라서 이 둘은 상호적 관계 속에서 특수한 법의 지배를 받는데, 그것이 쾌락원칙principe de plaisir과 현실원칙principe de réalité이다. 그런데 이번 강의에서 특히 문제시되는 것은 쾌락원칙이다.

쾌락원칙이란 만족의 경험을 기억의 형태로 무의식에 각인시키는 원리이며, 이것이 항상성 내부에서 기능하도록 통제하는 원리이다. 주목해야 하는 것은 만족의 경험이 환각의 형태로 반복된다는 사실이며, 따라서 환각의 영역에서 과도함이라는 틀이 과연 적용 가능한지의 문제가 발생한다. 간단히 말해서, 쾌락원칙의 논리를 항상성이라고 규정하고, 이것을 통해 과도한 쾌락의 침입을 고통으로 간주하면서 차단하는 것이 쾌락원칙의 기능이라고 가정한다면 과연 환각의 영역에서의 과도함이란 무엇을 의미하는가라는 문제가 남게 된다는 말이다. 질문들을 종합하면 다음과 같다. 즉, 쾌락원칙이란 쾌락을 추구하는 원칙인가 아니면 쾌락을 억압하는 원칙인가? 달리 표현하면, 쾌락원칙이란 죽음에 이르는 원칙인가 아니면 삶으로 돌아가는 원칙인가? 라깡은 프로이트의 초기 이론을 탐사하면서 쾌락원칙이 이 둘 모두를 포함한 양면적 개념에서 시작되었다는 사실을 암시한다. 프로이트가 초기 저서 『과학적 심리학 초고Entwurf einer Psychologie』에서 쾌락의 원칙에는 환각의 형태로 쾌락을 추구하는 경향과 과도한 자극에 방어하는 경향이 모두 있다고 설명하기 때문이다. 그러나 한 가지 명백한 수렴점은, 이 단계에서 프로이트가 설명하는 쾌락원칙이란 고유하게 쾌-불쾌의 원리를 따를 뿐 어떤 도덕명령의 심급에도 제한받지 않는다는 사실이다. 따라서 오로지 쾌를 추구하며 불쾌를 피하려는 이러한 기능은 그것에 대립하는 현실원칙을 가정하게 한다. 그렇다면 현실원칙은 강의에서 어떻게 말해지는가?

불활성과 교정

쾌락원칙과 현실원칙의 대립점을 탐사하기 위해 라깡은 먼저 아리스토텔레스의 『니코마코스 윤리학』을 언급한다. 라깡의 관점에서 고전 윤리학의 전형을 제시하는 아리스토텔레스의 윤리학은 윤리와 쾌락을 동질적인 것으로 보는 관점이다. 쉽게 말해서 최고선의 올바름과 쾌락이 동행하는 도덕이다. 올바른 일을 한다면 쾌락이 획득된다는 식으로 간단히 정의될 수 있는 이러한 도덕에서 가장 중요한 것은 올바른 습관, 즉 에토스의 정립이다. 아리스토텔레스의 논점을 소개하면서 라깡은 다음과 같이 말한다.

> [아리스토텔레스의 윤리에서는] 살아 있는 존재와 생명이 없는, 무기력한 존재를 구분해주는 것으로서 습관의 정립이 제시되고 있습니다.*

31

라깡은 여기서 습관을 표현하는 고대 그리스어의 두 단어에 주목한다. 즉, '단순한 습관'으로서의 '에토스ἦθος'와 '올바른 습관'으로서의 '에토스ἔθος'가 그것이다. 살아 있는 존재인 인간과 죽은 존재, 무기력한 존재의 차이는 곧 습관의 형성 가능성이다. 이를 설명하기 위해 아리스토텔레스는 허공에 던져진 돌과 인간을 비교한다. 던져진 돌은 자신의 궤적을 반복하지 못하지만, 인간은 행위의 반복 속에서 패턴을 기억하고 습관화할 수 있다. 나쁜 습관 역시 각인되어 반복될 수 있는 만큼, 좋은 습관을 구별하고 나쁜 습관을 교정하는 것이 중요하다. 그렇다면 좋은 습관과 나쁜 습관을 구별해내는 능력은 무엇인가? 라깡은 아리스토텔레스의 '오르토스 로고스ὀρθὸς λόγος', 즉 '올바른 담화' 또는 '최고선에 부합하는 담화'가 곧 최고선에 부합하는 좋은 습관, 에토스ἔθος를 획득할 수 있게 한다고 말한다.

『니코마코스 윤리학』의 이러한 개념들을 언급하는 라깡의 의도는 습관이라는 개념의 특수성을 드러내는 데에 있다. 아리스토텔레스가 말하듯 인간의 특수성이 어떤 습관을 획득하는 것이라면, 무의식의 차원에서 그것은 프로이트가 'Bahnung'이라고 명명했고, 라깡이 'frayage'로 번역했던 '길트임'의 기능이라고 할 수 있다. 바로 이러한 대응 속에서 라깡은 아리스토텔레스와 프로이트의 차이를 발견해낸다. 알렉산드리아의 철학자는 쾌락의 문제를 능동성의 차원에서 다루고 있으나 프로이트는 전적으로 수동적인 차원, 즉 불활성inertie의 차원으로 한정한다는 점이다. 라깡은 이렇게 말한다.

[프로이트의] 쾌락원칙은 불활성의 원칙입니다. 쾌락원칙의 효력은 자동반복강박으로 조율하는 것입니다. […] *

정신분석의 발명자에게 쾌락의 문제는 전적으로 무의식의 문제이며, 의식적 선택이나 의지가 배제된 수동적 차원의 문제였던 것이다. 그러나 둘 사이에 보다 근본적인 차이는 다른 곳에 있다.* 만일 아리스

36

토텔레스의 윤리가 올바른 담화의 실행 속에서 습관들의 교정으로 최
고선에 도달하는 여정을 묘사한다면, 이렇게 도달된 선의 장소는 보편
성의 장소이며, 우주적 진리의 장소이다. 이는 개인의 미시우주적 세
계, 즉 개별성의 세계가 거시우주적 진리, 즉 보편성에 연결되는 과정
을 그리는 것에 다름 아니다. 그러나 프로이트로부터 시작되고, 라깡
에 의해 강조되는 정신분석의 과정은 이와 다른 궤적을 그리고 있다.
정신분석은 거시우주적 보편성이라는 환상에 의해 억압된 주체의 무
의식을 드러내고 그곳에 은폐된 주체의 진리를 드러내는 역방향을 취
하기 때문이다. 그리하여 임상분석에서 밝혀지는 주체의 진리는 보편
이 아닌 절대적 차이, 즉 개별성의 진리이다.* 주체의 근본적 소망이   32
무엇인지를 밝히고, 그것을 개별성 속에서 보존하는 것이 정신분석의
대의이기 때문이다. 이에 대해 라깡은 다음과 같이 말한다.

> 우리가 실제의 분석 경험에서 찾아나서는 이 진리는 상위의 법 같은
> 것이 아닙니다. 만일 우리가 찾는 진리가 어떤 탈은폐의 진리라면
> 그것은 주체의 은닉 지점에서 찾으려는 진리입니다. 그것은 개별적
> 진리입니다.*   32

개별성 속에서 주체의 소망을 찾아내고 보존한다는 것이 문제를
그대로 방치한다는 의미는 아니다. 개별적 구조를 가진 주체의 쾌락이

---

* 프로이트와 아리스토텔레스의 유사성과 차이점을 분석하는 라깡은 1887년
프란츠 브렌타노Franz Brentano의 아리스토텔레스 윤리학 강의를 수강한 프로이트가
쾌락원칙과 현실원칙의 대립적 속성에 영감을 받았을 가능성을 지적한다. 물론 라깡은
프로이트의 현실원칙이 아리스토텔레스의 윤리학과 반대된다는 지적 역시 잊지
않았다.*   39

발생시키는 문제를 역시 개별적 구조의 새로운 창조를 통해서 변형시키고 전환시킨다는 것이다. 이와 같은 과정에서 보편성의 개념은 거부된다. 보편의 탈을 쓰고 강제되는 인격 모델의 성숙성이란 가장 기만적인 환상에 불과하기 때문이다. 단지 기만적일 뿐만 아니라 초자아의 포악성을 자극하는 방식으로 주체의 쾌락 구조를 더욱더 목 조른다. 나아가서 이러한 억압과 핍진화의 결과로 증상은 억압의 실패라는 형식으로 더욱 난립하게 된다. 이와 관련하여 라깡은 어니스트 존스Ernest Jones의 주장을 거론하면서 성숙한 성인이 무엇일 수 있는지를 재차 질문한다. 도대체 어디에 그러한 모델이 존재한다는 말인가? 성인의 안정적이며 정상적인 승화의 미덕이 없다면 인간 문명이 이기주의와 타락에 빠질 것이라는 주장의 근거는 도대체 무엇이란 말인가?* 이에 대해 필자는 오히려 그 반대가 아닌가라고 반론을 제기하고 싶다. 전쟁과 폭력을 야기하는 것은 이데올로기의 환상에 맹목적 복종을 강요하는 권력의 포악함이 아니었는가?

임상적 차원에서도 역시 개인을 타자의 욕망이 반복되는 소외의 극장으로 환원시키는 것은 타자의 담화에 대한 맹목적 집착일 뿐이다. 그런데 여기서 '타자의 담화'는 아리스토텔레스가 말하는 '올바른 담화'의 형식으로 주체의 무의식을 사로잡는다. 그리고 올바른 담화의 개념이야말로 쾌락원칙에 대립되는 것으로서의 현실원칙에 상응한다. 그런 의미에서, 쾌락에 반하여 주체의 현실을 창조해내는 것은 바로 현실원칙이다. 라깡은 아리스토텔레스의 올바른 담화를 참조하면서 현실원칙의 도덕명령이 주체의 현실을 출현시킨다는 사실을 암시했다. 현실원칙은 주체에게 제공되는 언어적 재료로 도덕의 담화를 구성해내며, 이렇게 구성된 담화는 쾌락원칙의 환각적 만족이 무제한으로 반복되는 것을 통제하고 억압한다.

초기 프로이트에게 쾌락원칙은 주로 주체를 사로잡는 쾌락의 덫
과 같은 기능으로 간주되었다. 여기서의 쾌락원칙은 필요의 만족이 아
니라 환각 속의 만족으로 주체를 쾌락의 덫에 가둔다. 이에 대립하여
'교정의 원칙principe de correction'으로 출현하는 것이 바로 현실원칙이다.
그런데 현실원칙은 외부로부터 언어적 재료를 공급받는 방식으로 기
능하며, 그 외부는 가부장적 문명이다. 남성중심적이며 언어중심적인
문명은 인류의 필연성이 아니라 우연의 결과일 뿐이지만, 이러한 우연
적 요소들은 현실원칙에 기표적 재료를 공급하면서 필연성을 강제하
게 된다. 따라서 쾌락원칙과 현실원칙의 대립 구도 속에서 우리는 그
어떤 아리스토텔레스적 보편성도, 최고선도, 그 어떤 성숙한 성인의
이상적 모델도 발견할 수 없다. 당연한 이야기이지만 그러한 존재의
실체, 즉 '타자의 타자'는 없기 때문이다.

현실은 불안정하다

이제까지의 논의를 정리하면 다음 구도가 도출된다. 쾌락원칙은 주체
를 무의식의 덫에 가두고, 현실원칙은 이러한 기능장애를 교정하여 하
나의 안정된 현실을 출현시킨다. 이와 같은 구도는 아리스토텔레스가
주장했던 나쁜 습관과 이것을 올바른 습관으로 인도하는 올바른 담화
의 기능을 참조했다. 다시 강조하건대, 여기서 문제가 되는 것은 올바
른 담화-현실원칙이 가진 결여의 속성, 즉 불완전성imperfection이며, 불
안정성précarité이다. 도덕명령의 형식으로 제시되는 현실원칙의 제한과
인증의 권력은 자신의 불안정성 때문에 역시 불안정한 현실을 출현시
킬 뿐이다. 라깡은 프로이트의 이와 같은 논점에 대해서 이전의 어떤

철학자도 인간 현실의 민낯을 이토록 근본적으로 폭로한 사람이 없었
다고 단언한다.

프로이트적 전망 속에서 현실원칙은 근본적으로 불안정한 방식으
로 실행되는 것으로 제시됩니다. 이제까지 그 어떤 철학자도 이러한
관점을 그토록 멀리까지 밀고 갔던 사람은 없었습니다.*

그리고 현실의 이러한 불안정성은 실재 자체에 기원하기보다 그
것에 접근하는 통로 자체의 불안정성에 기인한다. 라캉은 다음과 같이
말하고 있다.

현실은 불안정합니다. 그리고 이것은 현실로 접근하는 길을 내는 도
덕명령들이 폭군적인 한에서 그렇다는 것입니다.*

달리 말하면 현실원칙의 도덕명령들은 보편성을 담보받지 못하
는 대가로 전제적 폭력을 행사하는 방식으로만 주체에게 현실에 이르
는 길을 강제하며, 이러한 강제는 현실기능의 장애를 필연적으로 초래
할 수밖에 없다. 불안정성이란 바로 이것, 현실기능의 장애를 가리킨
다. 따라서 인간 심리를 지배하는 감정들, 정동들은 현실에 따른 정확
한 반응의 산물이기보다 왜곡된 반응의 산물이며, 눈속임 효과로 주체
를 사로잡는다. 라캉은 이러한 국면을 "실재에 접근하는 길잡이로서
의 감정은 눈속임이다"라는 문장으로 정리한다. 이처럼 "실재와의 역
설적 관계"는 결국 왜곡된 현실, 불안정한 현실을 산출한다.*

원칙들의 대립과 교차

이 모든 불안정성에도 불구하고 현실원칙은 주체가 쾌락의 실재에 접
근하여 현실을 출현시키는 유일한 통로이다. 또한 쾌락원칙과 단순히
대립하면서 기능하기보다는 쾌락원칙의 씨실과 교차하는 방식으로
날실을 구성하면서 현실을 정초해낸다. 이것이 쾌락원칙과 현실원칙
의 '교차entrecroisement'라는 개념이 의미하는 바다. 두 원칙은 근본적으
로 대립하지만, 그럼에도 둘의 결합만이 주체의 현실을 가능케 하기에
현실원칙과 쾌락원칙의 영역은 뫼비우스의 띠와 같이 겉으로만 양면
적이다. 실제에서 둘은 서로 결합된 방식으로만 존재한다.

라깡은 또한 현실원칙에만 언어적 속성을 부여하는 시각에도 문
제가 제기될 수 있음을 암시한다. 이는 쾌락원칙에도 기표요소가 이
미 존재하기 때문인데, 라깡은 이것을 프로이트의『과학적 심리학 초
고』에 사용된 개념을 따라 '비명cri'이라는 용어로 설명한다. 아직 의미
화연쇄 체계 내부에서 기능하는 기표는 아닐지라도, 쾌-불쾌를 구분
하는 기표가 쾌락원칙을 지탱하고 있으며, 바로 이러한 기호적 속성이
무의식에 길트임의 형식으로 기억을 각인할 것이기 때문이다.

'쾌락과 현실'이라는 제목으로 자끄-알랭 밀레가 편집한 이번 강
의에서 우리가 도달할 수 있는 전제를 제시하면 다음과 같다. 프로이
트-라깡학파의 정신분석에서 인간과 문명의 현실이란 전적으로 스스
로의 쾌락 문제와 관련을 맺는다. 여기서 쾌락은 즐겨야 하는 대상이
아니라 억압해야 하는 대상으로만 가정된다. 만일 쾌락원칙이 쾌락이
어디에 있는지, 어떻게 반복되어야 하는지를 표지하면서 쾌락의 현실
에 접근하는 최초의 길을 닦는 기능을 한다면, 현실원칙은 이를 겨냥
하여 도덕명령의 공격을 실행한다. 그리하여 출현하는 것이 인간의 현

실, 문명의 현실이다. 이러한 현실은 언제나 불안정한 상태로 존속된다. 쾌락원칙이 표지하는 쾌락의 속성이 이미 환각적이며 초과적이기 때문이다. 나아가 이러한 초과적 속성을 포획하는 현실원칙의 올바른 담화 역시 스스로 초과되는 속성을 가진다. 현실원칙이 스스로 초과되는 속성을 가졌다는 말의 의미는 도덕명령의 담화가 이미 스스로를 지탱할 수 없을 정도로 무거워지거나, 때로는 내부에 균열을 발생시키는 독단성을 내포한다는 것이다. 라깡이 도덕명령과 현실원칙을 폭군적이라고 묘사했던 이유가 여기에 있다. 필자는 이 모든 전제들을 종합하여 다음의 결론을 제안한다. 기표연쇄의 구조를 가진 현실원칙은 결코 실재를 완전히 사로잡을 수 없으며, 그런 의미에서 억압은 언제나 실패할 운명이다. 라깡은 다음과 같은 문장으로 이를 밝힌다.

> 만일 프로이트가 현실원칙에 관하여 말한다면, 그것은 현실원칙이 언제나 실패에 의해 유지된다는 것을 보여주기 위해서입니다.*

이어지는 세 번의 강의에서 라깡은 바로 이것, 완전히 억압되지 않는 실재를 '큰사물'이라는 프로이트의 개념을 통해 설명한다. 죽음충동의 장소인 동시에 영원한 향락이 약속되는 가상적 주이상스의 장소로 환상화되는 실재의 또 다른 형상은 큰사물이라는 개념 속에서 역설적인 면모를 드러낸다. 다음 강의에서는 우리가 관찰해왔던 라깡적 현상학과 그 이면의 존재론이 보다 근본적인 방식으로 설명된다.

• 주요 개념 •

심리학이 아닌 윤리학 ∶ 현실은 어떻게 구성되는가 ∶ 주체성의 지형학

산물과 단어 ∶ 등재 ∶ 이웃 ∶ 낯섬 ∶ 표상의 조합 ∶ 고통의 한계

지각과 의식 사이 ∶ 부인의 행간이 말하는 것 ∶ 큰사물로서의 어머니

• 강의 개요 •

1959년 12월 2일, 9일, 16일에 각각 진행된 세 번의 강의에서 라깡은 프로이트의 『과학적 심리학 초고』를 집중적으로 분석한다. 특히 이 원고에서 언급된 '큰사물'의 개념을 새롭게 해석하면서 『세미나 7』전체의 이론적 전개의 중심축으로 설정하는 작업을 시작한다. 라깡적 개념으로 다시 세공되는 큰사물은 바로 이것을 중심으로 인간의 심리가 길트임된 구조라는 사실을 알려준다. 특히, 주이상스의 자리이며, 충동의 자리인 큰사물을 둘러싸는 무의식의 언어는 도덕규범에 사로잡

혀 있다. 그러한 이유 때문에 인간의 심리는 사실상 심리학이 아니라 윤리학적인 탐사가 우선 요구되는 대상이기도 하다. 여기서 말하는 윤리학적 탐사란 정신분석 자체의 윤리이기보다는 도덕원칙의 환상들에 의해 구성된 인간 정신의 특성을 겨냥하는 것이다. 우리의 마음은 도덕적 환상에 의해 윤리적으로 형성되어 있기 때문이다. 이로부터 주체의 현실이 구성되는 원리가 도출된다. 주체가 자리한 곳의 지형학이 밝혀지는 것도 도덕적 관점에서이다. 다시 말해 인간의 마음과 주체성은 초자아를 중심으로 하는 도덕적 환상 건축물에 의해 좌표가 결정된다는 것이다.

이와 같은 논점들을 설명하기 위해서 라깡은 사물표상과 단어표상이라는 프로이트의 개념을 가져온다. 큰사물을 억압하고 둘러싸기 위해 요청되는 것은 바로 표상 또는 재현의 시스템이기 때문이다. 이를 설명하면서 라깡은 프로이트가 무의식을 구성하는 두 가지 표상으로 제시하는 사물표상과 단어표상은 모두 언어적 체계의 내부에서 작동되는 표상의 시스템인 만큼 큰사물의 외부에 위치할 뿐이라고 말한다. 사물표상과 단어표상은 모두 큰사물을 둘러싸며 외부를 구성하는 억압장치인 것이다. 이후 라깡은 표상들이 등재되는 과정을 설명한다. 등재란 쾌락과 (초과적 쾌락인) 고통이 어디에 있는지 표상에 의해 표지화되는 것을 의미한다. 나아가서 이러한 표지들은 무의식의 내부 어디에 접근 불가능한 큰사물이 이웃으로서, 낯섬의 형상으로서 존재하는지를 표시한다. 그런 의미에서 무의식을 구성하는 언어는 큰사물로부터 주체를 거리 두게 만드는 표상의 조합이라고 할 수 있다. 라깡이 말하는 지각과 의식 사이에 존재하는 매개체는 바로 이러한 표상의 조합이기 때문이다. 이어지는 강의에서 라깡은 표상의 조합체계 중에서 특히 현실원칙이 어떻게 부인의 기능을 통해 주체와 큰사물과의 거리를 벌리려고 하는지를 설명한다. 나아가서 큰사물을 모성적 쾌락의 대상, 즉 유아기의 주체가 경험했던 원초적 쾌락의 대상으로 설정하며 강의를 마무리한다.

주체의 지형학

이번 강의들에서 라깡은 프로이트의 『과학적 심리학 초고』를 독해하고 분석한다. 도입부에 해당하는 세 번째 강의에서 라깡은 제자들에게 『과학적 심리학 초고』로 세미나식 발표를 하도록 독려했고, 때문에 라깡 자신의 강의 분량은 절반 정도로 축소되어 있다. 여기서 라깡은 주체의 지형학이 길트임 속에서 쾌락을 조율하거나 억압하는 구조임을 『과학적 심리학 초고』의 용어로 설명한다. 여기서 논란이 될 수 있는 것은 『과학적 심리학 초고』의 이론들이 뇌신경 의학용어들과 뒤섞여 표현된다는 점이다. 19세기 말 당시 40대의 프로이트는 인간 심리와 무의식이 뇌신경세포나 전달물질들의 구조와 연결되어 있다고 생각했다. 그러나 프로이트는 『과학적 심리학 초고』의 이 같은 관점들을 즉각 포기한다. 이것이 『과학적 심리학 초고』를 결코 출간하려 하지 않았던 이유 중 하나이다. 이후 프로이트는 심리 구조의 문화-언어-환경적 독자성을 인정했다. 쉽게 말해서, 하드웨어와 소프트웨어를 분리한 관점을 채택하게 된 것이다. 따라서 여전히 뉴런과 심리 원칙들을 연결시켜 사유하는『과학적 심리학 초고』의 표현들은 상당한 오해를 불러일으킬 수 있음에도, 라깡은 당시 프로이트 이론의 핵심만을 주목해보자고 제안한다. 아직 뒤섞여 있거나 미완성인 이론적 모색들 속에 이후에 출현하게 될 정신분석의 근본 핵심들이 보석처럼 숨겨져 있기 때문이다.

특히 라깡이 주목하는 것은, 인간 심리의 중핵에 존재하는 어떤 역설적 대상 또는 자리의 개념이다. 프로이트는 이것을 열쇠 뉴런Schlüssel Neuronen이나, 운동성 뉴런Motorische Neuronen이라고 표현한다. 이 표현들은 쾌락원칙과 현실원칙이 심리를 설계하고 건축해나가는 과정에서 원인이 되는 장소인 동시에 억압과 은폐의 대상이 되는 역설적 장소를 지시한다. 프로이트는 이것을 'Das Ding', 즉 '사물'이라고 표현하고 있다. 이 용어는 단순한 일상적 사물이 아니라, 모든 대상적 사물의 토대를 이루는 특수한 사물을 의미하므로 필자는 이것을 '큰사물'이라고 표기하려 한다. 여기서 '큰'의 표기는 원어에서 대문자로 표시된다는 의미를 갖는 동시에, 현상적 존재자étant가 아닌 존재être의 위상에 접근한 개념임을 암시한다. 프로이트를 독해하는 라깡은 바로 이것, 큰사물을 중심으로 주체의 무의식의 지형도가 설계된다는 사실을 강조한다. 쾌락의 중핵으로서의 큰사물은 그것 주위로 쾌락원칙과 현실원칙의 지형을 만들어나가면서 환각과 억압, 만족과 포기의 복잡한 미로를 형성해나가기 때문이다.

큰사물이 주체의 심리적 지형도를 구성한다면, 무의식 속에서 표현되는 과정에서 분쟁을 일으키는 방식은 전적으로 도덕적인 방식이다. 프로이트가 신경증 환자들을 관찰하면서 얻은 절대적 결론 역시 무의식의 도덕적 속성이었다.

[신경증의 사례들로 프로이트] 그가 우리에게 보여주는 것은 분쟁이 가장 두드러진다는 것이며, 이러한 분쟁은 거의 모두 도덕적 질서에 속한다고 명백히 말할 수 있다는 사실입니다.*

46

라깡에게 인간의 심리를 탐사하는 문제는 심리학이 아닌 윤리학의 문제에 더 가까워 보였다. 심지어 도덕의 계보를 탐사하는 연구는 인간 심리와 그 표현으로서의 문명의 무의식을 이해하는 데에 필수적으로 보였다. 이러한 생각들의 흔적은 이미 프로이트의『과학적 심리학 초고』여기저기에 흩어진 채로 표현되고 있었다. 라깡이 보기에 프로이트는 인간 심리와 윤리학의 근본적인 관계, 모순된 공모관계를 전복시킨 최초의 그리고 여전히 유일해 보이는 사상가였다. 특히 큰사물은 인간 심리의 쾌락과 윤리의 특수한 관계를 설명해줄 놀랍도록 효과적인 개념이라는 것이 라깡의 생각이다.

큰사물과 산물 그리고 단어

네 번째 강의를 시작하면서 라깡은 큰사물을 뜻하는 독일어, 'Das Ding'에 대한 간단한 언어적 분석을 진행한다. 이에 따르면, 사물을 뜻하는 용어가 독일어에는 'Das Ding'과 'Die Sache', 두 가지가 있는 반면 프랑스어에는 'La Chose' 하나밖에 없다. 사정은 한국어에서도 마찬가지이다. 그렇다면 대상화된 사물을 가리키는 독일어 'Ding'과 'Sache'는 어떤 차이를 갖는가? 먼저, 'Sache'는 법률적 소유권의 대상을 의미한다. 그것은 상징계적 질서로의 이행을 의미하며, 일자에 따라 셈해진 대상, 즉 인식 속에서 안정화된 대상이다. 이를 라깡은 다음과 같이 표현한다.

'Sache'는 법률적 문제 제기의 대상이 된 사물이거나 또는 우리의 용법을 따르자면 인간들 사이의 분쟁과 관련된, 상징계적 질서로의 이행에 놓여진 사물을 의미합니다.*

56

'Sache'는 언어에 지배받는 인간 활동이나 산업 생산에 따른 산물로서의 사물이라고 할 수 있습니다.*

58

쉽게 말해서 'Sache'로서의 사물은 이미 입법으로 인증된 대상이며, 그 교환값이 유통 가능한 대상이다. 필자는 'Sache'의 이러한 속성을 고려하여 한국어로 '산물産物'이라고 표기할 것을 제안한다. 여기서 산물은 의미상 '상품'으로 변주될 수 있다. 산물은 상징계로의 이행을 의미하는 만큼 기표의 질서에 지배된다. 공인된 이름이 부여된 대상인 것이다. 흔히 '사물표상'이라고 번역되는 'Sachevorstellung'은 '산물표상'이라는 표기가 정확하며, 이를 '단어표상Wortvorstellung'과 대립하는 것으로 보는 관점은 오류이다. 『과학적 심리학 초고』를 분석했던 프로이트의 제자 르페브르-퐁탈리스Lefèvre-Pontalis의 발표 내용에 관하여 라깡이 지적했던 부분이 이것이다.* 프로이트의 제자들조차도 일반적으로 '사물표상'이라고 번역하는 'Sachevorstellung'에 관하여 라깡은 그것이 결코 언어와 대립되는 개념, 즉 단어표상과 대립되는 개념이 아니라는 점을 명백히 하고 있다. 단어표상과 대립되는 것은 오히려 큰사물, 즉 'Das Ding', 'La Chose'이다. 표상 또는 재현이라고 말하는 시스템 내부로 들어오는 무엇도 그 자신의 원래 속성, 즉 사물성을 유지할 수 없다. 표상되었다면 이미 그것은 사물이 아닌 것이다. 따라서 사물

56

이라는 단어 'Ding'과 표상이라는 단어 'Vorstellung'은 서로 결합될 수 없다. 오직 산물과 표상이 결합되며, 이때 사물은 은폐된다. 라깡은 다음과 같이 단정한다.

> 산물과 단어는 밀접하게 연관되어 있으며, 하나의 짝을 형성합니다. 큰사물은 다른 곳에 위치합니다.* 58

정신병에서 재현의 문제

이러한 관점은 정신병에서 보이는 단어표상의 풍부함으로 다시 한 번 증명된다. 만일 정신병의 특징이 충동에 대한 억압과 통제의 불안정성이라고 해도 여기서 출현하는 것을 주이상스 그 자체로서의 큰사물이라고 부를 수 없다. 정신병적 주체 역시 나름의 재현체계를 가지며, 자신의 심리 구조를 채우는 것 역시 표상들이다. 주이상스 그 자체, 사물 그 자체는 결코 스스로를 현시할 수 없기 때문이다. 어떠한 방식으로든 큰사물은 스스로를 제시할 수 없으며, 오직 셈해진 현시들, 즉 재현만이 심리를 구성한다. 따라서 정신병의 모든 심리적 표현들은 이미 특정 언어에 의해 셈해진 사물, 즉 산물표상이다. 그러나 이들 표상들이 신경증의 표상들, 이른바 '정상'으로 간주되는 주체들의 표상과 차이를 보이는 것은 단일하게 억압되지 않기 때문이다. 정신병의 표상들은 하나의 이름, 즉 '아버지의 이름'이 아닌 여러 이름 아래 산발적으로 귀속된 산물표상이다. 이미 특정 고정점들에 의해 셈해졌으므로 정신병의 담화는 어느 정도까지는 일관성을 가지지만, 그럼에도 정신병적 망상의 담화는 여러 고정점 아래로 흘러나가며 부유한다. 나아가서 정신병의 고정점들은 서로 충돌하고 쉽사리 파괴되어 스스로의 공허를 드러낼 수 있다. 정신병의 주체들이 지속적인 불안에 빠지면서 존재의 부유를 안정시켜줄 고정점의 이름을, '아버지의 이름'을 찾아 나서는 끝없는 여정을 반복하는 이유 역시 이 때문이다.

억압과 기표

결국 정신병과 신경증의 차이는 일자적 억압의 유무일 뿐 재현체계의 유무가 아니다. 이를 통해서 우리가 확인할 수 있는 프로이트-라깡학파의 또 다른 근본적 관점은 억압이 독자적으로 실행되는 것이 아니라 기표를 매개로 실행된다는 사실이다. 기표는 쾌락의 위치를 고정하며, 큰사물의 자리 역시 기표에 의해 사후 고정된다. 기표가 없다면 큰사물 역시 존재하지 않으며, 죽음충동이나 반복강박의 형성도 불가능하다. 기표 없이는 인간적 충동이란 존재할 수 없다는 것이다. 이렇게 충동 역시 기표에 의해 지표화된다면, 충동의 지표로부터 파생되는 과도한 리비도의 흐름을 억압하여 통제하는 것 역시 기표의 연쇄이다. 따라서 억압은 충동이 아니라 충동의 기표들을 억압한다. 라깡은 다음과 같이 말하고 있다.

> 이 모든 것과 관련하여 억압은 기표들에 작동합니다. 주체와 기표 사이의 관계를 중심으로 억압의 근본적 포지션이 조직됩니다. 임상적 의미에서, 또한 실행적 의미에서 엄밀하게 의식과 무의식을 말할 수 있는 것은 오직 이러한 [억압의] 사실로부터라는 것을 프로이트는 강조하고 있습니다.[57]♦

　　프로이트는 이미 연구 초기에 억압과 언어구조의 근본적 관련성
에 주목했다. 당시 언어학의 수준이 야콥슨과 소쉬르의 출현 이전 상
태였음을 감안한다면 놀라운 혜안이었다고 말할 수밖에 없다. 라깡 역
시 이 점을 높이 평가하면서, 프로이트가 언어와 무의식 그리고 의식
의 관계에 대해 정확히 이해했음을 강조한다. 프로이트는 한편으로 스
스로 분절되는 언어의 실행적 기능이 있다는 것을, 그리고 이것은 전
의식에서 본질적 역할을 한다는 것을 이해했다. 다른 한편으로 "무의
식 속의 요소들이 언어의 구조를 따라 움직인다는 사실"을 이해했기
때문이다. 또한 "이 둘 사이로 협업이, 길트임이, 연쇄가 정립되며 이
것이 [심리의 리비도] 경제를 지배"한다는 사실을 명확히 언급한다.* 57
프로이트의 이러한 관점에 근거하여 라깡은 정신분석의 출발점을 '언
어적 인간' 또는 '언어적 무의식'으로 잡는다. "인간의 세계-사물들이
말에 의해 구조화된 사물들의 세계라는 사실, 언어가, 상징계적 절차
들이 모든 것을 지배하고 통제한다는 것은 명백하다"는 사실에 정신
분석의 근본 테제를 두는 것이다.* 57

등재 또는 표기의 질서

언어적 인간이라는 테제는 이미 『과학적 심리학 초고』에서 명백히 표
현된다. 특히 프로이트가 '등재Niederschrift' 개념으로 설명하는 무의식
의 구조는 언어의 구조 그 자체이다. 이에 대해서 프로이트는 4세 이전
에 한 번, 그리고 8세 이전까지 다시 한 번의 등재 또는 표기의 절차가
진행된다고 설명한다. 등재 절차는 기억의 형식으로 쾌락과 주체 사이
의 관계의 개별성을 무의식에 각인시킨다. 프로이트가 등재에 관하여

제시하는 나이 표준은 중요하지 않다고 라깡은 논평한다. 실제 임상분석에서는 더 이른 나이에 구조화된 무의식의 등재를 확인할 수도 있기 때문이다. 그보다는 이 같은 무의식의 구조화가 이후 등장하는 전의식과 의식의 출현에 토대 역할을 한다는 사실이 중요하다. 기표에 의해 각인된 쾌락과 억압의 지점으로서의 무의식은 전의식과 의식의 단계에 일종의 기표연쇄를 형성하면서 대체와 응축의 메커니즘으로 출현하고 거짓말과 부인의 기능 속에서 우회될 것이다. 바로 그러한 방식으로, 지각과 의식을 매개하는 것은 기표의 구조이다. 달리 표현하면, 지각과 의식 사이로 개입하는 것은 무의식의 구조이다. 기표의 구조 또는 무의식은 지각의 영역에서 발생하는 쾌락의 통로를 각인하여 길을 만드는 것이며, 이것이 바로 길트임의 기능이다. 인간 주체의 가장 원초적인 경험은 그러한 방식으로 무의식의 구조 속에서 근원적이며 기원적인 흔적을 간직하게 된다. 라깡은 다음과 같이 말하고 있다.

> 달리 표현하면 기표적 구조가, 무의식이, 지각과 의식 사이에 개입하는 한에서 쾌락원칙이 개입한다는 것입니다. 여기서 쾌락원칙은 '항상성 유지Gleichbesetzung', 즉 [리비도의] 적절한 투자를 유지하는 것이 아니라 '길트임Bahnung'에 관여하는 기능을 합니다. 경험의 구조는 그곳에 등재되어 남는 것으로 존재합니다.•

지각과 의식을 무의식의 구조가 매개한다면, 그러한 구조의 중심에는 큰사물이 있다. 큰사물은 언어-상징계의 내부에, 중핵에 역설적인 외부로서, 일종의 외재성으로서 존재한다. 무의식이 언어와 같이 구조화되었다면, 그 중핵에 자리한 큰사물은 외재-언어적extra-linguistique이라고 말할 수 있기 때문이다. 따라서 상징계의 관점에서 그

것은 일종의 미스테리와 같다. "큰사물 내부에 있는 것, 그것은 진정한
비밀"인 것이다.* 달리 표현한다면 큰사물이란 현실원칙이 실패하는 58
지점, 언어가 실패하는 지점에서 출현하는 어떤 것이다. 그것은 언어
가 도달하지 못하는 가장자리이자, 언제나 '바로 그다음'이라는 미래
시제로만 표현되는 공간이다. 그런 의미에서 큰사물은 억압의 궁극적
대상인 동시에, 언제나 억압으로부터 빠져나가는 것, 즉 외부 또는 낯
선Fremde 이웃Nebenmensch이다.

낯선 이웃으로서의 큰사물

프로이트는 큰사물을 '낯선 것' 또는 '이웃'으로 묘사했다. 이를 따라
서 라깡은 "큰사물은 주체가 이웃의 경험 속에서 속성상 낯선 것으로
간주하며 고립시키는 요소입니다"라고 말한다.* 라깡은 또한 "모든 65
주체는 이 큰사물을 중심으로 여정의 방향을 설정하는데, 이 경우 큰
사물은 낯설고 적대적이기까지 한 것으로서, 어쨌든 최초의 외부인 것
입니다"라고 말한다.* 65

　인간의 심리가 자신에게 낯익은 것들을 중심으로, 즉 등재된 대상
들을 중심으로 수로화된 구조라면, 역설적이게도 이러한 리비도 수로
의 중심에는 접근 불가능한 이웃이 절대적 이질성으로 자리한다. 리
비도의 방향이 언제나 큰사물로 향하는 동시에, 결코 그것에 명중되지
않으려 한다는 사실이 역설의 본질을 구성한다. 인간의 욕망은 자신이
상실한 최초의 것이자 최종적인 것으로서의 큰사물을 추구하지만, 욕
망은 언제나 좌절의 형식으로 큰사물을 비켜간다. 만일 그 욕망의 항
적이 큰사물에 명중한다면, 죽음충동의 실현이자 욕망의 종말, 쾌락의

차원에서 일종의 재난이 발생하고 말 것이다. 따라서 언제나 되찾아야 하는 대상으로 간주되는 큰사물은 또한 언제나 그것이 아닌 다른 것의 형식으로만 되찾아질 뿐이다. 주체의 욕망이 되찾은 것은 큰사물이 아닌 다른 것, 욕망의 기만적 대상일 뿐이다. 이에 대해서 라깡은 욕망의 대상의 복합성이 쾌-불쾌, 즉 두 개의 부분으로 나뉜다고 설명한다.* 일종의 근본적 차이가 지각의 영역에서 발생하는 것이다. 이때 쾌-불쾌의 법칙으로 분리되는 것 중에서 받아들여지는 것들은 "주체의 최초 등장"을 가능하게 만든다. 여기서 형성되는 것이 "원초적 표상들"이다.*

그런데 분리와 차이가 발생하면서 대상의 질적 가치들, 즉 속성들이 출현한다. 기표의 기능은 이러한 질적 가치들에 대한 담화를 구성한다. 나쁜 것과 좋은 것, 덜 나쁜 것과 덜 좋은 것, 아주 나쁜 것과 아주 좋은 것들이 다양한 차이를 구성해내면서 주체의 욕망 구도 속에 하나의 일람표를 그려낸다. 이들은 모두 낯익은 대상들이다. 그들이 기표적 가치, 즉 의미화의 가치를 가질 수 있다는 의미에서 그렇다. 반면, 큰사물은 나쁘거나 혹은 좋은 대상의 영역에서 벗어나 철저히 은폐되고 억압되어야 할 것으로 배제된다. 큰사물은 모든 익숙한 대상들에 관하여 전혀 다른 것, 전혀 낯선 것이기 때문이다.* 이와 같은 분리를 라깡은 "현실 경험에 대한 근원적 분리"라고 부른다. 라깡이 프로이트의 논문 「부인」에서 발견하여 강조하는 논점이 이것이다. 이 텍스트에서 프로이트는 주체의 내부에서 최초의 외부에 대한 표현을 남긴다. 내부의 외부인 이것은 주체가 욕망의 만족을 추구하는 길과는 전혀 상관 없는 이질적 대상이며, 낯선 대상이다. 이후 라깡이 주체의 가장 내밀한 곳의 중핵에 존재하는 외부성이라는 의미에서 '외밀성'이라고 부르게 될 이것이 바로 큰사물이다.

　이러한 표현에서 우리는 다시 큰사물의 개념이 가진 모순적 속성을 발견한다. 큰사물은 욕망의 궁극적 참조점으로서 기능하며, 바로 여기에 도달하려고 욕망의 방향타가 조준되고 겨냥되지만 그러나 여기서 명백한 것은 "되찾아야 하는 문제의 그것을 되찾을 수 없다는 사실이다. 대상은 속성상 상실된 것이다. 결코 되찾아질 수 없다. 더 나은 것이거나 혹은 더 나쁜 것으로 기다려지고 있는, 어쨌든 기다려지고 있을 뿐이다."* 프로이트적 세계, 즉 라깡의 정신분석 임상이 출발하는 세계는 바로 이 역설적 대상을 중심으로 구성된다. 큰사물은 여기서 주체의 욕망이 향하는 "절대적 타자"이며, 되찾아야만 하는 대상으로 설정되는 동시에 결코 되찾아져서는 안 되는 배제의 중핵이다. 따라서 "우리가 욕망의 여정 속에서 찾아내는 것은 그것이 아니며, 그에 대한 쾌락의 동위 좌표들일 뿐이다"*라고 라깡은 강조한다.

65

65

큰사물에 대한 주체의 포지션: 히스테리, 강박증, 정신병

이제까지 『세미나 7』에서 라깡의 이론이 큰사물을 중심으로 설정되어 있음을 밝혔다. 인간 심리란 자신의 쾌락의 중핵인 동시에 억압되어야 할 대상으로서의 주이상스의 자리를 중심으로 설계되는 하나의 우회구조이다. 라깡학파가 신경증, 성도착, 정신병으로 구별하는 인간의 세 가지 심리 구조는 바로 큰사물의 자리에 반응하는 주체의 세 가지 심리-건축술에 다름 아닌 것이다(신경증은 결여로, 성도착은 물신으로 큰사물을 비켜간다).

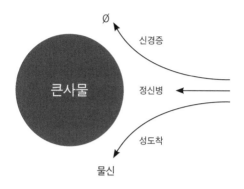

이에 대해서 라깡은 특히 신경증의 두 유형인 히스테리와 강박증이 큰사물과의 특수한 관계 속에서 어떻게 설계되었는지를 설명한다. 먼저 히스테리에 주목해보자. 라깡은 "히스테리 발작은 충동의 해소가 아니다"라고 말한다.[*]

66

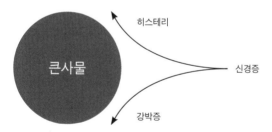

히스테리 발작은 절대적 타자를 소환하여 "쾌락을 재생산"해내려는 전략이다. 라깡은 이러한 사실을 (플리스에게 보냈던) 프로이트의 52번 편지에서 찾아낸다. 예를 들어 "히스테리의 울음발작의 경우, 그것

은 철저히 계산되고 조율된" 행위이다. "원초적이며, 결코 망각될 수 없는, 그럼에도 결코 도달될 수 없는 대타자에 집착하는" 현상이다.●   66

그런 의미에서 히스테리의 모든 증상은 대타자로서의 큰사물을 현재로 소환하고 그것과의 원초적 쾌락을 반복하려는 현상으로 이해될 수 있다. 사족을 달자면, 여기서 대타자로서의 큰사물이 의미하는 바는 히스테리적 주체가 최초의 충동-쾌락을 경험하고 그것을 무의식의 기억 속에 각인시켰던 부모 또는 그에 준하는 타자를 의미한다. 히스테리 환자는 바로 이 대타자를 현재로 소환하고 그와의 쾌락을 반복하려고 대타자의 대리인을 끝없이 찾아 헤맬 것이다. 이와 같은 방식으로 히스테리적 신경증의 주체는 유아기 최초의 상태에서 경험된 만족을 재생산해내려는 특징이 있다. 그러나 여기서 주목할 것은, 히스테리의 이러한 특수 행위는 자신의 고유한 역겨움aversion의 정동에 토대한다는 사실이다.● 히스테리환자의 특수한 최초 경험을 구성하는 것은 불만족의 대상이며, 이것이 큰사물에 대한 역겨움의 정동으로 발전해나간다. 그런 의미에서 히스테리 구조가 큰사물을 겨냥하는 것은 원초적 대타자에 집착하는 방식이며, 이렇게 겨냥된 큰사물을 다시 거부하는 무의식의 역설적 전략은 역겨움의 정동을 통해서 실행된다. 히스테리는 그러한 방식으로 큰사물에 집착하면서도 마지막 순간에 밀쳐내는 모순된 운동을 반복할 것이다.   67

이와 반대로, 신경증의 또 다른 유형인 강박증에서는 피해가기 évitement가 전략으로 채택된다.● 강박증의 주체가 최초로 느끼는 쾌락의 특수한 경험은 히스테리와는 반대로 과도한 쾌락이기 때문이다. 따라서 강박증자의 큰사물은 주이상스의 초과를 통해 주체를 위협한다. 강박증자는 대타자의 욕망이 초과되는 것을 보려 하지 않을 뿐만 아니라, 이를 통해 자신의 존재가 주이상스 속으로 휩쓸려가는 것에 불안   67

과 공포를 느낀다. 따라서 큰사물은 피해야 하는 대상으로 남으며, 강박증자는 질서와 사유, 핑계와 변명 등을 동원하여 큰사물을 마치 존재하지 않는 것처럼 배제하려는 특성을 보인다. 그런데 강박증의 고유한 증상인 부인과 회피는 부정적 행위가 도달하는 초과 지점에서 강박증적 담화 자체의 과도한 무게를 이기지 못하게 된다. 결국 특정 기표 연쇄에 집착하는 이 담화는 원래의 목적과 다르게 오히려 큰사물의 존재를 소환하고 환기하는 역설적 결과에 이른다.

한편, 정신병으로서의 편집증은 큰사물을 믿지 않는다. 역시 프로이트의 52번 편지를 참조하는 라깡은 여기서 편집증자의 심리가 독특한 불신 또는 "신뢰의 거부"를 통해 규정됨을 발견한다. 이에 따르면 편집증자는 큰사물의 중심적 좌표 또는 그것의 원초적 가치와 무게를 믿으려 하지 않는다. 일견 정신병에 대한 새로운 접근처럼 보이는 이러한 해석은 '아버지의 이름'의 일자성을 통해 설명된다. 라깡은 신경증이 자신의 주이상스를 하나의 수렴점으로 억압한다는 사실을 '아버지의 이름'이라는 단항적 기능으로 강조해왔다. 다시 말해서, 신경증자가 자신의 무의식을 억압과 부인의 과정을 통해 건축해나갈 때, 이와 같은 건축의 보편적 토대를 확보하기 위해서 큰사물이라는 단일한 대상-영역을 소유해야만 한다는 것이다. 만일 큰사물이 다수인 경우 억압은 파편적인 방식으로 일어나며, 하나의 억압은 다른 하나의 억압과 충돌하고 대립하는 카오스적 상태로 추락할 수 있다. 정신병에서 흔히 발견되는 이러한 억압 지점들 사이의 충돌을 막기 위해서는 원초적이며 단일한 형식의 큰사물이 구성되어야 한다. 라깡이 큰사물에 대한 편집증자의 포지션을 "신뢰의 거부"라는 개념으로 규정하는 것은 바로 큰사물의 단일성과 절대성에 대한 정신병자의 불신을 의미한다. 정신병자는 다수의 큰사물이 아닌 단 하나의 큰사물이 제한적인 방식으로 토대를 구성하는 것을 받아들이려 하지 않기 때문이다. 정신병자는 질문한다. "어째서 단 한 명의 아버지, 단 하나의 권력인가? 어째서 모두가 믿는 그여야만 하는가?" 다수의 큰사물이 존재하는 세상에서 설계되는 정신병의 구조는 하나의 중심을 갖지 않기 때문에 일종의 미로와 같은 건축물이 되어버린다. 그곳에서 출구는 동시에 입구이며, 교차로는 동시에 엇갈리는 통로가 된다. 하나로 수렴되지 않는 욕망의 길들은 더 이상 큰사물을 비켜가는 우회 기능을 하는 것이 아니라 하나의 큰사물을 다른 하나의 큰사물과 부딪치도록 만드는 얽히고설킨 혼돈의 샛길들이 되어버린다. 편집증에서의 큰사물은 신경증에서 상징계의 단일한 억압에 의해 구조화되는 최초의 쾌락-원형으로 규정되지 못한다. 그것은 더 이상 큰사물이라 불릴 수조차 없다. 그것은 작은사물들이다.

환각의 현상학과 공백의 존재론

이제까지의 설명이 프로이트-라깡학파의 정신분석이 인간 심리를 파악하는 가장 기본적인 관점이다. 그것은 인간 심리와 사유의 토대에 큰사물이라는 근본적 대상에 대한 환각이 작용한다는 사실이다. 라깡은 다음과 같이 말하고 있다.

> 결국 참조의 시스템으로서 [참조 대상에 대해] 환각 작용을 하는 무언가가 없다면 어떤 지각의 세계도 실효적이고 인간적인 방식으로 질서화되거나 구조화되지 못할 것입니다. 프로이트에 의해 우리에게 주어진 지각의 세계는 이와 같은 근본적 환각에 종속되어 있으

며, 이것 없이는 어떠한 의식도 존재할 수 없습니다.*

　이것은 프로이트-라깡학파의 심리관과 세계관을 함축하는 근본
적 명제라고 할 수 있다. 인간의 사유는 철저하게 환각에 의존한다. 거
기에는 어떠한 객관성도, 대상에 대한 보편적 이해도 존재하지 않는
다. 현실에 대해서 인간 주체는 철저한 고립 속에 있기 때문이다. 만일
우리가 인간의 지각과 사유에서 일반성을 발견할 수 있다면 신경증과
성도착증 그리고 정신병의 세 구조 정도의 범주일 것이다. 그러나 이
러한 범주 역시 불완전한 틀에 불과하며, 언제든 비틀어지고 균열을
일으키며 또 다른 포착 불가능한 개별적 구조를 출현시킬 수 있다. 라
깡이 후기 강의들에서 '아버지의 이름'이라는 신경증적 일자 기능의
일반성을 포기하는 이유가 여기에 있다. 물론 이전에도 라깡은 신경
증-성도착-정신병의 구조가 현상적 일반성일 뿐이라고 가정했을 뿐,
초월적 보편성이라고 주장하지 않았다. 인간의 사유에서 오직 보편적
인 기능은 환각 그 자체일 뿐이기 때문이다. 세계-현상을 출현시키는
사유의 기능 자체가 이처럼 환각에 다름 아니라면, 그 참조 대상으로
서의 큰사물은 실체일까? 큰사물의 존재론적 위상은 무엇일까? 이에
대한 대답 역시 간명하다.
　큰사물의 존재론적 위상은 공백이다. 오직 상실된 것으로서의 대
상 혹은 엄밀히 말해 비-대상이라고 할 수 있다. 라깡이 "대타자의 대
타자는 없다"라고 말하는 의미 또한 이것이다. 만일 인간의 심리를 건
축하는 상징계로서의 대타자가 존재한다면, 이러한 상징계-대타자에
대해서 하나의 또 다른 대타자가 설정될 수 있다. 즉, 상징계가 아닌 어
떤 것인 동시에 상징계가 둘러싸고 억압하여 통제하려는 타자가 있다.
이것이 대타자에 대한 대타자인데, 이제까지의 논증에 기댄다면 그것

의 이름이 곧 큰사물이라는 사실을 쉽게 이해할 수 있다. 상징계는 자신에게 이질적인 타자를 억압한다. 그런데 이러한 대타자의 대타자, 즉 주이상스의 자리는 앞서 언급했듯이 생물학적 충동의 지역이 아니다. 그곳은 유아-어머니의 관계에서 출현하는 충동의 특수한 대상들의 자리이며, 그들의 상실된 자리일 뿐이다. 따라서 큰사물 역시 실체로 존재할 수 없는 환각의 산물이다. 그런 의미에서 대타자의 대타자는 없는데, 바로 이 없는 것을 중심으로 심리의 구조가 건축된다. 이와 같은 사태를 고려할 때 우리는 다음과 같은 뒤집힌 명제로 큰사물의 존재론을 규정해볼 수 있다. 즉, 대타자의 대타자로서의 큰사물은 '없음'의 형식으로 실존한다고 말이다. 이에 대해 라깡은 다음과 같이 말한다.

> 이러한 대타자의 대타자는 오직 자리를 통해서만 여기에 있습니다.*
>
> 81

대타자의 대타자는 오직 자신의 장소를 확보하는 것을 통해서만 존재하며, 다른 일들이 이곳에서 일어날 수 있도록 하는 지지물 역할을 해줄 뿐이다. 이와 같은 지지물로서의 역할을 라깡은 "단어들을 담는 기능"이라고 말한다. 이것은 또한 "담는 것이 지탱한다는 의미인 한에서" 그러하다.* 대타자의 대타자의 장소에서 일어나는 이와 같은 81 일이란 "근본적 변증법"인데, 이것은 언어의 공시적 기능이 도입됨으로써 가능해진다. 이로부터 충동에 "거리두기와 원초적 분절"이 가능해질 것이다.*

81

바로 이와 같은 장소를 필자는 '없음의 형식' 또는 '공백'이라고 해석하려고 한다. 따라서 큰사물은 공백의 형식으로 실존하며, 바로 이러한 역설적 실존의 자리를 참조해 신경증-성도착-정신병의 각기 다른 환각의 시스템이 구조화된다. 그런 의미에서 환각은 사유와 대상, 현상학과 존재론 모두의 자리에서 기능하는 유일한 보편성이다. 환각의 기능, 존재와 세계에 이름과 형상을 부여하는 이 기이한 기능이 없다면, 존재도 현상도 그 어떤 세계의 실존도 불가능하다.

이처럼 인간의 심리와 사유를 창조해내는 보편적 기능이 환각이라면, 환각 자체가 가진 속성은 바로 '윤리'이다. 인간 심리가 욕망의 중핵인 동시에 현상의 참조 대상으로 기능하는 큰사물을 환각하는 방식은 도덕법의 설정을 통해서이기 때문이다. 강의에서 라깡은 프로이트의 정신분석이 단지 충동을 강조하는 것만이 아니라 죄책감의 심급을 강조한다는 사실을 지적한다.* 쉽게 말해서 인간의 심리는 근본적으로 죄책감에 따라 무게를 갖게 되는데, 이러한 감정이 출현하는 이유는 큰사물에 관하여 오직 도덕법의 담화가 통제와 억압의 기능을 하기 때문이다. 라깡이 이번 세미나의 주제를 '정신분석의 윤리'로 설정한 이유도 여기에 있다. 이것은 단지 정신분석의 윤리가 나아가야 할 방향을 제시하려는 것이 아니다. 그보다 우선 인간의 심리 구조가 근본적으로 윤리적인 담화로 설계되어 있으며, 이에 대한 탐사가 선행되어야 한다는 사실을 의미한다. 다시 말해서 인간의 심리를 이해하려면 먼저 도덕적 환각의 구조를 이해해야 하며, 이를 토대로 해서만 정신분석이라는 또 다른 윤리적 실천을 계획할 수 있다. 이어지는 강의에서 라깡은 도덕적 환각이 기표연쇄의 구조를 통해서 어떻게 형성되는지를 설명한다. 이후 큰사물을 둘러싸는 표상의 조합의 특성과 구조를 밝히는 방식으로 논증이 이어진다.

71

표상의 조합: 쾌락원칙의 담화

프로이트의 텍스트에서 'Vorstellung'과 'Repräsentanzen'은 우리 말로 각각 '표상'과 '재현'으로 번역된다. 반면 라깡은 두 단어를 각 각 'représenter', 즉 '재현하다'라는 단어의 변주인 'représentation'과 'représentant'으로 번역한다. 따라서 프로이트가 말한 '표상의 재현 Vorstellungsrepräsenstanz'을 프랑스어로 번역하면 'représentant de la représentation'이며, 우리말로는 '표상의 대표자' 또는 '재현의 재 현자'라고 할 수 있다. 이 모든 용어의 설명에는 상징계가 큰사물을 억 압-재현하는 과정에서 두 번의 절차가 요청된다는 사실이 암시된다. 다시 말해서 무의식의 담화는 주이상스를 두 번 표상하는 절차를 걸 쳐 그것을 필터링한다. 그런데 두 번의 재현 모두 기표에 의한 재현이 므로 동일한 용어로 표현할 수 있다. 따라서 '표상의 재현'이라고 하지 않고, '재현의 재현자'라고 하는 것이 더 적절할 수 있다.

그렇다면, 첫 번째로 큰사물의 위치를 표지하는 재현, 즉 최초의 명명은 어떻게 이루어지는가? 라깡은 이것을 '비명', '외침' 또는 '울 음'이라고 해석되는 프랑스어 'cri'로 설명한다. 큰사물은 그 자체로 일 종의 벙어리 또는 침묵의 언어를 말하는 존재이다. 다시 말해서 큰사 물의 위치 자체가 기의-외부hors-signifié이므로, 그것이 재현되는 방 식 역시 의미가 부재하는 일종의 비명을 통해서이다. 이에 대해서 라 깡은 'Mot', 즉 '단어'라는 프랑스어의 어원적 의미를 제시하며 설명 을 이어간다. 그에 따르면 프랑스어에서 단어라는 표현 'mot'는 '말', 즉 'parole'과 구분되는 용어이다. 구체적 인용처를 밝히지 않으면서 라깡은 라 퐁텐*이 'mot'에 관하여 다음과 같이 언급했음을 지적한 다.* 즉, '단어'는 침묵하는 무엇이며, 그 어떤 '단어'도 발음되지 않는 69

심급이라는 것이다. '말'의 개념에 대립하는 '단어'는 어떤 의미화도 만들어내지 못하는 표현이다. 필자는 이것을 '발음된 공백'이라고 표현하고 싶다. 공백이 자신을 표기하여 상징계에 등재시키는 방식은 의미 없는 기표로서의 비명이 유일한 길이기 때문이다. 그럼에도 라깡은 또한 '단어'가 '말'과 전혀 상관없는 것으로서의 사물 개념과는 전혀 다른 것이라고 강조한다. 발음된 공백으로서의 비명, 단어, 벙어리의 기표는 이후 그것을 채우러 오는 또 다른 기표들, 이번에는 '아버지의 이름'의 억압에서 은유와 환유의 기능으로 수렴하게 될 기표연쇄의 장소가 된다. 그런 의미에서 큰사물의 재현인 '단어'는 '말'이 도래할 수 있도록 하는 의미화의 장소이다.

라깡이 "가죽과 살 사이" 또는 "의식과 지각 사이"라는 표현으로 의미한 것이 바로 이 장소와 기능이다. 만일 우리의 심리가 무엇인가를 (사유가 아니라) 지각할 수 있다면, 이것은 전적으로 쾌락원칙에 의해 조율되는 재현의 재현자 시스템을 통해서이다. 바로 이 기능이 기표연쇄를 통한 길트임 속에서 기표적 침전물들을 구성해낸다. 무언가가 재현의 덩어리로서 가라앉아 무의식의 토대를 구성하게 된다. 재현의 응고물들이, 표상의 침전물들이 형성되고, 이것이 무의식을 형성한다. 그리고 지각과 의식 사이를 채우면서, 지각 자체를 형성한다. 그러나 이것은 아직 사유가 아니다. 사유는 현실원칙의 담화를 통해 의식과 전의식의 차원에서 기능하기 때문이다.

* Jean de La Fontaine(1621~1695). 프랑스의 시인이자 동화 작가.

부인의 행간이 말하는 것: 현실원칙의 담화

현실원칙은 쾌락원칙에 의해 구성된 재현의 체계를 다시 억압하는 의식 또는 전의식적 담화이다. 만일 쾌락원칙의 기능을 원형적 억압 기능이라고 부른다면, 현실원칙은 이러한 원형적 차원을 현행적 억압의 차원으로 옮겨온다. 라깡은 이것을 프로이트의 단어표상 개념으로 설명한다. 단어표상은 사유의 절차를 구성하는 구조이다. 은유와 환유를 통한 억압의 기능적 지배가 우세한 무의식-쾌락원칙의 영역과는 다르게, 여기서는 담화의 의미화 차원의 지배가 우세하다. 이에 대해 라깡은 자신의 내부에서 일어나는 일들은 오직 우리가 그것을 말함으로써 알 수 있다고 예를 든다. 이러한 말의 과정에서는 현행 담화체계가 허용하는 개념과 용어만이 사용된다. 따라서 현실원칙에서의 단어표상은 현재의 실질적 상징계, 고정관념의 지배를 받는다.[*] 현실원칙이 쾌락원칙의 원형성을 현재화, 현행화한다는 의미가 바로 이것이다. 이는 또한 현실원칙이 언표의 주체sujet de l'énoncé를 구성한다는 사실과 연결된다. 만일 언표화의 주체sujet de l'énonciation가 위치하는 곳이 큰사물이 발화하는 장소인 동시에 이에 대한 억압이 곧 무의식의 영역에서 일어나는 일이라면, 현실원칙은 담화의 내용을 통제하는 방식으로 언표의 주체를 사후적으로 구성해낸다. 그러한 의미에서 우리가 사유라고 부를 수 있는 것은 현실원칙 담화에 대한 지각이며, 오직 그것뿐이라고 라깡은 강조한다.[*]

76

76

사정이 그러하다면 단어표상이 주이상스를 통제하는 구체적 방식은 무엇일까? 라깡은 프로이트를 따라서 이것을 부인이라고 규정한다. 부인이란 마치 그것이 존재하지 않는 것처럼 말하는 방식이며, 동시에 결코 그렇지 않다고 부정하는 언표의 특성이다. 무의식과 의식

사이에서 발생하는 이러한 차이를 라깡은 다음과 같이 표현하고 있다.

> 재현의 재현자의 차원은 억압에 의해 선택된 자리이다. 단어표상자
> 의 차원은 부인의 자리이다.*

78

무의식의 차원에서 주이상스는 억압의 대상이지만, 의식의 차원
에서는 부인으로 회피되는 동시에, 또한 부인으로 드러난다는 것이
다. 라깡은 이러한 역설을 프랑스어 'ne'의 허사적 기능*으로 다시 설
명한다. 라깡은 "그가 오지(나) 않을까 걱정된다"는 표현의 프랑스어
"Je crains qu'il ne vienne"의 사례를 제시한다. 여기서의 허사 'ne'는
부정도 긍정도 의미하지 않음으로써 그가 올까 두렵다, 또는 그가 오
지 않을까 두렵다 사이에서 주체의 질문을 동요하게 만든다. 라깡은
이에 대해 'ne'가 주체의 욕망을 언표énoncé와 언표행위énonciation 사이
에서 부유하도록 만든다고 설명한다. 주체는 '무언가를 걱정하면서Je
crain quelque chose' 그 자신의 소망을 출현시킨다. 허사 'ne'가 개입되는 것
이 바로 이 지점이다. 'ne'는 주체의 소망이 언표의 차원, 즉 현실원칙
이 지배하는 의식의 차원과 큰사물의 접경지대인 무의식의 차원 사이
79 에서 어긋남을 표지하는 역할을 한다는 것이다.* 'ne'는 그런 의미에
서 부인하고 있는 담화의 행간이 드러내는 무의식의 간극을 표지하는
역할을 한다. "나는 아무 말도 하지 않아"라는 표현 속에 진정으로 감
추어진 무언가의 표지가 출현하는 것과 같다. 또는 코르네유**의 "나는

---

* 프랑스어에는 허사라는 개념이 있다. 실질적인 의미를 갖지 않고 문법적인 기능만
하는 단어라고 할 수 있다. 허사 'ne'는 두려움의 의미를 갖는 동사나 표현에서 분명한
부정을 나타내지 않고 종속절에 잠재하는 부정의 의미, 약한 부정 추측을 반영한다.
** Pierre Corneille(1606~1684). 프랑스 비극의 시초로 간주되는 작가. 몰리에르, 라신과

당신을 한 점 증오하지 않아요"라는 문장의 행간이 출현시키는 진정
한 증오의 실존과 같다고 라깡은 말한다.*   79

그런 의미에서 부인은 억압의 뒤집힌 형식이다. 이 둘은 그곳에
큰사물이 존재한다는 사실에 대한 두 가지 방식의 고백에 다름 아니
다. 부정의 요소인 'ne'는 무의식의 주체가 진정으로 말하는 순간, 그
리하여 이러한 말이 의식의 담화 위로 출현하는 순간을 표지한다. 이
에 대해 라깡은 "내가 말하는 순간"과 "내가 말해지는 순간"의 차이
를 명시한다. 의식의 차원에서 주체는 언제나 말해지는 방식으로 언표
화되고, 그 자신의 존재 의미를 획득한다. 그러나 이렇게 획득된 의미
는 주체가 자신의 욕망을 부인하는 대가로 주어진다. 모든 담화는 그
러한 방식으로 주체의 존재를 주이상스로부터 소외시킨다. 그러나 주
체는 언제나 자신도 모르는 발화행위를 통해서 주이상스의 존재를 암
시한다. 이것이 바로 주체가 비로소 말하는 순간이며, 'ne'라는 허사를
통해 언표 너머의 공간이 표지되는 순간이다. 그러한 방식으로 라깡은
'ne'의 허사 사례가 "담화의 기능과 말의 기능 사이에 존재하는 구별
을 보여준다"고 설명한다.*   79

담화의 부인에 대한 이 같은 사례는 실제 임상치료에서 환자의 담
화에서 부인의 속성을 분석가가 어떻게 이용해야 하는지 단서를 제공
해준다. 예를 들어, 분석가는 환자의 의식적 담화를 결코 믿어서는 안
된다. 환자의 잘 짜인 담화는 자신의 세계와 자아가 어떻게 타자의 담
화에 의해 한정되어 있는지만을 보여주기 때문이다. 분석가가 원해야
하는 것은 환자가 살고 있는 이러한 담화세계의 근본적 변화이다. 이
를 위해서 분석가는 의식적 담화의 토대를 구성하는 무의식의 담화,

함께 17세기 프랑스 3대 극작가 중 한 명이다.

즉 재현의 재현자 수준으로 내려가기 위한 전략을 준비해야 한다. 환자의 의식적 담화가 발을 헛디디는 지점, 또는 부인하거나 반복적으로 피하려는 지점을 찾아내는 것이다. 이를 통해 분석가는 환자의 무의식의 담화에 도달하고, 다시 이곳에서 환유와 은유의 표지를 찾아내는 방식으로 억압이 작동하는 보다 근본적인 지점을 찾아내야 한다.

그러나 이것은 쉬운 작업이 아니다. 환자의 담화는 혹은 정상인이라고 불리는 주체들 모두가 종속된 신경증의 담화는 거대한 부인의 구조 속에서 지탱되기 때문이다. 이것은 문명이 금지한 것으로, 그리하여 없는 것으로 규정해버린 주이상스의 중핵에 관한 부인의 담화이다. 이러한 부인이 겨냥하는 것은 아직 '말해지지 않은 것', '금지된 것'이며, 오직 행간을 통해서만 드러나는 무엇이다. 이곳은 의식과 무의식의 다층적 장애물들과 미로의 구조를 통해 접근이 통제된다. 그리고 이와 같은 쾌락-현실원칙의 미로 중심에는 현존의 신기루에 의해 은폐된 큰사물이 있다. 의미화의 효과 속에서 현존하는 것처럼 펼쳐진 대상들 너머에 존재하는 비대상이 최초의 기표에 의해 대상화되는 방식으로 존재하는 부재가, 즉 현존하는 부재가 그곳에 있으며, 그 이름이 곧 큰사물이다. 그리고 이것은 이해할 수 없는, 되찾을 수 없는, 그러나 이미 다른 방식으로 되찾아진 대상에 의해 또다시 은폐되는 큰사물이다.

큰사물의 포착에 대한 어려움에도 만일 환자가 분석가의 유도 속에서 큰사물의 실체가 아닌 (가장)자리에 도달하게 된다면, 그는 그곳에 자리잡은 기원적 기표들의 연결구조를 바꾸려 할 것이다. 이를 간단히 정리하면, 정신분석 임상은 의식의 담화가 자신도 모르는 방식으로 부인하는 포인트를 찾아내고, 이를 통해 진입하게 된 억압의 담화 영역에서 억압의 포인트를 찾아내며, 그리하여 도달한 최종 억압의 장소를 둘러싼 환상의 구조를 변화시켜야 한다. 만일 이러한 시도가 성공한다면, 마치 도미노에 의해 벽들이 밀려 넘어지듯 무의식의 담화가 변하고, 이어서 의식의 담화가 변할 것이다. 그리하여 주체는 자신의 무의식이 사로잡혀 있던 유한성의 테두리를 무한성으로 개방하게 되고, 이어서 의식 영역에서도 동일한 변화가 초래될 것이다.*

이제까지의 설명으로 우리는 현실원칙의 담화가 도덕법칙의 직접적 영역이었음을 추론할 수 있다. 현실원칙은 상징계의 다양한 현실적 용어들을 재료로 사용하는 공간이기 때문이다. 또한 이곳에서 형성되는 담화는 부인의 형태로 큰사물을 억압한다. 따라서 현실원칙을 초자아의 기능이 지배하는 원칙으로 규정하는 데 무리가 따르지 않는다. 라깡은 이에 대해, 초자아와 도덕의식이 서로 다르지 않다는 사실을 강조한다.*

81

그러나 쾌락원칙과 현실원칙은 교차되는 방식으로만 기능한다는 사실 역시 잊어서는 안 된다. 이 둘은 서로 분리되어 존재하지 않기 때문에 무의식과 의식, 산물표상과 단어표상은 교차되는 방식으로만 각자의 역할을 수행한다. 무의식의 영역에서 무엇이 쾌락인지, 무엇이 항상성인지는 단지 쾌-불쾌의 자극량만으로 결정되지 않는다. 무의식

---

* 바로 이러한 결과에 도달하기 위해 라깡의 초중기 임상은 증상의 상징화를 추구한다. 여기서 상징화는 증상적 자리에 기표연쇄가 활발히 일어날 수 있도록 유도하는 절차를 의미한다. 충동의 지대에서 기표연쇄가 차단당한 채로 반복강박적인 고착이 일어난다면, 이러한 고착은 기표연쇄의 정지 현상에 다름 아니다. 라깡이 이번 강의에서 고통의 개념과 그 한계를 언급하면서 암시하는 것 역시 이것이다. 무엇인가 심리 속에서 흐르지 못하고 정지될 때, 그것은 고통스런 증상으로 지각될 것이다. 바로 이러한 정지점을 찾아내고, 그것을 기표연쇄 속에서 해소하기 위해서 분석가는 해석과 명명의 상징계적 전략을 사용한다. 그리하여 마침내는 환자가 자신의 증상적 고착점에서 빠져나올 수 있도록 유도할 것이다.

의 쾌락원칙이 근친상간적 표지를 가진 쾌락의 유입을 방어한다는 것은 이미 쾌락원칙의 영역에 현실원칙의 담화적 차원이 개입되어 있음을 의미하기 때문이다. 라깡은 현실원칙의 차원이 어떻게 보편적 담화의 형식으로 출현하는지를 살피면서 다음 강의에서 기독교의 십계명을 분석한다. 도덕담화의 가장 일반적 형태 중 하나라고 할 수 있는 이 텍스트는 부인의 형식 속에서 현실원칙 또는 도덕담화가 수행하는 기능을 가장 선명하게 드러내 보여줄 것이다.

큰사물로서의 어머니와 레비-스트로스

문명은 자신의 욕망을 어떻게 통제하며, 또한 스스로를 어떻게 출현시키는가? 라깡은 이 질문에 대답한 가장 위대한 두 인물로 프로이트와 레비-스트로스를 들고 있다. 프로이트는 현실원칙의 기능과 그 핵심에 존재하는 초자아의 기능을 최초로 찾아내 명명했다. 이 같은 업적은 결국 문명을 지탱하는 도덕적 기능에 대한 인식을 근본적으로 변화시켰다. 인간은 스스로 도덕을 추구하기 이전에 이미 도덕적 담화로 건축된 작고 폐쇄적인 건축물이라는 사실, 또한 인간은 이러한 도덕적 심급의 아바타인 초자아의 폭압정치에 희생양이 된다는 사실. 따라서 진정한 도덕이 무엇인지를 묻고 추구하고 싶다면, 먼저 우리 자신의 도덕이 무의식의 차원에서 어떻게 구성되며, 어떠한 지배력을 행사하는가라는 질문이 선행되어야 한다는, 전복적인 관점이 도입된다. 주어진 도덕관념을 따르는 것은 결코 도덕적이지 않다는 사유는 프로이트가 아니었다면 상상조차 할 수 없었던, 윤리학과 심리학의 터닝 포인트가 된다. 이로부터 인간의 도덕관습이 형성되는 보다 구체적이며,

현장적인 연구가 레비-스트로스*를 중심으로 인류학 차원에서 진행된다.

라깡은 특히 이번 강의에서 레비-스트로스가 어떻게 친족의 기본 구조의 토대를 근친상간의 금지로 규정하는지 언급한다. 양적으로 확장된 문명이건 열대 오지의 작고 왜소한 문명이건 예외 없이 관찰되는 보편적인 현상은 가족의 구성인데, 이 과정에서 근친상간을 금지하는 정교한 친족 구조가 기능한다. 우리가 문명이라고 부르는 대상은 이러한 근친상간의 금지가 토대로 작용하는 모든 인간 현상들이다. 만일 이것을 질적 요소라고 부를 수 있다면, 레비-스트로스가 탐사했던 모든 "말하는 인간"은 유럽인에서 아마존 오지의 부족민에 이르기까지 동일한 질적 수준을 보유한다고 할 수 있다.

레비-스트로스는 특히 아버지와 딸 사이의 근친상간 금지에 주목한다. 딸은 원시부족부터 현대의 도시인에 이르기까지 일종의 교환가치를 지닌 대상, 즉 상품으로 간주되기 때문에 부친의 소유가 금지된다. 물론 여권이 신장되고 있는 현대에는 여성의 상품화를 포기하도록 강제한다고 생각할 수 있다. 그러나 필자의 생각은 다르다. 엄밀한 의미에서 자본주의는 여성의 상품화를 과거와는 다른 식으로, 더욱 정교하고 은밀한 방식으로 추구한다. 여전히 아버지와 딸 사이의 근친상간적 접촉이 금지되는 이유는 이러한 위반이 여성-이미지에 대한 사회

---

* Claude Lévi-Strauss(1908~2009). 브뤼셀 태생의 프랑스 인류학자. 언어학을 인류학에 도입한 그는 문명의 양적 차이를 초원하는 질적 보편성에 대해 연구하였고, 결과로 근친상간의 금지 구조를 도출해냈다. 레비-스트로스와 친분이 있던 라깡은 그로부터 구조주의적 언어학을 현장 학문에 적용시킬 수 있는 새로운 패러다임의 단초를 발견했다. 이후 라깡은 프로이트 이론에 이를 적극 도입해 언어구조적 특징을 강조하는 정신분석의 탄생을 실현한다.

적 상품화에 치명적이기 때문이다. 여성의 자유로운 성적 자기 결정권이라는 여권적 윤리는 자본주의에 의해 여성적 상품이 보다 자유롭게 유통되는 개념으로 변질되지 않았는가? 과거에는 여성의 옷을 벗기는 것이 특정 남성, 즉 남편이었다. 그러나 현재 여성의 옷을 벗기고 상품화하는 것은 누구인가? 그것은 바로 자본이라는 무형의 보편 권력이다. 미디어에서 성적으로 대상화된 여성을 발가벗기는 것은 바로 상품화의 권력인 것이다. 일견 여성들은 자발적으로 이러한 여성성의 상품화에 참여하는 듯 보이지만, 실상은 그렇지 않다. 현대 여성에게 자기 표현의 가장 일반적인 길은 여전히 자신의 신체를 성적으로 상품화하는 방법뿐이다. 그리고 여성 상품화에 가장 근본적으로 작용하는 것은 여전히 아버지-딸 사이의 근친상간의 금지이다. 이는 단지 아버지와 딸의 성행위 금지를 의미하는 것만은 아니다. 여성 주체가 위반의 영역에 들어서지 않은 상태로 상품화된다는 것이다. 여성이 자신의 진정한 욕망을 표현하는 것을 금지하는 것, 그리하여 여성이 사회에서 허용된 욕망만을 추구하도록 하는 것이 자본주의 상품화의 전략이다. 결국 문명의 1차 구조인 가족 내 욕망의 통제는 사회적 상품화의 가능성을 확장시킨다. 아버지-딸의 근친상간 금지는 욕망 통제의 대표적인 상징일 뿐이다. 그러나 이것이 마지막 금지는 결코 아니다.

　라깡은 어째서 레비-스트로스가 어머니-아들의 근친상간 금지까지 나아가지 않았는지를 질문한다. 욕망의 근본적 금지의 영역은 아버지가 아니라 어머니의 욕망으로서의 큰사물이기 때문이다. 라깡은 이로부터 부인의 기능에 대한 하나의 실례를 본다. 도덕적 심급으로 인간 조건의 토대를 구성하는 모든 현실원칙의 변주들은 어머니-욕망으로서의 근친상간적 주이상스에 대한 언급을 피하고 있다. 라깡이 보기에 이것은 현실원칙의 담화, 즉 의식적 담화의 부인 기능을 증명하는 사례에 불과하다. 모든 도덕담화는 어머니로서의 큰사물을 은폐하기 때문이다. 레비-스트로스가 아버지-딸의 근친상간 금지를 발견했던 것은 그가 실질적으로 부족 내 도덕담화를 조사했기 때문이다. 실질적 담화 속에서 가족과 부족이, 그리고 공동체가 의존하는 도덕담화는 전적으로 현실원칙의 담화이며, 이로부터 우리는 단지 부인의 형식을 통해서만 그 너머의 큰사물을 가정할 수 있다는 사실을 이미 이해했다. 바로 이와 같은 부인의 차원을 고려하면서 레비-스트로스의 친족구조의 기본 조건인 아버지-딸의 근친상간 금지를 이해해야 한다. 아버지-딸의 근친상간보다 더욱 근본적으로 금지된 것은 바로 어머니-아들의 근친상간이기 때문이다. 사실 보다 근본적으로 어머니-타자의 주이상스는 모든 의식적 금지의 명령들이 은폐하는 금지 너머의 금지이다.

여기서 우리는 어머니-아들의 근친상간이 의미하는 바를 단지 어머니-욕망이라고 불러도 좋다. 결국 큰사물의 자리에서 유아가 최초로 만나는 대상이 모성적 주이상스라는 사실이 중요하기 때문이다. 여아도 남아도 모두 모성적 큰사물에 대한 금지의 법을 통과함으로써 비로소 성별과 가족 공동체 안에서의 좌표를 획득할 것이기 때문이다.

레비-스트로스의 근친상간 금지의 현실원칙 담화에 대한 논평에 이어서 라깡은 기독교의 십계명이 어떻게 부인의 기능 속에 있는지 언급하며 강의를 마무리한다. 그러나 십계명에 대한 보다 깊이 있는 분석은 다음 강의에서 이뤄진다.

도덕법에 관하여

1959. 12. 23.

• 주요 개념 •

『실천이성비판』 ： 『규방철학』 ： 십계명 ： 로마서

• 강의 개요 •

이번 강의에서 라깡은 칸트와 사드의 윤리학의 비교분석을 시도한다. 도덕법칙의
새로운 이론가들을 비교하면서 현실원칙의 특수성을 드러내려고 하는 것이다. 먼
저 『실천이성비판』의 칸트를 분석하는 라깡은 정념과 담론을 분리시키는 그의 윤
리학이 혁명적이라는 사실을 강조한다. 특히 최고선을 쾌락의 대상과 동일한 것
으로 간주하는 아리스토텔레스 이후의 전통철학을 극복하는 단계에서 칸트는 오
직 '올바른 담화' 그 자체만을, 다시 말해서 기표연쇄 그 자체만을 윤리의 조건으
로 규정한다. 행복과 고통에 무심한 이러한 언어-명제-지상주의는 현실원칙의 기
표연쇄 자체에 모든 우선권을 부여하는 극단적 관점이다. 칸트의 이 같은 관점에

대해 알랭 쥐랑빌은 도덕명제, 즉 문장 그 자체가 물신화의 단계에 도달하고 있다고 설명한다.* 이는 아주 중요한 지적인데, 왜냐하면 도덕명제 자체가 물신화된 상태에서 정언명령의 형태로 강제될 경우 명제는 오히려 병리적 정념인 주이상스를 소환해낼 수 있기 때문이다. 바로 그런 이유 때문에 칸트는 자신이 원했던 병리적 대상의 완전한 배제와는 정반대가 되는 결과를 초래한다. 칸트의 정언명령을 좇게 되면 일상을 구성하는 쾌락의 대상들, 즉 산물들은 몰락하게 되는 반면 그 너머의 극단적 고통이, 즉 큰사물의 자리가 출현하기 때문이다. 누구도 칸트의 정언명령적 도덕원칙을 고수할 수 없는 이유가 바로 여기에 있다. 칸트의 정언명령을 문자 그대로 지켜나갈 경우 욕망은 죽음충동의 영역에 도달할 수밖에 없기 때문이다. 쉽게 말해서, 도덕명령을 지키려는 주체의 욕망은 자신의 삶을 파괴하고 세상의 상식적 틀을 무너뜨리는 맹목성을 드러낼 것이라는 말이다. 물론 칸트는 자신의 윤리학에서 죽음충동의 면모를 인정하지 않으려 한다. 부인하는 것이다. 그러나 이러한 부인은 역설적으로 현실원칙이 가하는 큰사물에 대한 억압과 지시의 기능을 드러낼 뿐이다. 라깡은 강의에서 현실원칙으로서의 칸트적 윤리학이 칸트 자신을 반복적으로 쾌락원칙 너머 죽음충동의 자리로 데려가고 있음을 설명한다.

반면, 사드는 죽음충동을 피하지 않고 대면한다. 사드의 규방철학이라고 불리는 이 특이한 (반)윤리학은 역시 정언명령적 담화에 복종하는 것을 통해 쾌락원칙의 영역을 횡단하려고 한다. 그러나 사드는 의미의 차원에서 올바른 담화가 아니라 초과적 쾌락을 추구하는 담화의 논리적 구성을 통해 그렇게 한다. 만일 사드의 담화에서 올바른 무언가가 있다면 그것은 논리적 올바름인 것이다. 사드는 쾌락을 추구하는 일관된 논리의 담화를 통해 현실세계의 상대적 윤리를 일소하려고 시도하기 때문이다. 이 두 이론가의 사상을 비교분석하면서 라깡은 현실원칙의 모순을 논증한다. 현실원칙의 고유한 효과는 큰사물을 부정하는 방식으로 그것을 도리어

---

* 알랭 쥐랑빌, 『라깡과 철학』(Alain Juranville, *Lacan et la philosophie*, Paris, éd. PUF, 1984)

출현시키고 있기 때문이다. 이렇게 출현한 큰사물을 칸트는 외면하고, 사드는 직시한다. 이 둘의 고유한 차이는 이것뿐이다. 사드가 칸트보다 멀리 갔다고 라깡이 언급했던 이유도 여기에 있다.

이어지는 강의에서 라깡은 현실원칙으로서의 십계명의 명제들을 덧붙여 분석한다. 욕망의 중핵인 죽음충동을 억압하고 부인하는 동시에, 바로 그러한 억압과 부인의 과도함을 통해 죽음충동 자체를 다시 드러내고 있는 현실원칙이 종교적 차원에서도 발견되기 때문이다. 특히 기독교와 같은 종교적 담화에서 현실원칙은 죽음충동의 자리, 즉 큰사물을 공백의 형식으로 드러내고 있다. 이것은 종교의 담화가 강박증적 특징 속에서 큰사물을 부인하기 위해 그것을 공백으로, 즉 '없음'으로 간주하려 한다는 사실을 보여준다. 하지만 기독교는 또한 신의 속성을 공백으로 간주하면서 공백 자체의 형상을 고스란히 보존하고 드러내려고 한다. 라깡은 십계명의 명제들을 하나하나 언급해나가면서 그들이 어떻게 죽음충동 자체를 간접적으로 지시하고 있는지를 해석한다. 나아가서 신이 자신을 동어반복으로 지칭하는 차원에서, 또는 안식일의 명령, 즉 아무것도 하지 않음이라는 차원에서 공백의 개념이 출현하고 있음을 설명한다. 여기서 공백이란 큰사물을 드러내는 강박증적 현실원칙의 전략이다. 이후 로마서에 대한 간단한 논평을 덧붙이며 결국 큰사물이란 그것을 둘러싸는 법으로서의 현실원칙이 없다면 존재할 수 없는 상호적 관계의 대상임을 지적한다.

방어로서의 쾌락원칙과 현실원칙: 기표구조와 거짓말

강해에 앞서 쾌락원칙과 현실원칙의 유사성과 차이점을 다시 짚어보자. 유사성은 죽음충동의 자리로서의 큰사물을 억압하는 기능이다. 차이점은 방식이다. 쾌락원칙의 심급에서는 기표의 환유와 은유로 억압이 기능하는 한편 현실원칙의 심급에서는 보다 논리적인 의식적 담화로 부인이 기능한다. 또한 쾌락원칙의 심급에서는 라깡이 '표상의 칩' 또는 '환전 기호'라고 부르는 기표 기능으로 무엇이 쾌이고 불쾌인지가 판결되어 구별된다. 이렇게 구별의 기능을 하는 기호-기표들은 큰사물과의 최초 거리를 확보한다. 이 거리, 이 공간이 바로 주체의 욕망을 향한 "근본적 소망"이 구성되는 자리인 동시에 행복의 기원이 쾌락원칙의 수준에서 설정되는 자리이다. 바로 이곳에서 "파괴 불가능의 소망"이 정초되며, 쾌락 기표를 "반복하려는 탐욕"이 자리잡는다.[89]

이번 강의의 도입부에서 라깡은 쾌락원칙과 현실원칙의 차이와 유사성을 선-악 그리고 방어의 개념으로 보다 심화해 묘사한다. 먼저 라깡은 쾌락원칙 너머에 존재하는 큰사물의 속성이 이미 어떤 법을 정초하는 심급에 위치한다고 지적한다. 큰사물은 그것이 표지되는 이상 하나의 특수한 질서를 구성해낸다는 것이다. 그런데 이 질서 또는 법은 변덕스럽고 자의적이다. 다시 말해서, 큰사물의 현존을 직접 마주한 주체는 그것의 실행 방식에서 어떤 보편적 질서도 추론해낼 수 없다. 따라서 이 수준에서 큰사물은 선한 대상도 악한 대상도 아니다. 주체는 앞서 설명된 환전 기호의 기능으로 일정 수준 큰사물과의 거리 확보에 성공하지만, 이렇게 거리를 확보해도 선과 악이라는 의미화의 분절을 산출해내지 못한다. 주체는 큰사물을 여전히 위협적인 대상으로만 간주할 뿐이다. 의미화의 분절이 존재하지 않는 만큼 주체는 큰사물에 대해 "아무것도 이해할 수 없는" 수준에 머문다.* 따라서 무의식의 주체는 큰사물로부터 야기되는 고통과 환희를 통제되지 않은 방식으로 경험하며, 이 결과로 주체는 증상을 만들어낸다. 무의식의 심급에서 큰사물을 향한 주체의 반응으로 발생하는 이러한 증상을 라깡은 '방어의 증상symptôme de défense'이라고 부른다. 간단히 말해서 무의식의 주체는 자신이 감당할 수 없는 큰사물의 모호함에 대응해 일종의 방어를 시작하는데, 이는 마치 "위험에 직면한 갑각류가 자신의 신체 일부를 절단"하면서 방어를 수행하는 현상과 유사하다.* 증상은 큰사물이 그곳에 존재한다는 증거인 동시에 큰사물에서 눈을 돌릴 수 있는 매개물이 되어주기 때문이다.

물론 이것이 방어의 전부는 아니다. 큰사물의 의미론적 모호함과 초과적 주이상스의 속성에 반응하는 무의식의 주체는 기표구조를 형성함으로써 큰사물과의 안정적 거리를 확보하려는 방어를 시도한다. 쾌락원칙의 심급인 이곳에서는 대치와 응축의, 환유와 은유의 기표구조적 방어가 실행되며, 이 같은 구조의 중핵에 대상으로 설정되는 것은 '선한 대상'이다. 왜냐하면 쾌락원칙은 불쾌한 대상의 배제와 쾌락의 선호, 즉 큰사물을 선한 대상으로 설정하면서 기능하기 때문이다.

선le bien 또는 행복의 대상 설정을 통한 기표구조의 이 같은 방어에 덧붙여서 또 다른 형식의 방어는 "악에 대한 거짓말"의 체계이다. 이에 대해 라깡은 "무의식의 차원에서 주체는 거짓말을 한다"라고 표현한다.* 그런데 주체의 이러한 거짓말은 무의식이 진리를 말하는 하나의 주요한 방식에 다름 아니다. 특히 히스테리적 무의식의 차원에서 발견되는 이 같은 최초의 거짓말을 프로이트는 현실원칙이 실행하는 올바른 담화의 주요한 형식이라고 강조하고 있다. 이를 설명하기 위해 라깡은 프로이트가 『과학적 심리학 초고』에서 제시하는 환자 엠마의 사례를 소개한다.*

이 여성 환자는 상점에 홀로 들어가는 것에 공포증이 있었는데, 사람들이 자신의 옷차림을 비웃을 것이라는 믿음 때문이었다. 이 같은 증상은 우선 그녀가 12세 되던 해의 첫 번째 기억과 관련이 있다. 엠마는 2차 성징이 시작되던 그해 어느 날, 상점으로 들어설 때의 기억을 간직하고 있었다. 이때 상점에는 엠마의 마음을 끄는 젊은 남자 점원이 있었지만, 엠마는 그가 자신의 옷차림을 비웃고 있다는 인상을 강하게 받는다. 이것이 첫 번째 기억이다. 그러나 이러한 기억 뒤에는 또 다른 기억이, 원인의 심급을 구성하는 기억이 숨겨져 있었다. 엠마가 8세 되던 해에 상점에서 경험한 성추행이 그것이다. 나이 지긋한 상점 주인이 엠마의 옷 위로 어딘지 알 수 없는 부분을 꼬집듯 잡아 당겼던 것이다. 이 경험은 그녀가 타자로부터 최초로 경험한 초과적 성적 자극의 기억이다. 여기서 초과적이라는 표현은 그 경험이 8세의 엠마가 감당할 수 없는 불안의 형식으로 찾아온 자극이라는 의미이다. 이로부터 모든 것이 옷에 결합되는 방식으로 증상이 구성된다. 상점 점원들이 비웃는 환상 역시 옷에 대한 비웃음으로 환유된다. 이에 대해 라깡

89

89

은 "진리의 방향이 은폐 속에서 지시"된다고 말한다. "옷에 대해 거짓말하는 표상" 아래에서 진리가 어디로 향하는지 그 방향이 간접적으로 표지되는 것이다.* 여기서 무의식의 거짓말하는 기능은 큰사물에 대한 경험을 은폐하는 방식으로 주체를 방어한다. 뒤집어 말하면 무의식의 거짓말이 발화되는 자리가 진리가 표지되는 자리인 것이다. 이로부터 우리는 주체가 큰사물과의 관계에서 큰사물을 악으로 규정하는 표지를 발견한다. 주체가 거짓말로 방어한다는 사실은 무의식이 이미 큰사물을 악으로 규정한다는 반증이기 때문이다. 엠마 사례에서 출현하는 증상(공포증)은 결국 증상 자체가 이미 현실원칙의 선악 규정에 감염되어 있음을 증명한다. 여기서도 부인은 주이상스를 향한 주체의 태도를 지배하며 큰사물의 존재를 은폐하는 가장 주요한 장치로 기능한다.

큰사물에 대한 방어로서 쾌락원칙과 현실원칙의 두 가지 구조는 결국 선과 악의 출현과 관련된다. 다시 강조하건대, 쾌락원칙은 쾌-불쾌의 지표를 사용하면서 선한 대상을 가정한다. 쾌락으로서의 선, 즉 복리가 출현하는 곳이 여기다. 한편 현실원칙은 올바른 담화의 부인 기능 속에서 큰사물을 악으로 가정한다. 악으로 가정된 큰사물에 대하여 무의식은 거짓말로 대처하는 것이다.

『실천이성비판』

무의식과 의식이 서로 뒤얽히며 구성되는 두 차원의 방어에 대해 라깡이 대입하는 또 다른 도덕담화의 사례가 바로 칸트의 윤리학이다. 칸트가 복리의 개념에서 도덕법칙을 분리하는 작업은 전통 윤리학을 붕괴시켰다. 행복이나 쾌락, 이윤의 획득을 모두 배제하는 윤리는 인간

의 행위가 욕망의 근본 대상에서 분리될 때에 드러나는 역설을 보여
주기 때문이다. 그렇다면 이와 같은 칸트 윤리학의 혁명은 현실원칙의
방어적 환상으로부터, 부인의 기능 속에서 악을 가정하는 전의식의 환
각으로부터 자유로웠을까? 이것은 쉽사리 대답할 수 있는 질문이 아
니다. 라깡은 앞으로 이어지는 강의들에서 이 질문에 대답하기 위해
다양한 시도를 한다. 이번 강의는 그에 대한 질문과 첫 번째 대답이 이
뤄지는 시작점이다.

　우선 라깡은 칸트가 뉴튼의 물리학에 자극을 받았음을 지적한다.
뉴튼 물리학은 순수이론에 의존하면서, 그 어떤 큰사물에 대해서도 독
립된 포지션을 취한다. 고대와 중세의 과학은 천공의 별들을 영원한
대상으로 간주하고 그로부터 과학의 질서를 추론해내려고 했다. 이
를 설명하기 위해 라깡은 언제나 동일한 위치로 돌아오는 별자리들에
대한 고대 천문학의 집착을 지적한다. 그들은 계절과 기후의 예측과
항해술, 심지어 인류 미래에 대한 추측과 신의 의지에 대한 해석까지
도 바로 이것, 언제나 동일한 자리로 돌아오는 우주의 운동, 즉 큰사물
에 대한 관측에 의존했다.* 이어지는 갈릴레이의 근대 물리학은 천공   91
의 질서에서 지상의 질서로, 그리고 다시 천공과 지상 모두가 지배받
는 과학담화의 독자적인 질서에 도달한다. 뉴튼 물리학은 이러한 독립
이 완결되는 지점을 표지한다. 근대 물리학은 바로 그와 같은 방식으
로 오직 과학담화의 일관성, 논리성, 반박 불가능성에 의존하면서 모
든 대상으로부터 자신을 독립시킨다. 순수 이론적 '올바른 담화'가 독
립되는 순간이다. 칸트의 윤리학은 바로 이러한 사유의 관점에 영향
을 받는다. 그는 모든 병리적 대상에서 도덕담화를, 현실원칙으로서의
'올바른 담화'를 독립시키면서 오직 담화 자체의 자족적 질서로 윤리
학을 정립하려 했다. 이에 대해 라깡은 다음과 같이 강조한다.

그것이 우리의 것이건 우리 이웃의 것이건, 어떤 복리도 그 자체로 도덕행위의 목적에 개입되어서는 안됩니다. 잘 알려진 대로, 유일하게 가능한 도덕행위의 규정은 다음과 같이 칸트의 명제에 의해 주어집니다. "네 자신의 행위의 명제가 보편명제가 되도록 하라." 고로 행위가 도덕적이 되는 것은 오직 명제가 의미하는 것 자체가 행위의 동기로서 명령될 때에만 그렇습니다.*

93

잘 알려진 대로 보편성은 극단적 개념이다. 즉, 모두를 위한 것이어야 하며, 여기서 모두라는 개념은 한계를 갖지 않는다. 그것은 단지 우리 마을, 우리 도시, 우리 국가가 아니라 모든 인간의 영역으로 무한히 확장되어나가면서 자신의 타당성을 증명해내야 한다. 그리고 이것은 불가능하다. '모든'의 개념, 논리학에서 ∀의 양화사로 표지되는 이 개념은 한계를 갖지 않기 때문이다. 이러한 보편성에 대한 개념은 이후 20세기 수학, 특히 체르멜로-프랭켈의 집합론에서 거부되며 오직 특정 공리의 한계 내에서만 가능한 보편성이 가정될 것이다. 라깡은 다음과 같이 강조한다.

"네 의지의 명제가 모두를 위한 입법의 원칙이 되도록 하라." […] 이러한 극단주의는 결국 선의지를 모든 이윤추구의 행위로부터 배제합니다.*

93

하나의 극단주의가 다른 하나의 극단주의로 연결된다. 보편성의 추구는 상대성의 온상인 병리적 대상들에 대한 극단적 배제로 이어지기 때문이다. 다시 말해서 도덕법칙의 명령은 쾌락원칙의 대상, 즉 쾌-불쾌의 대상인 병리적 대상에서 철저히 분리된다. 도덕담화는 오직 자신의 논리적 보편성에 의존하면서 도덕행위를 규정한다. 그리하여 칸트의 윤리학은 선의지를 모든 효용가치와 이윤의 획득에서 분리시키는 극단성에 도달한다. 라깡은 칸트가 정념적 대상들에서 윤리학을 분리시키기 위해 도달하는 이와 같은 사태를 극단성과 기괴함으로 묘사한다. 쾌락원칙과 현실원칙이 분리되면 어떤 일이 일어나는지를 보여주는 가장 위대한 문명의 사례가 바로 칸트의 윤리학인 것이다. 칸트는 올바른 담화로서의 현실원칙의 담화가 대상에 대한 극단적 '부인'의 차원에 도달하는 지점을 보여주는데, 이러한 도달의 지점에는 큰사물의 효과가 역설적으로 은폐되어 있다. 모든 정념적 대상의 부인은, 바로 그곳에 큰사물이 존재한다는 사실에 대한 전복된 지표이기 때문이다. 칸트 역시 이러한 큰사물의 현존에서 자유롭지 못하다. 그러나 이 모든 사태에 대한 묘사는 뒤로 미루어진다. 라깡은 칸트 윤리학의 대상-배제의 극단적 차원을 제시하고는 곧장 사드 후작의 기묘한 윤리학의 소개로 넘어가기 때문이다. 이번 강의는 칸트의 윤리학과 사드의 윤리학을 비교하며 전개되는 이후의 라깡 세미나들에 대한 도입부일 뿐이다.

『규방철학』

1788년 칸트의 『실천이성비판』이 출간된 지 7년 뒤, 프랑스혁명이 최고조에 달했던 1795년 사드의 『규방철학』이 세상에 나온다. 라깡은 두 텍스트의 공통점이 전통 도덕관념에 대한 전복이라는 점을 지적한다. 둘 모두 나름의 방식으로 쾌락원칙에 종속된 현실원칙으로서의 윤리학이 가진 상대성의 한계와 모순을 논증하여 반박하고, 나아가서 쾌락원칙에서 현실원칙을 독립시키는 전략을 구사하기 때문이다. 그리하여 둘 모두 욕망의 궁극적 대상인 큰사물의 잔혹함을 출현시킨다. 그런 의미에서 칸트와 사드는 모두 안티-도덕론을 구성한다. 만일 칸트의 도덕담화가 올바름이라는 의미의 한계 내에서 무제한으로 작동하는 도덕명제의 논리적 반박 불가능성, 즉 보편성에 의존하여 삶의 항상성과 보존성을 파괴하는 방향으로 나아가고 있다면 사드 역시 유사한 궤적을 취한다. 그러나 사드의 도덕명제는 온전히 반도덕적 방향성, 따라서 의미화의 한계가 아니라 순전히 논리적 장치에 의존하는 보다 개방된 속성을 보인다. 쉽게 말해서 사드는 당시 18세기 말의 모든 도덕과 관습이 진리가 아니라는 사실에서 출발한다. 그리고 이것은 사실이다. 여전히 행복과 최고선을 동일한 것으로 간주하는 18세기 도덕론은 상대성의 한계에 머무르며, 보편적 진리의 위상을 갖지 못하기 때문이다. 따라서 사드는 최고의 진리에 도달하기 위해서는 먼저 '청소'가 이루어져야 한다는 전략을 취한다.

부정의 윤리학이라고도 불릴 수 있을 그의 철학은 모든 관습적 도덕론에 반하는 행동을 실천함으로써 문명의 거짓된 환상을 폐허로 돌려야 한다고 주장한다. "중상모략과 근친상간, 외도와 절도, 강간, 기타 등의 실천으로 거짓 환상의 토대를 붕괴시켜야 한다"는 사드적 정언명령은 십계명을 뒤집은 계명을 구성하게 된다.* 이와 같은 사드의 주장은 쾌락의 제한과 부분적 허용에 관여하는 모든 전통 윤리의 원칙이 세계 구조와 권력을 보존하는 목적 이외에 그 어떤 윤리적 목적도 갖지 않는다는 사실을 전제해야만 이해된다. 따라서 사드의 윤리는 그러한 기만적 통제에서 벗어나 쾌락과 직접 대면하자는 제안으로 이해될 수 있다. 이를 위해 사드는 모든 타자를 쾌락 향유의 대상으로 이용할 것을 제안한다. 또한 '나' 역시 타자에게 그렇게 이용당함으로써 공

95

동체가 도달할 수 있는 쾌락의 극단까지 나아가자는 주장이다. 이로부터 발생하는 결과의 사례로서 사드는 여성해방이라는 기이한 이론을 제시한다. 여성들을 모두 성적 쾌락의 대상으로 간주하고 그들에게도 자신의 신체와 타자의 신체를 그 어떤 망설임이나 수치심 없이 향유하도록 강제할 때 여성들을 억압한 전통규범이 해체된다는 것이다. 조금 극단적인 표현을 쓰자면, 모든 여성이 창녀가 된다면 창녀라는 개념으로 차별받던 여성도, 숙녀의 타이틀을 유지하도록 강요받던 여염집 부녀들도 억압에서 벗어날 수 있다는 것이다. "문명사회가 여성에게 강제하던 부부윤리와 모성윤리" 등의 억압은 오직 여성들을 쾌락의 대상으로 간주하는 무정부주의적 명령에 따라 해체될 것이라는 뜻이다. 사드는 이 모든 주장을 "프랑스인들이여, 공화주의자가 되기 위해 조금만 더 노력하자!"라는 구호를 앞세우며 자신의 『규방철학』이라는 텍스트에서 논증하고 있다.* 여기서 그가 말하는 '공화주의'란 구세대의 관습을 철폐하고 출현하는 새로운 세계를 의미한다. **96**

이 모든 기괴한 도착적 주장들은 반박 불가능한 논리적 명제들로 지탱된다는 데 중요한 본질이 있다. 사드의 주장은 칸트의 그것만큼이나 로고스적 일관성에 근거한 담화의 독립성에 의존한다. 바로 그런 특성에 주목하면서 라깡은 사드의 배덕의 윤리학에 칸트의 이론이 반향하고 있음을 확신한다.* 둘 모두 현실원칙의 담화를 논리적으로 증명해내는 절차 속에서 쾌락원칙 너머의 대상을 부인하거나(칸트), 노골적으로 지시하는(사드) 방식으로 큰사물을 표지하기 때문이다. **96**

이에 덧붙여서, 라깡은 칸트와 사드의 공통점을 고통의 개념에서 찾는다.* 라깡에 의하면 칸트는 도덕명령의 실천이 주체에게 기쁨이 아닌 고통의 정동을 생산할 것이라는 관점을 취한다. 가학증자로서 사드 역시, 쾌락의 극단에는 고문당하는 타자의 정동이 필연적이라고 여 **97**

긴다. 두 사람 모두 현실원칙이 극단적 독자성을 추구하면서, 즉 현실
원칙의 담화가 스스로의 물신적 기능에 도달하면서 만나는 큰사물의
자리는 정동의 범주를 고통으로만 구성하게 됨을 논증한다. 여기서 고
통이란 불안과 함께 큰사물에 관여하는 고유한 정동이다. 인간이 쾌락
의 극단으로서 큰사물에 접근했을 때 느끼는 불안은 바로 이것, 고통
의 정동에 따른 위험신호이기 때문이다. 따라서, 칸트와 사드가 고통
과 불안의 정동에 도달한다는 것은 둘 모두 동일한 장소에 도달했음을
증명한다. 물론, 칸트는 여전히 자신이 도달한 장소가 어디인지 알려
고 하지 않는 부인의 구조 속에 있다는 차이가 있지만 말이다. 칸트와
사드의 구조적 동일성을 도표로 설명하면 아래와 같다.

도표에서 보듯이, 칸트와 사드의 주체는 '담화의 논리적 보편성'
을 무기로 상대적 도덕담화를 돌파하고, 쾌락원칙 그 너머에 도달한
다. 칸트에게는 반-쾌락의 명제, 반-정념의 명제이며, 사드에게는 친-
쾌락, 친-정념의 명제이다. 쾌락을 향한 이 같은 태도 차이에도 불구
하고 둘은 모두 쾌락을 보편명제 형식으로만 말하려 한다는 공통점을
가진다. 그리고 이 둘의 담화가 도달하는 장소는 놀랍게도 동일하다.
그곳은 큰사물의 영역, 주이상스의 영역이며, 고통과 불안의 정동이
생산되는 자리이다. 문명은 자신의 항상성을 유지하고, 현 상태의 보

존이라는 방어적 목적을 실현하기 위해 쾌락원칙과 현실원칙을 이용
한다. 그런 의미에서 문명은 자신을 보존하려고 쾌락과 타협한다. 그
리고 이러한 타협은 임의적이며 상대적이다. 그런데 칸트와 사드는 이
러한 관계의 임의성을 거부한다. 그리하여 목적이 사라지고 원칙만 남
게 된 현실원칙의 담화는 주체의 일상과 문명의 파괴를 초래하면서 큰
사물로의 접근을 멈추지 못하게 된다. 칸트와 사드는 이 같은 현실원
칙의 극단성을 추구함으로써 현실원칙 자체가 부인의 형식으로 은폐
하던 큰사물의 장소로 도달한 최초의 이론가들이다. 라깡은 이들의 중
요성을 강조하면서 이후 강의들에서 이들에 대한 논평과 해석을 지속
적으로 이어나간다. 또한 이러한 논평은 결국 『세미나 7』 자체가 추구
하는 윤리, 즉 공백에 도달하여 죽음충동을 대면하고자 하는 위반의
윤리학의 가장 주요한 자료로 사용될 것이다.

십계명

이번 강의 말미에 라깡은 십계명을 현실원칙의 부인 기능이 정초된 텍
스트로 다루면서 세미나를 종결한다. 그는 먼저 기독교의 신이 자신
을 표현하는 명제, "나는 나이다I am that I am"에 관해 언급한다. 라깡은
이 명제를 제시하면서 십계명을 다루기에 앞서 거대한 질문을 야기하
는 요소가 이 명제에 내포되어 있음을 강조한다. 라깡은 이를 번역하
는 그리스적 표현인 "나는 나인 그것으로 존재한다"라는 번역이 적절
하지 않다고 지적한다. 이 문장을 번역하려면 단순한 동어반복으로 충
분하다는 것이다. 라깡은 그러나 자신이 헤브루어를 못한다는 이유로
이에 대한 해석을 더 이상 끌고 가지 않고 곧장 다음 테마로 넘어간다.

그러나 이어지는 "내 앞에서, 너는 나 이외의 어떤 신도 숭배하지 않을 지어다"라는 계명을 언급하면서 이에 대해서도 깊이 있는 해석을 하지 않는다. 단지 "내 앞에서"라는 표현이 무엇을 의미하는지를 묻는다. 그것은 신의 면전 바깥, 즉 가나안의 외부를 의미하는가? 즉, 가나안의 외부에서 다른 신을 숭배하는 것은 받아들일 수 없다는 말인가?

이어지는 분석에서 라깡은 비로소 본격적으로 십계명의 명제를 분석한다. 우상숭배금지가 그것이다. 라깡은 단지 우상을 숭배하는 것만이 아니라 모든 이미지를, 하늘과 땅 그리고 심연의 형상 재현을 금지하는 계명은 인간의 무의식의 경향과 연관성을 갖는 명제라고 말한다. 모든 종류의 상상계적 작용의 제거는 상징계로의 직접적 접근을 보장한다. 이를 통해 '말'의 자리로 우회 없는 접근이 보장된다. 기독교에서는 이것을 '말씀'이라는 개념으로 이해할 수 있다. 정신분석에서 이는 환상 너머에 자리한 단독적 기표로 접근하는 과정이다. 우상숭배금지는 결국 의미화 작용으로 분산되고 우회되며 흩어지는 큰사물로의 여정을 다시 확립하는 하나의 조치와 같다. 있는 것으로서의 있는 것, 즉 그 어떤 의미로도 자신을 표현할 필요가 없는 하나의 특수한 이름으로 접근하는 왕도이다.

라깡은 우상숭배금지를 간단히 논평한 뒤에, 유대교의 사바Sabbat 전통을 언급한다. 기독교적 안식일에 해당하는 이날은 아무것도 하지 말라고 명령된 날이다. 이에 대해 라깡은 다음과 같이 말한다.

> [⋯] 이러한 중지, 공백은 모든 효용의 법칙에 관하여 그 너머의 기호, 구멍의 기호를 인간의 삶에 도입합니다.●

99

결국 모든 것의 중심에 공백이 있다. 기독교의 명령들은 바로 이를 중심으로 구성된 현실원칙의 담화였다. 라깡이 지나치듯 암시했던 앞선 명제들은 모두 신의 자리를 공백으로 구성하고, 그것을 둘러싸거나 접근하는 궤적을 그리는 실천의 명제들이기 때문이다.

먼저 동어반복으로만 자신을 표현하는 신, 즉 "나는 나이다"의 신은, 자신의 존재를 공백으로 구성한다. 어떤 의미로도 채울 수 없도록 금지된 신의 이름, 기표는 오직 공백을 내용으로 갖는다. 그것은 인간적 의미화의 역능이 미칠 수 없는 기원적 장소이기 때문이다. 또한 정신분석이 주인기표라는 개념으로 표현하는 기원적 기표이기도 하다. 그것은 주이상스를 고정하는 기표이며 큰사물의 표지기표이지만, 다른 기표와의 연쇄에 저항하는 증상적 기표이기도 하다. 이 독자적 기표가 욕망의 원인이 되는 동시에 억압의 대상이 된다.

한편 "나의 앞에서" 또는 "내 면전에서" 다른 신을 섬기지 말라는 명령은 역시 큰사물과 단독으로 대면할 것을 암시하는 계명이다. 여기서 "내 면전"의 개념은 큰사물이 오직 표면만을 가진다는 사실을 또한 암시한다. 그것은 가장자리일 뿐인 대상이다. 왜냐하면 그것의 내용은 공백일 뿐이며, 공백이 출현할 유일한 가능성은 그것의 테두리, 즉 표면을 구성하면서일 뿐이기 때문이다. 누구든 공백을 표현하라고 요구받는다면 손가락으로 테두리를 그려야 그렇게 할 수 있을 뿐이다. 그것의 내용, 의미, 형상은 존재하지 않는 방식으로 존재하기 때문이다.

이에 덧붙여 우상숭배금지는 이미 설명한 대로 상징계의 중핵에 존재하는 큰사물의 지표로서의 주인기표에 직접 접근하는 왕도가 된다. 정신분석이 "환상을 횡단한다"는 표현으로 말하고자 하는 바 역시 이와 연관된다. 임상분석이 상상적 구성물들과 의미의 고착들을 횡단해 도달하고자 하는 장소는 바로 말의 장소, 주이상스를 붙들고 있는 마지막인 동시에 최초인 단항기표의 장소이다. 그리하여 분석은 단항

기표를 두 번째 기표로 새롭게 연결하는 테크닉으로 고립된 주이상스의 고착을 해소하는 전략을 취한다. 즉, 새로운 연쇄를, 타자의 흔적에 의해 고착된 연쇄가 아닌 절대적 차이의 연쇄를 발명해내는 것이다.

마지막으로 안식일 전통을 언급한 라깡은 기독교가 어떻게 공백의 사유에 의존하는지를 설명한다. 안식일 전통은 욕망이 큰사물로 도달하려는 운동을 우회시키는 수많은 대상들, 산물들의 환상적 운동을 정지시키는 효과를 가져온다. 인간의 사유에 공백을 도입하는 이러한 기술은 결국 신의 존재를 향한 진지한 접근의 실천이기도 하다. 신이 자신을 동어반복의 형식에서 공백으로 제시하는 이상 그에게로 접근하는 유일한 가능성 역시 공백의 사유를 통해서일 뿐이기 때문이다.

이제까지의 논평들, 라깡이 암시하거나 필자가 덧붙인 해석들을 통해 우리가 도달할 수 있는 결론은 가장 원초적인 동시에 가장 일반적인 현실원칙, 십계명의 도덕명령들은 큰사물을 은폐하는 방식으로 드러내는 담론, 일종의 승화담론이라는 사실이다. 이 담론은 큰사물을 가장 적극적으로 드러내지만, 그럼에도 오직 공백의 형상으로만, 즉 비존재의 (무)형상으로만 그렇게 한다는 점에서 큰사물의 주이상스를 승화라는 형식으로 출현시킨다. 쉽게 말해서 십계명의 담화는 대타자로서의 신의 존재를 일상적 의미화를 넘어서서 텅 빈 어떤 것으로 출현시킨다.

그런 의미에서 지금 다룬 도덕명령들은 큰사물에 가장 근접한 담화이다. 그러나 또 다른 십계명들은 보다 간접적인 방식으로, 즉 부인의 형식에 의존하면서 큰사물을 암시한다. 예를 들면, 라깡이 이어서 설명하는 "거짓말하지 말라"의 계명이 그렇다. 거짓말이 쾌락원칙과 현실원칙의 수준에서 어떻게 큰사물에 관하여, 자신의 주이상스에 관하여 언표되는지 이미 설명되었다. 즉, 모든 인간의 무의식은 거짓말

을 한다. 이로부터 우리는 "모든 인간은 거짓말쟁이다"라는 소피스트
적 명제로 돌아가게 된다. 모든 인간의 무의식은 자신의 주이상스를
방어하기 위해 거짓말을 하기 때문이다. 그런데 이로부터 모순된 또
다른 결론이 도출된다. "모든 인간은 거짓말쟁이다"라고 말하는 주체,
즉 나 역시 인간이므로, 나의 이 명제 역시 거짓이 되기 때문이다. 고
로, "모든 인간은 거짓말쟁이가 아니다"라는 결론이 도출되지만, 이것
은 똑같은 순환 구조 속에서 다시 뒤집힐 것이다. 무의식 담화의 본질
이 거짓말인 이상, 의식 수준에서 의미화되는 언표는 언제나 무의식의
발화와 차이를, 간극을 갖게 되며, 이는 담화 내용을 거짓의 범주로 다
시 귀속시킨다. 따라서 거짓말에 관한 명령, 그것을 금지하거나(십계
명) 그것을 권장하는(사드) 명령 모두 텅 빈 중심의 테두리를 뫼비우스
의 띠처럼 맴돌 뿐이다. 결국 이로부터 도출되는 유일한 결론은 이 명
제를 말하는 진정한 주체(언표행위의 주체)와 말해진 주체(언표의 주체)
사이의 간극이다. 그리고 이 간극이 사유구조의 중핵에 은폐된 큰사
물의 존재를 표지한다. 라깡은 이에 덧붙여서, "거짓말하지 말라"라는
계명이 명령되는 순간 비로소 거짓말의 가능성이 출현한다고 말한다.
진실만을 말하라는 이 계명은 부인의 형식 속에서만 거짓말의 욕망을,
무의식의 욕망을 지시할 수 있기 때문이다. 거짓말에 관한 욕망은 인
간의 무의식적 차원에서 큰사물과 관계하는 가장 근본적인 욕망이며,
이것은 부인의 차원에서 지시된다.

　"네 이웃의 집을 탐하지 말라", "네 이웃의 아내를, 하인을, 송아지
와 나귀를, 네 이웃의 재산에 관하여 무엇 하나 탐하지 말라" 등의 십
계명에서도 라깡은 마찬가지 결론을 이끌어낸다. 재화의 탐욕을 향한
이 모든 금지의 요구들은 이웃의 가장 근본적인 재화, 즉 큰사물을 향
한 탐욕을 말하지 않기 위해 발음된 우회의 명제들일 뿐이다. 결국 여

기서 '이웃'은 프로이트가 이미 낯선 것으로 표현했던 큰사물 자체를 지시한다. 그것은 근친상간의 가장 근본적 욕망인 내 안의 낯선 이웃인 것이다. 따라서 앞서 설명된 부인의 기능에서 레비-스트로스의 금지가 작동하는 방식과 동일한 구조가 발견된다. 때로는 (신의) 공백이 지시되는 방식으로, 때로는 모성적 큰사물이 아닌 다른 것, 그럼에도 그다지 멀지 않은 어떤 것을 금지하는 부인의 방식으로, 십계명은 큰사물에 가장 근접한 가장자리에서 큰사물을 둘러싸며 배열된 현실원칙의 명제들이다. 때로는 거의 근접한 듯이 암시하면서, 그러나 결정적인 순간에는 우회하면서, 기독교의 도덕명령은 큰사물의 국경을 둘러싸는 방식으로 표지한다.

로마서: 법과 큰사물의 변증법적 관계

라깡은 로마서를 다루는 대목에서 큰사물을 존재할 수 있게 하는 것이 법이었다는 사실에 주목한다. 물론 큰사물 자체가 법은 아니다. 그러나 금지의 법이 존재하지 않았다면 큰사물의 욕망 역시 존재할 수 없다. 때로는 다른 것을 금지하는 우회적 방식으로, 때로는 거의 근접한 금지의 명령을 통해서 규정되는 큰사물의 자리와 주체의 거리는 오직 법에 의존한다. 따라서 큰사물, 또는 근원적 주이상스로 불릴 수 있는 것은 독립적이지 않다. 상징계의 법이 도입되기 전에는 존재할 수 없었던 대상인 것이다. 바로 그런 이유 때문에 우리는 상징계의 표면에 뚫린 구멍의 개념과 어머니-욕망으로서의 큰사물을 동일하게 간주한다. 상징계의 도덕법이 없다면 큰사물의 일자적 형상도 존재할 수 없으며, 큰사물이라는 단일한 존재가 없다면 상징계의 욕망이 단일 구조

속에서 팔루스를 중심으로 질서화될 가능성도 없다. "법이 없다면, 큰
사물은 죽은 것"이고, 그 역도 마찬가지이다.* 즉, 큰사물 없는 신체,
남김없이 상징화된 신체, 따라서 균열 없는 신체는 주체를 살아 숨쉬
게 하는 리비도를 가질 수 없다. 반대로, 상징계의 법이 새겨지지 않은
신체는 법의 파생물인 금지의 장소를 가질 수 없으며, 금지의 장소를
좌표로 중력운동하는 욕망의 흐름들을 가질 수도 없다. 바로 그런 의
미에서 큰사물과 십계명 그리고 삶과 죽음의 개념들은 상호적이다. 라
깡은 이렇게 말한다. "법 없이 나는 이미 살아 있지만 그러나 도덕법이
도래하자 큰사물이 불타오르며 다시 도래합니다. 그리고 그때 나는 죽
음을 발견하게 됩니다."* 즉, 주체를 삶으로 이끌어야 했던 십계명은
오히려 죽음으로 이끌게 되는데, 왜냐하면 바로 이 금지의 법을 통해서
만 비로소 큰사물이 진정한 힘을 발휘할 것이기에, 금지의 장소에서 빛
을 발하는 큰사물은 죽음의 춤을 추며 주체를 유혹할 것이기 때문이다.
라깡이 말하는 법과 죽음의 상호성이 의미하는 바가 바로 이것이다.

　　그런데 여기서 큰사물이나 죽음의 용어를 '죄악'으로 대체하면 문
자 그대로 로마서 사도 바울의 텍스트가 암시된다. 라깡은 로마서 7장
7절의 참조를 권한다.* 큰사물과 법 또는 죄악과 법의 관계를 이보다
더 잘 설명하는 텍스트를 발견하기는 힘들다는 것이다. 욕망과 법의
변증법적 관계에서 결정적으로 우리의 욕망을 죽음충동에 가깝게 만
드는 것은, 즉 위반을 욕망하도록 만드는 것은 그에 대한 금지의 법 그
자체이기 때문이다.

---

* "그런즉 우리가 무슨 말을 하리요 율법이 죄냐 그럴 수 없느니라 율법으로 말미암지
않고는 내가 죄를 알지 못하였으니 곧 율법이 탐내지 말라 하지 아니하였더라면 내가
탐심을 알지 못하였으리라"(로마서 7:7)

마음의 건축술

라깡은 이번 강의를 마지막으로 큰사물에 대한 설명을 일단락 짓는다. 인간 심리의 중핵에 존재하는 절대적 타자로서의 큰사물이 어떻게 쾌락-현실원칙에 따라 테두리쳐지는 방식으로 실존의 가능성을 부여받는지를 설명했던 강의들과, 이어서 도덕법의 차원에서 큰사물이 금지의 대상으로 설정되는 양상을 다루는 강의들에서 라깡은 무의식의 건축술이 전개되는 현상을 명백히 하려고 했다. 이러한 설명들로부터 우리가 도달하는 결론은 다음과 같다.

먼저 인간의 심리는 큰사물을 중심으로 건축된 도덕의 사원이라 할 수 있다. 그런데 이 사원의 미로 같은 복도를 따라가며 벌어지는 사건들이란 단지 엄격한 법의 실천만은 아니다. 그곳에는 위반과 범죄, 일탈과 신성모독의 사건들이 사원과 신의 권위를 위협하고 있다. 바로 이러한 위반에 대한 욕망이야말로 오히려 사원을 지탱하며 사람들이 모이도록 만드는 힘인 것이다. 그렇지 않았다면 누구도 찾지 않아 폐허가 되어버릴 장소에 활기를 불어넣는 것은 역설적이게도 신의 계명이 금지하는 것 너머의 죽음에 대한 충동이었다. 신의 금지는 그 너머의 무한한 향락이라는 환상을 만들어냈다. 바로 이 향락이 무한하기에 그것을 금지할 수 있는 권위는 더욱 강력해 보이는 순환고리 구조가 형성된다. 모든 순교와 위반, 숭배와 모독의 욕망들은 그곳에 사원이 건설되지 않았다면 존재하지도 않았을 신기루에 다름 아니다. 나아가서 큰사물에 형상을 부여하는 선과 악에 대한 모순된 욕망 역시 사원이 건축되지 않았다면 누구도 관심을 갖지 않았을 환각들이다. 그렇다면 누가 이 사원을 건축했는가? 사원이라는 건축을 창조한 건축가는 누구인가? 물론 신은 아니다. 인간 주체도 아니다. 그것은 유아기에 유입된 부모의 담화들, 아이의 귓전을 유령처럼 맴돌던 명령어들의 배후에 숨은 상징계이다. 기표구조의 기능으로 지탱되는 팔루스적 이데올로기가 '아버지의 이름'을 중심으로 의미화 현상을 만들어낸다. 그런다음 부모-대타자의 입은 자신들도 모르는 새에 숙주가 되어 상징계의 이데올로기를 아이 마음속에 전염시킨다. 그리하여 말은 부모의 시선과 얽히고, 음성과 뒤섞이며, 젖가슴과 똥을 잊지 못할 욕망의 대상으로 설정하기에 이른다. 이 모든 사태의 중심에 말이, 기표가 있다. 타자의 말에서 유래하는 기표가 쾌락의 위치를 표지하는 동시에 금지하는 기둥들의 재료였기 때문이다. 그리하여 건축된 욕망이라는 이름의사원은 그것을 금지하는 동시에 숭배하는 모순의 장소가 된다. 라깡이큰사물이라는 개념을 단지 심리적 대상으로 한정될 수 없다는 사실을지적한 이유 또한 여기에 있다. 큰사물은 마음의 구조를 결정하는 원인인 동시에 한 인간의 삶의 구조와 나아가서 문명의 구조를 창조해내는 건축술의 토대이기 때문이다. 그런 의미에서 큰사물은 단지 심리의현상학이 아니라 존재론의 문제이다. 인간 주체에게 보편적으로 존재하는 영원한 대상은 없음의 형식으로 실존하는 역설적 대상으로서의큰사물이며, 문명은 바로 이것을 중심으로 구성된 거대한 환상의 건축물이기 때문이다. 따라서 큰사물의 존재를 탐사하는 것은 마음의 구조를 이해한다는 목적을 넘어서 문명의 건축술을 이해하는 차원으로 확장된다. 이어지는 강의들에서 라깡의 시도가 바로 이것이다. 프로이트가 "문명 속의 불편함"으로 접근하고자 했던 길, 문명이라는 거시적차원의 현상을 이해하고자 했던 여정을 그 역시 시도하는 것이다. 다음 문장에는 이어지는 강의들에서 제기될 문제의식이 드러난다.

프로이트가 충동의 심리학 속에서 접근하는 것은 바로 이것[충동]

입니다. 왜냐하면 충동은 결코 심리학적 개념에 한정될 수 없기 때문입니다. 그 충동은 우리가 그 속에서 살아가기 때문에 온전하게 파악할 수는 없지만 그럼에도 그 의식의 위기에 응답해주는 절대적으로 근본적인 존재론적 개념인 것입니다.[•]

152

라깡은 이제 큰사물의 또 다른 이름인 '충동'이라는 개념을 사용하면서, 이에 대한 문명의 대응으로서의 '승화'를 탐사하는 여정을 시작한다.

2장

승화의 문제

충동과 미끼들

1960. 1. 13.

• 주요 개념 •

목자의 차원 ∶ 도덕의식의 역설 ∶ 세계와 육체 ∶ 루터

대상에 대한 관계의 문제

• 강의 개요 •

이번 강의에서 라깡은 승화의 개념을 언급한다. 금지된 충동의 만족이 공동체 내에서 어떻게 실현될 수 있을 것인가의 문제를 다루기 위해 준비하는 것이다. 이를 위해서 라깡은 욕망에 관한 인간의 현실을 묘사한다. 그는 먼저 충동이라는 개념이 본능이 아니라 순수하게 문명적이며 인위적인 현상이라는 사실을 분명히 한다. 인간의 욕망의 가장 원초적 단위인 충동은 아이와 '말하는' 어머니 사이에서 발생하는 관계성의 쾌락이기 때문이다. 이와 같은 성충동에 대하여 인간은 근본적으로 적대적 입장을 취한다. 왜냐하면 충동은 억압의 대상이며, 신경증자로서의 인간은

바로 이 같은 억압에 기초해 자신들의 자아를 구성하고 세계의 이미지를 구축했기 때문이다.

억압된 충동에 대한 이러한 적대성은 인간 스스로에 대한 수많은 오해를 출현시키는 원인이 되었던 것 역시 사실이다. 인간은 자신의 파편화된 충동을 억압하고 순화시키면 조화로운 세계와 만날 수 있으리라 상상한다. 세계와 육체에 관련된 다양한 환상이 이를 증명한다. 아담과 이브로 표상되는 남녀 성별의 조화로운 관계에 대한 환상에서 자연과 인간이 하나가 되는 환상 등에 이르기까지. 인간은 자신의 욕망의 중핵을 구성하고 있는 파괴적인 죽음충동에 언제나 반대되는 세계의 실현을 위해 노력하고 있는 것처럼 보인다. 인간의 의식과 무의식을 장악한 쾌락-현실원칙은 바로 이를 위해 충동을 억압하고 순화시키려 노력하는 것이다. 그러나 라깡은 이와 같은 노력이 언제나 실패할 운명이라는 사실을 분명히 한다. 이것이 바로 "도덕 의식의 역설"인 것이다. 자신의 충동을 악으로 규정하고 그것에 억압을 가하면 가할수록 충동은 다른 통로를 찾아 다시 회귀하게 된다. 왜냐하면 충동의 회귀를 초래하는 것은 바로 과도한 억압 그 자체이기 때문이다. 도덕적으로 살려고 하면 할수록 더욱 강해지는 초자아는 더욱 많은 희생을 요구하며 주체의 목을 조르게 될 것이다. 그리하여 도덕적 인간은 조화로운 만족의 세계에 사는 대신 살인적 도덕의지의 희생양이 될 뿐이다.

이 같은 이유 때문에 인간의 마음은 원죄의식에 전전긍긍하며 불안에 떨게 된다. 아무리 도덕적으로 살려고 해도 더 많은 죄를 짓게 되는 것만 같은 모순된 현상은 인간에게 목자를 찾아 나서도록 부추긴다. "목자의 차원"이라는 주제를 통해 라깡이 말하고자 하는 바 역시 이것이다. 인류의 역사 속에서 이 같은 목자의 출현에 대한 요구는 언제나 있어왔던 것이며, 현대에 들어서 정신분석가나 심리치료사에게 목자의 역할을 부여하려는 시도 역시 같은 의미를 갖는다. 그러나 목자로서의 정신분석가는 결코 환자가 원하는 조화로운 삶 따위를 줄 수 없다. 왜냐하면, 목자로서의 분석가가 환자에게 실제로 주는 것은 오히려 더 많은 의무와 더 강한 초자아의 명령에 다름 아니기 때문이다. 도덕의식을 강화하는 방식으로는 환자의 증상을 잠재울 수 없다는 것이다. 루터가 이야기하듯, 인간이 스스로의 욕망을 일종의 '오물 덩어리'로 간주하는 한, 이를 억압하는 방식으로는 결코 조화로운 삶의 행복에 도달할 수 없다. 퇴행적으로 보이는 충동을 성숙하고 세련된 성인의 욕망으로 변화시킬 수 있다는 생각은 자아심리학자들의 허망한 꿈에 불과한 것이다.

이 모든 모순들에 대해서 설명하고 있는 라깡은 결국 인간의 심리적 문제의 가장 주요한 핵심은 충동과 그를 대체하는 "대상에 대한 관계의 문제"라고 규정한다. 욕망이 어떠한 대상을 갖게 되느냐에 따라서 금지되는 대상과 허용되는 대상을 통한 서로 다른 경험을 할 것이기 때문이다. 예를 들어, 히스테리나 강박증의 병적 상태는 주체가 인식하지 못하는 사이에 대상을 선택하여 만족을 취한다. 이것이 병적 상태인 이유는 주체의 의식이 이러한 만족을 고통으로 인식하게 될 것이기 때문이다. 따라서 승화의 문제는 이 같은 무의식적 만족의 대상을 의식의 영역으로 끌어낸 뒤에 그것을 공동체가 허용하는 다른 대상으로 대체할 수 있도록 하는 것일 수 있다. 프로이트가 말했던 승화의 절차가 바로 이것인데, 라깡은 이에 대한 의문을 제기하며 강의를 종결한다. 과연 금지된 대상에서 허용된 대상으로의 대체가 억압 없는 만족을 가져다 줄 것인가? 사회적으로 허용된 대상이란 사회적으로 이상화된 대상을 의미할 텐데, 이 같은 이상화의 뒤에 초자아의 억압이 도사리고 있는 현실은 어떻게 해결할 것인가? 이러한 질문에 대한 답은 이후의 강의들에서 더욱 심화된 방식으로 다루어지게 된다.

정신분석의 근본 개념으로서의 충동 혹은 주이상스

라깡은 인간과 세계 출현의 원인으로 충동이라는 개념을 가정한다. 충동은 큰사물과 동일한 좌표를 갖는 용어이며, 후에 주이상스라는 이름으로 세공될 정신분석의 근본 개념이기도 하다. 충동은 인간을 사유하게 하고 행동하게 만들며 고통과 쾌락의 다양한 단계들로 밀어넣거나 빠져나가도록 만드는 힘이다. 충동은 그러한 방식으로 인간 존재와 세계를 출현시키는 근본적인 힘이 된다. 일반적으로 환자가 분석가를 찾는 이유는 바로 이러한 충동의 만족에 문제가 생겼기 때문이다. 충동 만족의 기능장애를 예로 든다면 다음과 같다.

먼저 환자의 신체에 생물학적 원인이 없는 고통이나 마비 등의 증상이 출현하는 경우, 또는 고통에 준하는 삶의 혼돈이 환자를 사로잡는 경우이다. 이것을 히스테리적 증상이라고 부른다. 이 증상은 환자의 무의식이 충동을 방어하거나 억압하는 기능에 문제가 생겼을 경우 발생한다. 제대로 억압되지 못한 충동은 환자가 그 기원을 알아채지 못하는 형태로 신체나 정신에 출현하여 삶을 혼돈에 빠뜨린다. 이 경우 사실상 환자는 어떤 방식으로든 충동의 만족을 경험한다. 그러나 환자는 그것을 인지할 수 없다. 환자는 단지 자신의 신체나 삶이 혼돈과 고통에 빠져들었다고 느낄 뿐이다. 만족을 취하는 것은 환자가 모르는 차원, 즉 무의식의 차원이기 때문이다.

한편 환자가 특정 생각에 강박적으로 사로잡혀 일상생활 자체가 어려울 경우 이를 강박증적 증상이라고 부른다. 이럴 경우 환자의 무의식은 자신의 충동에 과도하게 방어적인 입장을 취하는 경우가 대부분인데, 이때 그의 무의식은 흔히 특정 이미지에 사로잡혀 있다. 예를 들어, 자신에 대해서 하나의 완벽한 이미지를 만들고 그것에 부합하기 위해 부단히 노력하거나, 또는 자신의 파트너를 완전한 여성상에 끼워 맞추고 그것이 유지되기를 강요한다. 이러한 행동들은 모두 충동의 근원지인 타자의 욕망을 부정하려고 실행된다. 따라서 강박증적 집착은 모두 자신에게 대타자의 욕망을 환기하는 실질적 타자의 욕망을 거부하려는 목적을 갖는다. 이와는 다르게, 다양한 충동들이 전혀 통제되지 않고 신체적 고통이나 망상 속에서 자아가 파편화되는 경우 이를 정신병의 분열적 상태라고 진단한다. 이때 환자는 자신의 파편화되는 자아를 안정시키려고 특정한 서사에 매달린다. 그러나 이러한 서사는 보편성을 획득하지 못하고 개별적인 망상의 형태로 남아 있으며, 이것을 편집증이라고 부른다.

마지막으로 충동을 억압하진 않지만 상당히 통제된 방식으로 만족시키는 경우 도착증이라고 진단한다. 도착증은 충동의 강한 흐름을 유지할 수 있는 특정 상황이나 사물로 주체의 쾌락이 루틴화된 경우를 말한다. 충동을 특수하게 조직하는 이러한 상황이나 사물을 모두 '물신fétiche'이라고 부르는데, 물신은 주체가 심리적 법과 규범으로 통제된 존재, 즉 거세된 존재라는 사실을 일시적으로 망각시킨다.

이 모든 진단은 충동 또는 주이상스라고 부르는 원초적 쾌락과 주체가 맺는 관계에서 드러나는 각기 다른 유형들로, 절대적인 진단 구조라고 주장할 수는 없다. 후기 라깡은 이러한 구분의 엄격성을 포기하는 대신 주이상스(충동)와 그것이 루틴화된 개별적 양상들이라는 이자관계만을 강조한다.

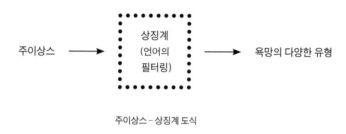

주이상스 — 상징계 도식

도표에서 보는 것처럼 주이상스(충동)는 언어의 도입에 따라 억압과 우회의 과정을 거치며, 이에 대한 결과물이 바로 인간의 다양한 욕망이다. 이때 주이상스를 필터링하는 언어를 상징계와 '아버지의 이름'이라고 부른다. 전기 라깡 이론에서는 이러한 필터링이 안정적일 경우 신경증적인 욕망의 유형들을 파생시킨다고 규정한다. 히스테리와 강박증은 그러한 신경증적 양상의 주요한 증상이다. 이들 모두 부계사회의 아버지의 판본으로 자신들의 욕망을 추구한다. 남자아이의 경우 아버지가 여성을 욕망하는 방식의 판본을 흉내낼 것이다. 여자아이의 경우 어머니가 아버지로부터 무엇을 받게 되는지(사랑 또는 아이) 관찰하여 자신도 그것을 얻게 되기를 욕망할 것이다. 부계사회의 신경증에서는 이 모든 과정의 중심에 아버지의 상징적 이미지가 주요한 역할을 한다.

반면 이러한 상징계의 필터링이 안정적이지 못할 경우, 즉 '아버지의 이름'이 폐제된 경우 주이상스는 걸러지지 못하고 주체의 삶을 사로잡는다(정신병). 이와는 다르게 상징계의 시스템이 주이상스를 필터링하지만 특수한 상황에서는 특수한 방식으로 주이상스의 원래 강도를 출현시킬 수 있는 구조를 도착증이라고 간주한다.

만일 후기 라깡 이론에서 이와 같은 부계적 상징계의 보편성이 약화되고 있다면, 주이상스를 고정하고 안정화시키는 필터로서 아버지-문화의 버전이 아닌 다양한 버전이 존재할 수 있음을 인정하는 것이 된다. 라깡의 이러한 이론적 전회를 "폐제의 일반화généralisation de la forclusion"라고 부른다. 특히 70년대 이후 라깡 이론에서 이 같은 변화가 두드러지는데, 당시 프랑스 사회의 변화가 그의 임상이론에 주요한 영향을 주었을 것으로 추정된다. 부계전통에서 편모 또는 편부 가정 등 다양한 가족 형태로 변화하는 사회구조에서 더 이상 주이상스-충동의 조율자를 상징적 아버지로 한정할 수 없었을 것이기 때문이다. 라깡의 이 같은 탈-아버지 버전으로의 변화는『세미나 23: 증환』에서 완성된다. 여기서 라깡은 아일랜드의 소설가 제임스 조이스가 어떻게 자신의 주이상스를 아버지 버전이 아닌 자신만의 필터로 안정화시키는지에 주목한다. 라깡은 조이스가 '아버지의 이름'이라는 일반적 안정화의 장치 없이도 정신병적 혼돈의 세계에 빠져들지 않는 원인으로 글쓰기의 실천을 꼽는다. 조이스가 주이상스를 자신이 발명한 기표들로 명명하는 행위, 즉 소설 쓰기로 스스로를 안정화시켰다고 진단한 것이다.

본능이 아닌 충동

이번 세미나에서는 특히 충동의 개념과 그것이 사회적으로 받아들여
지거나 거부되는 다양한 국면들을 다룬다. 충동이 어떻게 인간 존재
와 사회 구성에 영향을 미치는지를 심층적으로 다루는 것이다. 이것을
이해하기 위해서 라깡은 먼저 프로이트가 말하는 '충동Trieb'의 개념이
'본능instinct'이 아님을 분명히 한다. 만일 본능이 생물학적 존재로서의
인간, 즉 동물의 차원에서 인간이 지니고 태어나는 생체적인 것을 가
리킨다면 충동은 그러한 인간 존재가 타자(부모)와의 최초의 관계 속
에서 초기에 획득하는 부가적 쾌락이다. 이에 대해 라깡은 다음과 같
이 말한다.

> 주체의 만족 경험은 전적으로 타자에게, 프로이트가 이웃이라는 아
> 주 아름다운 표현으로 지시했던 그것에 걸려 있습니다. […] 모든
> 사유의 절차들이 주체의 주체성 안에서 형식을 갖출 수 있는 것은
> 바로 이것, 말하는 주체인 이웃의 중개를 통해서입니다. *

50

여기서 언급된 '이웃Nebenmensch' 개념은 앞선 챕터들의 큰사물을
지시하며 사용되었던 위치보다 조금 더 상징계 쪽으로 이동한 의미를
갖는다. 다시 말해서 아이에게 쾌락을 주는 것, 유아에게 충동의 만족
을 처음 경험하도록 해준다는 의미에서 분명 모성적 큰사물을 의미하
지만, 동시에 말하는 타자라는 개념과 중첩되면서 단지 주이상스 영역
의 큰사물이 아니라 상징계의 기능이 포함된 이웃, 즉 아버지의 법이
이미 도입된 목소리의 근원지라는 의미가 강조된다. 보다 상식적인 의
미에서 그것은 말을 하는 부모가 되며, 아이는 이러한 관계 속에서 충

동의 만족을 경험한다.

이를 더 자세히 풀어보면 다음과 같다. 먼저 어린아이는 타자(부모)와의 관계에서 특정 신체 부위에 특별히 강렬한 쾌락을 얻는다. 예를 들면 어머니의 젖가슴을 빠는 어린아이는 구강기관(입) 주변에서 생물학적 요구와는 관계없는 충동의 만족을 얻는다. 이것은 식욕과는 전혀 다른 차원의 쾌락이다. 항문충동은 배변의 순간 아이가 느끼는 쾌락으로, 여기서 똥은 그것을 치워주는 어머니-타자와 연결된 충동의 대상이 된다. 부모의 응시와 목소리 역시 아이에게 충동의 대상이 되면서 특수한 유형의 쾌락을 형성한다. 응시는 원래 자신을 바라보는 어머니의 시선에 반응하는 아이의 쾌락이다. 아이들은 그러한 응시에 노출됨으로써 자신이 부모에게 아주 중요한 존재라는 사실을 즐긴다. 그런데 아이가 성장하고 부모로부터 분리되는 과정을 거치면서 응시의 쾌락은 따로 떨어져 나와 독자적인 충동 영역을 구성하는데, 이것을 '시관충동'이라고 부른다. 목소리 역시 마찬가지다. 아이를 부르는 부모의 목소리는 아이에게 무한한 쾌락을 준다. 목소리가 아이가 자신을 부모의 가장 중요한 사랑의 대상이라는 사실을 인식하도록 하는 매개체였기 때문이다. 목소리 자체가 발생시키는 이러한 쾌락 역시 독자적인 영역을 구성하여 충동의 대상이 되며 이것을 '호원충동'이라고 부른다. 단순한 목소리가 아니라 주체의 존재를 부르는 목소리에서 쾌락을 느끼는 것이다.

물론 다른 쾌락들도 있다. 신체의 각 부분을 흘러다니는 충동-쾌락은 타자(부모)와의 우발적인 접촉이나 관계 속에서 각기 다른 쾌락의 유형들을 형성해낸다. 라깡이 일반적으로 구강(젖가슴), 항문(똥), 시관(응시), 호원(목소리) 충동으로 주이상스의 영역을 한정한 이유는 보다 효과적인 설명을 위해서였을 뿐이다. 라깡 이론을 전반적인 관점에서 바라볼 때 주이상스는 신체의 모든 부분과 존재의 모든 심급에서 출현할 수 있는 확장된 개념이라고 봐야 한다. 간단히 말해서 충동은 아이가 만나는 최초의 타자인 부모 혹은 부모의 역할을 하는 존재에게 반응하며 신체가 획득하는 쾌락의 가장 기초적인 단위이다. 따라서 이것은 생물학적 신체의 영역과 문화-언어적인 추상성의 공간이 맞닿는 장소에서 출현하는 지극히 인위적인 쾌락이다. 특히 라깡이 강조하는 시관충동과 호원충동의 개념은 충동이 단지 생물학적 쾌락이 아니라는 사실을 증명한다. 인간 존재를 지탱하는 욕망의 토대인 충동은 결국 가족-사회적 관계 속에서 출현하는 쾌락의 유형이라는 것이다. 그것은 주체와 타자의 관계 속에서만 발생하는 쾌락이다. 여기서 라깡이 대문자로 표기하는 타자의 개념은 아이에게 단지 부모 역할을 하는 생물학적 존재가 아니라 '말'의 타자이기도 하다. 말의 타자는 명령하는 기호의 체계로서 아이의 충동을 고정하고 유형화한다. 따라서 부모의 말을 통해 전달되는 언어-상징계의 권력은 유아의 신체에 문화적 흔적을 새기는 방식으로 그의 욕망-구조를 결정한다고 말할 수 있다.

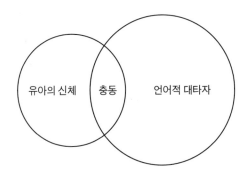

신체 - 대타자 - 충동의 도식

기표와 충동

라깡은 충동의 가장 기본적인 속성으로 '소통적communicant', '유출적 fuyant', '조형적plastique' 성격을 강조한다.[*] 이들 세 가지 속성은 사실상 하나의 특성을 가리키는데, 충동이 마치 수로에 갇힌 물처럼 특정한 길을 따라 이리저리 유동할 수 있다는 것이다. 라깡은 프로이트의 『정신분석입문』을 재인용하면서 그 점을 강조한다.

> 우리는 충동, 성적 충동의 감정이 아주 특별한 방식으로 조형적이라는 것을 이해해야 한다. 이들은 하나가 다른 하나의 자리를 대체할 수 있으며, 하나가 다른 하나의 강렬도를 취할 수 있다. 하나의 만족이 현실에 의해 거절될 때에 다른 하나의 만족이 거절된 것에 대한 온전한 보상적 만족을 제공할 수 있다. 이들은 하나가 다른 하나에 대해서 마치 조직망처럼, 마치 액체로 채워진 수로처럼 기능한다.[*]

간단히 말해서 충동은 하나의 영역에서 거절당하여 좌절될 경우 다른 영역에서 우회되는 방식으로 용인되고 만족될 수 있다. 한쪽으로 흐르던 충동의 물길이 장애물로 가로막힐 경우 충동은 역류하여 다른 길로 쏟아져 나올 수 있는 것이다. 바로 그러한 이유 때문에 라깡은 프로이트가 사용했던 충동의 독일어인 'Trieb'의 정확한 번역어로 영어의 'drive' 또는 프랑스어의 'dérive'를 꼽는다. 둘 모두 유출하는 성격, 즉 이리저리 흘러다니며 넘치거나 우회하는 속성이 강조되는 단어이기 때문이다. 그런데 만일 충동의 흐름이 수로화되어 있다면 수로의 역할을 하는 구조는 무엇일까? 라깡은 충동을 이리저리 이끌어 이동시키거나 가로막는 역할을 하는 것을 언어의 구조라고 본다. 특히 기표가 그런 역할을 한다. 라깡은 이것을 프로이트의 연구에서 가장 중요한 발견으로 간주한다. 프로이트는 이미 기표가 충동의 운반자 역할을 하고 있음을 알고 있었다는 것이다.

> 충동은 다음과 같은 프로이트의 경험적 신념 속에서 발견됩니다. 프로이트는 [분석]경험을 통해 대체와 같은 기표게임이 존재한다는 신념을 갖게 되었으며, 충동은 이러한 신념 속에서 탐사되었던 것입니다.*

108

따라서 충동이 하나의 유형에서 다른 하나의 유형으로 대체되거나 교환되거나 상호보상되거나 이동성을 갖게 되거나 유동성을 갖게 되는 것은 모두 기표체계, 즉 언어의 도움이 있어서다. 그러한 의미에서 충동은 부모 또는 '말하는 타자'와 만난 유아기-주체의 신체가 잉여적으로 유출시키는 비자연적 쾌락이다. 만일 그것을 '본능instinct'으로 번역할 경우 충동이 가진 언어적이며 인위적인 구조의 속성은 오인 속으로 추락할 것이다.

충동의 이 같은 비자연적 속성을 강조하면서 라깡은 충동이 본질적으로 다형적polymorphe이며, 영원히 그러한 상태로 남을 것이라고 강조한다. 인간-주체가 좁게는 자신의 성적 쾌락을 추구하고 넓게는 자아실현이라는 존재의 욕망을 추구하는 과정에서 관찰되는 통일된 이미지는 한시적으로만 유지되는 환상이라는 것이다. 욕망은 본질적으로 다형적인 충동들이 잠시 통합되어 만드는 환상적 일자-이미지에 불과하며, 그러한 통합은 대부분의 경우 다시 파편화되어 주체를 당혹스럽게 만든다. 좁은 예로는 인간이 성기대性器帶를 중심으로 성적 쾌락을 실현한다는 환상이다. 성기대의 우위로 불리는 이러한 성적 충동의 환상은 남녀 사이에 가정되는 안정된 성적 관계의 환상을 통해 더욱 강화된다. 즉, 남자의 성기가 여성의 성기에 삽입되는 방식으로 성충동이 이상적으로 실현된다는 것이다. 이러한 성관계의 구조는 남자-여자의 조화로운 상호적 성관계의 환상으로 이어진다. 또한 이러한 환상은 남자는 남자의 성을 가지며 여자는 여자의 성을 가진다는 이원론적 세계관의 환상으로 이어질 것이다. 그러나 라깡은 인간에게 성적 충동의 대상이란 이성의 파트너가 아니라 자신의 신체를 떠도는 파편화된 충동의 대상들이라고 주장한다. 만일 한 남자가 한 여자를 성적으로 욕망할 수 있다면, 그것은 파트너로서의 여성의 존재가 주이상스의 대상의 자리에서 그 역할을 대신하고 있었기 때문이며, 사정은 여자 쪽도 마찬가지이다. 결국 남녀의 성적 관계란 충동의 대상들과의 관계로 환원될 뿐이며, 라깡은 이것을 "성관계는 없다Il n'y pas de rapport sexuel"라는 명제로 표현한다. 욕망과 사랑의 관계 속에서 출현하는 수많은 모순과 역설의 원인이 바로 여기에 있다. 성애적 영역들, 신체의 표면에 그 수가 한정된 구멍들이 에로스의 기원일 뿐이지, 사랑의 대상인 남녀의 존재가 아니라는 것이다.** 따라서 유아기의 가장 원형적 열망들, 즉 파편적 다형충동들은 모든 성적 욕망의 출발점인 동시에 또한 그 어떤 생식기적 성향의 우월성으로도 해결되지 않는 욕망의 중핵이 된다.* 그러나 이러한 충동의 다형성과 우월성은 인간 주체에게 받아들여질 수 없는 혼돈으로 인식된다. 사회적 규범과 수치심으로 무장한 방어의 환상들은 무엇보다 우리 자신의 성적 경향에 아주 민감하게 반응하기 때문이다. 그렇기 때문에 인간은 자신의 욕망에 관한 아

* "이러한 성애적 부분들은 프로이트의 상세한 설명을 따른다면 발생적인 것으로서, 선택된 균열의 지점들에 제한된 것으로 간주될 수 있습니다. 신체의 표면에 그 수가 한정된 구멍들이 에로스가 자신의 기원을 갖는 곳이라는 말입니다."*

주 오래된 환상에 집착할 수밖에 없으며, 자신의 "리비도에 관해서 언
제나 가장 원형적이며 원초적인 형태의 꿈이 존재"하기 마련이다.* 우
리 자신의 성적 욕망에 아담과 이브의 원형적 환상이 존재한다는 것이
다. 이에 대해 라깡은 다음과 같이 말한다.

112

> 충동은 역설적이며 시원적인 속성, 이른바 전前성기대적인 속성을
> 지니고 있으며, 항구적으로 다형적이고, 구강, 항문, 성기의 각기 다
> 른 단계의 충동양태들에 연결된 이미지의 세계입니다. 이것이 의심
> 할 바 없는 프로이트적 이론의 고유함입니다. 이와 함께 분명한 것
> 은 [충동의] 미시적 차원이 거시적 차원과 결코 관련되지 않는다는
> 겁니다. 오직 환상 속에서만 하나의 세계를 야기할 뿐입니다. 바로
> 이것이 프로이트의 독트린이며, 융과 같은 그의 제자들이 1910년에
> 만든 분파의 방향과는 반대되는 관점이기도 합니다.*

112

풀어 이야기하면, 결국 인간이 꿈꾸는 조화, 통일된 우주의 질서와
미시적 차원에서의 무의식의 조화 따위는 가장 유치한 문명의 환상에
불과하다는 것이다. 인간의 마음과 충동은 근본적으로 분열되어 있으
며 파편적이다. 이에 대해서 우주의 조화로운 통일성이라는 일자의 환
상을 연결시킨다면 프로이트의 발견을 오해하는 것이다. 라깡은 오해
의 가장 전형적 사례로 1910년 프로이트에 반대하며 분파를 형성해나
갔던 융의 이론을 꼽았다.

문체는 인간 그 자체이다

이제까지의 설명은 라깡의 존재론에서 오직 다형충동만이 실재한다는 사실을 알려준다. 다른 모든 것, 인간의 욕망이 만들어내는 거시적 차원의 이미지들, 다양한 관계의 유형들은 환상일 뿐이다. 라깡은 이러한 관점에서 실재라는 단어를 사용한다. 그리고 우리는 실재가 주이상스 또는 충동의 영역이며, 이곳에서는 파편적 질서 또는 무질서만이 유일한 질서라는 사실을 알게 된다. 모든 환영적 질서의 출발점에는 무질서만이 존재하며, 이것을 질서의 부재라는 의미에서 공백*으로 명명할 수 있다. 인간의 무의식이란 이러한 무질서, 공백을 말하는 다양한 방식의 수사학이며 무의식은 그런 의미에서 주이상스를 말하는 문법 그 자체이다. 물론 그것은 직설법은 아니다. 왜냐하면 문명의 관점에서 주이상스는 단지 파편적일 뿐만 아니라 외설적으로 간주되기 때문이며, 그러한 이유로 그것의 실재는 위협적이다. 따라서 무의식은 은유를 통해 우회적으로만 말한다. 무의식은 주이상스를 문법적 기능 속에서 필터링하며, 이것이 바로 상징계 시스템의 역할이다. 라깡이 "무의식은 언어와 같이 구조화되어 있다L'inconscient est structuré comme un langage"고 말한 의미가 바로 이것이다. 무의식은 자신의 중핵에 도사리고 있는 주이상스-충동을 기표들의 대체 기능 속에서 은유적으로만 표현하며, 이러한 은유적 표현의 다양한 양태는 히스테리적 문법, 강박증적 문법, 공포증적 문법, 편집증적 문법, 도착증적 문법으로 구체화된다. 라깡이 "문체는 인간 그 자체다Le style est l'homme même"라고 말했

---

* '실재'의 프랑스어 'réel'을 거꾸로 쓰면 'leer'가 되며 이것은 독일어로 '공백'이라는 뜻이다. 자끄 라깡 『세미나 9: 동일시』(1962년 3월 28일 강의) 참조.

던 것의 의미 또한 이것이다. 인간 주체란 다형적 충동들에 대해서 무의식의 언어체계가 어떠한 방식으로 은유하느냐, 즉 어떤 문법을 사용하느냐에 따라서 출현하는 일종의 결과물이다. 그런 의미에서 무의식의 언어구조는 충동의 사건들을 필터링하고 억압하고 재해석하여 다양한 환상들을 만들어내는 환영체계이다. 흔히 인생은 한 편의 꿈과 같다는 표현은 엄밀한 의미에서 프로이트-라깡의 인간관을 가장 적절히 표현하는 문장이다. 인생은 충동의 실재 가운데에서 꾸는 은유적 꿈의 이야기들, 에둘러 표현된 서사에 다름 아니기 때문이다. 또한 인생은 큰사물에 관한 하나의 집요한 신화이기 때문이다.

세계와 육체

라깡은 인간이 얼마나 쉽사리 자신의 신체에 대해 일자의 환상, 동일시의 환상을 갖는 존재인지를 말하려고 월트 휘트먼이라는 시인을 잠시 예로 든다. 이 시인은 작품 속에서 인간의 신체와 세계의 직접적이며 완전한 만남, 즉 조화로운 관계를 꿈꾼다. 시인에 따르면, 어떤 축복의 순간에 인간은 원죄의 저주도 달콤한 현존도 모두 소멸하는 조화 속에서 세계와 하나가 될 수 있다.* 우리는 라깡이 예로 드는 휘트먼뿐만 아니라, 인간과 세계의 관계를 노래하는 대부분의 시인들의 언어 속에서 동일한 환상들이 신념처럼 받들어지고 있다는 사실을 잘 알고 있다. 예를 들어 로맹 롤랑이 그렇다. 프로이트는『문명 속의 불만』에서 로맹 롤랑이 표현한 "망망대해 같은 느낌"의 합일이라는 환상을 비판한다. 시인들뿐만 아니라 인간의 삶과 세계의 아름다움을 축복하는 대부분의 사유들은 동일한 이미지 속에서 인간의 신체와 세계를 상

112

상한다. 인간의 도리가 자연 속에 선험적으로 존재한다는 동양적 사유도, 선의 이데아와 같은 초월적 존재론을 주장하는 플라톤적 사유도 역시 마찬가지다. 세계의 혼돈 너머에 조화로운 관계의 초월적 시작이 있었다고 가정하는 회귀적 세계관은 충동의 실재에 대한 방어적 환영들일 뿐이다. 이러한 관점들은 프로이트-라깡의 인간학에서는 한마디로 가장 우스운 기만에 불과하다. 이를 강조하기 위해서 라깡은 종교 개혁의 맹렬한 투사였던 마틴 루터를 언급한다. 루터는 오히려 인간의 기원이 극도로 비루하며 악하기 그지없다는 주장을 폈던, 가장 비참한 인간학의 전파자였다. 어쩌면 이러한 루터의 주장이 오히려 인간 존재의 근본적인 모습에 가장 근접한 것일지 모른다. 라깡은 다음과 같이 말한다.

> 루터가 묘사하는 버려짐과 추방, 세계 속으로의 타락과 같은 표현들은 현대의 [정신분석이 사용하곤 하는] 모성적 젖가슴의 포기와 같은 개념보다 더욱 정신분석적입니다. [⋯] 루터는 문자 그대로 다음과 같이 표현합니다. "당신들은 악마의 항문으로부터 세상에 떨어진 오물이다"라고 말입니다. *

인간의 삶과 세계의 다양한 양상들이 시작되는 지점인 충동의 지대는 그토록 비루하다. 물론 충동의 세계는 그 자체로 비루하지도 고귀하지도 않지만, 사후적으로 문명과는 대립되는, 삶이 추구하는 가치들에 전적으로 반하는 것으로 인식되기 때문이다. 그리하여 원죄에 대한 다양한 신화들과 문명 속에 근거를 알 수 없는 죄책감과 불안이 출현한다. 우리는 우리 자신의 충동에 대해서 결코 조화로운 형상을 부여할 수 없게 되는 것이다.

충동의 세계가 보여주는 이 같은 현실은 또한 인간이 어째서 그토록 자기 자신을 가학하는 도덕규범을 발명해내고 그것에 매달려 자신을 파괴하는 모순적 행동들을 보여주는지를 설명할 수 있다. 인간은 내면 깊은 곳에서 자신에 대한 증오라고 부를 수 있는, 스스로를 벌주는 심급을 가질 수밖에 없고, 이것을 초자아 기능이라고 부른다. 인간의 도덕규범은 세련되기보다 엄격하다. 또한 실제로 범하는 위반의 수준보다 더욱 가혹하다는 특징을 갖는다. 이러한 도덕의식은 결코 소멸하지 않을 것이며, 모순될 정도로 가혹할 것이다. 이것은 우리가 타자의 잘못보다 자기 자신을 더욱 가혹하게 학대할 때 명백해지는 사실이라고 라깡은 말한다.* 왜냐하면 도덕적 엄격함이란 충동에 사로잡힌 신체에 우리가 반응할 수 있는 유일한 방식이기 때문이다. 충동의 사건들이 발생하는 신체는 문명의 관점에서 거부되어야 하는 악의 원형처럼 비추어진다. 만일 현실원칙이 우리의 심리를 조율하는 일종의 자아-방어의 시스템이라고 한다면 이러한 현실원칙이 촉발되는 기원적 지점은 충동의 지대이며 주이상스의 사건적 장소들이다. 따라서 현실원칙은 전적으로 충동을 방어하는 원칙이 되며, 충동을 억압하여 우회시키는 통제 시스템이 된다. 현실원칙은 다양한 조화의 환상과 신화를 만들어냄으로써 주이상스의 파괴적 위협에서 자신을 지킨다. 우리가 리비도의 대상과 맺는 모든 관계는 바로 이러한 신화의 파생물들일 뿐이다.* 그리고 역설적이게도 이러한 주이상스의 위협에 다시 우리 자신을 내던지는 것 역시 현실원칙의 맹목적 특성이다.

108

108

도덕의식의 역설

충동과 현실원칙 또는 주이상스와 현실원칙에 대한 이 같은 논의는 둘의 관계를 이원론적이며 대립되는 양상으로 이해하도록 만드는 것처럼 보인다. 그러나 사실 문제는 그리 간단하지 않다. 만일 충동의 지대를 거칠고 위협적인 야만의 주이상스가 넘실거리는 지역으로 한정하고, 이에 대해서 현실원칙이 국경을 건설하여 자아를 방어하는 양상으로 파악한다면, 우리는 정신분석이라는 실천을 단지 충동에 대한 자아의 방어를 강화시키는 실천으로 이해하는 오류를 범하게 된다. 충동이라는 야만의 땅으로부터 주이상스의 짐승들이 자아의 영토를 침노해 들어오지 못하도록 국경을 단단히 방어하는 것을 심리치료의 규범으로 간주하게 되는 오류가 그것이다. 그러나 현실원칙이 실제로 작동하는 메커니즘에 주목해본다면 앞서 제기된 이원론적 구분에만 의존할 수 없다는 사실이 드러난다.

　라깡은 우리의 마음이 충동을 방어하려고 도입하는 도구를 언어에서 찾는다. 주이상스의 위협적인 출몰을 방어하려면 타자의 언어, 즉 부모-가족-사회를 관통하는 규범의 언어가 필요하다. 어린아이는 자신의 주이상스를 억압하고 그것을 수용 가능한 욕망의 형식으로 번역할 언어가 필요하기 때문이다. 이러한 언어는 법의 형식으로 주이상스를 둘러싸고 방벽을 설치한다. 자신의 충동을 통제하여 억압하고 필터링하는 언어의 흐름들은 명령어의 형식으로 기능하기 때문이다. 그런데 이와 같이 법-언어의 연쇄로 작동하는 현실원칙의 방어기제는 필연적으로 초과하는 현상을 일으킨다. 충동의 흐름을 방어하려거나 충동의 영역으로 주체가 넘어서는 것을 금지하려고 설치된 법-언어의 장벽은 스스로 충동을 불러들이고 주이상스의 초과를 야기하는 기능장애를 발생시키기 때문이다. 이것을 설명하기 위해서 라깡은 칸트의 정언명령적 도덕법과 안티고네에서의 크레온의 법을 예로 든다. 칸트의 윤리학에서 정언명령은 도덕법칙이 어떠한 정념적인 영향에서도 자유롭기 위해 선택된 원칙이다. 도덕이 쾌락을 목적으로 삼지 말아야 한다는 원칙 속에서 칸트는 오로지 반박 불가능한 도덕적 명제의 명령을 좇을 것을 윤리의 사명으로 주장하기 때문이다. 일견 칸트의 이와 같은 정념 분리적 도덕원칙은 조화로운 자아의 도덕 주체를 보호할 것처럼 보이지만 실제 현상은 그 반대이다. 칸트의 정언명령 기표들은 그 자체로 물신화되면서 주체의 안정을 위협하고 주이상스의 지역으로 세계를 밀어넣는 초과의 사건을 발생시킨다. 정념의 분리원칙은 역설적이게도 가장 강력한 정념인 주이상스를 고통의 형식으로 출현시킨다. 누군가 자신이 세운 도덕법칙을 준수하려고 모든 정념적 쾌락에서 도덕실천을 분리하려 한다면 궁극적으로 죽음충동의 영역에 사로잡힐 것이라는 말이다.

같은 이야기를 소포클레스의 희곡 『안티고네』로도 할 수 있다. 국가의 반역자 폴뤼네이케스를 매장하지 못하도록 하는 법령을 고집하는 테베의 왕 크레온은 왕국의 안녕을 위해 사사로운 정에 얽매이지 않도록 고군분투한다. 그러나 크레온의 조카딸이며 오이디푸스의 딸이기도 한 안티고네는 오라버니인 폴뤼네이케스의 시체를 매장해줄 것을 강력히 주장한다. 오이디푸스 가문의 비극적 혼돈 속에서 태어난 폴뤼네이케스와 안티고네는 근친상간적 욕망의 결과물인 동시에 그러한 욕망의 현실적 반복을 상징하며 그래서 금지된 주이상스의 현현과 같다. 크레온은 국가의 안녕과 근친상간적 욕망의 금지를 대표하는 조율자, 안정자를 표상한다. 그런 의미에서 크레온은 현실원칙의 편에, 항상성과 보수성을 대표하는 자아보존의 영역에 위치한다. 반면 안티고네는 현실의 법이 아닌 지하 신들, 하데스의 법을 주장하는 죽음충동의 대표자이다. 이 같은 관점에서 우리는 극의 결말인 테베 왕국의 몰락이 안티고네 때문이라고 말할 수 있어야 한다. 안티고네의 죽음충동이 승리하는 것은 크레온이 안정된 방어를 하지 못했기 때문이라고 말할 수 있어야 한다. 그러나 『안티고네』를 읽는 독자가 받는 인상은 정반대이다. 테베 왕국은 오히려 법을 향한 크레온의 집착 때문에 몰락하고 있다. 안티고네가 원한 것은 단지 오라버니 폴뤼네이케스를 매장해주는 것뿐이었다. 크레온은 기겁하면서 국가의 영웅과 반역자를 동등하게 대우해줄 수 없다는 원칙론을 고수한다. 크레온은 그러한 방식으로 자아를 방어하는 현실원칙의 역설적 형상을 대표하고 있었다.* 자기를 방어하는 기능에 집착하는 자아의 법치주의야말로 주이상스의 초과라는 위협적인 사건을 출현시키는 원인이 된다. 우리는 신경증의 한 유형인 강박증 환자들이 어떻게 방어적인 사유의 반복에 집착하면서 오히려 자아를 붕괴시키는 사건을 초래하는지 잘 알고 있지 않은가? 청결 강박의 경우, 분명 방어적 사유에 대한 집착이지만 그러한 강박이 주체의 삶을 파괴하는 죽음충동의 형상으로 전환되는 것은 필연적이다.

따라서 주이상스의 영역인 충동의 영토와 현실원칙에 의해 보존되는 자아의 영토는 기이한 국경으로 상호 연결되어 있다고 볼 수 있다. 그것은 뫼비우스의 띠의 형식을 한 국경선이다. 한쪽을 통해 다른 한쪽으로 자신도 모르는 새에 도달하게 되어버리는, 둘 사이를 가르는 동시에 연결하는 모순의 장벽이 그것이다. 이것이 충동에 대한 억압 장벽으로서의 법-기표연쇄의 본질이다. 그런 의미에서 법의 기표는

---

* 『안티고네』에 대한 라깡의 분석은 이 책 후반부에 자세히 전개된다.

아버지-상징계-초자아의 편에서 충동을 억압하는 기능을 하지만 만일 억압이 과도할 경우, 스스로를 물신화시키면서 오히려 충동의 지대로 주체를 던져 넣을 것이다.

충동의 영역인 주이상스의 영토가 보여주는 위협적 속성과 이에 반응하는 현실원칙의 모순된 모습들은 우리에게 도덕의식과 죄책감의 문제를 깊이 있게 이해하게 해준다. 그중에서도 마음이 충동의 출몰을 단지 불안해하는 것이 아니라 도덕적으로 불안해한다는 사실은 정신분석이라는 실천이 무엇이 되어야 하는지를 암시하고 있다. 우리의 마음은 근본적으로 도덕의식에 사로잡혀 있다. 우리가 스스로의 충동을 억압하는 데 사용했던 언어가 도덕의 언어이자 규범의 언어였기 때문이다. 그것은 아이를 교육하는 어머니의 말 속에 등장하는 상징적 아버지의 심급이다. 쉽게 말해서 아이는 어머니와의 접촉으로 강한 쾌락(충동)을 느끼는데 이를 포기할 것을 어머니의 말 속에 등장하는 제3의 권력자에게 강제받는다. 이것이 제3의 권력인 이유는 법을 강제하는 명령의 주체가 어머니도 아니며 주변의 이자관계, 즉 현실의 그 누구도 아니기 때문이다. 어머니의 말 속에 등장하는 명령어의 주체는 어머니와 아버지를 비롯한 가족 구성원 모두를 초월하는 상징적인 심급이다. 그렇기 때문에 아이를 향한 어머니의 명령어는 어머니 자신조차도 따라야 하는 절대적 뉘앙스를 담고 있다. "엄마는 이제 외출해야 되니까 울지 말고 얌전히 기다려야 해"라고 말하는 어머니의 말에는 실질적 명령의 주체인 어머니 본인조차 따라야 하는 알 수 없는 상징적 제3자의 권력이 등장한다. 어머니는 "~하고 싶으니까"가 아니라 언제나 "~해야 되니까 너도 그것을 따라야 한다"라는 방식으로 모두를 초월하는 법규범을 제시한다. 라깡은 이것을 '상징적 아버지의 심급'이라고 부른다. 그것이 어머니가 아니라 아버지의 심급인 이유는 현재 인간의 문명이 부계중심적이며, 남성적 욕망에 지배받는다는 판단 때문이다. 이미 설명했듯이 이러한 관점은 후기 라깡에서 약화되지만 여전히 초월적이며 상징적인 법의 속성은 유지된다.

충동을 억압하기 위해 제시되는 상징적 법의 또 다른 특성은 단지 충동을 억압하는 것이 아니라 마치 존재하지 않았던 것처럼 거짓말하여 은폐한다는 사실이다. 인간의 무의식을 구성하는 법의 언어들은 충동의 표현들을 전혀 다른 모습으로 각색하여 전의식과 의식의 표면으로 걸러내어 출현시킨다. 예를 들어, 누군가 옷가게라는 장소에 들어가는 것에 공포증이 있다면, 무의식의 밑바닥에는 옷가게와 아주 조금이라도 관련성을 갖는 억압된 충동이 실존한다. 어린 시절 상점 주인에게 옷 위로 가슴이 꼬집히는 추행을 당한 여자아이는 그 행위를 통해 발생한 어린 시절의 충동을 억압하여 옷가게에 대한 공포라는 전혀 다른 은유법으로 그것을 표현하는 것이다. 그런 식으로 현실원칙이 작동하는 상징계의 언어 시스템은 주이상스의 사건인 충동의 출몰에 대한 기억을 효과적으로 억압하기 위해 은폐와 부인, 거짓말이라는 수단을 사용한다. 그러나 이러한 전략이 항상 성공을 거두는 것은 아니다. 오히려 그 반대이다. 우리는 꿈속에서, 말실수 속에서, 또는 행동의 실착 속에서 증상의 형태로 충동 사건의 기억과 조우한다. 만일 이러한 증상의 출현이 미미한 효과만을 가져온다면 우리는 쉽사리 별것 아닌 것으로 간주하며 잊는다. 그러나 증상의 효과가 다소 무거울 경우 우리가 속한 세계는 몰락의 기운 속으로, 불안과 고통의 그림자가 드리워진 불확실성의 나락으로 떨어질 것이다. 간단히 말해서 인간의 마음은 언제나 이토록 결정적이며 근본적인, 엄습하는 불안의 위협에 노출되어 있다. 다시 한 번 강조하건대 "유아기의 가장 원형적 열망들[충동들]은 출발점인 동시에 또한 그 어떤 성기대적 성향의 우월성으로

도 해결되지 않는 중핵"이기 때문이다.●

문명이 이룩한 기술과 문화의 양적인 성과에도 불구하고 인간이 질적인 행복에 도달하는 데 그토록 어려움을 겪는 것은 이 때문이다. 우리의 마음은 스스로의 파편성에 놀라며 그것을 벌주려 하고, 때로는 자기 자신을 증오한다. 스스로 허황된 과대평가와 파괴적 자기폄하라는 양극단을 오가면서 우리의 마음은 행복과 만족의 영역에서 아득히 멀어지는 것이다. 그리하여 법을 지키려 하면 할수록, 과도한 쾌락에서 자신을 절제하려 하면 할수록 그것을 명령하는 초자아는 더욱 엄격한 목소리로 추궁을 시작한다. 왜냐하면 주체를 몰아세우는 초자아의 뿌리가 자양분을 빨아들이는 곳은 우리 마음속 중핵에 있는, 고갈될 줄 모르는 충동과 주이상스의 검은 호수, 큰사물의 영토이기 때문이다.

주체의 무의식에 자리한 충동과 그를 향한 덧없는 방어인 이 같은 억압의 대립구조를 라깡은 문명화되지 않은 '원초적인 윤리éthique sauvage'라고 부른다. 그것은 모든 문명의 윤리학이 출현하기도 전에 이미 자리잡은 도덕의 시작점이며, 이것이야말로 정신분석가가 자신의 임상실에서 내담자에게 듣게 되는 다양한 병리적 현상의 이면에 숨겨진, 저 혼자 움직이는 독자적인 마음의 도덕이론에 다름 아니다. 내담자의 마음속에서 고통을 유발하는 죄책감과 수치심, 자신을 향한 증오와 가족에 대한 포기될 수 없는 애증의 고착들은 이처럼 문명의 시작점에서 심리의 원형적 자리에 자리잡은 충동과 억압의 산물인 것이다.

바로 그런 이유 때문에 말을 하는 모든 인간들은 제아무리 원시적인 수준의 문명에 속하고 문화의 양적 결핍 속에서 생활하는 듯 보여도 모든 인류에게 반복되는 동일한 친족관계의 구조를 공유한다. 근친상간 금지와 가족 구성원들 사이의 질서 형성은 인간이 충동을 통제하는 근본적 구조이기 때문이다. 라깡이 자신의 친구였던 레비-스트로스로부터 빌려온 인류학적 지식은 프로이트에서 시작되었던 정신분석의 충동이론을 비로소 언어-문화적 보편구조 속에서, 즉 구조주의적 틀의 내부에서 이해될 수 있게 한 계기가 되었다.

목자의 차원

충동과 이에 대한 반응으로서의 도덕심급에 대한 라깡의 언급들은 인간의 마음을 지배하는 모순된 정서와 나약함이 어째서 존속되는지를 증명해준다. 인간 문명이 그토록 쉽사리 불안에 사로잡히며, 그로부터 헤어나오지 못하는 이유 역시 설명된다. 따라서 이러한 불안의 상대항으로서 목자牧者의 차원이 문명의 곳곳에서 발견되는 것은 결코 우연이 아닐 것이다. 인간 주체는 충동의 불안을 잠재우려고 선한 목자 또는 멘토를 찾아 헤매기 때문이다.

> 목자의 차원은 문명에서 결코 부재했던 적이 없습니다. 그것은 또한 문명의 불편함에 대해서 언제나 무언가를 해결해주는 역할을 해왔습니다. [*]

사람들이 목자에게 원하는 것은 물론 가르침이다. 자신들의 도덕적 불안을 진정시키는 말씀을 목자에게서 듣길 원한다. 그리고 심리상담이나 정신분석상담, 심지어는 정신의학의 의료상담에 응하는 환자들 역시 이것을 원하며, 이 모든 상황에서 상담자 역할을 하는 이들도 역시 목자의 역할을 떠맡으려 하는 것처럼 보인다. 라깡은 이러한 현

107

상들에 강한 반감을 드러내면서 다음과 같이 말한다.

> 한발 뒤로 물러나서 정신분석이 윤리적 질서 속에서 일견 무엇으로
> 보일 수 있는지 살펴봅시다. 맙소사! 그것은 사이렌의 노래가 야기
> 하는 그런 오해라고 할 수 있을, 그러니까 자연적 도덕이라는 것을
> 탐사하는 것으로 보이지 않을까 합니다.*   106

정신분석을 충동을 길들이고 조련하는 치료의 과정으로 생각하거
나, 자연 질서 속에서 본연의 도덕의 자리로 미성숙한 환자를 인도하
는 것으로 생각한다면, 그리하여 분석가는 이러한 이끎을 주도하는 일
종의 멘토, 즉 목자의 역할을 한다고 상상한다면 그것은 사이렌의 노
래에 버금가는 환상이며 오해라는 말이다. 라깡은 다시 질문한다.

> [정신분석이란] 세계와의 규범적 균형을 달성하도록 하는 것일까
> 요?*   106

다시 말해서, 정신분석이란 조화로운 도덕규범이 존재한다고 가
정되는 균형의 장소로 충동에 사로잡힌 환자의 마음을 데려가는 일일
까? 라깡은 결코 아니라고 강조한다. 라깡은 이러한 목자의 차원은 일
종의 종교에 불과하며, 결코 객관적 과학의 실천이 될 수 없다고 말한
다. 이것은 세계적으로 유행하는 '마음치료'류의 행복-상품-마케팅에
불과하다. 라깡의 입장은 단호하다.

> 우리는 이 같은 복음을 성기대적 관계의 형식으로 설파하는 것을 이
> 따금씩 보게 되는데, 그것은 내가 조심스런 마음으로 또는 회의적인

생각에서 자주 환기하곤 했던 것입니다.＊

정신분석이란 본능들의 성숙화 과정이 아니라는 것이다. 왜냐하면 그러한 성숙화의 모델이 되는 것은 결국 현 사회의 지배적 패러다임이 만들어낸 우상에 불과하기 때문이다. 이러한 관점은 성기대적 관계 형식의 우위를 주장하는 자아심리학을 일종의 복음주의로, 과학이아닌 종교로, 백인-남성적 패러다임을 의료적 우상화로 간주하는 것이다. 이 같은 우상화의 전략들이 보여주는 공통된 특징은 자연적 도덕이 존재한다는 가정이다. 이것을 간단히 '정상성'의 가정이라고 부를 수도 있을 것이다. 라깡은 이 모든 쉬운 해결책들을 거부하면서, 자신의 입장은 프로이트로부터 기원했음을 주장한다.

분명한 것은, 프로이트적 성찰이 우리에게 가져다준 것을 검토해본다면 무엇인가가 처음부터 그러한 [목자적인] 차원의 흡수에 저항한다는 것을 보게 됩니다. 내가 올해 정신분석의 윤리 문제에 접근했던 것 역시 이러한 관점을 통해서였습니다.＊

라깡이 『세미나 7』을 '정신분석의 윤리'라고 명명했던 주요한 이유가 여기서 밝혀진다. 라깡은 프로이트 이후의 정신분석이 다양한 분파에 의해 세계로 퍼져나가면서 심각한 오류를 발생시키는 것을 보았다. 그중에서도 정신분석을 상식과 규범의 집행자로 간주하는 현상들은 가장 심각한 오류였다. 앞서 설명되었듯이, 인간의 충동과 욕망의문제에 있어서 원형적인 질서 따위란 존재하지 않기 때문이다. 나아가서 보편적 선의 실체가 환영이었음을 증명하는 프로이트적 발견들을염두에 둔다면 여타 정신분석에서 분석가가 취하는 목자와 같은 포지션은 인간 주체가 사로잡힌 환상의 층을 더욱 두텁게 만드는 것에 불과했다. 결국 정신분석에서 문제가 되는 것은 자아가 사로잡힌 도덕규범의 강제가 환영이라는 사실을 이해하도록 하는 것이지 그것을 강화하는 것이 아니다. 우리의 자아는 언제나 충분히 강력한 초자아의 힘에 사로잡혀 있기 때문이다. 신경증에서 환자의 무의식이 문제를 일으키는 것은 이러한 초자아의 과도한 억압 때문이다. 정신분석이 목자적 차원을 피해야 하는 또 다른 이유가 여기에 있다. 따라서 도덕규범을 강화하는 목자 모델의 분석실천은 증상을 악화시킬 뿐이다. 강력하게 억압된 증상은 그럴수록 더욱 파괴적인 방식으로 회귀할 뿐이기 때문이다.

그러한 이유 때문에『세미나 7』전반의 통일된 논지는 도덕의 임상실천이 아니라 오히려 위반의 임상실천이다. 이 시기 라깡은 자끄 알랭-밀레의 표현대로 정신분석 임상을 "장치화된 위반transgression appareillée"의 실천으로 간주하고 있었다.* 여기서 위반은 주체의 무의식을 통제하는 상징적 법의 기능이 파생시키는 환상들을 거슬러 횡단하는 것을 의미한다. 달리 말하면, 우리의 마음이 신념처럼 매달려 있는 무의식의 담화들을 해체한다는 의미이다. 결국은 충동을 억압하여 밀어내는 것이 아니라, 그것이 억압되는 구조들을 횡단하여 충동의 가장자리까지 접근해가는 것이 문제이다. 이러한 접근을 통해서 환자는 자신의 마음이 어떠한 방식으로 구조화되었는지를 알게 된다. 억압되고 은폐된 마음의 구조를 알아내기 위해서 할 수 있는 최선의 행위가 바로 위반이고,『세미나 7』이 위반의 다양한 영웅들, 특히 사드와 안티고

---

* 자끄 알랭-밀레,「주이상스의 여섯 개 패러다임」(Jaques-Alain Miller, «Les six paradigmes de la jouissance», in. *La cause freudienne*, n° 43, Paris, oct. 1999.)

네의 죽음충동을 찬양하는 이유가 바로 여기에 있다. 그런 의미에서 정신분석가는 목자가 아니라 위반의 조력자 자리에 위치해야 한다.

대상에 대한 관계의 문제

충동의 본질이 무엇인지 또는 그곳이 자리한 장소의 중핵으로 접근하는 방법이 무엇인지를 알려면 충동을 둘러싼 대상의 관계 개념을 살펴보는 것이 도움이 된다. 충동은 언제나 목적, 즉 쾌락의 향유를 달성하기 위해 대상을 필요로 한다. 충동 그 자체로 만족이 실현되지 못하고 대상이 요구되는 이유는 자아가 충동의 거친 속성을 거부해 방어하고, 이를 대체할 대상을 요구하기 때문이다. 이것이 앞서 설명된 충동의 대체하는 특성이다. 이러한 대체에 도구로 사용되는 것이 언어, 즉 기표이다. 승화는 이와 같은 대상의 대체, 즉 금지된 대상에서 허용된 대상으로의 대체가 적절히 일어났을 경우를 가리키는 개념이다. 프로이트가 『성욕에 관한 세 편의 에세이』에서 규정한 승화가 바로 이것이며, 라깡 역시 이것을 언급한다. 조금 긴 인용을 함께 읽어보도록 하자.

> 대상이 문제입니다. 그런데 이 심급에서 대상이란 무엇을 의미할까요? 프로이트가 […] 『성욕에 관한 세 편의 에세이』에서 자신의 초기 토픽 속의 승화 개념이 무엇인지를 규정할 때 그것은 다음의 의미를 갖습니다. 승화란 대상들 내부 혹은 리비도 내부에서 일어나는 변화입니다. 이러한 변화는 억압된 것의 회귀로 중재되지 않으며, 증상적으로 이루어지지도 않습니다. 따라서 이것은 간접이 아닌 직접적인 만족의 방식으로 일어납니다. 성적 리비도는 대상들 속에서

만족을 찾는다는 것인데, 그런데 어떻게 그들[만족의 대상]을 먼저 구별해낼 수 있을까요? 아주 단순하게 말해 사회적으로 가치가 인증된 대상, 공동체가 그 공익성을 인정한 만큼 동의한 대상을 통해서인데, 사실을 말하자면 이러한 [프로이트의] 관점으로 무한정한 당혹스러움의 영역이 개방되는 것을 초래하게 될 것입니다.[●]   113

인용에서 언급된 프로이트의 승화 개념은 명확히 충동의 억압 없는 만족을 뜻한다. 여기서 "간접이 아닌 직접적인 만족"이라는 표현은 곧 "억압이 없이" 만족되는 성충동을 의미하기 때문이다. 이것은 충동이 증상의 형식으로 출현하여 무의식적인 만족을 달성하는 것과는 전혀 다르다. 라깡이 위에서 "증상적으로"라고 표현하는 만족의 형식은 전적으로 무의식적인 것을 말한다. 주체의 의식은 무의식적 만족에 전혀 만족을 느끼지 못한다. 오히려 반대의 경우가 더 많다. 주체는 자신의 신체나 정신에 출현하는 증상을 고통스럽게 여기거나 그로 인해 불안에 빠진다. 또는 특수한 패턴의 삶을 반복함으로써 일상을 고통으로 밀어넣는다. 특정 생각에 강박적으로 사로잡혀 사회생활 자체가 불가능한 지경에 이르기도 한다. 이와 같은 히스테리와 강박증상에 주체의 의식은 당황과 곤혹, 불안과 우울, 그리고 고통을 느낄 뿐이다. 무의식의 억압된 충동이 증상으로 회귀하여 출현하는 이러한 현상들은 오직 무의식적 차원에서 만족될 뿐이다. 따라서 간접적인 만족에는 여전히 억압이 기능한다고 간주되어야 한다. 주체의 의식이 느끼는 고통과 불안이 그러한 억압의 효과인 동시에 증거이기 때문이다. 그런 의미에서 승화가 억압 없는 만족을 가능하게 한다는 것은 충동이 의식의 차원에서 만족될 수 있음을 말한다. 프로이트는 충동의 대상이 사회적으로 가치를 인정받는 대상으로, 즉 누구나 즐겨도 좋을 대상으로 교체되는 과정에서 만족이 가능하다고 주장한 것이다.

대상과 승화

이 같은 프로이트의 승화 개념은 일견 개인이 집단-공동체 내부에서 안정적이며 직접적인 대상을 발견하여 성충동이 만족되는 구도를 상상하게 만든다.* 개인은 성충동과 일탈의 장소이며, 공동체는 이에 대해서 만족의 길을 열어주는 이상적 체계라는 관념이 그것이다. 라깡은 이것을 개인-집단의 손쉬운 대립구도를 만들고, 나아가서 개인-집단의 손쉬운 화해를 가정하는 순진한 관점으로 간주한다. 라깡이 보기에 첫 번째 토픽 시기의 프로이트는 아직도 승화의 문제를 완전히 해결하지 못하고 있었다. 프로이트의 동일한 텍스트에 등장하는 방어-체계의 개념이 그 증거이다. 프로이트는 사회-공동체가 일종의 반작용으로 개인의 성충동에 방어적 문명 시스템을 구축한다고 생각했는데,* 이러한 방어의 개념은 억압 없는 만족으로서의 사회적 승화의 개념과는 대립한다. 왜냐하면 이미 충동을 방어한다는 관점 자체가 억압의 특성을 내포하기 때문이다. 이처럼 라깡은 프로이트의 승화 개념의 난점과 모순을 하나하나 짚어나가는 방식으로 논증을 이어나간다. 특히 대상과 승화의 개념을 연결하여 새로운 설명을 개시한다.

우선 라깡은 프로이트의 정신분석에서 '대상'의 개념은 두 번째 토픽의 시기인 「나르시시즘 서론」의 발표 시점에 도입된다고 설명한다. 이 논문에서 프로이트는 주체가 리비도를 투자하는 대상이 자아와 대상으로 분리된다는 이론을 정립한다. 이와 관련하여 라깡은 인간의 욕망이란 오직 자신의 근본충동의 자리인 큰사물로 직진하지 않고

"주변을 맴도는" 방식으로만 만족된다고 설명한다. 그리고 이와 같은
우회를 가능하게 해주는 것이 바로 '대상'인 것이다.* 따라서 대상의
개념은 만족과 관련하여 아주 중요한 자리를 차지한다. 대상이 없다면
인간 주체는 성충동의 만족에 도달할 수 없기 때문이다. 대상은 인간
의 충동이 사회적으로 즐길 만한 것으로 우회된 상태일 때 존재하며,
그런 의미에서 대상이란 개념 없이 승화의 기능을 말할 수 없다. 한편
라깡은 대상이 언제나 상상계적 기능을 한다고 강조한다.

> 승화의 차원에서 대상은 상상계적인 작업, 특히 문화적인 작업과 분
> 리할 수 없습니다.*

"상상계적"이라는 표현은 자아의 동일시와 관련된다는 것을 의미
한다. 나아가서, 대상이 충동을 우회적으로 만족시키는 대체의 기능을
하는 동시에 상상계적 기능을 한다는 표현은 대상이 욕망의 만족과 관
련이 있으며, 주체의 자아-이미지를 결정함을 의미한다. 주체는 자신
의 충동을 우회적으로 만족시키려고 대상을 취하며, 그렇게 함으로써
동시에 자신이 누구인지도 알 수 있는 것이다. 만족과 동일시의 이 같
은 과정은 우리가 문화라고 부르는 것의 본질이기도 하다. 문화적인
대상들을 욕망하고 만족을 추구하는 과정 속에서 우리는 자신의 자아
를 규정받는다. 직업을 선택하고 가족의 형태를 이루며 여가활동으로
자아를 실현하는 등의 사회-문화적 실천들은 결국 문화적 대상들을
출현시키는 사회구조적 틀에 자아가 통합된다는 것을 의미한다.

라깡은 이 같은 승화의 대상-동일시적 차원을 환상의 도식, $\$\diamond a$
과 관련지어야 한다고 언급한다. 라깡이 "욕망과 그 해석"이라고 명명
했던 『세미나 6』에서 정립한 바와 같이 $\$\diamond a$의 수식은 주체가 상상계

114

118

적 대상에 사로잡힘으로써 스스로 소외되는 과정을 표상한다. 여기서 주체, 8는 그의 욕망의 대상인 a, 즉 작은 타자에 리비도를 투여하는 방식으로 사로잡히고 그러한 사로잡힘에 근거하여 상징계 내부에서 자신의 위치를 할당받는다. 보다 쉬운 방식으로 설명하면 다음과 같다. 우리 자신은 스스로의 충동(사물)에 대하여 직접적인 만족을 취할 수 없는데, 그것은 아버지의 법으로 금지되어 있기 때문이다. 이러한 금지는 주체의 무의식에게 다른 방식의 만족을 찾기를 촉구한다. 따라서 주체의 무의식은 히스테리나 강박증의 증상으로 만족을 찾는데, 이는 의식이 모르는 사이에 일어나는 만족이다. 이러한 무의식의 만족 과정은 충동 그 자체가 아닌 대상을 매개로 할 때만 가능하다. 충동의 파괴적 힘을 완화시키고 그것의 금지된 속성을 은폐시킬 대체물이 필요하기 때문이다. 따라서 대상은 충동을 은폐하는 동시에 충동의 우회적 만족을 가능하게 해주는 일종의 대리물이며 가상물이다. 그런데 이렇게 발견되는 대상 a의 특성에 따라서 주체의 자아의 모습이 결정된다. 흔히 말하듯 인간이란 그가 욕망하는 그것 자체이다.

충동과 충동의 우회적 만족을 가능하게 하는 매개물로서의 대상, 그리고 이에 대한 동일시 개념 모두는 승화의 개념을 설명하는 데 아주 중요한 단서를 제공한다. 승화는 단지 주이상스의 만족이 아니라 주이상스적 주체가 사회 공동체 내에서 자아를 실현한다는 의미를 내포하는 개념이기 때문이다. 실현 가능성 여부에 대한 논란은 잠시 접어두고서라도, 이것이 프로이트가 승화라는 개념으로 말하고자 했던 것이며, 라깡은 바로 이러한 지점을 "무한정한 당혹스러움"의 영역이 개방되는 것이라고 말했다. 왜냐하면 이미 수차례 언급했듯이 대상의 속성 자체에 이미 억압과 우회라는 기능이 존재하며, 주체는 대상을 통해서는 결코 소외 없는 온전한 만족을 경험할 수 없을 것이기 때문이다. 만일 억압 없는 충동의 만족을 가능하게 해주는 대상이 존재한다면 그것은 이미 상징계의 규범과 통제에서 벗어난 좌표 또는 비좌표를 가진 것으로 간주될 것이다. 그러나 과연 그러한 대상이 존재할 수 있을까? 승화에서 대상이란 무엇보다 사회적 규범으로 이상화된 대상인데, 여기서 이상화의 주체는 언제나 상징계이다. 그것은 아버지의 법에 따라 이상화되었기 때문이다. 만일 그렇다면 이처럼 이상화된 대상과 자신을 동일시하면서 만족을 추구하는 주체가 억압 없는 주체일까? 물론 그럴 수 없다. 왜냐하면 아버지의 법이란 억압의 중핵이기 때문이다. 따라서 대상과 연관해 승화를 이해하는 한 우리는 결코 프로이트가 말하는 억압 없는 충동의 만족이라는 개념에 도달할 수 없다.

충동과 대상의 관계에 관한 설명을 이어가는 라깡은 프로이트가 「나르시시즘 서론」에서 고대인과 현대인의 차이를 설명하는 부분을 잠시 언급한다. 프로이트가 말하길 고대인, 즉 기독교 문명 이전의 유럽인은 충동 그 자체를 중시하며 향유하는 경향이 있었던 반면 현대인은 충동의 대상에 집착하는 모습을 보인다는 것이다. 이에 라깡은 프로이트가 말하는 충동에 대한 고대와 현대의 차이가 진정으로 의미를 가질 수 있다면 그것은 자유로운 욕망이 표현되던 과거에 대한 노스탈지가 아니라고 덧붙인다. 프로이트의 일화가 진정으로 말해주는 것은 현대인이 충동의 대상에 사로잡혀 소외되는 현상이다. 고대인의 보다 자유로운 욕망의 신화는 오늘의 문제를 드러내는 대응점 역할 이상을 하지 않는다. 현대인은 욕망의 대상이 만들어내는 환상에 온전히 사로잡혀 있으며, 그것이 가진 대체적 속성, 즉 허구적인 속성을 알아채지 못한 채 압도당하기 때문이다.

오늘날 한국 현실에서 대표적 사례를 찾자면 끝이 없다. 아름다운 외모라는 환영적 대상에 사로잡혀 진정한 사랑의 가치를 잊게 된 남녀, 돈과 재화라는 매개물을 마치 궁극적 욕망의 대상 자체로 여겨 삶을 소진하는 자본주의적 삶의 모순은 라깡이 말하고자 하는 바를 증명해준다. 욕망하는 대신, 욕망의 대상에 사로잡힌 주체들은 욕망의 힘으로 삶을 확장하기보다 대상들의 질서에 갇혀버린다. 사회적 고정관념이라는 패러다임의 질서로부터 부여되는 대상들의 위상과 값어치는 그것을 욕망하는 주체 역시 패러다임의 질서에 종속시키는 결과를 초래한다. 현대인은 그러한 방식으로 욕망 자체의 힘과 가능성을 소진시키면서 주어진 욕망의 대상들이 만들어내는 환영에 갇히고 만다.

라깡의 이러한 언급은 결국 승화와 관련된 아주 중요한 단서를 제공하는데, 만일 승화가 충동의 억압 없는 만족을 가리킨다면, 대상의 개념은 여기서 아주 특수한 것이어야만 한다는 것이다. 그것은 사회적으로 이상화된 대상이어도 안 되고, 규범과 도덕으로 치장된 의미의 대상이어도 안 된다. 욕망의 대상이 그러한 사회적 좌표를 갖는다면 욕망의 주체 역시 동일한 좌표에 자신을 가두는 모순에 처하게 될것이다. 따라서 만일 진정한 승화가 가능하려면 단순한 대상이 아니라보다 깊이 연구된 대상 개념으로 접근해야 한다. 이어지는 강의에서라깡은 그러한 특수한 대상들의 연구에 천착하는데, 이를 예고하는 성경 문구를 다음과 같이 언급한다.

[그러한 관점은] 마태복음에서 가장 선명하게 드러납니다. 그곳에서 제자들이 예수에게 "영생에 이르기 위해 우리는 무엇을 해야 하나요?"라고 묻습니다. 이에 예수의 대답이 그리스어로 기록되어 있는데, 다음과 같습니다. "너희는 내게 무엇이 선한 것이라고 말하고 있느냐? 선이 무엇인지 누가 알 수 있느냐? 오직 저 너머에 계신 우리의 아버지만이 선을 아신다. […] 단지 그분의 계명을 따름이 좋

을 뿐이니라." 이어지는 텍스트에는 또한 다음과 같은 언표가 있는데, 그것은 "네 이웃을 네 몸과 같이 사랑하라"였습니다.● 115

라깡의 이러한 설명이 대상의 개념과 관련하여 의미하는 바는 명백한 듯 보인다. 이는 대상의 개념이 현세의 규범적 좌표를 갖는 한 결코 보편적 선의 위상을 가질 수 없다는 것이다. 종교에서 최고선이 의미로 제시될 때에 그것은 결코 궁극적 신의 진리가 될 수 없듯이 승화의 대상 역시 그것이 사회적 규범의 의미로 제시될 때에 억압 없는 만족을 가져올 수 없다. 플라톤이라면 다음과 같이 말했을 것이다. 대상과 의미로서의 선이란 모두 속견에 속하는 것으로 주체를 병리적인 차원에서 해방시킬 수는 없을 것이라고. 따라서 문제는 오직 "네 이웃을 네 몸과 같이 사랑하는 것"이 된다. 라깡식으로 풀어 말한다면 그것은 가장 이질적인 것으로서의 충동을 어떤 대상의 매개도 없이 그 자체로 사랑하는 것이다. 여기서 "네 이웃"은 가장 낯선 자이며, 프로이트가 "낯선 것Fremde"이라고 했던 주이상스의 영역이다. 한편 "네 몸"은 자아를 의미한다. 일반적인 경우 우리는 반대로 살아간다. 자아를 사랑하고 이웃, 즉 충동을 억압하는 방식으로 말이다. 그런데 라깡은 승화를 이야기하면서 자아가 아닌 그 너머, 큰사물의 영토에 주체를 개방해야 한다고 말하고 있는 것이다.

다음 강의에서 라깡은 "네 이웃"을 사랑하는 몇 가지 사례들을 제시하면서 승화의 개념으로 한 걸음 더 깊이 들어간다.

대상과 큰사물

1960. 1. 20.

• 주요 개념 •

정동의 심리학 ： 어머니에 관한 클라인적 신화 ： 칸트의 일화들

승화와 도착 ： 수집가 자끄 프레베르의 일화

• 강의 개요 •

이번 강의에서 라깡은 정동의 심리적 현상에 대한 논평으로부터 큰사물과 승화의
절차에 대한 탐사를 시작한다. 그에 따르면 인간의 감정이란 모두 속임수이다. 슬
픔이나 분노, 기쁨과 만족 따위의 감정들은 그것이 기원한다고 가정되는 원인과
는 전혀 다른 장소로부터 온다. 정동의 기원은 큰사물이기 때문이다. 그리고 큰사
물은 인간의 감정을 왜곡시키는 방식으로 자신을 숨긴다. 예를 들어, 강력한 주이
상스의 장소이기도 한 큰사물에 주체가 가까이 접근했을 때 느껴지는 감정은 쾌락
이 아닌 불안이다. 반대로, 큰사물과 멀리 떨어지게 된 주체는 안정과 만족의 감정

을 얻는다. 라깡이 "정동의 심리학"이라고 표현하는 이 같은 감정의 현상학은 정신분석 임상이 단순한 감정치료의 단계에 머무르면 안 된다는 사실을 논증해준다. 문제는 감정이 아니라 그 너머의 충동, 즉 큰사물의 자리인 것이다. 물론 큰사물의 개념이 라깡학파의 전유물은 아니다. 클라인학파에서도 큰사물은 중요한 개념이다. 그러나 어머니에 관한 클라인학파의 신화는 큰사물에 대한 상당한 오해를 야기하게 된다.

강의에서 라깡은 클라인학파의 모순을 지적함으로써 큰사물에 대한 오해를 바로 잡고자 한다. 큰사물을 마치 충만한 어머니의 이미지인 양 간주하는 클라인학파의 관점은 큰사물을 상상적 대상과 혼동하는 오류를 범하고 있다. 큰사물은 완결된 이미지가 아닌 파편적 충동들의 장소에 다름 아니기 때문이다. 특히 이에 대한 논증을 위해 라깡은 미술치료를 비판하는데, 오늘날 국내에서 행해지는 다양한 예술치료의 관행들의 모순을 이해하는 데 많은 도움을 줄 것이다.

클라인학파에 대한 비판에 이어서 라깡은 칸트의 두 가지 일화-'단두대의 일화'와 '위증의 일화'-를 소개한다. 이 역시 큰사물의 정체를 밝히기 위한 또 다른 시도라고 할 수 있다. 이를 통해 라깡은 큰사물에 접근하는 새로운 윤리학이 가능하다는 사실을 논증하려고 한다. 만일 인류의 대부분의 윤리학이 현실원칙에 근거하여 큰사물을 억압하는 방향으로 나아간다면, 칸트의 이 일화들 역시 이러한 현실원칙에 동조하는 듯 보일 것이다. 그러나 라깡은 이러한 일화들을 뒤집어 보여줌으로써 새로운 도덕원칙이 출현할 수 있다는 사실을 증명하려고 한다. "승화와 성도착"의 윤리가 바로 그것이다. 이후 라깡의 강의가 본격적으로 '장치화된 위반'의 윤리로 나아가는 출발점이 되는 장소라고도 할 수 있다. 덧붙여진 '프레베르의 성냥갑 일화'는 필자가 보기에 승화가 무엇인지를 암시하는 내용이기도 하지만 현대미술의 '공백 지향성'을 설명해주는 뛰어난 사례이기도 하다. 미술비평을 연구하는 독자가 주목해볼 만한 내용이라는 사실을 강조하고 싶다.

정동의 심리학

이번 강의의 도입부에서 라깡은 먼저 감정의 문제를 제기한다. 인간의 감정, 정념 또는 정동이란 무엇일까? 정신분석을 비롯한 다른 모든 정신-심리치료의 임상과정에서 가장 주요한 증상들은 모두 환자의 감정과 관련되어 있다. 쉽게 말해서 환자가 정신병원이나 정신분석 상담소를 찾아오는 이유 중 십중팔구는 감정에 관한 문제를 호소하기 위해서이다. 환자들의 일반적인 호소는 다음과 같다. 원인을 알 수 없는 불안으로 고통받거나, 갑작스럽게 우울해져 일상을 이어나가기가 힘겹다. 또는 우울과 조증의 극단적 반복 속에서 대인관계에 심각한 장애를 겪는다. 특정 상황이나 대상에 공포를 느끼거나, 분노조절 장애에 빠져 자신과 타인의 삶에 상처를 입힌다. 이와 같은 극단적 감정장애가 아니라도 증오나 이해 불가능한 애증으로 특정 타인과의 삶이 고통에 빠지는 경우도 있다. 이들 증상의 나열 속에서 정신치료가 실제로는 일종의 감정치료에 다름 아닌 것처럼 보인다는 사실을 알게 된다. 현재 한국사회에서 분노조절장애나 우울증 치료 등에 도입되는 임상들 역시 감정장애치료라고 볼 수 있다.

라깡은 강의의 시작부터 단호하게 감정치료의 모순들을 지적한다. 감정이라는 것 자체는 실체도, 보편성도 없다는 것이다. 따라서 감정의 양상만을 다루고 치료한다면 그 너머의 감정의 원인이 되는 대상은 외면한 채로 껍데기만 다루는 오류를 범하게 된다. 감기를 예로 들자면 재채기나 기침, 발열 등의 증상들 너머에 분명 하나의 원인이 존재할 수 있기에 증상들을 분별하여 각각의 병으로 치료하는 것은 모순이다. 감기의 여러 증상 너머에는 감기 바이러스라는 원인이 존재하며, 바이러스 자체를 다뤄야 본질적인 치료가 된다. 이를 감정적 증상들에 적용할 수 있을 것이다. 불안을 느끼거나 분노하거나, 우울의 감정에 빠지거나 공포감에 사로잡히는 현상 너머에 감정들이 은폐하는 또 다른 무엇이 존재한다는 것이 라깡의 정동이론의 핵심이다. 물론 다양한 감정들의 원인이 실제적 삶의 관계 속에 있을 수도 있다. 예를 들어 누군가의 죽음으로 슬픔과 우울을 경험할 수 있고, 실제로 공포스러운 물건에 압도당하는 감정을 느낄 수 있다. 사업에 실패하여 슬픔을 느낄 수 있으며 부당한 대우를 받을 때 분노의 폭발을 경험할 수 있다. 만일 감정의 원인이 이처럼 현실적인 이유라면 환자는 병원이나 상담소를 찾는 대신 변호사나 투자관리사 또는 지인을 찾아가야 한다. 정신분석가가 자신을 찾아온 환자의 감정적 장애를 치료의 대상으로 간주하는 경우는 현실적 원인들로 인한 장애가 아니다. 분석가는 비정상적으로 출현하는 환자의 정동이 억압된 충동의 장소와 관련될 경우 치료적 개입을 시작할 수 있다. 앞선 강의들에서 우리가 이미 충분히 다루었던 것처럼 라깡은 이곳, 충동의 장소를 큰사물이라고 부른다. 먼저 그의 이야기를 들어보자.

정념의 중요성을 부정하려는 것은 물론 아닙니다. 그러나 우리, 분석적 말의 예술가들인 우리가 다룰 수 있는 것으로서, 의미화의 분절 너머에 존재하는, 실재-자아 속에서 찾으려고 하는 실체를 그것 [정념]과 혼동하지 않는 것이 중요하다는 것입니다.*

123

정념은 기표적인 것이 아니라 신호적인 특성을 갖습니다.*

123

이러한 메타심리학이 요즘에는 기이하게도 질적인 범주 속에서 정리되고 있는 것이 사실입니다.*

123

만일 우리가 감정의 의미를 묻는 접근을 시도했다면 의미화의 분절과 감정을 동일한 차원에서 파악하려는 노력이 된다. 즉, 분노의 감정이란 그것 자체로 어떤 의미를 원인으로 가지며, 슬픔이나 우울 역시 특정 의미를 그 원인으로 갖는다는 것이다. 이것이 바로 라깡이 말하는, 당시의 메타심리학이 정동을 질적인 범주로 정리하려는 경향의 의미이다. 그러나 정동은 질적인 속성을 갖기보다 양적인 속성, 즉 경제학적 속성을 갖는 것으로 간주되어야 한다. 그것은 일종의 신호이다. 그런데 무엇에 대한 신호일까? 라깡에 따르면, 큰사물이 그곳에 존재한다는 것을 알리는 신호, 즉 실재에 대한 신호이다. 예를 들어, 공포의 감정은 큰사물과 주체의 거리가 너무 가까울 경우 무의식이 보내는 경고 신호이다. 프로이트의 늑대인간 사례가 대표적이다. 늑대인간이 유년기에 꾸었던 여섯 마리 늑대의 악몽은 늑대인간 자신이 아버지에게 느꼈던 성충동, 즉 주이상스의 위치가 너무 가까워진 데 대한 무의식의 방어적 경고였다. 불안 역시 마찬가지다. 일상에서 실질적 이유 없이 출현하는 불안 증세는 주이상스에 너무 가깝게 다가서는 주체에게 보내는 경고의 의미이다. 강한 공포나 강한 불안, 즉 양적으로 강해지는 정동들은 주이상스와 주체 사이의 협소한 거리를 암시한다. 주이상스와 주체 사이의 거리가 협소하다는 것은 충동에 대한 완충장치가 제대로 기능하지 못한다는 뜻이기도 하다. 달리 말해서 실재가 안정적으로 상징화되지 못한다는 말인데, 이에 대해 라깡은 정동의 문제란 "상징계를 향한 실재의 응답"의 문제라고 판단한다. 이를 설명하려고 라깡은 임상분석에서 출현하는 '분노'의 감정을 예로 든다.

일상적 경험과 마찬가지로 임상경험에서도 분노는 일종의 공격성을 표현한다. 그런데 어째서 우리는 분노의 감정을 느끼게 될까? 물론 앞서 언급했듯이 현실적 원인이 이유일 수도 있다. 그러나 어떤 분노는 전혀 현실적인 요인에서 기인하지 않는다. 또는 현실적 원인이 있을지라도 대응이 일상적인 수준을 훨씬 뛰어넘는 분노조절장애의 경우가 있다. 이런 경우들은 다음과 같은 정신분석적 접근으로 설명해볼 수 있다. 분노의 감정이 부조리한 방식으로 출현한다면 그 너머에는 제대로 표현되지 못한 실재, 즉 큰사물이 있는 것이라고 말이다. 라깡은 이것을 생체적이거나 심리적 상관성의 결과이기 이전에 실재–상징계 상관성의 실패의 결과라고 표현한다.* 보다 구조적인 방식으로 말하자면, 분노란 무의식의 중핵을 구성하는 큰사물이 자신을 표출할 방법을 찾지 못한 나머지 상징계 전체를 향해 공격적인 표현을 드러내는 현상이라는 것이다. 이에 대해서 라깡은 페기*라는 인물의 유머러스한 표현을 인용하며 이렇게 말한다.

123

* Péguy. 라깡이 강의에서 언급하는 이 인물이 20세기의 영화감독인지, 19세기의 문필가인지는 분명하지 않다.

분노란 볼트가 너트 구멍에 제대로 맞지 않아 헛돌 때 발생하는 것입니다.*

분노의 정동에 대한 앞선 설명들은 분노가 현실적인 문제로 발생하기보다 무의식과 충동의 관계, 즉 실재와 상징계의 관계 속에서 발생하는 문제라는 사실을 강조한다. 임상과정에서 나타나는 공격성, 특히 액팅아웃과 같은 환자의 돌발행위는 분노의 정동이 실재와의 관계에서 발생하는 감정이라는 사실을 다시 한 번 확인해준다. 예를 들어보자. 환자가 분석가에게 갑작스럽게 부정적인 전이감정을 드러내며 분석을 중단하려고 할 경우, 이는 실재의 응답이 분노의 형식을 취했다고 볼 수 있다. 분석가의 해석이 환자의 무의식적 충동을 제대로 포섭하여 상징화하지 못할 경우, 쉽게 말해 계속해서 딴소리만 늘어놓을 경우 환자의 의식은 알아채지 못하지만 환자의 무의식은 자신의 실재가 지속적으로 오인받는다는 사실에 공격성을 드러낼 수 있다. 상징계의 볼트가 실재의 너트에 들어맞지 않아 헛도는 경우 상징계 전체가 흔들리는 감정적 장애가 발생하는 것이다. 이러한 설명을 보다 일반적인 경우로 확대해보면 다음과 같을 것이다. 분노란 무의식적 충동이 적절히 해석될 수 있는 상징계의 흐름과 연결되지 못할 때 출현한다. 따라서 분노조절장애는 엄밀한 의미에서 충동조절장애라고 불리는 것이 정확하며, 이에 대해서 언어적 풍요로움을 경험하게 해주는 치료는 일견 효과적으로 보인다. 부부 또는 부모자식 사이의 분노조절장애를 대화를 통해 해결하도록 유도하는 것이 곧 언어적 풍요로움을 경험하는 사례가 될 수 있을 것이다. 분노로 인한 긴장을 다양한 대화의 실천을 통해 완화하도록 하는 것은 무의식의 충동을 기표의 풍요로움에 개방하는 효과를 가져오기 때문이다. 물론 이 같은 치료법들은 단지

일시적인 효과만을 가져올 것이다. 환자의 충동을 상징화하는 데 실패했던 것은 의식의 담화가 아니라 무의식의 담화였기 때문이다. 유년기에 충동을 둘러싸기 위해 형성된 무의식적 담화의 루틴이 빈약하거나 왜곡되어 있을 경우 환자의 분노조절장애는 외부의 특별한 영향 없이도 증상으로 출현할 수 있다. 이 경우 환자의 충동을 포획한 근본환상의 지점으로 하강해 들어가는 정신분석 임상의 절차만이 문제를 근본적으로 해결할 수 있다. 환자의 무의식의 중핵에 존재하는 충동과 이를 사로잡는 최초의 기표들이 서로 헛돌지 않도록 위치를 조율하는 것이 곧 분노조절장애를 해결하는 유일한 정신분석적 방법이기 때문이다.

한편 라깡은 정동의 현상들 너머에 무엇이 있는지를 보다 메타심리적인 방식으로 묘사하는 데 집중하면서 논지를 이어나간다. 요컨대 무의식과 정동들의 현상에서 중요한 것은 감정 그 자체가 아니라 그 너머에, 혹은 그 중심에서 "배제된 내부의 문제"라는 것이다.* 이제 독자들은 "배제된 내부"가 큰사물이라는 사실을 기억할 것이다. 간단히 말해서 충동 그 자체이며, 이곳에서 모든 정동들이 신호와 같이 출현한다. 물론 정직한 신호라기보다는 우회되고 왜곡된 신호들이다. 바로 그런 이유 때문에 환자의 감정들이 그토록 모순되어 보이는 것이다. 라깡은 정동의 이러한 혼돈과 부조리함의 배후에 단일한 원인이 되는 큰사물을 가정하고 그것을 주체의 마음 내밀한 곳에 존재하는 타자, 즉 외밀성으로 규정한다. 그리고 이곳에서 출현하는 신호들이 따르는 질서는 기표들의 은유와 환유의 질서이다. 왜냐하면 큰사물을 겹겹이 둘러싼 무의식의 층들은 기표연쇄들이기 때문이며, 기표의 이러한 기능을 라깡은 프로이트를 따라서 '재현의 재현자'라고 불렀던 것이다. 기표들은 충동을 단지 그대로 재현하지 않는다. 왜냐하면 충동은 그 자체로 금지된 것이기 때문이다. 따라서 기표들은 일차적으로 재현된

123

139

충동을 다시 다른 방식으로 재현함으로써 의식의 표면으로 충동이 출현할 수 있는 우회적인 길을 열어주는데, 라깡이 욕망이라고 부르는 것이 바로 이러한 흐름이다. 따라서 정동이라고 불리는 감정적 흔들림에 일종의 텍스쳐, 즉 직조물의 역할을 기표들의 연쇄가 담당하며, 이러한 연쇄가 제대로 기능하지 못할 때 정동의 장애가 발생한 것으로 간주할 수 있다. 이것을 도식으로 표현하면 아래와 같다.

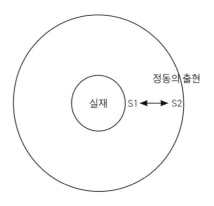

도식에서 보이는 것처럼 감정은 S1과 S2 사이의 관계 속에서 우발적으로 발생한다. 우발적인 이유는 감정의 발생을 지배하는 충동의 현시(S1)와 이에 대한 재현(S2)의 억압 기능이 각 주체들의 개별적 개인사와 우발적 외부 사건들에 의존하기 때문이다. 쉽게 말해서 동일한 트라우마적 사건으로 루틴화된 충동과 그것의 억압으로서의 욕망은 시간적 요소를 포함한 수많은 변수들에 따라 전혀 다른 방식으로 조직화될 수 있다는 것이다. 감정의 이 같은 우발성으로 가정할 수 있는 유일한 보편성은 '방어적 특성'일 것이다. 감정은 고통에 관련되었든 쾌락과 기쁨에 관련되었든 혹은 무위의 평온에 관련되었든 자아 보존적

인 방어적 기능을 수행한다. 감정은 우리가 무의식의 중핵에 자리한 큰사물의 자리로 곧장 들어갈 수 없는 복잡한 미로를 구성해내는 목적을 갖기 때문이다. 불안과 공포의 감정과 마찬가지로 평온과 만족의 감정 역시 실재와 상징계의 관계에서 발생하는데, 특히 만족의 감정은 실재를 상징계가 안정적으로 포획한 경우이다. 라깡은 이것을 '팔루스적 주이상스'라고 불렀다.

  정동에 관련된 이 모든 논의에서 우리는 정신분석가가 결코 환자의 감정을 있는 그대로 받아들여서는 안 된다는 결론에 이른다. 환자가 우울증을 호소한다면 충동을 우회시킬 기표들의 연쇄기능에 문제가 발생한 것이지 실제 사건 때문에 그러한 증상을 보이는 것이 아니다. 나아가 세로토닌의 결핍으로 우울증세를 보이는 것은 더더욱 아니다. 우울증과 관련한 세로토닌의 결핍은 단지 결과일 뿐 원인이 아니다. 다양한 기표들을 사유에 참여시켜 충동을 억압하는 상징계의 기능에 장애가 일어난 것이 우울증의 원인이며 세로토닌의 감소는 그 결과이다. 격렬한 운동이 원인이 되어 엔돌핀이 발생하는 것이지, 엔돌핀 때문에 격렬한 운동을 하는 것은 아니듯 말이다. 따라서 환자에게는 항우울증제라는 생화학적 처방이 아니라 기표연쇄의 활성화가 필요하다. 욕망이 기표연쇄의 끝없는 환유 기능 속에서 갈아탈 수 있는 욕망의 대상으로서의 기표들이 필요하지, 억지로 세로토닌 수치를 높이는 것이 해결책이 될 수 없다는 말이다.

  이처럼 인간의 감정을 이야기하는 데 있어서 라깡은 무의식의 중핵으로서의 큰사물이라는 토포스를 사용한다. 그런데 큰사물이라고 불리는 이것이 단지 라깡학파의 전유물은 아니었다는 점을 짚고 넘어가야 한다. 이어지는 강의에서 라깡은 클라인학파가 큰사물을 어떻게 정신분석의 중심 개념으로 사용하는지 언급하고 그 오류를 지적한다.

어머니에 관한 클라인적 신화

라깡은 클라인학파가 큰사물의 개념을 다루는 방식을 다음과 같이 규정한다.

> 클라인학파가 큰사물을 분절하는 방식은 큰사물의 중심에 어머니의 신화적 신체를 위치시킨다는 데에 있습니다.*

이어지는 설명에서 라깡은 클라인학파가 큰사물의 자리에 있는 어머니의 신화적 신체와 관련하여 원초적 공격성을 가정한다는 사실과, 이어서 승화 역시 어머니의 신화적 신체와 그에 대한 공격성을 전환시키는 문제와 관련이 있는 것으로 간주한다는 사실을 덧붙인다. 풀어 말하면 클라인학파는 충동의 원초적 자리인 큰사물의 영역에 어머니의 신화적 신체 이미지를 위치시킨다는 의미이며, 이는 유아기의 주체가 기억하는 충만한 주이상스의 장소로서의 어머니 이미지이다. 그런데 이러한 충만성의 이미지는 분리의 과정에서 훼손되며, 이렇게 훼손된 어머니의 이미지를 다시 충만함의 형태로 복원하는 것이 곧 승화의 과정이라는 것이다. 이를 설명하는 라깡은 클라인주의자로서 엘라 샤프의 논문들을 언급하고 있다.* 또한 M. 리라는 미국인 학자의 논문**과 이론을 소개하며 둘의 논지가 어떻게 쉽사리 반박될 수 있는지

---

* 엘라 샤프, 「승화와 광기의 특정 양태들」(Ella Sharpe, «Certain aspect de la sublimation et du délire»); 「순수예술과 순수과학의 승화에 잠재된 무의식의 동류 결정자들과 이질적 결정자들」(«Déterminants inconscient semblables et divergents, qui sont sous-jacents aux sublimations de l'art pur et de la science pure»).
** M. 리, 「순수예술의 창조에 관한 이론」(M. Lee, «A theory concerning the creation in the

를 보여준다.

먼저 M.리의 논점은 다음과 같다. 억압 없는 충동의 만족을 실현한다는 프로이트의 승화이론은 복원의 기능에 토대하는데, 그것은 근원적인 어머니의 신체 이미지에 가해진 상상적 손상을 상징적으로 회복시키려는 노력이다.* 이에 대해서 라깡은 모성적 신체의 손상된 환상을 복구하려는 시도가 헛되다는 사실을 간단히 언급한다. 더 이상의 깊은 설명으로 이어지지 않는 이러한 라깡의 반박은 그가 "손상된 환상fantasme lésé"이라는 표현을 쓰는 것만으로도 그 의미가 선명하게 드러난다. 왜냐하면 아무리 모성적 신체의 손상된 이미지가 복구된다고 해도 그것이 환상의 범주에 속하는 한 주체의 억압 없는, 그리하여 소외되지 않는 충동의 만족은 불가능하기 때문이다. 어머니의 충만성이라는 환상적 신체 이미지에 사로잡힌 주체는 오히려 상상계적 주이상스에 사로잡히는 욕망의 고착상태에 빠져들 뿐이다. 그리하여 환자는 사유, 즉 상징계를 작동시키는 대신 이미지에 사로잡혀 자아를 꼼짝할 수 없도록 만드는 심리적 정지상태 속에 갇혀버린다. 이러한 상상계적 고착을 초기 라깡은 분석의 암초와 동일시했다. 그것은 분석을 진행시키기보다는 멈추게 하고, 환자가 분석을 욕망하게 만드는 대신 형언불가의 이미지에 사로잡혀 상상계의 늪에 빠져드는 결과를 야기한다. 따라서 클라인이 말하는 어머니의 충만한 이미지는 그 자체로 상징계의 개방적 속성을 틀어막게 될 뿐이다.

주체와 그가 사로잡힌 근본적 대상으로서의 모성적 신체 이미지 사이의 관계를 승화 개념의 중심으로 삼는 이러한 관점들은 클라인학파 임상가들이 쉽사리 미술치료류의 임상으로 빠지는 이유를 설명해

free arts»).

준다. 일종의 균형과 조화의 이미지를 강조하는 이러한 치료법들을 라깡은 상당히 경멸적인 표현, 즉 "유치함"이라는 말과 함께 "아테라피 athérapie"라고 부르기도 했다. "반치료" 또는 "비치료" 등으로 번역될 수 있는 이러한 치료유형들은 하나같이 예술창작으로 조화로운 모성적 이미지의 회복을 겨냥하는 듯 보이는데, 그중에서도 라깡이 대표적으로 꼽는 사람이 바로 엘라 샤프이다. 예술적 재능의 발현으로 심리 문제를 해결하려는 그녀의 치료이론은 일견 효과적으로 보일 수도 있다. 그러나 라깡은 아주 간단히 하나의 개념을 지적함으로써 미술치료, 또는 예술치료라고 부르는 이론의 토대를 흔들어버린다. 그것은 '사회적 인증reconnaissance sociale'의 개념이다.

프로이트가 규정했던 승화란 근본적으로 사회적 인증 과정이 전제되어야 하는 만족의 유형이다. 만일 미술 창작활동이 억압된 충동에 자유로운 만족을 준다면 그러한 행위의 결과물이 사회에서 가치를 인정받을 수 있는 보편적 규범이 존재해야 할 것이다. 쉽게 말해서 미술적 아름다움에 대한 초월적 기준이 존재해야 한다는 의미이다. 그러나 최소한의 미술사 상식을 지닌 사람이라면 예술가들이 규범으로 삼을 수 있는 초월적 미적 기준이란 존재하지 않는다는 사실을 알 것이다. 환자가 자신의 억압된 충동을 사회에서 인정받을 수 있는 방식으로 승화시키기 위해서 아름다운 이미지를 그려낸다고 해도 이것이 아름다운 이미지, 즉 성공한 이미지인지를 인증해줄 수 있는 것은 미술사의 흐름에 따라서 상대적으로 변해가는 예술 규범일 뿐이다. 따라서 어떤 것이 완성된 아름다움의 이미지인지를 환자는 시대로부터 벗어나 독립적으로 규정할 수 없다. 시대로부터 독립적일 수 없다는 말은 환자가 충만한 이미지를 완성하려면 해당 시대의 예술적 지식이라는 타자에 자신을 다시 종속시켜야 한다는 것을 의미한다. 이렇듯 사회적 인증 개념은 예술을 통한 승화를 또 다른 종속과 소외, 즉 억압의 차원으로 귀속시킬 뿐이다. 쉽게 말해서 환자는 억압 없는 충동의 실현을 위해 자신을 예술지식의 억압 속으로 귀속시키는 모순된 과정으로 빠져든다는 말이다. 만일 승화가 충동의 대상을 사회적으로 인정된 또 다른 대상으로 대체하는 과정을 의미한다면, 그리하여 대상의 승격 élévation을 의미한다면, 이러한 승격의 보편적이며 영원한 평가기준, 라깡이 "정확한 평가기준"이라고 부르는 것은 존재할 수 없다.

라깡은 이것을 설명하려고 아주 간단한 사례 몇 가지를 언급한다. 피카소의 시대에는 벨라스케즈의 시대처럼 그림을 그릴 수 없고, 1930년대 작가는 스탕달의 시대처럼 글을 쓸 수 없다는 것이다. 결국 예술 작품이란 특히 조형예술이란 "역사적으로 날짜가 표기되는" 조건에서 자유로울 수 없다. 따라서 우리는 라깡의 논점을 되짚어가면서 다음과 같은 두 가지 결론을 도출해낼 수 있다.*

128

첫째, 만일 클라인주의자들이 승화의 개념을 훼손된 모성적 신체 이미지의 복구로 가정한다면, 이러한 복구는 결국 또다시 상상계적 이미지에 사로잡히는 오류를 범하게 된다.

둘째, 훼손된 모성적 신체 이미지의 복구에 미술 같은 창작행위가 기여할 수 있다면, 그러한 행위를 인증해줄 사회적 보편 규범이 초월적으로 존재해야 한다. 그러나 예술의 역사는 보편성의 역사가 아니라 단절과 도약의 역사이기에, 따라서 무엇이 결과적으로 복구된 아름다움인지를 일관되게 증언해줄 기준이 없다. 만일 환자가 창작활동으로 조화와 균형의 이미지에 도달하려고 한다면 현존하는 미술 규범을 끊임없이 참조하고, 그것에 근접하는 이미지를 만들어내야 할 것이다. 그러나 예술계는 이러한 방식으로 규범에 접근하여 머무는 작품을 언제나 비판한다. 특히 엘라 샤프가 의존하려는 순수미술의 영역에서 이러한 경향은 더욱 심하다. 미술은 언제나 현존하는 규범을 뛰어넘는 새로움의 도래를 환영한다. 따라서 환자가 현재의 규범적 아름다움을 참조하며 도달하는 장소에서는 결코 사회적 인정을 획득할 수 없다는 모순에 빠진다. 만일 사회적 인정을 획득하려면 오히려 현존하는 규범이 조화와 균형 속에서 아름답다고 인정했던 것을 파괴하고 넘어서는 아방가르드적인 행위로 넘어가야만 할 것이다. 그러나 이러한 행위는 결코 M. 리와 엘라 샤프가 말하려는 훼손된 모성적 신체 이미지를 복구하는 실천이 아니며, 오히려 그 반대의 행위가 될 수도 있다. 예술의 이 같은 역사성을 간파했던 라깡은 이를 통해 모성적 신체 이미지의 복구와 미술치료이론의 유치함을 간단히 논박한 것이다.

　라깡의 이 같은 논박에 덧붙여 필자는 다음과 같은 논평을 남기고 싶다. 오늘의 한국 임상 현실에서도 여전히 각광받는 미술치료나 예술치료 등의 효과는 분명 한정적이라는 사실이다. 미술활동을 통해서 환자는 혼돈과 분열된 심리로부터 의식적인 안정을 획득할 수는 있다. 이는 일종의 진정제 같은 효과다. 그러나 환자의 충동이 원천적으로 억압된 상태에서 벗어나려면 보다 근본적인 치료가 필요하다. 우울증, 조증, 분노조절장애 또는 자기파괴적 행위를 진정시키고 발작을 연기하는 기능이 분명 예술치료에 있지만 이것은 억압된 충동을 다른 방식으로 만족시키기보다 말 그대로 폭발을 연기하는 조치 이상이 아니다. 그런 이유 때문에 정신분석은 미술치료를 부차적인 방법으로만 간주한다. 보다 근본적인 치료는 환자의 무의식에 억압된 충동의 기표를 보다 개방된 다른 기표와 연결하는 것이다. 이 같은 치료는 전적으로 언어치료에 의존할 수밖에 없다. 미술치료와 같이 상상계가 강조되는 이미지치료는 언어치료를 활성화시키는 보조수단 이상이 될 수 없다는 의미이다.

칸트의 일화들

승화의 개념이 인위적으로 창조된 형식을 통해 억압 없는 충동의 만족에 도달하는 것이라면 이는 분명 큰사물로 접근하는 과정이기도 하다. 대상의 영역이 억압의 영역인 만큼 그 너머의 큰사물에 접근한다는 것은 곧 억압 없는 만족의 실현을 의미하기 때문이다.

$$\text{큰사물} \longleftarrow \overset{\text{대상'''} \quad \text{대상''} \quad \text{대상'}}{} \text{욕망}$$

　　그런 의미에서 클라인주의자들이 승화 과정을 큰사물로의 접근 과정으로 가정했던 것은 타당했다. 그러나 큰사물을 충만한 모성적 신체라는 환상적 이미지와 동일하게 간주함으로써 이들은 큰사물을 또 다른 대상과 혼동하는 오류를 범한다. 충만한 모성적 신체는 그 자체로 주체의 자아를 사로잡고 고착시키는 상상의 대상이지 결코 최종 대상, 즉 대상 너머의 대상인 큰사물이 아니다. 따라서 주체의 욕망이 상상의 대상에 여전히 사로잡히는 한 주체는 억압과 우회의 과정 속에 지속적으로 포획될 뿐이다. 라깡은 승화의 문제를 이해하려면 큰사물의 위상을 보다 엄밀히, 지속적으로 분석해야 한다고 보았다. 이를 위해서 라깡은 곧장 칸트의 윤리 개념으로 논의의 방향을 전환시킨다. 라깡은 『실천이성비판』에 등장하는 두 개의 일화를 소개함으로써 사물의 속성을 측정하는 다소 낯선 접근 방법을 시도하는데, 이것이 낯선 이유는 큰사물의 속성을 규정하기 위해 큰사물을 무게의 차원에서 측량하여 분석하고 있기 때문이다. 이를 위해서 라깡은 칸트의 '의무'

개념을 도입한다. 의무는 '윤리적 대상'으로서의 선의 무게를 실제의 차원에서 느낄 수 있게 한다. 만일 도덕적 선을 추구하려는 의무의 실천이 무겁고 힘겹다면 그러한 의무의 무게는 곧 선이라는 도덕적 대상의 무게로 이해될 수 있다. 이러한 의무의 무게는 또한 이성의 무게로 해석될 수 있다. 선의 추구는 곧 보편적 도덕실천이라는 이성의 행위를 의미하기 때문이다. 나아가서 의무와 이성의 무게는 다시 고통의 무게로 측량된다. 칸트적 도덕실천의 과정은 언제나 쾌락이 아닌 고통을 초래하는 결과로 이어지기 때문이다. 도덕법칙을 실천하는 주체가 느끼는 고통의 무게는 곧 도덕법칙의 대상으로서의 선의 무게이며 그러한 대상으로서의 선은 여전히 억압이 작동하는 영역, 즉 현실원칙의 대상이며 이에 대립하는 큰사물 자체는 아니다. 그러나 우리는 도덕적 선의 무게를 측정함으로써 그 너머에 존재한다고 가정되는 큰사물, 즉 대상 너머의 대상의 무게를 가늠해볼 수 있다.

이를 위해 라깡은 먼저 교수대 일화를 다룬다. 한 남자가 방 안에 있는 한 여인을 향한 금지된 성충동에 사로잡혔다고 가정하자. 남자는 자신이 성욕을 실현한다면 방을 나서는 순간 문 바깥의 교수대로 끌려간다는 사실을 알고 있다. 남자는 성욕을 추구할 것인가? 칸트의 대답은 "그럴 수 없다"이다. 누구든 정념의 만족을 위해 죽음을 감수하지는 않기 때문이다. 곧바로 이어지는 논의에서 라깡은 두 번째 일화로 폭군에게 거짓 증언을 강요받는 사람의 이야기를 언급한다. 그는 자신의 위증이 위증의 대상인 누군가의 목숨을 앗아갈 수 있다는 사실을 알고 있다. 한편 자신이 거짓 증언을 거부한다면 폭군에게 살해당한다는 사실 또한 알고 있다. 이때 위증의 주체는 도덕적 의무, 즉 위증을 거부하고 사실을 말해야 하는 의무의 무게를 온몸으로 견뎌야 한다. 교수대와 위증 협박의 일화는 모두 인간 주체가 도덕적 의무 앞에서 선의 무게를 실제로 느낄 수 있는지를 예증한다. 아울러 도덕적 의무가 쾌락원칙과는 반대되는 무게를 부여한다는 사실 또한 증명한다.

승화와 도착

라깡이 소개하는 칸트의 두 일화는 결국 선의 무게와 그 너머에 존재하는 죽음충동의 무게가 어떻게 실질적인 삶에서 측정될 수 있는지를 알려주는데, 이는 라깡이 다음의 사실을 논증하려는 도입에 불과했다는 사실이 곧 밝혀진다. 라깡은 일화에서 칸트가 놓친 부분을 언급한다. 칸트는 교수대의 위협에도 불구하고 방 안의 여성과 성행위를 할 수 있는 구조를 간과했다. 실제 어떤 주체들은 어떤 위협에도 자신의 충동을 끝까지 추구한다. 예를 들어 '궁정풍 사랑'*의 주체들이 그렇다. 어떤 남자들은 자신이 이상화한 여성과의 사랑을 위해 목숨마저 내놓는 모험을 감행한다. 다른 측면에서 성도착자들 역시 그렇다. 교수형에 처해질 것이 분명함에도 성범죄를 저지르는 극악무도한 성도착적 주체들은 칸트의 일화가 인간 심리의 모든 차원을 설명하지는 못한다는 사실을 증명한다. 이들이 설정한 욕망의 대상이야말로 대상 너머의 대상이라고 할 수 있다. 이들이 추구하는 욕망의 대상은 쾌락원칙이나 현실원칙의 통제를 벗어난 장소에 위치하기 때문이다. 이들은 대상 너머 큰사물의 영역으로 자신들의 욕망을 겨냥하며 그러한 대상, 즉 큰사물은 더 이상 이들 욕망의 자기보존적 기능을 지탱해주지 못

---

* 궁정풍 사랑amour courtois은 고유명사로, 11~13세기 유행했던 프랑스, 독일 지역의 문학 형식이다.

한다. 또한 궁정풍 사랑의 주체와 성도착적 주체의 사례로 다음과 같은 사실이 명백해진다. 이들 큰사물의 추종자들은 욕망의 대상을 특정한 형식 속에서 과대평가하는 절차를 도입한다는 것이다. 궁정풍 사랑의 기사도 이야기 속의 주체들은 욕망의 대상을 신과 동급으로 과대평가함으로써 여성을 대상에서 큰사물의 차원으로 승격시킨다. 성도착에서도 역시 욕망의 대상을 페티시화함으로써 충만한 세상의 마지막 퍼즐인 것처럼 과대평가한다. 두 과정 모두 대상의 과대평가가 핵심이다. 따라서 대상의 영역에 머무르는 신경증적 주체들은 단두대로 은유되는 아버지의 법과 거세에 굴복하며, 이들이 향유하는 만족은 억압된 만족이다. 반면 어떤 주체들은 아버지의 법을 초과하면서 대상이 아닌 큰사물의 영역으로 접근한다. 이들은 자기 욕망의 대상을 초과적으로 가치절상함으로써 승화 또는 성도착의 독특한 구조에 접근한다. 그런 의미에서 라깡은 승화와 성도착을 "위반의 두 가지 유형"이라고 부른다. 두 형식 모두 법을 위반하는 전형적인 욕망의 형식이기 때문이다. 그리고 여기서 법은 대상들의 질서를 조율하는 상징계의 법을 의미하므로, 위반의 두 형식은 팔루스적 질서, 즉 억압의 질서에서 빠져나가는 특수한 유형이라고 볼 수 있다. 승화와 도착은 팔루스로 보장되는 자아를 파괴하는 일에 관련된 위반인 것이다. 논의를 여기까지 끌고 온 라깡은 다음과 같은 의미심장한 발언을 한다.

> 승화와 도착은 현실원칙에 직면하여 […] 또 다른 도덕성의 규준을 형식화할 수 있는 가능성을 환기하는 욕망의 관계입니다. 왜냐하면 큰사물의 심급에 존재하는 차원에 지배되는 도덕성의 범주가 있기 때문입니다. 즉, 이러한 [도덕성의] 범주는 큰사물, 그것이 도착이건 승화이건 자신의 욕망의 장소인 큰사물에 반하여 거짓 증언을 해야

하는 주체를 망설이게 만드는 것입니다.*

라깡이 여기서 주목하는 것은 현실원칙에 대립하여 또 다른 도덕 원칙이 존재할 수 있는 가능성의 여부이다. 이는 의미심장한 발언이 며, 사실상 『세미나 7』에서 가장 근본적인 논점을 지시한다. 라깡에 따르면 인간의 심리 속에서 작동하는 모든 도덕원칙은 현실원칙의 지배를 받는다. 현실원칙이란 충동을 억압하고 자아를 보존하는 아버지의 법에 따라 조율되는 원칙인 만큼 큰사물에 언제나 적대적이다. 그런데 라깡은 이에 대해서 "큰사물의 심급에 존재하는 차원에 지배되는 도덕성의 범주"의 가능성을 말한다.* 무의식은 현실원칙의 지배 속에서 언제나 큰사물, 즉 충동 그 자체에 거짓 증언을 강요받는다. 이것이 바로 무의식에서의 환유와 의식에서의 부인 기능이다. 인간의 심리는 결코 자신의 중핵에 존재하는 충동 그 자체에 직설의 문법을 사용할 수 없다. 그것은 현실원칙에 의해, 혹은 칸트 일화의 은유처럼 단두대에 의해 금지되어 있다. 그런데 라깡은 칸트의 일화들을 비틀어 큰사물에 대해 거짓 증언을 하지 않을 수도 있는 주체의 가능성을 언급하고 있는 것이다. 나아가서 큰사물에 관하여 위증하지 않는 실천을 새로운 윤리의 가능성으로 설정했다. 이와 같은 새로운 윤리의 가능성을 탐사하기 위해 라깡이 주목하는 것은 바로 승화와 성도착의 구조이다. 이어지는 강의들에서 라깡이 궁정풍 사랑과 사드의 성도착을 탐사의 새로운 대륙으로 설정하는 이유가 이것이다. 그리하여 마침내 라깡은 정신분석의 윤리가 승화와 성도착의 구조에서 도출될 수 있음을 증명하는 것을 『세미나 7』의 궁극적 목표로 설정한다.*

* 현실원칙으로부터 벗어난 도덕의 새로운 범주로서 승화와 성도착의 구조를

수집가 자끄 프레베르의 일화

현실원칙에서 벗어난 도덕의 새로운 범주로서 승화와 성도착의 구조 탐사를 선언하는 이날 강의는 이에 대한 본격적인 논의는 뒤로 미루고, 승화의 암시적 사례 하나를 소개하면서 끝난다. 라깡은 자신의 친구이자 시인인 자끄 프레베르의 성냥갑 수집 일화를 소개하면서 승화의 구조와 현상에 대한 새로운 논의의 가능성을 열어놓는다.

라깡이 프레베르를 방문했던 것은 2차세계대전 당시 독일이 프랑스를 점령했던 시절이었다고 한다. 이때는 나치 독일이 프랑스의 페탱 장군을 괴뢰정부의 수장으로 세운 뒤 분할통치를 시도하던 시기였다. 라깡은 '페탱 시기'라고 불리는 이 시절이 노동-가족-애국 그리고 허리띠(근검)의 시절이었음을 상기하면서, 이러한 사회적 분위기 속에서 자신이 생-폴-베른에 있는 시인의 집을 방문했음을 강조한다.* 짐작컨대 라깡은 정통성을 상실한 괴뢰 정부가 강제하는 동일시의 시대를 암시하려는 듯하다. 이어서 라깡은 시인의 거실에서 훗날 불현듯 떠오를 성냥갑 수집의 이미지를 보았다고 한다. 그것은 기이한 느낌을 주는 이미지였다. 작은 성냥갑들은 모두 동일한 모습으로 벽면을 따라서 균일하게 정렬된 선을 이루며 올라갔다가 문 쪽에서 다시 내려오는 방식으로 마치 무한대에 가까운 반복을 보여주고 있었다. 이에 라깡은 장식적 관점에서 극단의 만족을 경험했다고 말하며 다음과 같은 묘사

135

탐사하겠다는 라깡의 논의는 잠시 곁길로 빠진 듯 보인다. 그는 자신의 친구이자 시인인 자끄 프레베르의 성냥갑 수집 일화를 말하면서 그날의 강의를 종료했기 때문이다. 궁정풍 사랑에 관한 강의는 이날로부터 2주 후에야 본격적으로 시작된다. 사드의 성도착에 관한 세미나는 궁정풍 사랑의 논의가 완료된 이후에 본격적으로 등장한다.

를 덧붙인다.* 조금 긴 인용이지만 승화 개념에 상당히 중요한 단서를 136
제공하는 만큼 그대로 번역해보았다.

> 내가 믿기로는, 이러한 빈 성냥갑-비어 있다는 것이 중요합니다-의
> 조합으로 실현되는 효과에서, 우리가 너무도 드물게만 주목하는데
> 요, 그것은 성냥갑이 그저 하나의 오브제가 아니라는 점입니다. 오
> 히려 그것은 다수성이라는 압도하는 형식이 큰사물이 되도록 제시
> 되는 것에 있습니다. 달리 말한다면 그와 같은 정렬 방식으로 제시
> 되는 것은 성냥갑이 단지 유용성이나 또는 플라톤적 의미로 자기 자
> 신의 존재에 일치하는 사물이 아니라는 것입니다. 거의 부조리하기
> 까지 한, 중복적이며 전적으로 근거 없는 증식의 속성을 갖는 이 수
> 집은 사실상 성냥갑의 사물성을 겨냥한 것입니다.* 136

라깡의 언급으로 우리는 승화가 결국 사물성choséité을 드러내는 과
정이라는 사실을 알 수 있다. 그의 논지를 따른다면 사물성이란 유용
성의 대상이 아니다. 심지어는 플라톤적 존재론의 의미에서 유형 또한
아니다. 사물성이란 그런 의미에서 지상(유용성)과 천상(유형)의 자리
를 모두 거부하는 어떤 것이다. 그래서 하나의 사물의 자리라고 부를
수도 있다. 실질적 사물이 탄생하기 직전의 자리 그 자체라고 말이다.
그런데 하나의 사물을 그처럼 사물성으로 전환시키는 과정은 여기서
반복이다. 단순하며 무한한 반복, 무의미하며 심지어 부조리하게 보이
는 중복이 하나의 사물을 사물성으로, 즉 큰사물로 전환시키고 있는
것이다. 라깡은 이러한 반복의 이미지로 충족된 만족이 승화의 과정을
구성한다고 말한다.
　라깡의 이 같은 예시에서 유용성과 유형의 문제에 주목해야 한다.

이 두 개념은 모두 의미와 연결되어 있다. 하나의 대상이 유용성을 갖는다는 것은 그것이 무엇을 위해 쓰일지 의미를 알게 된다는 뜻이다. 하나의 대상이 유형을, 즉 원본을 형상으로 갖는다는 것 역시 의미 중의 의미인, 궁극적 의미를 가짐을 말한다. 그렇게 해서 하나의 대상이 의미의 세계에 종속된다는 것은 그것이 의미화연쇄의 체계, 즉 기표연쇄의 체계에 사로잡혀 있음을 가리킨다. 그런데, 만일 어떤 특수하며 인위적인 절차가 대상을 의미화연쇄의 차원에서, 즉 산물의 차원에서 물러나게 한다면, 이는 사물을 현실원칙의 영역에서 물러나게 만드는 효과를 가져온다. 하나의 사물은 이제 의미를 소유하는 현상계가 아니라 현상이 시작되기 직전의 텅 빈 장소, 즉 사물성의 장소로 진입한다. 이러한 사물성의 장소는 일반적으로 우리의 욕망을 자극하지 않는다. 욕망은 무엇보다 의미에 사로잡히기를 원하는 마음이기 때문이다. 욕망은 사물이 무엇을 의미하거나 의미할 수 있을 것 같기 때문에 그것으로 향한다. 만일 하나의 사물이 의미를 상실한다고 해도 모호함의 아우라 속에서 현재의 은폐를 뚫고 도래할 미래에 새롭거나 숭고한 의미를 출현시킬 수 있을 것이라는 믿음이 존재해야만 욕망은 유지된다. 바로 그런 의미에서 욕망은 오직 기표의 의미화연쇄를 따라 지속성을 유지한다. 그런데 라깡이 언급하는 성냥갑 수집의 일화는 욕망이 의미의 부재에서도 발생하여 유지될 수 있음을 알려준다. 라깡이 느꼈던 "아주 많이 만족했던" 느낌은 성냥갑이 더 이상 성냥갑처럼 보이지 않았던 특수한 순간에 그를 사로잡았던 쾌락이었다. 부조리한 반복이라는 특수한 절차가 만족의 쾌감을 무의미의 자리에서 출현시킨 것이다.

프레베르의 성냥갑에 대한 설명은 앞으로 진행될 승화에 대한 라깡의 논증들의 전체적 윤곽을 제시해준다. 아직 많은 것이 설명되지 않았음에도 우리는 승화가 대상의 차원과 의미의 현상계를 빠져나가는 만족의 경험이라는 사실을 알아챌 수 있기 때문이다. 나아가서 성 냥갑 일화가 알려주는 놀라운 사실은 라깡이 정신분석 임상을 위해 1960년에 이론화하고 있는 승화 개념이 거의 동일한 시기 바다 건너 미국에서 예술가들의 주요한 전략으로 채택되었다는 것이다. 필자가 아는 한 당시 라깡과 미국의 예술가들 사이에는 어떠한 적극적 교류 도 없었다. 그럼에도 라깡은 자신의 임상이론에서 부조리한 반복의 승 화 개념을 사용했으며, 미국의 팝아티스트와 개념미술가 또한 동일한 전략을 사용했다. 앤디 워홀의 반복 이미지와 앤티필름은 어떻게 하나 의 사물이 유용성과 의미의 영역에서 물러나 사물성을, 존재의 공백을 출현시킬 수 있는지를 보여주는 작업임에 의심의 여지가 없다. 도날드 저드와 로버트 모리스와 같은 미니멀아티스트들 역시 유용성과 유형 의 가능성을 최소화함으로써 사물성의 출현, 즉 공백으로서의 사물- 존재를 드러내는 작업에 몰두하고 있었다. 이와 같은 사실로부터 우리 는 라깡의 승화이론의 시대적 보편성을 가늠해볼 수도 있다. 그가 세 공하여 사용하려는 임상이론으로서의 억압 없는 만족의 절차, 즉 승화 는 단지 정신분석 임상의 협소한 한계를 뛰어넘어 시대적 보편성으로 진리를 향유하는 특수한 전략을 구성해냈던 것이다.

엑스 니힐로의
창조에 관하여

1960. 1. 27.

• 주요 개념 •

정신분석의 놀라운 사례들 ： 실재에서 기표에 의해 고통받는 것

항아리와 단지의 일화 ： 카타리교의 소개 ： 충동, 존재론적 개념

• 강의 개요 •

이번 강의에서 라깡은 승화의 문제를 다시금 큰사물의 문제와 연결시켜 논의를 끌고 나간다. 이를 위해서 강의의 도입부에 "재미있는 사례"를 하나 소개하겠다고 밝힌다. 카린 미카일리스라고 하는 정신분석가의 어느 우울증 환자 일화가 그것이다. 라깡은 우울증 환자가 빈 벽에 보이는 특수한 반응을 분석하면서 공백과 승화의 관계를 설명한다. 멜라니 클라인에 의하면 이 여성은 빈 공간으로부터 출현하는 큰사물의 부정적 영향력을 예술행위를 통해 승화시킨 것이 된다. 그러나 우리는 이미 앞선 논의에서 라깡이 예술적 평가기준 자체의 상대성을 통해 승화의 가

능성을 논박하는 것을 보았다. 논박에 근거할 때 우울증 환자의 사례는 진정한 억압 없는 만족의 승화라기보다는 오히려 또 다른 억압과 방어의 실천이었다고 보아야 할 것이다. 사례에 대한 간단한 소개 이후 라깡은 큰사물의 정의를 "실재에서 기표로부터 고통받는 무엇"이라고 규정한다. 큰사물이란 기표에 의해 억압당하는 대상이기 때문이다. 큰사물은 주이상스의 영역을 대상화한 개념이므로, 기표에 의한 고착과 억압의 과정 속에서 고통받는 대상이다. 바로 그런 의미에서 주이상스는 쾌락이 아닌 고통의 범주로 귀속되는 것이다.

이어서 라깡이 소개하는 "항아리와 단지의 일화"는 어떻게 기표에 의해서 균열이, 부재가, 텅 빈 공백이 세계 속에 도입되는지를 설명해준다. 항아리를 발명한 인류는 결국 공백을 발견한 것이며, 이를 통해 비로소 공백을 채우러 오는 다양한 문명의 요소들이 전개될 수 있는 가능성이 열린다. 항아리란 그런 의미에서 이미 존재하는 물건들을 담기 위한 기능을 하는 것이 아니다. 오히려 공백을 발명해내는 특수한 사물로서 이후 그것을 채워야 하는 필연성을 창조해낸다. 같은 이야기를 기표에 대해서도 할 수 있을 것이다. 어머니의 부재를 명명하는 최초의 기표는 이후 상징계의 아버지 판본에 의해 생산될 욕망의 지식들이 그것을 채우러 오도록 하는 공백의 기능을 수행하기 때문이다. 라깡의 이 같은 항아리-기표 은유는 세계의 출현이 오직 창조론적 관점에서만 설명될 수 있다는 결론으로 독자를 이끈다. 인간의 사유 속에 세계가 출현하기 위해서는 공백의 발명이 무엇보다 중요하기 때문이다. 이것이 바로 무로부터의 창조 개념, 즉 엑스 니힐로의 관점이다.

강의 말미에 라깡은 이 같은 창조론적 관점을 보충하기 위해 카타리교의 질료에 관한 사유를 소개한다. 중세 기독교의 비교집단이던 이들은 악의 문제가 질료에 내재해 있다고 가정했다. 그러나 악의 문제는 엄밀한 의미에서 질료도 작품도 아닌 장소에 존재한다. 그것은 큰사물의 장소이다. 악의 문제는 인간의 심리가 자신의 충동을 큰사물로 대상화하면서 발생하는 사후적 효과에 다름 아니기 때문이다. 그리하여 라깡은 큰사물의 문제가 선악의 문제를 발생시키는 중핵을 구성한다는 것을 보여준다. 선과 악에 관한 심리적 환영들은 모두 충동을 억압하는 기표의 폭력으로부터 출현하는 사후적 효과들일 뿐이기 때문이다. 강의의 결론에서 라깡은 충동과 기표 그리고 큰사물의 문제가 결코 심리치료의 영역에 머무는 협소한 개념이 아니라는 사실을 강조한다. 특히 큰사물의 문제가 존재론적 문제, 즉 인간과 세계의 근원적 좌표에 관한 것이라고 강조하며 강의를 마무리한다.

정신분석의 놀라운 사례들: 빈 공간과 우울증 발작

라깡이 강의 도입부에서 소개하는 우울증 환자는 정신분석가 카린 미카일리스의 「빈 공간」이라는 글에 등장하는 우울증 환자 루스 크야허라는 여성이다. 라깡은 이 사례를 멜라니 클라인의 논문 「예술작품과 창작열에 반영된 유아기 불안 상태*Infantile Anxiety-Situations Reflected in a Work of Art and in the Creative Impulse*」에서 참조하고 있음을 밝힌다. 논문의 제목이 암시하듯이 멜라니 클라인은 제시된 사례를 통해 예술의 창조행위가 심리적 트라우마와 같은 문제들을 해결해줄 수 있다고 주장한다. 그리고 이를 뒷받침해줄 가장 극적인 사례로 우울증 환자 루스 크야허의 치료 과정이 소개된 것이다. 먼저 라깡의 설명을 따라서 이 환자의 사례를 살펴보자.

환자는 오랫동안 우울증 증세를 보여 정신분석 치료를 받아왔다. 여성의 증세는 결혼 이후 상당히 호전되었는데, 어느 날 우울증이 재발하게 된다. 재발의 원인은 뜻밖에도 그림 한 점이 사라지면서 드러난 빈 벽 공간이었다. 라깡에 따르면, 논문에서는 설명되지 않는 알 수 없는 사연으로 여성의 집에는 그림이 가득 걸린 방이 하나 있었다고 한다. 그림은 모두 남편의 남자 형제가 그린 작품들이었다. 형인지 동생인지 밝혀지지 않고 단지 "남편의 남자 형제"라고, 즉 "시형제"라고만 표현되는 이 화가는 자신의 그림들을 여성 환자의 방에 보관해두었다. 그런데 어느 날 이 화가가 방에 걸려 있던 그림 한 점을 판다. 그림들이 촘촘히 메우고 있던 방의 벽에 빈 공간이 드러난 것이다. 환자의 멜랑꼴리적 우울증dépression mélancolique*이 발작한 것은 바로 이 시점이다. 그런데 환자가 재발한 우울증 발작에 대응한 방식이 무척 흥미롭다. 라깡은 "좀 칠해보기를to daub a little" 결정했다는 논문의 표현을 그대로 인용한다. 환자는 "이 망할 놈의 빈 공간"을 다시 채워넣겠다고 결정했다는 것이다. 이어 환자가 시형제의 원래 작품과 동일한 이미지를 만들어내려고 고군분투하는 과정이 이어진다. 환자는 화구상을 찾아가 시형제가 사용했던 것과 동일한 색조합의 물감을 구입한다. 이후 각고의 노력 끝에 그림을 완성하여 벽에 걸게 된다. 그런데 이 그림을 본 시형제의 반응이 아주 재미있다고 라깡은 덧붙인다. 화가는 이 그림이 아마추어는 결코 그릴 수 없는 뛰어난 작품이라고 평가하면서 오히려 환자를 의심했다는 것이다. 그는 심지어 만일 이 그림이 스스로의 실력으로 그린 작품이라면 본인은 왕실 예배당에서 베토벤의 심포니를 지휘하겠다고 비아냥거렸는데, 그는 음악에는 문외한이었다.

　　이 사례를 통해 멜라니 클라인은 예술창작의 승화적 치료 기능을

---

* 라깡은 이 환자에게 "멜랑꼴리적 우울증"이라는 진단을 내린 정확한 근거는 유보하면서 논의를 이끌어나간다. 환자의 증상과 관련된 충분한 자료가 존재하지 않는 만큼 일단 카린 미카일리스의 진단을 사실로 받아들이자는 것이다. 라깡이 주목하고자 하는 것은 증상의 정확한 진단이라기보다 환자가 빈 공간으로부터 느끼는 불안과 대처의 방식이기 때문이다.

확인한 것으로 보인다. 특히 이 여성 우울증 환자의 그림이 늙고 초라한 어머니의 형상에서 젊은 날의 화사한 어머니의 신체 이미지로 전개되는 과정에 주목해서 승화이론을 확증해주는 사례로 사용한 듯하다. 그러나 이러한 유형의 승화이론에 대한 분석과 비판은 앞선 강연에서 충분히 진행되었다는 사실을 잊지 말자. 라깡은 이미 예술에서 완성된 아름다움이라는 개념이 얼마나 상대적일 수 있는지를 지적하면서 창조 행위를 통한 승화가 단지 사회적으로 인증된 조화로운 이미지 산출로 규정될 수 없다는 사실을 명확히 했다. 라깡은 이 사례를 통해 멜라니 클라인의 이론에 동의하기보다 자신의 고유한 승화이론의 토대가 될 조건, 즉 예술적 행위가 큰사물과 관계 맺는 조건들을 나열한다.

사례 속 여성 우울증자가 큰사물을 만난 것은 빈 공간의 영역에서이다. 반면 환자의 예술적 노력, 즉 물감으로 빈 공간을 칠하여 가리려는 노력은 진정한 승화의 개념을 설명하기보다는 인류가 주이상스의 불안에 반응하는 일반적인 방어와 억압의 과정을 묘사한다. 여기서 예술작품의 이미지는 환자의 현실에 출현한 텅 빈 공허에서 쏟아져 나오는 통제되지 않은 정동들을 향해 환자가 던지는 일종의 상징계적 그물로 간주된다. 만일 라깡이 정초해내려는 승화 개념이 상징계 그리고 대타자와 독립된 상태에서 충동의 만족을 겨냥함과 동시에 그러한 만족이 유발하는 불안을 견딜 수 있도록 조율하는 인위적 과정이라면, 이 우울증 환자는 여전히 상징계에 종속된 한정된 만족만을 느낀다. 이렇게 충동의 만족이 상징계의 좌표에 의존한다면, 다시 말해서 현재의 사회규범에 의존하면 이러한 종속은 또다시 충동을 향한 억압으로 기능할 것이기에 충동의 만족은 온전할 수 없다는 사실을 증명할 뿐이다. 바로 이 지점을 강조하려고 라깡은 자신의 그림을 보러 온 시형제 앞에서 마음을 졸이며 평가를 기다리는 환자의 모습을 묘사한다.* 시

형제, 즉 미술전문가의 판결에 전적으로 의존하는 환자의 만족은 결코 억압 없는 상태의 승화라고 볼 수 없기 때문이다. 따라서 사회적 인증에 의존하는 승화는 사실상 신경증의 상징계 내부에서 발생하는 팔루스적 만족, 즉 상징계적 만족과 구분할 수 없다. 같은 의미에서, 만일 우울증 환자의 그림을 보고 시동생이 혹평을 쏟아부었다면 어떤 결과가 일어났을까를 우리는 질문할 수 있어야 한다. 그림은 동일하지만, 그럼에도 쏟아진 혹평은 여성의 우울증을 악화시켰을 확률이 높다. 이러한 가정은 결국 클라인식 승화의 기능이 상대적이며 불안정한 사회적 규범, 즉 대타자의 변덕에 철저하게 의존한다는 사실을 의미할 뿐이다. 한발 물러나서, 이러한 사회적 인증에 기반한 승화의 만족이 일정 수준의 보편성을 유지할 수 있다고 해도 그것은 라깡이 말하는 팔루스적 만족에 전적으로 의존하는 만큼 결코 억압 없는 만족이라고 부를 수 없다. 주이상스의 만족에 억압이 작동한다면 환자는 만족 자체가 의존한 대타자와 초자아의 손아귀에서 결코 벗어날 수 없다.

클라인 이론의 이 같은 약점과 오류에도 불구하고 이 사례가 라깡에게 그리고 우리에게 주는 중요한 교훈은 승화가 큰사물과 관련된 특수한 절차라는 사실이며, 큰사물은 출현할 때 공백에 가까운 형상을 한다는 사실이다. 사례 속 환자에게 출현한 큰사물은 빈 벽의 형상을 하고 있었으며, 이로부터 발산되는 불안에 환자는 압도당하고 있었다. 불안을 느끼는 환자가 할 수 있는 최선의 방어는 그것을 가능한 아름답다고 생각되는 예술적 이미지로 칠하여 가리고 은폐하는 일이었다. 그림이 사라진 텅 빈 공간을 이웃한 그림들 못지않은 예술적 이미지로

---

* "가장 재미있는 사실은, 시형제가 그림을 볼 때 환자의 가슴은 전문가의 판결이 어떻게 내려질지 불안에 두근거렸다는 사실이며 […]"*

141

채우는 일이 환자에게는 절대적인 의무처럼 느껴졌던 것이다. 이러한 사례를 통해서 우리는 문명이 큰사물을 마주할 때 그로부터 어떻게 스스로를 방어하는지에 대한 단서를 찾을 수 있다. 문명은 그 시대가 요구하는 최고의 아름다움에 종속된 이미지들을 조합하여 큰사물의 외양인 공백을, 허무를 은폐한다. 그런 의미에서 큰사물은 언제나 은폐되는 방식으로만 출현할 수 있다. 만일 큰사물이 전혀 은폐되지 않은 채 자신을 드러낼 경우 우리는 그것을 알아보기 전에 시선을 돌려버릴 것이다. 그런 의미에서 텅 빈 스크린으로 가려진 큰사물, 즉 가장 공허한 무늬로 가려진 큰사물은 자기 존재의 근본적인 속성, 불안의 특성인 동시에 파괴적인 능력을 가장 잘 드러내는 순간 속에 있다. 따라서 라깡이 말하는 승화, 지난번 강의에서 프레베르의 성냥갑 일화로 암시하려 했던 승화의 대상으로서의 큰사물은 대상의 영역에서 가장 멀리, 주이상스의 영역에 가장 가까이 접근한 사물성을 표상한다고 말할 수 있다. 반면 우울증 환자의 사례는 큰사물의 텅 빈 스크린을 현재의 미술적 규범이라는 상징계의 언어로 가리고 은폐하는 행위, 즉 승화의 반대 방향으로 나아가는 행위였다. 그것은 공백을 사회적 지식에서 산출된 욕망의 대상으로 가리는 행위였을 뿐이다. 이에 라깡은 승화란 욕망의 대상을 큰사물의 수준으로 승격시키는 것이라고 정의한다. 즉, 하나의 사물을 '숭고함'의 수준으로 격상시키는 것이다. 이때 '숭고함' 또는 '존엄함'이라고 번역되는 'dignité'는 보다 라깡적인 분석과 해석이 요구된다. 여기서 말하는 숭고함은 큰사물의 숭고함이지 욕망의 대상의 숭고함이 아니다. 욕망의 대상을 포획하는 것은 상징계의 보편성이다. 따라서 욕망의 대상이 숭고할 수 있다면 현재 사회적 지식-권력의 명명 속에서일 뿐이다. 그 대상은 현재의 인식장이 규정하고 명명하는 숭고함의 의미를 갖기 때문이다. 그런데 큰사물은 이러한 인식장의 외부, 또는 균열의 지점에 자신의 (비)좌표를 갖는다. 따라서 숭고한 대상으로서의 큰사물은 상징계의 언어로부터 완전히 배제된 지형 topos, 즉 비지형atopos의 좌표를 가질 뿐이다. 만일 승화가 사물을 숭고한 큰사물의 위상으로 높이는 것을 뜻한다면, 이것은 사물이 가진 세속의 의미, 즉 속견을 박탈하여 원래 출현했던 텅 빈 장소로 사물을 되돌리는 것을 의미한다.

실재에서 기표에 의해 고통받는 것: 큰사물과 주체

라깡이 큰사물을 다음과 같이 정의 내리는 것은 의미심장하다. 그는 큰사물이 실재에서 기표로 인해 고통받는 어떤 것이라고 말한다.* 이 말은 인간의 심리가 쾌락원칙, 즉 항상성의 원칙에 따라 유지된다는 사실과 함께 고려되어야 한다. 즉, 심리적 영역에서 쾌락의 안정성을 유지하려는 힘이 억압을 통해 작동한다면 이러한 억압과 통제의 궁극적 대상은 고통일 것이다. 무엇인가를 고통으로 느끼기 때문에 그에 대한 방어로 항상성의 원칙이 강제되기 때문이다. 그리고 이러한 고통은 특정 기표를 중심으로 파생되는 효과이다. 원초적 기표, 즉 단항기표가 무의식의 중핵을 구성하면서 과도한 주이상스, 즉 고통의 고정점을 표지하면 이를 둘러싼 쾌락원칙의 방어적 통제와 억압이 상징계를 통해 재편성되는 것이다. 이와 같은 논점을 토대로 우리는 큰사물을 단항기표로 인해 고통받는 것으로 규정하는 라깡의 관점을 쉽사리 이해할 수 있게 된다. 결국 큰사물이란 원초적 기표인 단항기표가 표지하는 영역에 다름 아니며, 이것에 의해 위치가 확인된 주이상스를 과도한 것으로 파악하는 상징계 시스템의 사후적 기능으로 억압되는 대

142

상이다. 라깡은 그렇게 큰사물이 단독적 기표에 의해 표지되는 영역인 S1과 상징계의 영역인 S2, 즉 재현의 재현자의 영역 사이의 대립과 연결의 구도를 통해 심리의 지형도를 그려내고 있다.

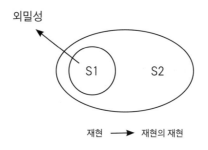

S1은 첫 번째 표지, 즉 현시 또는 재현이 일어나는 장소이며 S2는 재현의 재현이라는 말이 의미하듯이 첫 번째 표지가 재현되는 장소이다. 여기서 현시나 재현은 동일한 의미로 파악되어야 한다. 왜냐하면 어떤 것도 스스로를 현시할 수 없으며 오직 다른 것, 즉 기표의 매개로 표지되는 과정 속에서만 출현하기 때문이다. 따라서 현시와 재현 모두 기표에 따른 표지 기능에 다름 아니다. 차이가 있다면, 한 번 표지되느냐, 이미 표지된 것이 상징계의 질서 속에서 재표지되느냐의 차이가 있을 뿐이다.

주이상스라는 충동의 흐름은 타자로부터 온 최초의 기표 S1의 재현 효과 또는 각인 효과를 통해 출현하며, 이것은 S2의 두 번째 재현 기능 속에서 억압될 것이다. 이를 수학적으로 설명하면 모집합 S1은 그것을 다시 셈하는 멱집합 S2의 부분으로 포함될 수는 있지만, 원소로서 완전히 통제될 수는 없다고 은유될 수 있다. 이는 S1이 공집합이라는 사실을 의미한다. 공집합은 모든 집합의 보편적 부분집합이지만 어떤 집합에서도 원소로 셈해지지 않는다. 모든 집합에 포함되지만 이 질적인 속성으로 인해 요소화되지 않는, 즉 셈해지지 않는 공집합은 S1에 의해 표지되는 큰사물의 존재를 정확히 표현한다.

그런 의미에서 큰사물의 영역인 S1의 장소를 무의식의 가장 내밀한 지점인 동시에 우리의 자아를 구성하는 S2의 일관성에 대립하는 외부로 규정하면서 "외밀성"이라고 표현하는 것이다. 큰사물의 영역은 가장 내밀한 외부이며, 이곳의 고유한 정동은 고통이다. 그곳은 기표에 의해 고통받는 장소인 것이다.

단항기표와 동일시

같은 맥락에서 라깡은 모든 욕망의 대상이란 언제나 되찾아진 대상이라는 사실을 강조한다. 프로이트에 따르면 욕망의 대상이란 언제나 상실된 것이며, 그것은 되찾아진 형태로만 소유된다. 그런데 이러한 되찾음의 이면에는 그것이 결코 상실된 적이 없었다는 역설이 존재한다. 만일 우리의 심리적 역사에서 상실한 것이 있다면 그것은 큰사물로서의 대상이다. 그러나 큰사물로서의 대상이 진실로 출현할 경우, 우리는 결코 그것을 상실한 대상으로 간주하지 않을 것이다. 만일 '상실'이란 표상이 상징계의 관념이 만들어낸 욕망의 동인임을 인정한다면 사실 우리는 아무것도 상실한 것이 없다고 말해야 한다. 진정한 상실은 큰사물의 차원에서 일어났지만, 큰사물의 차원은 상실이라는 용어를 의미의 형태로 소유하지 않기 때문이다. 따라서 욕망의 대상이 상실된 것으로, 그리하여 되찾아진 것으로 간주된다면 그것은 언제나 기표들에 의해 길트임된 상징계 내부에서 현실원칙에 따라 작동하는 욕망의 환영적 질서를 유지하려는 목적에서 비롯된 것이지, 진정으로 상실된 것을 되찾으려는 목적은 아니다.

이에 덧붙여서 라깡은 피카소가 자신의 작업에 대해 펼친 유명한 주장을 다시 환기한다. "나는 모색하지 않는다, 나는 발견한다Je ne cherche pas, je trouve." 여기서 '모색한다' 또는 '탐색한다'는 표현 'chercher'는 연구하여 만들어낸다는 함의가 있다. 반면 '찾아내다' 또는 '발견하다'로 번역될 수 있는 'trouver'는 이미 그곳에 있는 것을 되찾는다는 의미를 갖는다. 만일 이것을 라깡적 문맥에서, 즉 욕망의 대상을 해석하는 문맥에서 이해한다면 피카소의 명제는 인간 일반이 자신의 욕망과 맺는 관계를 설명한다고 간주할 수 있다. 즉, 우리는 언제나 무엇인가 새로운 것을 만나고 때로는 발명해내는 듯 보이지만 사실 우리가 만나는 대상은 현실의 패러다임이 이미 만들어놓은 것, 즉 레디메이드된 대상들일 뿐이라는 사실이다. 물론 발견하려면 모색하고 찾아야 할 것이다. 그러나 이러한 모색과 탐사는 기표들의 길 내부에서 진행되며, 그런 의미에서 상징계 내의 한계를 넘어서지 못한다. 인간 심리에서 욕망의 대상으로 취해지는 것들의 리스트는 상징계가 허용하는 기성품의 한계를 벗어날 수 없다는 뜻이다. 욕망과 관련하여 우리의 행위들은 그렇게 '되찾아진 대상'이라는 틀에 의해 통제된다.

반면 피카소의 명제는 예술 창조의 진실성이라는 문맥에서 정반대의 의미를 가질 수도 있다. 즉, 피카소는 현행 질서의 패러다임이 제시하는 좌표들의 외부가 어디인지 이미 알고 있다는 것이다. 피카소는 과거 미술사가 제시하는 요소들을 조합하여 이미 알려진 것을 (재)발명해내는 것이 아니라 진정 큰사물의 장소로부터 자신이 찾던 것을 발견할 뿐이다. 여기서 그가 찾던 것은 미술사 또는 상징계의 몰락이며, 그로부터만 가능해지는 새로움 그 자체이다. 요컨대 피카소가 발견하는 대상은 쾌락원칙의 항상성의 기능*에 투사되는 기표들의 길을 따르지 않는 모색과 탐사의 결과라고 할 수 있다.

되찾아짐의 형식은 그렇게 큰사물을 둘러싸고 은폐하는 방식으로 출현시키는, 즉 재현하는 기능이다. 라깡은 이것을 "베일로 가려지는voilée" 속성이라고 말한다. 큰사물은 언제나 가려지는 방식을 통해서만 드러나는 모순된 대상이기 때문이다. 따라서 큰사물의 정확한 이름은 언제나 다른 사물, 다른 것이다.* 쾌락원칙은 되찾아진 대상들이 일종의 덫의 기능을 하도록 유도하면서 인간의 사유를 포획하여 한정 짓는다. 여기서 덫의 기능을 지탱하는 것은 기표연쇄라는 상징계의 틀이다. 그리하여 사유가 도달하는 곳은 언제나 사물 그 자체가 아닌 다른 자리이다. 거꾸로 말한다면, 세계를 구성하는 사물들의 명명된 질서와는 다른 사물이 세계의 중핵에서 욕망의 원인으로 기능하고 있지만, 우리의 사유는 결코 그곳, 다른 사물에 접근할 수 없다고 할 수 있다.

큰사물과 되찾아진 대상의 관계에 대한 라깡의 설명은 큰사물과 더불어 인간이 무엇인지를 정확히 말해준다. 인간은 언제나 자신의 주이상스의 중핵에 존재하는 큰사물과의 관계 속에서만 규정될 수 있는 존재이다. 인간의 개인적 삶과 집단적 문명이 욕망의 방향성이라는 구도 속에서 설명되어야 한다면, 그러한 방향성은 상징계의 외존성인 큰사물과 맺는 관계의 유형을 통해서 통제되고 조율된다. 라깡의 표현을 따르자면 주이상스란 기표에 의해 고통받는 큰사물의 자리에서 발생하는 사건이며, 인간 존재는 바로 이 사건에 반응하는 유형들인 것이다. 라깡은 다음과 같이 정리하고 있다. "[…]우리가 인간이라고 부르

---

* "쾌락원칙의 기능이란 사실상 심적 장치의 모든 기능을 조율하는 긴장의 층위가 가장 낮게 유지되는 데 필요한 만큼의 기표들을 부여하면서 주체를 하나의 기표에서 다른 하나의 기표로 데려가는 것입니다."*

는 대상은 내가 조금 전에 큰사물을 규정한 방식으로밖에는 규정될 수 없을 것입니다. 즉, 실재에서 기표에 의해 고통받는 방식으로 말입니다."•

항아리와 단지의 일화: 악은 작품의 문제인가?

이어지는 강의에서 라깡은 큰사물과 대상 그리고 기표의 관계를 보다 명확하게 설명하기 위해 항아리의 일화를 도입한다. 항아리를 기표와 동일한 차원의 개념으로 은유하고 그로부터 어떻게 의미와 세계가 출현하는지, 동시에 기표-항아리의 출현 속에서 고통받는 대상이 어떻게 큰사물이 될 수 있는지 논증을 전개시켜 나아가려는 것이다. 라깡은 먼저 다음과 같이 말한다.

> 기표와 관련하여, 인간이 [기표의] 토대를 만드는 장인이라는 식의 생각으로 경솔하게 나아가지 않는 것은 어려운 일입니다.•

여기서 라깡이 강조하려는 것은 인간이 소통의 도구로서의 언어와 언어의 토대로서의 기표연쇄를 만들어낸 창조자라고 생각하는 경향은 수많은 오해와 환상을 주체에 도입하는 결과를 낳는다는 사실이다. 사실 오히려 그 반대의 관점, 인간과 세계가 기표연쇄라는 특수하며 독자적인 현상 속에서 출현한 결과물이라는 사실이 지적되어야 한다. 인간은 말하는 존재가 아니라 말해지는 존재라는 수동적 차원의 강조 역시 같은 사실을 의미한다. 이 같은 독자적 기표의 차원, 즉 언어의 차원은 또한 특수성을 갖는데 이를 라깡은 구조주의 언어학의 논의에 따라 '대응의 구조들structures d'opposition'이라고 말한다. 여기서 특수성은 하나의 기표가 오직 다른 하나의 기표와 대응하는 차이를 통해서만 의미를 생산한다는 뜻이다. 이러한 관점은 의미가 초월적으로 존재하며 기표는 의미를 불러내는 부차적 매개물이라는 전통적 언어관을 부정하게 만든다. 이것을 지적하려고 라깡은 기표가 인간의 영혼보다는 손으로 조작된다고 말한다.* 언어는 물질적 지지물인 기표의 조작과 관련이 있지, 의미의 초월적 환영과 관련된 것이 아니다. 세계라는 의미는 언제나 기표의 물질적 도래 이후에 발생하는 환상이다. 기표와 인간 그리고 의미의 생산에 관련된 이러한 사실들은 라깡이 승화 개념을 도입하는 데 결정적인 계기가 된다. 기표의 물질성에 근거하여 출현하는 언어의 현상들과 그로부터 발생하는 창조 개념의 본질을 설명하기 위해 라깡은 항아리 또는 단지의 인류학을 다음과 같이 간단히 언급한다.

> [항아리는] 언제나 있어왔습니다. 어쩌면 인간 산업활동에서 가장 원초적인 요소라고 할 수 있습니다. 항아리는 확실히 하나의 도구, 용기인데, 그것이 발견되는 곳에서는 인간이 존재했다는 사실을 분명히 확인할 수 있습니다.*

라깡의 표현대로, 항아리는 마치 인간의 언어처럼 그것이 사용되는 장소에서 인간 문명의 현존을 확인할 수 있는 가장 원초적인 요소라고 할 수 있다. 창조의 개념과 관련된 은유와 신화를 파생시킨다는 점에서도 항아리는 언어와 유사한 인류학적 가치를 갖는다. 왜냐하면 오직 언어만이 무에서 유를 창조할 수 있으며, 이런 기능을 가장 적절히 은유하는 형상이 항아리이기 때문이다. 이에 대하여 라깡은 또한 다음과 같이 말한다.

만일 그것[항아리]이 진정으로 기표이며, 또한 인간의 손으로 만들어진 최초의 기표라면 그것은 오직 기표의 본질 속에서만, 기표인 모든 것으로서만 그러하다는 것입니다. 달리 말해서, 기의와 관련한 어떠한 특별함도 없다는 것입니다.*

145

여기서 "기표인 모든 것"이 의미하는 것은 어떤 초월적 의미의 영역과도 단절된 순수 물질성이다. 라깡 정신분석에서 기표의 본질은 언어의 물질적 단위 요소를 의미할 뿐이기 때문이다. 의미 또는 기의는 이러한 물질성으로서의 기표가 파생시키는 우연적 산물일 뿐이다. 따라서 특별히 기의적이지 않은 기표 자체로서의 항아리는 인간의 무의식에 도입된 최초의 기표와 그것의 사후적 연쇄 과정을 은유하는 적절한 형상인 셈이다. 한번 발명된 후에는 다양한 산물과 기의를 담아낼 수 있는 항아리와 기표는 그러한 현상적 다양성에도 불구하고 최초에는 무차별적이며 비개성적인 물질성, 다른 기표들과 마찬가지이며 다른 항아리들과 다를 바 없는, 특별할 것 없는 비속성의 속성을 가진다. 그런 의미에서 항아리로 은유되는 기표가 최초로 창조해내는 것은 어떤 기의나 현상들이 아니라 비의미 또는 현상 부재, 즉 공백이다. 항아리가 자신의 비개성 속에서 용기의 기능으로 텅 빈 공간을 만들어내지 않았다면, 이후 그 내부에 채워지는 방식으로 창조되는 다양한 의미와 형상들의 출현은 불가능하다. 그리하여 항아리-기표의 텅 빈 속성, 공백의 출현은 그것을 채울 수 있는 의미화의 기능을, 즉 창조의 기능을 탄생시키는 계기가 된다. 이에 대해 라깡은 다음과 같이 말한다.

만일 항아리가 가득 채워질 수 있다면, 우선 그것이 본질적으로 텅

비어 있기 때문입니다. 말과 담화가 채워지거나 비워질 수 있는 것
역시 정확히 동일한 의미에서입니다. *

라깡은 또한 다음과 같이 덧붙인다.

그런데 만일 여러분이 [⋯] 항아리를 큰사물이라 불리는 실재의 한
가운데서 공백의 실존을 표상하기 위해 만들어진 물건으로 간주한
다면, 그러한 공백은 재현 속에서 스스로를 니힐로서, 무로서 현시
하는 것입니다. *

라깡이 항아리의 일화로 은유하는 기표의 가장 근본적이며 원초
적인 기능은 이처럼 공백을 창조해내는 것이다. 프로이트가 손자의 사
례로 말하는 포르-다Fort-Da 게임의 본질 역시 기표가 어떻게 공백을,
결여를 명명할 수 있는지에 관한 논증이었던 것처럼 말이다. 무언가가
창조되려면 먼저 그러한 창조가 가능한 텅 빈 공간이 필요하다. 포르-
다 게임에서 프로이트가 말하는 것 역시 동일한 기능이다. 유아기 최
초의 상실 경험과 그에 대한 명명으로서의 포르-다는 공백에 대한 최
초의 명명인 것이다. 어머니가 지금 여기에 없다는 사실, 즉 결여의 현
실이 기표로 명명되지 않는다면 어머니의 부재를 설명하는 아버지 판
본의 설명이 도래할 수 없다. 결여를 결여로, 부재를 부재로, 공백을 공
백으로 명명하는 것이 바로 항아리의 기능이다.
　이번 강의에서 라깡이 도입하는 항아리 은유의 본질은 결국 인간
의 심리 속에서 의미와 세계의 형상이 출현하게 만드는 기표의 본질적
기능과 관련된다. 기표는 균열을 지시하는 기능을 통해서 공백을 출
현시키고, 그러한 공백으로 의미들이 채워질 수 있는 가능성을 비로소

발생시킨다. 어머니와 아이의 유착된 관계라는 결여 없는 세계*에 구멍을 뚫는 것은 바로 기표, 즉 상징계의 도입인 것이다. 이러한 관점에서 라깡은 창조가 구멍으로부터 시작된다고 단언한다. "기표를 만드는 것과 실재 속에 구멍 또는 균열의 틈을 도입하는 것에는 동일성이 존재"하기 때문이다.*

146

카타리교의 소개: 악은 질료의 문제인가?

기표를 항아리의 기능으로 은유하면서 세계-의미의 출현을 설명하려는 라깡의 논점은 다시금 윤리의 문제를 제기하는 지점으로 돌아온다. 왜냐하면 항아리, 즉 기표와 함께 출현한 공백을 채우러 오는 다른 기표들은 어째서 언제나 선과 악이라는 문제를 중심으로 구성되는지를 밝혀야 하기 때문이다. 라깡은 다음과 같이 표현한다.

겨자 단지와 항아리의 사례는 이것을 중심으로 윤리적 문제의 핵심

---

* 어머니와 아이의 세계가 유착되어 있으며, 상징계 도입 이전에는 결여를, 즉 구멍을 갖지 않는다는 것이 기표의 도입 이전의 아이의 세계가 온전히 충만하다는 사실을 의미하지는 않는다. 아이는 상징계, 즉 말의 도입 이전에도 결여를 겪으며 어머니의 부재와 무관심 속에서 욕구의 불만을 표현할 수 있다. 문제는 이러한 어머니의 부재를 결여로 인정할 수 있는가 아니면 그것을 단지 재난으로, 즉 인정할 수 없는 사고로 남겨놓는가에 달려 있다. 세계의 결여를 인정하는 아이는 말을 통해 빈 공간을 명명하고 그에 대한 다양한 설명을 시도한다. 반면 결여를 인정하지 않는 아이는 설명을 도입하는 대신 결여된 자신의 세계의 복구를 모든 수단을 동원하여 호소한다. 유아 자폐증인 아이가 자신의 욕구가 관철되지 못할 때 보이는 발작증세가 전형적인 사례로 간주될 수 있다. 이때 아이는 어머니의 결여, 부재를 명명된 공백의 형식으로 소유하지 못한 것이다.

인 큰사물의 중점적 문제를 도입할 수 있게 해줍니다. 만일 이성적 절대자로서의 신이 세계를 창조했다면 우리가 무슨 짓을 하든 그리고 우리가 무슨 짓도 하지 않든, 어떻게 세계가 이토록 망쳐질 수 있느냐는 것입니다. *

    풀어 말하면, 창조의 기원에 공백이 출현한다면 그것을 채우러 오는 모든 의미화의 현상들이 어째서 악의 문제를 그토록 두드러지게 출현시키는지가 문제시되는 것이다. 이에 답하려면 먼저 항아리-기표에서 출현하는 공백인 큰사물이 악의 속성을 가졌다고 간주되는 현실부터 해명해야 할 것이다. 어째서 인간의 주이상스는, 충동은 악으로 간주되는가? 그것은 이러한 기표의 공백을 둘러싸는 상징계의 규범이 주이상스에 대립하여 출현하기 때문이다. 창조론과 관련하여 모든 종교가 악의 문제를 가장 주요한 숙고의 대상으로 간주하는 이유는 문명이 출현하는 최초의 지점에 법과 규범의 도입이 존재하며, 이러한 법이 억압하는 대상은 주이상스 또는 큰사물의 영역이기 때문이다. 인간의 충동은 그렇게 사후에 '악'의 속성을 갖는 것으로 간주된다. 큰사물이 인간 심리의 중핵을 차지하고 외밀성으로 기능하는 한 심리는 그리고 세계는 언제나 악을 향해 달려가는 듯한 인상을 줄 수밖에 없다.

    이를 설명하기 위해 라깡은 선악의 문제가 출현하는 서구 사유의 양상들을 제시한다. 특히 악의 문제에 관하여 라깡은 세 가지 구분만이 존재한다고 규정한다. 먼저 창조를 작품의 관점, 즉 창조물의 관점에서 바라보는 사유이며, 이를 오직 선하고 좋다고 가정하는 관점이다. 이는 기독교의 창세기에서 일곱째 날 창조된 세계, 즉 작품을 보며 좋다고 말했던 신의 관점이다. 그러나 기독교는 창조물이 악의 근원지가 되는 과정도 묘사한다. 루터가 강조한 세계-악의 속성은 작품-창조물의 개념이 선과 악의 변증법적 투쟁의 공간이 된다는 사실을 알게 해준다. 여기서 창조된 작품으로서 세계는 그 자체로 악의 공간이다. 라깡은 이에 덧붙여서 세 번째로 질료의 관점을 제시한다. 서구 중세 기독교의 비교집단 카타리교cathare는 질료의 차원에 악을 가정하고 아담의 근원적 순수성으로 돌아가기 위해 엄격한 금욕주의를 추구했다. 이것을 사례로 제시하는 라깡은 작품(세계)의 재료가 되는 질료(자연)의 차원에서 악의 존재를 보는 관점이 아리스토텔레스의 질료관과 유사함을 언급한다. 이에 따르면 질료는 스스로 하나에서 다른 하나로 변형되는 속성, 즉 부패와 생식의 속성을 갖는데, 스스로 변이되는 이 속성이 곧 악의 특성이 된다. 질료의 이와 같은 악의 속성을 금욕으로 순결화시키고자 하는 카타리교는 죽음을 욕망하는 절차 속에서 아담적 순수성의 세계에 도달하는 것을 무엇보다 우선시한다. 그들은 생식과 부패를 세계에 도입한 창조주 데미우르즈démiurge로부터 보다 근원적 창조주의 세계로 돌아가려고 금욕적 실천을 추구한다. 작품으로서의 세계가 아담의 시기에 원래 가지고 있었던 순수성으로 돌아가자는 것이다.

작품으로서의 인간과 세계를 선한 산물로 보는 관점과 악한 산물로 보는 관점, 그리고 이에 앞서 세계를 만든 질료에서 악의 속성을 보려는 관점은 창조관의 관점에서 세계의 출현을 바라보는 시선의 특수성을 설명해준다. 그러나 라깡은 이러한 서구적 사유로는 악의 본질적 개념에 도달할 수 없다고 생각한다. 라깡이 보기에 악의 개념은 오직 큰사물의 관점에서만 사유 가능하기 때문이다. 그리고 큰사물이란 상징계(작품)의 대립물로서의 질료가 아니다. 질료의 개념은 상징계에 대해 선험적인 것으로 오히려 상상의 대상이다. 그것은 작품으로서의 상징계가 실재에 대해서 갖는 사후적 이미지일 뿐이다. 반면 큰사물은 기표에 의해 도입된 공백이며, 상징계는 오직 이로부터만 악의 개념을 산출해낼 수 있다. 라깡은 다음과 같이 설명한다.

> 악은 단지 작품 속에서만 발견되는 것은 아니며 혐오스런 질료 속에서만, 모든 고행과 금욕의 노력이 피해가려는 것에 집중되는 그러한 질료 속에서만 발견되는 것도 아닙니다. […] 악은 큰사물 속에 있을 수 있는데 그것은 작품을 이끄는 기표가 아닌 한에서 그러하며, 그것이 또한 작품의 질료만이 아닌 것으로 그러합니다.*

150

악의 문제에 관한 논점들을 제시하면서 라깡이 궁극적으로 전달하려는 메시지는 결국 인간의 사유 속에서 출현하는 세계-이미지의 근원에는 선악에 관한 그 어떤 본질적 요소도 없다는 것이다. 그보다는 언어적 우발성의 차원이 선악의 개념으로 의미화된 세계를 출현시켰을 뿐이다. 간단히 말해서 아이의 귀에 전달되는 부모의 말과 기표들이 다시금 아이의 입에서 발화되는 과정에서 기표의 가장 핵심적인 현상이 초래되는데, 그것은 곧 부재를 명명하는 기능, 또는 항아리처럼 텅 빈 공간을 사유에 출현시키는 기능이다. 여기서 명명된 부재는 어머니의 부재이며, 주이상스의 부재이다. 큰사물이란 이러한 부재된 주이상스의 공간이며, 자신의 내부에 사후적으로 악의 형상을 부여받는다. 왜냐하면 유아는 주이상스-부재의 텅 빈 공간을 아버지 판본에 근거한 욕망의 지식으로 채워나가기 때문이다. 그렇게 해서 상실된 주이상스를 되찾을 수 있는 유일한 방법은 큰사물을 악으로 규정하는 절차뿐이다. 주이상스의 영역인 동시에 그것의 부재의 영토이기도 한 큰사물이 언제나 악의 속성으로 간주되는 이유는 욕망의 지식이 아버지 판본에 따라 지배되기 때문이다. 조금은 애매하게, 또한 암시적으로 라깡은 기표, 큰사물, 고통, 대상의 관계를 다음과 같이 정리하고 있다.

> 물론 모든 종류의 덫과 환상이 여기에서 제공됩니다. 마치 인간이 근본적으로 선하다거나 악하다는 방식으로 간단히 규정되는 것이 문제인 것처럼 말입니다. 그러나 그것이 문제가 아닙니다. 문제는 모두가 문제라는 것입니다. 문제는 인간이 기표를 만들어 세계에 도입한다는 사실에 있으며, 이를 달리 말하면 큰사물의 이미지를 따라서 만들어내며 하는 일이 문제입니다. 그런데 큰사물은 우리가 상상할 수조차 없습니다. 승화의 문제가 걸려 있는 것은 바로 여기입니다.[*]   150

충동, 존재론적 개념: 충동은 심리가 아닌 존재론적 문제

의미와 세계의 형상이 출현하는 언어적 창조론의 논점에 관한 상기 묘사를 더욱 풍성하게 만들기 위해서 라깡은 어느 저녁 식사 자리에서 들었던 과학에 대한 새로운 시각의 에피소드를 소개한다. 이에 따르면 갈릴레이에서 시작된 서구 근대과학의 역사는 유대교적 이데올로기에서 시작된 것이다. 근대과학을 르네상스와 연결시키면서 아리스토텔레스의 고대 그리스 철학에 연결하려는 일반의 생각은 사실과 다르다는 것이다. 갈릴레이 이후 수학적 언어의 상징계는 모든 과학 분야로 확장되면서 영향력을 키워나가고 있었다. 수학적 상징성을 갖춘 근대 언어는 모든 종류의 직관과 현상들 사이에서 일관성에 근거한 지배력을 발휘했던 것이다. 그런데 라깡은 근대과학의 이 같은 영향력이 흥미롭게도 '어떤 지점'도 갖지 않는다는 사실에 주목한다. 근대과학은 더 이상 천공의 별들에 존재하는 좌표의 영원성을 인정하지 않게 된 것이다. 별들이 그곳에 존재하는 것은 우연한 천체 운행의 산물이다. 필연적인 것은 그들의 좌표가 아니라 그들의 좌표를 계산하는 언어, 즉 기표게임의 논리일 뿐이다. 별들은 이제 더 이상 영원한 좌표의 보증자가 아니다. 이와 같은 관점은 그리스 고전주의 철학이 주장하는 코스모스 세계관이 결코 아니며, 오히려 유대교적 창조론, 즉 '무'로부터 '말'로 세계가 창조되었다고 가정하는 관점에 훨씬 더 가깝다고 할 수 있다. 근대과학의 시선에서 세계란 기표로 창조된 공백을 통해 출현하는 가상들의 불꽃놀이와 같다.

물론 이와 같은 창조 또는 창조론적 세계관의 강조가 유신론적 주장을 옹호하려는 의도에서 나온 것은 아니다. 그보다 라깡이 드러내고자 하는 것은 우리의 사유가 출발하는 지점과 그것이 유지되는 신화적 구조이다. 사유는 언어적 사건을 통해 결여를 결여로 출현시키면서 그로부터 의미 생산을 시작한다. 이러한 사유의 과정은 세계의 창조 신화에서 그대로 은유되곤 한다. 사유와 세계를 향한 이 같은 관점은 프로이트가 어떻게 문명의 출현을 아버지의 죽음으로 설명하는지에서 정확히 드러난다. 아버지의 죽음은 상징적 아버지, 즉 죽은 아버지의 기능을 출현시킨다. 살아 있는 아버지가 누리던 무제한적 주이상스는 그의 죽음을 통해 결여로, 공백으로 전제되는 것이다. 이로부터 출현하는 상징계적 아버지의 법과 규범은 폭군적 아버지의 죽음의 자리인 공백에서 출현하는 사후적 현상들이며, 이것이 바로 세계의 출현이며 문명의 탄생이다.

대타자와 주이상스로 설명되는 이 모든 창조론적 관점들은 결국 주체가 존재의 위기와 문제들을 무엇에 근거하여 조율하거나 억압하는지를 보여준다고 할 수 있다. 주체는 자신의 심리 중핵에 외존적 방식으로 자리한 큰사물의 자리에서 충동을, 절대적 주이상스를 살해함으로써, 즉 절대적 신을 살해함으로써 상징적 조율의 세계로 들어선다. 이 때문에 라깡은 충동과 큰사물의 문제가 결코 심리적인 문제에 한정될 수 없다고 단언한다. 그는 충동이 존재론적인 문제, 즉 인간의 존재와 세계의 구성에 기원이 되는 보다 근본적인 문제라고 주장한다. 이로부터 라깡이 말하고자 하는 것은 다음과 같다. 즉, 인간과 문명의 사유가 출현하는 장소는 주이상스가 살해된 공백, 라깡이 지속적으로 큰사물이라는 부르는 그곳이다. 엑스 니힐로의 개념이 말하고자 하는 바도 이것이다. 그리하여 라깡은 정신분석의 임상 대상이었던 충동과 큰사물의 문제를 인간 존재와 문명의 근원적 토대를 설명하는 존재론적 문제로 확장시킨다. 인간의 정신을 치료하는 정신분석은 인간의 본질과 문명의 속성을 이해하지 못한다면, 언제나 오류에 빠져 충동과 욕망을 왜곡할 것이기 때문이다.

논외적 논평

1960. 2. 3.

• 주요 개념 •

격언적 요소 ： 예술, 종교, 과학 ： 슈피츠에 관하여

왜상과 건축 ： 충동의 우위

• 강의 개요 •

강의를 시작하면서 라깡은 이번 세미나가 평소와 같은 방식으로 진행될 수 없음에 양해를 구한다. 알려지지 않은 이유로 라깡은 평소보다 짧게 강의를 마무리하려 한다. 이어서 라깡은 승화의 문제가 정신분석의 임상에서 아주 중요한 요소라고 강조한다. 그런데, 승화를 설명하기 위해 도입하려는 궁정풍 사랑에 대해 오해하지 말아야 할 점을 지적한다. 이를 설명하기 위해 라깡은 "인간의 욕망은 타자의 욕망이다"라는 정신분석 명제를 언급한다. 프로이트의 저술 속에서 표면적으로 말해진 바는 없지만 그럼에도 언제나 암시적으로 강조되는 이 명제는 승화의 차원

에서도 적용되어야 하는 '격언적 요소'이기 때문이다. 따라서 궁정풍 사랑에서의 사랑은 결코 공주와 기사 사이의 이자관계가 발생시키는 정념이 문제시되는 것이 아니다. 라깡은 이와 같은 사실을 아주 짧게 언급하고 다음 주제로 넘어간다. 궁정풍 사랑에 대해서는 다음 강의에서 집중적으로 다뤄질 것이다.

이어지는 번외 강의에서 라깡은 문명의 세 가지 승화 형식으로 예술과 종교 그리고 과학을 언급한다. 이들은 히스테리적 승화, 강박증적 승화, 정신병적 승화의 세 유형이다. 특히 라깡은 예술에 관한 아주 중요한 논점들을 제시한다. 라깡에 의하면 예술, 특히 시각예술은 히스테리적 구조를 통해 공백을 드러낸다. 이를 설명하기 위해 건축과 회화의 사례들이 제시된다. 또한 왜상이라는 개념을 도입해 어떻게 예술이 공백을 다시금 드러낼 수 있는지를 소개한다. 이 부분은 라깡주의 예술 비평이론의 형성에 아주 중요한 토대를 제공하는 만큼 필자 역시 집중적으로 분석하려고 한다. 그리고 나서 이어지는 "슈피츠에 관하여"는 그 전날 있었던 또 다른 학회에서 제기되었던 문제를 라깡의 제자들과 함께 다시 논의하는 짧은 담화이다. 이 내용은 이 책의 전반적인 논의에서 중요하지 않을 뿐더러 외부 강연으로부터 제기된 문제를 다루는 것이므로 이 책에서는 다루지 않도록 한다.

격언적 요소: 인간의 욕망은 타자의 욕망이다

강의 초반에 라깡은 정신분석의 격언 "인간의 욕망은 타자의 욕망이다Le désir de l'homme est le désir de l'Autre"라는 명제를 언급한다. 라깡이 이 명제를 언급하는 이유는 (이번 강의는 아닌) 다음 강의에서 집중 논의될 '궁정풍 사랑'이 결코 남녀 사이의 이자관계에서 발생하는 현상이 아니라는 사실을 짚고 넘어가려는 것이다. 라깡이 생각하는 사랑은 언제나 주체와 타자 사이의 관계이다. 여기서 타자는 주체가 유아기에 마주했던 말하는 존재인 대타자, 즉 부모의 위치에 있던 타자이다. 주체는 모성적 타자로부터 충동의 다양한 쾌락들을 제공받지만 또한 상징적 아버지라는 또 다른 법의 대타자로부터 그러한 쾌락을 금지당한다. 이후 주체는 아버지의 법이 허용하는 우회로를 통해 자신의 충동을 욕망의 형식으로 추구하는 간접적 쾌락의 길로 들어선다. 따라서 주체의 욕망과 쾌락의 만족이라는 문제는 모두 시원적 타자의 개입으로 남겨진 흔적을 따라 흐르는 방식으로 만족되거나 거부된다. 이렇게 한 번 주체의 무의식에 남겨진 타자의 흔적은 이후 그의 사랑에 관련된 욕망의 기본 패러다임으로 작동한다. 주체가 누구를 만나든, 어떤 상황에 처하든 사랑의 욕망을 실현하려면 타자의 욕망이 남긴 흔적을 따르는 길밖에 없기 때문이다. 정리하자면, 인간 주체는 부모 또는 부모의 역할을 했던 누군가가 남긴 욕망의 두 가지 흔적을 주이상스의 구조로 간직한다. 첫 번째 구조는 충동의 구조로서, 모성적 타자가 억압되지 않은 쾌락의 형태로 주체의 신체에 각인시킨 구조이다. 두 번째 구조는 첫 번째 구조를 둘러싸는 방식으로 주체의 주이상스를 억압하고 조율하는 상징계의 흔적이다. 이 두 개의 구조가 중첩되어 대타자를 형성하는데, 이것을 타자의 욕망이라고 부른다. 주체는 이러한 타자의 욕망을 복제하여 무한 반복하는 방식으로 삶 속에서 사랑과 욕망을 추구할 수밖에 없다. 그런 의미에서 우리는 우리 앞의 누군가를 사랑한다기보다 그 누군가를 일종의 무대장치로 활용하면서 사랑과 쾌락에 관한 무의식적 기억, 타자의 기억인 그 기억을 반복할 뿐이다. 이처럼 라깡이 궁정풍 사랑을 분석하기에 앞서 인간 욕망의 본질이 타자의 욕망이라는 사실을 강조한 이유는 사랑에 있어서 전이의 차원을 분명히 하기 위해서였다.

예술, 종교, 과학: 문명의 아르키텍투라

이어지는 강의에서 라깡은 정신분석적 시각으로 문명의 발생과 구조를 설명한다. 문명이란 승화의 결과물이라는 관점이 그것이다. 특히 라깡은 히스테리와 강박증 그리고 편집증(정신병)의 구조 속에서 각기 다른 방식으로 기능하는 승화의 양상들을 설명한다. 인간은 충동이라는 억압된 욕망의 원인이 다른 것으로 만족되도록 우회시킬 뿐만 아니라 때로는 충동과 정면으로 마주하는 동시에 그것을 무화시키는 특수한 절차 속에서 발생하는 쾌락을 즐기는데, 이를 위한 문명의 주요 절차가 예술, 종교, 과학이다. 이에 대해 라깡은 다음과 같이 말한다.

> [···] 큰사물은 승화의 범주에 속하며, 언제나 공백에 의해서만 표상될 것입니다. 특히 그것은 다른 것으로 표상될 수는 없으며 또는 더 정확히 말하자면, 그것은 오직 다른 것으로만 표상될 것입니다. 그럼에도 모든 승화의 형식 속에서 공백은 결정적인 것으로 남을 것입니다.*

155

다시 강조하건대, 큰사물을 통한 승화란 충동이 다른 것으로 대리 만족 되지 않고 단지 부재로서, 공백으로서 경험되는 사태이며 그 속에서 발생하는 쾌락의 만족이다. 만일 욕망의 대상들, 라깡이 a라는 표기로 지시하는 이들이 충동과 주체의 거리를 가능한 멀리 떨어지게 한다면, 특수한 목적으로 창안된 절차 속에서 기능하는 승화는 대상 a들을 제거한다. 또는 주체가 마주한 대상 a를 큰사물의 위상으로 승격시킨다. 혹은 대상 a를 특수한 방식으로, 충동의 영역에 보다 가까이 접근할 수 있도록 가공한다고 할 수도 있다. 그리하여 주체는 마침내 자신의 충동과 마주할 수 있게 되지만, 그가 여전히 상징계 내부에 머무는 한 충동은 오직 불가능성의 방식으로만 출현할 것이다. 따라서 승화 기능 속에서 출현하는 충동은 오직 공백의 형상, 또는 무형상의 형상으로 나타난다. 이것이 바로 큰사물이란 언제나 공백으로 표상된다는 말의 의미이다. 그런데 공백이란 없음 그 자체이므로 결코 그 자체로는 경험될 수 없다. 공백이 나타나려면 언제나 공백을 암시하는 매개체, 즉 '다른 것'이 필요하다. "또는 더 정확히 말하자면, 그것은 오직 다른 것으로만 표상될 것"이라고 라깡이 말하는 이유가 여기에 있다. 큰사물은 언제나 공백으로만 표상될 것이며, 공백은 또한 언제나 다른 어떤 것으로만 표상(암시)된다. 따라서 승화에서 우리가 주목해야 하는 것은 어떤 대상이 가장 공백에 가까운 대상인가, 혹은 어떤 대상이 가장 효과적으로 공백을 암시하는가의 문제이다. 이에 라깡은 종교, 예술, 그리고 과학의 절차들을 구성하는 대상이 공백에 가장 근접한 오브제들이라고 간주한다. 보다 구체적인 설명을 위해 각각의 영역을 탐사해보도록 하자.

종교담화: 종교가 강박증의 산물이라는 설명은 이미 프로이트가 강조한 바 있다. 종교 의식의 다양한 절차들은 인간의 욕망이 절차와 문법에 집중하도록 함으로써 타자의 욕망으로부터 거리를 유지하도록 하는 효과를 만든다. 달리 말하면, 종교는 단순한 욕망을 신을 향한 욕망으로 격상시키지만 신의 욕망 자체가 출현하는 것은 뒤로 연기하는 방어적인 모습을 연출한다. 이에 대해서 라깡은 "모든 종교는 공백을 피해가는 양태들로 되어 있다"고 설명한다. 여기서 공백을 피한다는 의미는 타자의 욕망을, 균열을 존재하지 않는 것으로 간주하는 강박증적 의지에 다름 아니다. 종교는 신의 균열을 용납하지 않는 강박증이기 때문이다. 신의 절대성은 균열의 부재를, 공백의 철저한 은폐를 가정한다. 그럼에도 종교는 강박증적 집착과 동시에 승화의 기능을 수행한다. 따라서 강박증 자체와 종교가 다른 점은, 강박증이 공백의 출현 자체를 거부하는 반면 종교는 공백을 출현시키는 동시에 그것을 다시 우회하는 승화의 기능을 수행한다는 점에 있다. 이에 라깡은 종교가 "공백을 존중하는" 구조로 되어 있다고 지적한다. 단순한 강박증과는 다르게 종교의 절차들은 공백을 출현시키고 그것을 안정적으로

155

소유하려는 경향을 보이기 때문이다. 그와 같은 방식으로 종교는 큰사물의 도래를 "연기하는" 구조이다.●

과학담화: 종교의 강박증적 구조와는 다르게 과학은 편집증의 구조를 가진다. 라깡이 과학을 이렇게 표현하는 이유는 과학의 문법이 사태와 언어의 일치를 가정하는 담화이기 때문이다. 정신병자가 자신의 망상을 구성하는 기표와 사태의 일치를 의심하지 못하는 것과 마찬가지로 과학의 담론은 언어와 사태의 일치라는 강력한 이상(망상)을 토대로 해서만 실재를 상징화할 수 있다. 과학의 언어는 물리적 실재와의 일치라는 이상을 토대로 담론의 구조를 구성해내기 때문이다. 그런 의미에서 과학담화는 타자-욕망의 또 다른 이름인 큰사물을, 카오스인 그것을 폐제한다. 그러한 방식으로 과학의 대타자는 욕망하지 않는다.

예술담화: 마지막으로 예술은 큰사물을 억압하는 동시에 그러한 억압의 실패를 작품으로 구성해낸다. 여기서 억압이란 큰사물을 둘러싸는 형식으로 표현된다. 이에 대해 라깡은 "모든 예술은 공백을 둘러싸는 특정한 양태를 통해서 자신의 속성이 규정된다"고 밝힌다.● 큰사물을 억압하는 동시에 큰사물의 현전으로서의 공백을 둘러싸는 방식으로 스스로를 규정하는 예술은 결국 히스테리 구조를 가질 수밖에 없다. 히스테리란 충동의 억압과 억압의 실패라는 이중 절차 속에서 공백을 출현시키는 증상이기 때문이다. 특히 억압과 그것의 실패로서의 균열(공백)의 출현은 서로 대립되는 개념처럼 보이지만, 억압이 없었다면 억압의 실패로서의 균열 또한 없다는 의미에서 상보적이다. 임상을 예로 들자면, 만일 누군가 자신의 신체 혹은 정신에서 질서가 붕괴

되는 혼돈을 경험하고 있다면 그러한 혼돈은 순수한 카오스의 출현이 아니다. 그보다 혼돈은 질서에 대한 혼돈이며, 질서는 억압의 형식이다. 히스테리의 혼돈은 그렇게 상대적이며, 따라서 정신분열과 편집증의 혼돈과는 구분된다. 만일 예술의 구조가 히스테리적이라면 그것은 억압의 질서에 대해서 히스테리적이라는 것을 의미한다. 예술은 기존의 질서에서 발생되는 균열을 공백의 형식으로 출현시키고 그것을 둘러싸는 정교한 테두리를 형성하면서 초월적 아름다움의 담지자인 대타자를 소환하려는 형식을 취한다.

왜상과 건축

예술의 히스테리적 구조를 자세히 설명하려고 라깡은 왜상anamorphosis과 건축의 사례를 도입한다. 특히 회화의 영역에 출현했던 왜상의 형식은 예술이 이미지를 일그러뜨리는 방식으로 큰사물을 출현시키는 동시에 어떻게 그것을 다시 억압하는지를 보여주는 전형적 사례이다.

왜상은 16세기와 17세기에 서구 유럽에서 유행했던 회화의 특수한 형식이다. 한스 홀바인의 그림 〈대사들〉로 잘 알려진 왜상-이미지 게임은 일종의 눈속임 효과를 낸다. 다음 강의에서 다시 언급할 〈대사들〉을 이날 강의에 처음 소개하면서 라깡은 다음과 같이 말한다.

> 많은 분들이 알고 계시리라 짐작되는 아나모르포시스라고 말해지는 오브제는 처음에는 알아볼 수 없는 이미지였던 것이 시각적인 중첩에 따라 가독적 이미지로 모아지는 것입니다. 여기서의 쾌락은 해독 불가능한 형상으로부터 솟아오르는 형상을 보는 것에 있습니다.[•]   161

이어지는 설명에서 라깡은 홀바인의 〈대사들〉을 보려면 루브르 박물관을 방문하는 것으로 충분하다고 말한다. 재미있게도 〈대사들〉을 소장한 박물관은 루브르가 아니며, 라깡 역시 다음 강의에서 이를 알아채고 자신의 말실수를 교정했다(참고로 이 작품은 런던 내셔널 갤러리의 소장품이다).

한스 홀바인Hans Holbein
〈대사들Ambassadors〉
(1533)
런던 내셔널 갤러리

그림을 보면 알 수 있듯이 화면 중앙 하단에 형상을 알아볼 수 없는 얼룩이 전체 이미지의 조화를 위협하고 있다. 정면에서는 좀처럼 파악할 수 없는 이미지, 라깡이 "접시 위의 달걀 형상"이라고 표현하는 이미지가 무엇을 의미하는지 알아보려면 작품의 관찰자는 원근법의 소실점, 즉 화면 중앙에서 벗어나야 한다. 얼룩이 해골의 형상으로, 라깡이 "죽음의 얼굴"이라고 묘사하는 모습으로 출현하는 것은 화면이 관찰자에게 강제하는 안정된 위치에서 벗어나는 순간이기 때문이다. 화면을 떠다니는 증상적 형상인 해골 이미지는 그와 같은 방식으로 바니타스Vanitas의 교훈을 완성한다. 세속적인 삶의 허무함을 강조하는 이 같은 예술 형식은 "헛되고 헛되니 모든 것이 헛되도다"의 의미를 담고 있다(전도서 1:2, 12:8). 화면에 등장하는 르네상스 계몽주의의 성과물들과 이를 포섭하는 원근법의 엄격한 수학적 규범은 그것을 바라보는 주체의 고정된 좌표가 상실되는 순간 단번에 죽음의 허무 속으로 추락해버린다.

이어서 라깡은 (도메니코 피올라의 작품이 분명한) 또 다른 왜상 이미지를 소개한다. 루벤스의 원화 〈십자가를 세움〉을 왜상 이미지로 변형한 작품으로 홀바인의 그림보다 한층 더 히스테리적 속성이 강조된 작품이다. 일그러진 이미지 자체를 제시함으로써 관객이 의미를 짐작할 수 없게 만드는 이 작품은 표면에 실린더 모양의 금속 막대기를 올려놓을 때에만 해석이 가능하다. 일그러진 이미지가 거울 역할을 하는 실린더의 표면에 비치는 순간 비로소 예수의 형상이 출현하기 때문이다.

도메니코 피올라Domenico Piola
〈루벤스의 〈십자가를 세움〉을 본뜬
왜상Anamorphose d'après
〈L'Érection de la Croix〉de Rubens〉
(1627–1703)
루앙 미술관

두 가지 왜상 사례로 라깡이 설명하려는 것은 분명해 보인다. 둘 모두 일그러진 이미지가 특수한 절차 속에서 의미를 획득한다. 왜상게임은 단지 일그러진 이미지만으로는 성립될 수 없다. 한쪽에 법과 질서의 이미지가 가정되며, 오직 그것에 대응하는 것으로서의 혼돈의 이미지가 존재한다. 따라서 카오스적 이미지의 목적은 자신의 혼돈에 의미를 부여할 수 있는 타자의 도래이다. 이것은 히스테리 환자가 발작적 울음이나 세션의 갑작스런 중단을 통해 분석가에게 보내는 메시지의 형태와 동일하다. 환자는 붕괴된 질서에 개입하는 타자의 도래를 겨냥하는 것이다. 어린아이의 울음과 투정의 배후에 부모가 개입해주기를 바라는 요구가 있는 것과 동일한 구조가 여기에 있다. 만일 히스테리 환자의 이 같은 무의식적 전략에 대한 응답으로 분석가가 개입한다면, 즉 정확한 진단이나 증상의 해석으로 응답한다면 히스테리 환자는 또 다른 증상을 드러내며 분석가의 지식이 완전하지 않았음을 증명하려 할 것이다. 왜냐하면 히스테리 구조의 가장 본질적인 목적은 혼돈과 그에 대한 응답으로서의 대타자와의 관계가 유지되는 것 자체이며 그것뿐이기 때문이다. 따라서 히스테리적 카오스에 분석가가 질서로서 응답하고, 환자가 이를 온전히 수용한다면 히스테리적 혼돈의 주체와 타자의 관계는 유지될 수 없다. 그런 의미에서 히스테리 환자의 카오스적 반응은 분석 세션을 중단하려는 목적이 아니라 오히려 유지하려는 목적, 가능하다면 영원히 지속시키려는 목적을 가진다.

왜상게임 역시 동일한 구조와 목적을 따른다. 즉, 이미지를 혼돈으로 몰아넣기보다는 혼돈에 대한 응답으로서의 질서를 도래하게 하려고 한다. 왜상게임은 스스로 균열 또는 공백이 되기를 자처함으로써 내부로부터 은폐된 아름다움의 이데아를 암시하는 구조로 되어 있는 것이다. 이 같은 의미에서 예술 일반은 히스테리적 구조를 가진다는 명제가 정립될 수 있다. 예술은 가독적 세계의 선명한 이미지를 모호하게 만듦으로써 균열을 출현시키지만, 그것을 가능하면 매혹적인 형식으로 둘러싼다. 이런 방식으로 출현한 공백은 그 내부에 초월적 아름다움의 이데아를 간직한 것으로 예견된다.

　예술의 히스테리적 구조를 설명하기 위해 라깡이 두 번째로 덧붙이는 것은 원시 건축이다. "원시 건축은 공백의 주위에 조직된 어떤 것으로 규정될 수 있다."* 라깡이 여기서 말하는 원시 건축이란 현대의 건축물이 아닌 중세나 르네상스 시기의 성당, 또는 알타미라 동굴과 같은 선사시대의 주거물을 뜻하기도 하는데, 단지 삶의 일차적 필요에 응답하는 건축물이 아닌 종교-정치적 기능을 하는 모든 공동체 건축 양식을 지칭한다. 이들 건축물의 기본 구조는 공백을 둘러싸는 형식인데, 그 예로 라깡이 제시하는 첫 번째 건축물은 산 마르코 대성당이다.

162

산 마르코 대성당 외부

산 마르코 대성당은 궁륭 양식 같은 다양한 테크닉을 동원하여 내부에 거대한 공백을, 텅 빈 허공을 포획하는 구조가 가장 큰 특징이다. 어디에도 쓸모 없는, 그럼에도 그 속에서 강력한 승화의 쾌감에 도달할 수 있는 공백의 포획과 둘러쌈은 건축이 가질 수 있는 진정한 의미라고 라깡은 재차 강조한다. 한편 라깡이 생각하는 회화의 목적은 이같은 건축의 공백을 2차원의 평면으로 가져와 다시 포획하는 것이다. 오랫동안 건축으로 표현되었던 공백을 둘러싸는 구조가 회화의 환영적 양식으로 다시 실현되는데, 대표적 사례가 바로 원근법이다. 회화는 그러한 방식으로 "성스러운 공백vide sacré"을 되찾는다.* 건축과 회화에 대한 라깡의 생각에 필자는 조토라는 중세 말 화가의 사례를 덧붙이고 싶다.

162

조토Giotto di Bondone
〈마리아의 탄생Birth of Mary〉
(1304-1306)
스크로베니 예배당

소실점이 분명하게 통일되어 있지 않은 이 화가의 그림에는 그럼에도 회화 공간 내부에 성스런 공백을 도입하려는 의지가 일관되게 표현된다. (라깡이 강의에서 언급하고 있지는 않지만) 조토는 2차원적 평면에 건축적 공간을, 라깡이라면 공백이라고 불렀을 그것을 적극적으로 도입한 최초의 화가 중 한 명이다. 이후 회화의 영역에서 건축만큼이나 안정적인 공백의 도입이 완성된 것은 조토의 시대에서 채 백 년이 지나지 않아서였다. 마사치오의 원근법 회화가 그것이다. 원근법은 하나 또는 여러 개의 소실점을 기하학의 질서에 맞게 배열함으로써 내부의 공백이 일그러지거나 비틀어지는 것을 방지하는 효과를 가져온다.

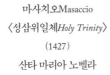

마사치오Masaccio
〈성삼위일체*Holy Trinity*〉
(1427)
산타 마리아 노벨라

마사치오의 그림 〈성삼위일체〉에서 볼 수 있듯이 내부로 파인 성스러운 공백의 공간은 기하학적 과장 속에서 극단적인 안정감을 드러

낸다. 이렇게 공백의 출현을 기하학적 틀 속에서 조율하는 원근법은 역설적이게도 다시 건축 양식으로 역유입된다. 회화가 창안한 원근법으로 건축은 공백을 포획하여 드러내는 기술을 더욱 정교하게 세공하기 시작했다.

팔라디오가 설계한 올림픽 극장 내부

라깡이 든 사례는 팔라디오가 설계한 올림픽 극장Teatro Olimpico 내부이다. 사진에서 볼 수 있듯이 이 극장의 무대장치는 회화의 소실점 원근법이 원근감을 과장하는 방식을 그대로 차용하고 있다. 이처럼 공백을 포획하고 둘러싸는 예술 양식의 전개에 관하여 라깡은 예술이 자신의 고유한 매듭으로 스스로의 목을 조여들어가는 양상이라고 표현한다.[*] 예술이 히스테리적 구조 속에서 공백을 출현시킨다면 원근법의 발명과 전개는 그렇게 출현한 공백을 기하학적 테두리라는 매듭을 조이는 방식으로 소실점을 향해 나아가는 양상을 보이기 때문이다.

162

그런 의미에서 르네상스의 '목조름' 시대 이후 등장하는 바로크 양식은 "예술 탐사의 진정한 히스테리적 의미를 다시 회복하는" 시기였다고 라깡은 논평한다. 왜상 양식이 유행했던 시기가 바로크 시대인 것은 결코 우연이 아니다. 성스러운 공백을 과도하게 억압하던 원근법의 기하학적 목조름 양식은 필연적으로 증상적 이미지들을 불러내는데, 억압된 것은 필연적으로 회귀하는 속성을 가지기 때문이다. 그러한 차원에서 우리는 르네상스 고전주의의 엄격한 목조름 양식이 곧바로 매너리즘과 바로크라는 비틀린 양식, 매듭을 풀어헤치면서 공백을 해방시키는 새로운 양식의 시대로 이행했음을 이해할 수 있다. 예술은 자신의 히스테리적 구조를 유지하기 위해서 르네상스의 강박증적 규범을 포기해야 했던 것이다.

'그것'의 우위

왜상의 기능과 회화의 히스테리적 속성을 분석한 뒤 라깡이 도달한 결론은 다음과 같다. 왜상 이미지의 카오스에서 선명한 이미지가 출현하는 도메니코 피올라의 작품 사례를 통해서 우리는 이미지가 의미에 종속된다는 것을 이해할 수 있다. 우리가 (이미지의) 환영 속에서 찾던 것은 이미지 자체를 파괴시키면서 스스로를 넘어서는 무엇이다. 그것은 이미지가 겨냥하는 의미 또는 기표적인 어떤 것이다. 이에 대한 설명으로 라깡은 다시금 언어의 우위라는 개념에 도달한다. 예술작품으로 예시되던 환영적 이미지가 가진 히스테리적 속성이 궁극적으로 겨냥하는 것은 바로 이것, 언어의 차원이기 때문이다. 현상계 이미지의 난립을 경계하는 플라톤적 사유가 겨냥했던 것이 언제나 최종적 기표,

진리의 기표인 이데아였듯이 말이다. 시가 모든 예술 중에서 가장 뛰어난 것으로 간주되었던 이유 역시 이 때문이다. 플라톤이 아테네의 시인들에 대해서 그토록 분개한 것 역시 동일한 이유이다. 예술의 형식 중 기표를 다루는 시는 진리의 환영에 가장 근접할 수 있는 도구인 동시에 그러한 진리를 쉽사리 훼손할 수도 있는 위험한 매개체이다. 언어로서의 시 형식은 실재를 분절하며, 이렇게 분절되는 실재는 상징계 내부의 팔루스적 환영을 구성해낸다.

그런데 이와 같은 언어의 형식은 궁극적으로 충동 그 자체를 대상으로 한다. 단지 '그것' 또는 '거시기'라는 독일어 'Das Es' 또는 불어 'le Ça'로 표기될 수 있을 뿐인 충동은 실재하는 유일한 것으로서 언어의 상징화로 핍진화된다. 쉽게 말해서 충동의 파괴적 속성, 즉 죽음충동의 속성이 억압, 우회, 분산되는 것이다. 이러한 억압 속에서 '그것'은 비로소 명명 가능한 대상, 의미를 가진 대상이 된다. 바로 이것을 말하려고 라깡은 그해의 강의들에서 지속적으로 분석해온 큰사물이 결코 철학적인 어떤 것, 즉 추상적 개념의 대상이 아니라고 강조한다. 이것은 강의 중에 나왔던 질문, 자끄-알랭 밀레가 'M. X.'라는 이니셜로 표기했던 어느 청강생이 큰사물Chose을 비-사물Non-Chose로 볼 수 있느냐는 질문을 고려한 라깡의 대답이기도 했다. 라깡 자신은 분명 실재하는 대상을 말했으며, 나아가서 존재하는 것들 중 가장 확고한 대상을 말했던 것인데, 그것이 바로 주이상스이며, 언어의 상징계는 이러한 주이상스를 통제하러 오는 사후적 규범과 틀이다. 그런 의미에서 언어의 우위는 다시금 충동의 우위, 큰사물의 우위, 즉 '그것'의 우위라는 개념으로 대체될 수 있다. '그것'이 없다면 그에 대한 억압인 언어-상징계 역시 존재할 수 없기 때문이다. 라깡은 '그것'의 우위와 중요성이 망각되고 있으며 '그것'에 대신하여 당시의 정신분석계가 '자아'라는 이차적 부산물에 집중하는 경향을 비판한다. 그는 자신이 한 해 내내 큰사물 개념의 윤리적 차원을 탐사하려 했던 이유 역시 이 같은 망각을 경계하고 충동의 원초적 중요성을 환기하기 위함이라고 강조한다.

강의 말미에 '그것'의 우위에 대한 설명이 종결되자 이어서 라플랑슈의 질문이 제기되었다. 라플랑슈는 쾌락원칙과 기표게임의 관계에 관해서 보다 자세한 설명을 요청했다. 라깡의 대답은 다음과 같이 명료했다. 라깡에 따르면 쾌락원칙과 현실원칙은 분리된 두 가지 기능이 아니다. 쾌락원칙이란 첫 번째로 유아에게 주어지는 만족을 환각 속에서 지속시키려는 경향이다. 쉽게 말해서 유아는 쾌락을 주었던 상황이 멈추면 그것이 다시 시작되도록 환각적 만족을 시도한다. 이는 아이가 상상 속에서 만족을 다시 추구하는 경향을 말하는데, 이때 기표의 역할이 결정적이다. 왜냐하면 아이에게 만족의 흔적은 표상의 매개 속에서 각인되기 때문이다. 또한 표상은 프로이트가 '표상의 대리자'라고 말했던 기능으로 작동한다. 만일 만족의 환각적 재연이 이와 같은 기표를 매개로 작동한다면, 그러한 기표를 통제하는 상징계의 억압은 필연적인 권력으로 작동하게 된다. 그러한 이유에서 '아버지의 이름'으로 통제되는 현실원칙은 쾌락원칙과 교차되는 기능이다. 라깡이 현실원칙을 결코 이차적인 것이 아니라고 강조하는 의미 또한 여기에 있다. 이로부터 우리는 쾌락-현실원칙이란 상징계의 통제와 억압의 기능이며, 심리장치에서 쾌락의 길트임 흔적은 이 원칙들이 기능하는 가운데 무의식에 남겨진다는 사실을 이해할 수 있다. 같은 관점에서 쾌락-현실원칙이 둘러싼 심리의 중핵에 충동이 자리한다는 사실을 통해서 '그것'의 우위에 관한 논점으로 다시 돌아갈 수 있다.

왜상으로서의
궁정풍 사랑

1960. 2. 10.

• 주요 개념 •

예술의 역사와 목적에 관하여 ː 아버지의 승화 ː 베른펠트에 관하여

기포와 비인간적 파트너 ː 우회적 행실

• 강의 개요 •

필자가 보기에 이번 강의는 『세미나 7』 전체에서 가장 핵심적인 내용을 담고 있다. 라깡은 "예술의 기원과 고유한 목적"을 분명히 규정하면서 강의를 시작한다. 물론 라깡은 미학자가 아니다. 철학자는 더더욱 아니다. 그럼에도 라깡이 예술이라는 실천의 역사와 목적을 분석하려는 이유는 예술의 승화 기능의 중요성 때문이다. 이것이 중요한 이유는 정신분석 임상과의 유사성 때문이다. 라깡에 의하면 예술의 목적은 세계의 산물들을 재현하는 데 있지 않다. 오히려 그와 같이 재현된 산물들의 질서를 횡단하여 재현의 0도에 도달하는 데 목적을 둔다. 이는 세계라는

환상을 지탱하는 대상들의 질서를 위반하는 절차이다. 그리고 정신분석 임상 역시 환자의 무의식에 자리한 환상의 기둥들을 횡단하는 절차라고 할 수 있다. 쾌락-현실원칙의 작용에 의해 형성된 마음의 고정점들은 욕망의 원형을 구성하고 이것이 평생 반복되도록 고착시키는 역할을 한다. 우리의 인생이란 이렇게 동일한 욕망의 구도를 반복하는 소외된 절차에 다름 아니다. 따라서 정신분석은 이와 같이 고착된 구조를 넘어설 수 있는 가능성을 탐사한다. 이는 마치 예술이 현재의 아름다움을 지탱하는 고정점들을 넘어서기 위해 위반을 실천하는 것과 같다. 정신분석은 환자의 욕망을 유형화하여 고정시키는 고정점의 기둥들을 횡단하고 파괴하여 그 너머에 이르고자 한다. 물론 그 너머에는 텅 빈 허무가 있다. 그곳에는 그저 아무 것도 없거나, 없음이 있다. 즉, 공백이 있다. 이곳에 도달하는 과정을 반복하는 임상절차는 환자에게 자신만의 새로운 욕망 구조를 발명해낼 수 있는 기회를 제공한다. 마치 예술이 아름다움에 관한 고정관념을 해체한 뒤에 도달한 공허의 장소에서 자신만의 새로운 미를 창조해내는 것처럼. 예술과 정신분석이 승화의 관점에서 이 같은 유사성을 갖기 때문에 라깡은 예술 분석에 주력한 것이다.

한편 예술이나 임상분석의 과정에서 발견되는 엑스 니힐로의 과정과는 다른 보수적 승화의 과정이 존재하는데, '아버지의 승화'라는 개념과 관계된 승화가 그렇다. 이는 충동에 대해서 상징계가 승화의 절차를 강제하는 과정인데 여기서 발생하는 만족을 팔루스적 주이상스라고 부를 수 있다. 이에 대한 설명을 위해 라깡은 프로이트의 『문명 속의 불만』과 『인간 모세와 유일신교』의 텍스트를 분석한다. 이 두 텍스트에서 암시되는 승화는 일종의 보수적 승화라고 볼 수 있으며, 예술과 정신분석 임상에서의 승화와 차이를 갖는다는 사실에 유념할 필요가 있다. 이어지는 강의에서 라깡은 베른펠트라는 정신분석가의 승화 개념을 비판한다. 개인의 차원에서 시인적 기질이 성적 욕망의 승화에 기여한다는 베른펠트의 이론을 분석하는 것이다. 여기서 라깡은 승화가 문화적이며 인위적인 절차의 문제이지 개인의 기질로부터 작용할 수 있는 문제가 아니라는 점을 분명히 한다.

이어지는 강의는 본격적인 궁정풍 사랑에서의 승화 연구이다. 이 역시 상당히 중요한 강의라고 할 수 있다. 라깡은 우선 중세의 궁정풍 사랑이 욕망의 대상을 탈-대상화하는 절차라는 사실을 설명하는 데 주력한다. 중세의 이 특수한 문학 형식은 기사도적 사랑의 대상을 여성도 아니고 남성도 아닌 '비인간적 대상-파트너로 기포화'하면서 고립시킨다. 우리가 강해에서 주로 사용했던 용어를 쓰자면, 궁정풍 사랑은 산물을 큰사물의 위상으로 고립시킨다. 이 같은 절차는 산물들의 질서를 붕괴시킨다. '우회적 행실'은 바로 이러한 고립을 위한 일종의 전략이다. 그런데 여기서 중요한 것은 '대상을 공백의 상태로 환원시키는 전략'이라는 설명만으로는 궁정풍 사랑의 본질을 설명할 수 없다는 것이다. 보다 근본적 이해를 위해서는 궁정풍 사랑과 왜상의 유사성이 설명되어야 한다. 왜상게임이 어떻게 단순한 원근법의 공백 포획 전략과 다른지에 대해 이해할 수 있어야만 궁정풍 사랑의 해체적 특수성이 드러날 수 있기 때문이다. 이에 대한 이해를 위해 필자가 시의 기능에 대한 부연 설명을 강해 말미에 덧붙였으니 참고하기 바란다.

예술의 역사와 목적에 관하여

예술의 히스테리적 목표를 설명하면서 강의를 시작하는 라깡은 먼저 알타미라 동굴벽화를 사례로 제시한다. 그는 어째서 선사시대의 인류가 다른 곳도 아닌 깊은 동굴 속 천정에 그림을 그렸는지 자문한다. 어째서 이토록 힘겨운 일을 했을까? 라깡이 보기에 그것은 선사시대 인류의 생존에 관련된 문제였다. 물론 그 생존이란 실질적인 것을 포함한다. 사냥과 수렵으로 생활하던 당시 인류는 삶과 관련된 세계 이미지, 즉 동물의 이미지에 상당한 관심을 기울였을 것이다. 동물의 묘사는 세계를 이해하려는 욕망과 관련되었을 것이다. 그러나 이는 단지 표면적이며 일차적인 생존 욕망에 불과하지 않았을까? 라깡이 보기에 그보다 더욱 중요한 생존 욕망은 상징적인 것이기 때문이다. 사람의 발길이 쉽사리 닿을 수 없는 깊은 동굴의 벽과 천정에 이미지들을 빼곡히 그려 넣으면서 당시의 인류가 욕망했던 것은 성스러움에 대한 표현이다. 이는 현실적인 질서를 초월하는(현실원칙을 초월하는) 어떤 대상에 대한 표현인데, 그 대상이란 묘사될 수 없는 것, 표현 불가능한 어띤 것, 오직 공백의 형태로만 출현하는 무엇이다.

이러한 관점은 동굴벽화를 그렸던 선사 인류의 행위를 종교적인 차원에서 파악하는 것이며, 벽화를 일종의 제례의식적 예술작품으로 간주하는 것이다. 이는 또한 다음과 같은 사실을 전제한다. 인간의 심리는 이미 선사시대부터 불안의 정동을 중심으로 구성되며, 예술과 제례의식은 모두 불안으로부터 자아를 방어하려는 실천에 다름 아니라는 것이다. 인간에게 세계의 이미지는 충동이 발생시키는 부정적 효과, 즉 불안의 정동이 메아리치는 스크린과 같기 때문이다. 따라서 인간은 불안의 근원을 테두리 치고 가두며 통제하려는 경향을 보이는데, 동굴벽화의 이미지들이 그것을 표현하고 있다. 아무것도 없는 텅빈 공백의 심연을 벽화로 둘러싸는 과정에서 인류는 세계에 대한 불안을 통제할 수 있었던 것이다. 그러나 이는 단지 공백을 억압하려는 방어적 행위, 강박적 행위만은 아니다. 깊은 동굴의 심연으로 내려가 벽화를 그리는 실천은 또한 불안의 공백을 드러내려는 의지를 보여준다. 텅 빈 심연을 이미지로 둘러싸면서 인류가 출현시켰던 성스러운 공백은 또한 세계 너머의 초월적 영역을 표상하는 듯 보였기 때문이다.

동굴벽화는 그러한 방식으로 심연에 숨겨진 공백을 드러내는 동시에 억압하는 예술의 가장 원초적이며 기원적인 기능을 암시한다. 이모든 행위의 가장 주요한 정동인 불안은 인류에게 '성스러움'이라는 특별한 정동으로 다시 해석될 것이다. 라깡이 선사시대 인류의 생존 조건으로서 '성스러운 공백'을 강조했던 것은 바로 이 때문이다. 그것은 인류가 스스로의 불안을 잠재우는 동시에 불안 자체를 향유하는 승화의 특수한 양식이었다. 나아가서 인간의 문명은 바로 이것, 성스러운 공백을 중심으로 구성된 승화의 다양한 형식들에 다름 아니라고 할수 있다.

알타미라 동굴벽화

라깡은 여기서 나아가 동굴 천정에 벽화를 그리는 행위가 "보이지 않는 거주민을 고정시키는 기능"을 한다고 말한다. 동굴 속 심연에 거주하는 존재, 현실 지각에서는 드러나지 않는 이 거주민은 바로 큰사물이며, 라깡이 『세미나 11』에서라면 '응시'라고 말했을 충동의 대상의 자리이다. 그리하여 큰사물을 둘러싸는 벽화의 연쇄는 큰사물을 공백으로 형상화하면서 큰사물의 자리를 지시한다. 동굴벽화, 혹은 이후 미술의 역사 속에서 다양한 방식으로 변주될 이 기술은 공백을 공간-환영의 형식 속에서 점차적으로 조이고 통제할 수 있게 된다. 같은 의미에서 건축이라는 기술의 궁극적 목적은 공백을 둘러싸고 사로잡는 것이다. 건축에 대한 라깡의 이러한 규정은 문명 속에서 출현하는 종교적 건축물과 정치적 권위를 상징하는 건축물에서 가장 잘 드러난다. 예를 들어 중세의 로마네스크 양식에서 고딕으로, 그리고 다시 르네상

스로 이어지는 건축의 형태들은 건물 내부의 거대한 공간 속으로 공백
을 출현시키는 동시에 다시 억압하는 방식으로 그것을 사로잡고 통제
하려는 시도들의 변주로 해석될 수 있다.* 이후 회화 양식으로 도입되
는 공간-환영의 기술은 원근법의 발명에서 절정을 이룬다. 원근법은
기하학적 질서의 강박적 추구를 통해서 공간의 환영을 한 치의 오차도
없는 일관성 속에서 통제하려는 경향을 보인다. 그런데 공간-환영의
이 같은 강박적 통제는 오히려 공백의 형식으로 출현하는 큰사물을 완
전히 은폐하는 효과를 야기한다. 과도한 일관성으로 통제되는 공백은
자신의 텅 빈 감각을 상실하기 때문이다. 르네상스의 원근법이 만들어
내는 이러한 공백의 억압과 은폐의 효과는 이후 매너리즘과 바로크의
시대의 왜상게임이라는 증상적 실천들의 유행을 출현시킨다. 과도하
게 억압된 공백이 왜상게임의 형식을 빌려서 실재로부터 회귀하는 것
이다. 공백을 출현시키거나 억압하는 예술의 형식들을 나열하면서 라
깡이 궁극적으로 말하려는 것은 미술의 역사가 공백의 출현과 억압 그
리고 억압된 공백의 회귀를 반복하는 과정으로 해석될 수 있다는 사실
이다. 예술의 역사에 관한 이 같은 설명은 결국 문명의 역사가 큰사물
을 향한 접근과 멀어짐의 운동에 다름 아니었음을 암시한다.

　　동굴벽화에 대한 설명을 마친 뒤 라깡은 다시 왜상 회화를 언급한
다. 이를 통해서 예술의 진정한 목적이 무엇인지를 정리하려는 것이
다. 다시 강조하건대, 왜상이란 현실의 안정된 구도를 빠져나가는 순
간의 직관이다. 만일 원근법으로 대표되는 르네상스 회화의 공백을 둘
러싸는 로고스적 형식이 공간의 환영을 만들어내면서 오히려 공백의

---

* 『라깡의 루브르』(백상현, 위고) 1부 "강박증의 박물관" 참조. 여기서 필자는 어떻게
종교적 건축 양식들이 큰사물을 공백의 형태로 사로잡으려 했는지 분석하고 있다.

출현을 억압한다면, 왜상은 이러한 안정된 공간의 환영이 가상이라는 사실을 폭로하는 방식으로 공백을, 공간의 환영으로 잠시 은폐되었던 큰사물을 다시 드러낸다. 보다 선명한 논증을 위해 라깡은 플라톤의 예술론을 소개한다.

플라톤은 현상계의 모든 사물들을 오직 이데아와의 관계 속에서만 파악한다. 다시 말해서 모든 사물들의 존재이며 원본이라고 할 수 있는 이데아와 사물의 관계는 세계 현상의 진실함을 판단하는 기준이 된다. 그런 의미에서 플라톤에게 예술가들은 현실의 이미지를 다시 한 번 모방하는 자들로서, 그림자의 그림자를 만들어내는 가장 타락한 모방자이다. 플라톤에게 세계는 이데아를 모방하면서 출현하는 그림자이며, 이렇게 모방된 현실을 다시 한 번 복사하면서 출현하는 것이 예술이기 때문이다. 그렇기에 예술가들의 모방은 비틀려 있고 왜곡되기 십상이다. 플라톤이 고대 그리스 시인들이 그려낸 세계와 신들의 난잡스러운 욕망의 드라마를 탐탁지 않게 여겼던 것은 이 때문이다. 모방을 다시 모방하는 예술가들은 언제나 틀렸고, 진리를 왜곡하는 존재이다. 그들은 말 그대로 세계에 대한 일그러진 이미지, 왜상을 만들어내는 사기꾼들이다.

그런데 플라톤의 이러한 존재론과 현상학 그리고 예술학은 강박증적이라고 할 수 있다. 플라톤의 이데아는 로고스 친화적이기 때문이다. 플라톤에게 현실 너머에 존재하는 진리로서의 실재는 현실의 로고스적 언어로 접근될 수 있다. 따라서 현실 세계의 로고스적 언어는 이데아로 접근하는 왕도이다. 여기서 '로고스적'이라는 것은 언어적 일관성을 의미하며, 일관성이란 논리적이란 뜻이다. 그것은 라깡이 이후 대학담화의 형식으로 규정하는 지식의 속성을 가진 상징계의 언어이기도 하다. 만일 현실 너머의 진리-실재가 로고스 친화적이라면, 그와 같은 진리는 고정되고 안정된 것이다.* 그것은 현실 공간의 언어적 논리를 배반하지 않는 진리이며 실재이다. 따라서 현실 세계의 지식담론과 초월적 세계의 진리는 유사 관계 속에 있다. 바로 이것이 고대 그리스의 코스모스적 우주관이며 고전주의 사유의 전형이다.

이와 같은 사유가 강박증적인 이유는 진리의 담지자인 실재가 언어의 상징적 논리에 완전히 장악당했기 때문이다. 마치 분석가 앞에서 분석가의 욕망의 모호함을 허용하지 않으려는 강박증 환자와 같이, 플라톤은 자신이 도달할 수 없는 진리의 모호함을 허용하지 않으려 한다. 플라톤에게 진리는 아직 도달되지 않았을 뿐, 모호하거나 불가능한 대상이 아니다. 바로 이와 같은 강박증적 사유가 예술의 역사에서 표현된 것이 르네상스 고전기의 원근법이다. 원근법은 삼차원적 공간의 환영을 기하학의 논리적 언어를 통해 완성함으로써 공백의 통제 불가능한 속성을 제거하려고 했던 최초의 미술 형식이다. 이때 만들어지는 공간의 환영은 철저하게 언어적(수학적)이며, 논리적이다. 여기서 만들어진 공간은 오히려 내부에 존재하는 공백을 목 졸라 질식시킨다. 기하학적 언어로 계산된 소실점으로 모아지는 공간의 환영이 그것을 증명한다. 공백은 달아날 곳도 빠져나갈 곳도 없이 소실점으로 흡입되어버리는 것이다. 이러한 현상을 라깡은 "공간의 환영은 공백의 창조와는 다른 것이다"라고 설명한다.* 큰사물의 출현 조건인 공백을 공간의 환영이 오히려 억압할 수도 있다는 의미이며, 원근법이 그 전형적인 사례이다. 따라서 안정된 공간의 환영을 비트는 왜상 형식의 작품

169

---

* 같은 의미에서 칸트의 정언명령적 윤리학 역시 강박증의 한 유형으로 볼 수 있다. 보편이며 합리적으로 논증 가능한 윤리적 명제를 통해 최고선에 접근할 수 있다고 보는 칸트의 윤리학은 강박증적 사고의 전형이기 때문이다. 이어지는 강의들에서 라깡은 칸트의 이러한 강박증이 어떻게 오히려 큰사물을 출현시키는지 설명한다.

이야말로 공백을 출현시키는 진정한 역할을 수행한다. 왜상은 언제나 상식적인 공간의 질서에서 발을 헛디디는 순간을 겨냥하고 있지 않은가? 라깡이 홀바인의 〈대사들〉이나 파리와 로마에 있는 '성 바울 수도원'의 복도 그림으로 언급하려는 것이 바로 이것이다. 이들 모두는 한결같이 안정된 공간의 환영이 약속된, 일상적 주체의 위치에서 일탈하거나 벗어나는 순간 만나게 되는 특별한 이미지들을 통해 로고스적 세계관의 허무함을 폭로하는 역할을 수행한다.

성 바울 수도원의 복도

그런데 왜상의 이러한 폭로 기능, 즉 현실 공간의 질서의 허구성을 폭로하는 기능은 무엇을 목표로 하는가? 그것은 히스테리 구조와 동일한 것을 겨냥하고 있지 않은가? 히스테리 환자는 자신의 증상으로 현실적 질서의 균열점을 찾아내고 그로부터 무의식의 타자를 불러낸다. 히스테리 환자는 자신 앞에 존재하는 분석가라는 인물 너머의 존재를 출현시키려고 노력하기 때문이다. 마치 왜상이 이미지를 일그러뜨리는 행위, 또는 그림을 관찰하는 주체가 자신의 좌표로부터 일탈하는 사태가 겨냥하는 목표가 현실 공간의 논리로는 기대할 수 없었던 모호한 타자의 출현인 것처럼, 히스테리 환자 역시 자신의 증상을 통해 안정된 현실 존재의 구도를 붕괴시킴으로써 현실에서는 기대할 수 없었던 무의식적 타자를 소환한다.

라깡은 이러한 히스테리적 기능이 예술의 근본적 속성이라고 규정한다. 예술은 자신이 재현하는 대상을 이데아와의 관계 속에서 설명하지 않는다. 예술은 오히려 현실의 대상과 이데아와의 로고스적 관계를 모호하게 만들면서 현실과 (플라톤적) 실재의 안정된 관계가 초과하는 지점을 주목하고 그것을 재현한다. 달리 말하면, 예술은 현실적 사물이 그것을 지배하는 패러다임과의 관계로부터 잠시 일탈하는 순간을 겨냥하며, 그렇게 해서 창조된 예술작품은 존재의 선명한 질서에서 벗어나는 대상이 된다. 이것이 라깡이 말했던 예술의 히스테리적 승화의 기능이다. 예술은 자신의 재현 대상을 다른 것으로 만들어버리는데, 그 다른 것은 바로 히스테리적 대상 a이다. 히스테리적 대상 a는 현실 공간에 주어진 것 너머의 다른 것을 욕망하도록 만드는 욕망의 대상이다. 만일 이것이 강박증적 대상 a였다면, 주체는 현실 공간에 주어진 것 너머의 다른 것과 현실 공간의 담론이 일치하는 방식으로 그것을 욕망했을 것이다. 이 경우에는 사실상 현실 공간의 '내부'와 '그 너머'를 구별할 수 없다(이것이 코스모스적 세계관이다). 그런데 히스테리적 대상 a는 언제나 현실 공간의 질서에서 달아난다. 동일한 논리 속에서 예술은 현실적 질서의 초과점을 묘사함으로써 저 너머의 대상을 출현시킨다. 그런데 저 너머의 대상은 히스테리적 대상이므로 현실 질서의 언어로는 설명 불가능하다. 그것은 질서의 공백이라는 (무)형식으로만 출현할 수 있다. 따라서 예술의 히스테리적 승화는 언제나 모호한 타자를 소환하는 결과를 낳는다. 라깡이 선사시대의 동굴벽화와 원근법의 대비, 그리고 왜상의 다양한 사례들로 설명하려 했던 것이 바로 예술의 이와 같은 히스테리적 승화 기능과 목표였던 것이다. 이어지는 강의에서 라깡은 이제껏 자신이 제시했던 예술의 근본적 목적을 다음과 같은 표현들로 정리한다.

> 물론 예술작품은 자신이 재현하는 대상을 모방하긴 합니다. 그러나 예술작품의 목적이 재현 그 자체는 아닙니다. 대상을 모방하면서 그 대상을 다른 것으로 만들어버립니다. 그리하여 예술작품은 모방하는 척만 하는 것입니다. [예술에 의해서] 그 대상은 큰사물을 둘러싸고, 현시하며, 그리고 부재하도록 만드는 특수한 관계 속에 정립됩니다.[•]

170

이어지는 설명에서 라깡은 세잔의 사례를 제시하며 다음과 같이 말한다.

> 그가 마지막 시기에 보여주었던 가장 놀라웠던 모방 형식이 대상을 현존케 하는 기술로 향해 있었던 것은 사실이지만, 그는 사과를 모방하는 것과는 전혀 다른 일을 합니다. 대상이 모방된 것으로서 현재화될수록, 그럼에도 그것은 환상이 붕괴되는 차원을 우리에게 개방하면서 다른 것으로 향하도록 만듭니다.[•]

170

달리 말하면 세잔이 사과를 그리는 방식에는 "어떤 신비로움이 존재"하는데, 이것은 대상이 실재와 맺는 관계를 새롭게 만들기 때문에 가능하다. 그것은 일종의 '정화' 효과를 가져오며, 이러한 효과는 대상-사물의 숭고함을 구성해낸다. 물론 여기서의 정화는 이데아로 가기 위한 현실적인 속성의 정화가 아니라, 공백에 도달하기 위해서 취해지는 현실원칙의 환상에 대한 정화이다. 라깡에게 대상을 큰사물로 승격시킨다는 것은 정화의 절차였다. 또한 라깡은 세잔의 이러한 대상의 승격화가 역사적으로 표지된다는 사실을, 즉 날짜로 "기입된다는datisées" 사실을 새삼 강조한다. 왜냐하면 세잔의 회화가 만들어내는 대상-사물과 실재의 새로운 관계는 미술의 역사가 전개되었던 성과 속에 다시금 하나의 새로운 방식을 도입하는 과정이기 때문이다. 쉽게 말해서 미술의 역사는 재현의 대상을 큰사물에 접근시키거나 또는 대상 자체를 큰사물의 위치로 승격시키는 테크닉의 역사이며, 세잔은 이러한 역사에서 빠져나가는 방식으로 역사 자체를 새롭게 업데이트하는 성과를 보여준 것이다. 이에 대해서 라깡은 미술의 역사성이라는 개념을 엄밀히 파악할 필요가 있다고 강조한다.* 미술의 역사 속에서 출현하는 각각의 미술 실천들이 미술의 역사가 출현했던 최초의 장소로, 최초의 목적으로 돌아가려면 자신을 둘러싼 환영적 작용을 전복시켜야 한다. 여기서 라깡이 말하는 미술사의 최초의 목적이란 알타미라 동굴벽화가 보여주었던 승화의 기능이다. 그것은 이미지를 통한 재현이라는 절차 속에서 모방의 대상을 큰사물의 위상으로 승격시키는 것이며 이미지 중의 이미지인 공백으로, 사물 중의 사물인 큰사물에 도달하는 것이다. 이를 위해서 예술가는 자신이 살아가는 현재를 구성하는 대상들의 환영을 넘어서야 한다. 왜냐하면 우리의 세계를 구성하고 의미를 만들어내며, 그곳에서 세계의 거대한 이미지를 구성해내는 것은 결국 대상들의 환영이기 때문이다. 대상들의 환영은 그 너머에 존재하는 텅 빈 허무의 심연을 은폐하려는 목적으로 조직되는 만큼, 공

170

백에 도달하여 승화를 실현하려는 예술가는 주어진 세계의 환영에서
자신의 작품을 빼돌리려는 전복적 경향을 보인다. 그런 이유 때문에
예술가가 속한 시대와 예술가 자신은 모순적 관계를 맺는다고 라깡은
말한다.* 그것은 지배적 규범에 반하는 것이며, 정치적 규범에 반하는
것이고, 나아가서는 도식적 사유에 반하는 것이다. 예술이 자신의 기
적을 새롭게 실행하려고 시도하는 것은 이렇게 시대-흐름에 거스르는
방식이다. 예술에 관한 라깡의 이 같은 설명은 다음의 두 명제로 정리
될 수 있다.

170

첫째, 예술의 근본적 목표는 세계의 재현이 아니라 공백의 출현이
다. 진정으로 존재하는, 유일하게 영원한 것은 세계-이미지도, 그 너머
에 있다고 가정되었던 플라톤적 이데아도 아니며, 오히려 없음 그 자
체, 카오스, 또는 공백 그 자체이다. 그런 의미에서 예술가는 세계를 향
한 욕망 중에서 가장 영원한 욕망인 주이상스의 이미지를 큰사물의 형
식으로 출현시키는 것을 최종 목적으로 한다. 이는 또한 엑스 니힐로
부터의 윤리적 차원을 예술에 도입한다.

둘째, 공백의 드러냄이라는 예술의 가장 원초적이며 기원적인 목
적을 실현하기 위해 예술은 공백과 자신 사이에 장막을 형성하는 시대
적 산물, 즉 시대적 규범-상징계로 명명된 대상들의 소멸을 실천한다.
임상적 표현을 쓰자면, 자아를 지탱하는 쾌락-현실원칙의 의미화 질
서로부터 주체를 일탈시키는 것이다. 또한 이것은 "대상을 큰사물의
위상으로 승격시킴"이라는 말의 의미이기도 하다.

라깡이 선언한 이러한 예술의 두 명제는 결국 예술의 승화가 예술
가가 속해 있는 사회의 규범-환상들을 횡단하는 과정이라는 사실을
의미한다. 예술가는 끝없이 자신이 속한 세계의 대상들을 시대적 신화
에서 해방시키는 실천을, 큰사물로의 승격이라고 부를 수 있는 절차를

추구하는 자이며 이를 통해서 그가 도달하는 장소는 사물성의 장소, 즉 텅 빈 공백의 장소이다. 이제껏 필자가 해독한 라깡의 예술론을 그의 육성으로 다시 들어보자.

[예술의] 각각의 실행 양태들의 출현은 언제나 환영적 작용을 전복시키는 데 있습니다. 이는 최초의 [예술의] 목적으로 돌아가기 위한 것인데, 이 목적이란 재현된 대상이 아닌 어떤 현실을 투사하는 것입니다. 예술의 역사에서는 역으로 예술 자체를 지탱하는 필연성에 따라서 하부구조만 존재할 뿐입니다. 예술가가 출현하는 시대와 예술가 자신의 관계는 언제나 모순적입니다. 그것은 지배적 규범에 반하며, 이를테면 정치적 규범에 반하는 것이며, 나아가서는 사유의 도식에 반하는 것입니다. 예술가는 언제나 흐름에 역행하는 방식으로 예술의 새로운 기적을 실천합니다.●

라깡의 예술론에 관해 충분히 설명했음에도 필자가 다시 라깡의 육성을 반복하여 제시하는 이유는 그 다의성에 독자들이 접근하기를 원하기 때문이다. 라깡이 말하는 예술의 목적과 예술사의 논의는 사실상 정신분석 임상의 목적과 그 절차들을 암시하기 위해서이다. 라깡은 말한다. 예술의 존재 이유는 "최초의 목적으로 돌아가기 위해서"라고. 예술의 최초의 목적은 재현된 대상들, 현실원칙의 담화나 그 아래 쾌락원칙의 담화, 즉 '재현의 재현자' 너머로 돌아가기 위함이다. 그러한 현실을, 즉 실재로서의 현실을 투사하기 위해서 예술은 존재하며, 이것은 정신분석 임상의 목적과 동일하다. 정신분석의 절차들은 의미화 연쇄의 환영적 형성물 너머에 존재하는 자리, 공백의 가장자리로 도달하는 반복적 실천이기 때문이다. 그런 의미에서 라깡은 예술의 역사에는 오직 하부구조만 존재한다고 말한다. 하부구조란 결국 공백과 현상계 사이의 경계를 의미한다. 그 나머지는 실질적 구조가 아닌 환영적 구조물일 뿐이다. 그리하여 만일 예술가들이 자신의 시대와 역설적이며 모순적인 관계, 즉 역행하는 관계만을 가진다면, 정신분석가가 환자를 이끄는 실재와의 관계 역시 그러하다고 할 수 있다. 분석가는 환자에게 무의식을 지배하는 규범적 사유의 도식을 횡단할 것을 요청하기 때문이다. 초자아의 폭정 속에서 환자는 자신의 무의식을 지배하는 아버지의 법과 규범에 질식당하고 있으며, 임상은 이러한 무의식의 지배자, 즉 무의식의 정치적 권위에 반하여 횡단을 시도하는 절차이다. 만일 이와 같은 절차가 성공한다면, 분석가와 환자의 연대는 새로운 기표연쇄의 발명이라는 정신분석의 아주 소박한, 그러나 결정적인 기적을 실현하는 목표에 도달한다. 바로 그러한 방식으로 정신분석과 예술은 동일한 절차와 목표를 공유한다. 라깡이 예술의 역사와 목표를 설명하기 위해 그토록 열중하는 이유는 이러한 공유 지점을 드러내면서 예술의 은유로 정신분석의 목표를 드러내기 위함이었다.

아버지의 승화: 부친 살해와 상징적 법의 도입

이어지는 강의에서 라깡은 프로이트의 『인간 모세와 유일신교』와 『문명 속의 불만』을 언급한다. 그는 이 둘을 아주 간단히 언급하면서, 어떻게 인간의 심리에 출현하는 충동과 초자아의 폭압적 관계에 대한 승화가 가능할지 묻는다. 이에 대한 승화는 분명 도덕의 기원과 관련이 있기 때문이다.

먼저 초자아는 유아에게 충동의 포기를 강제하는 아버지의 형상

213

이며 죄책감의 근원지이다. 그런 이유로 초자아는 충동이 강하게 밀어 닥칠수록 더욱 강력해진다. 그렇게 폭압적으로 변하는 초자아를 만족시키기 위해 주체는 자신의 충동을 포기하지만, 그럴수록 도덕의 폭정은 주체의 목을 조르기를 멈추지 않는다. 도덕의 기원에 이 같은 초자아의 모순된 공격성이 존재한다면, 승화는 초자아의 공격성과 억압의 속성을 법의 기표 작용 속에서 만족 가능한 대상으로 전환시키는 역할을 할 것이다. 라깡이 『문명 속의 불만』을 언급하면서 초자아의 공격성을 암시하려 했다면, 『인간 모세와 유일신교』에서는 어떻게 충동의 압제자로서의 아버지의 형상, 신의 형상이라고 할 수도 있을 초자아가 상징적 이름으로 전환되면서 보편적 종교의 승화 기능을 가질 수 있는지를 설명한다. 특히 이 텍스트에서 라깡은 '아버지의 이름'이라고 하는, 충동을 향한 억압의 기표인 동시에 그렇게 억압된 충동이 우회할 길을 제공하는 이중 역할을 수행하는 승화의 기표에 주목한다.

이 같은 승화의 기능이 가능하려면 충동의 억압자인 아버지는 단지 하나의 기표, 즉 상징적 아버지가 되어야 한다. 하나의 기표로 환원된 '아버지의 이름'은 충동이 상징계 내에서 기표연쇄를 따라 전개될 수 있도록 욕망을 개방한다. 이를 통해서 파괴적인 충동은 사회적으로 길들여진 욕망의 형태를 취하게 된다. 따라서 문명에서 출현하는 부친 살해의 상징은 승화에 필연적인 사전 단계라고 할 수 있다. 나아가서 문명이 남긴 다양한 신화에서 부친 살해가 주요한 모티브로 자리잡은 것은 법과 규범으로서의 문명이 역사적 사건들을 증언하는 것으로 해석될 수 있다. 프로이트 역시 부친 살해가 거의 모든 영웅 신화에 등장한다는 사실을 언급한다. 한편 신화라는 것은 라깡의 표현에 따르면 "심리적 관계의 대립적 요소들을 지탱하려고 분절되는 일종의 스케치라고 할 수 있을 기표적 조직체이다."* 신화는 "아무것도 설명하지 않지만, 그럼에도 주체의 무의식에 자리한 대립적 요소들을 표현"하기 때문이다. 그러한 의미에서 프로이트는 『인간 모세와 유일신교』에서 부친 살해의 신화가 오이디푸스 신화로 절정을 이루었음을 재확인한다.* 라깡의 이 같은 간단한 코멘트로 우리는 결국 상징계의 시작을 알리는 라깡의 부성-기표가 충동에 대한 승화의 기능을 수행한다는 사실과, 이것이 어쩌면 승화에 대해서 상상할 수 있는 가장 보편적인 모습이라는 사실을 이해할 수 있다. 그리하여 승화의 가장 근본적인 구조는 충동의 우회적 만족이라는 사실로부터, 승화의 가장 원초적 형태는 도덕 감정에서 실현된다는 결론이 도출된다. 여기에서 승화는 초자아의 폭정을 우회하도록 만드는 욕망의 기술이 된다.

베른펠트에 관하여: 잘못된 승화 개념의 사례

승화 차원에서 궁정풍 사랑의 분석을 진행하겠다는 라깡의 강의는 여전히 주제의 주변을 맴돌 뿐이다. 여러 주 전부터 궁정풍 사랑의 시 형식이 성애적 대상을 중심으로 구성되는 기표적 승화의 주요 형태라고 강조해왔지만, 정작 강의에서는 본격적인 분석을 위한 사전적 우회를 반복한다. 이번 강의에서도 라깡은 그와 같은 맴돌기, 우회, 망설임의

---

* "랑크의 연구 덕분에 신화의 원천과 경향은 이제 우리에게 명백해졌다. 나는 간단한 지적만으로 이것을 설명할 수 있다. 그러니까 영웅은 아버지에 저항할 용기가 있는 사람, 그리고 결국 통쾌하게 아버지의 뜻을 거슬러 태어나고, 아버지의 뜻과는 달리 죽음으로부터 살아난다는 이런 류의 신화는 아버지와 자식의 투쟁을 추적하여 개인의 선사시대까지 파헤친다." 지그문트 프로이트, 「인간 모세와 유일신교」, (『종교의 기원』, 열린책들).

양상을 보인다. 그는 베른펠트라는 프로이트 2세대 정신분석가의 연구를 언급하면서 궁정풍 사랑의 분석으로 진입하기 위한 마지막 여담을 시작한다. 베른펠트는 이제껏 라깡이 비판해왔던 승화의 오인된 형태, 특히 예술 영역에서 멜라니 클라인과 엘라 샤프 등의 연구를 통해 왜곡된 형태를 집약적으로 보여주기 때문이다.

라깡에 의하면 베른펠트는 1923~24년경에 『이마고*Imago VIII*』에 게재된 논문 「승화에 관한 소논문*Bemerkungen zur Sublimierung*」에서 승화가 대상의 대체를 통한 리비도의 우회적 만족이 아닌 타고난 충동의 경향성에 의존한다고 주장한다. 베른펠트는 심리 외적으로 존재하는 문화적, 사회적, 윤리적 가치인증의 구조가 심리 내부에서 발생하는 충동의 억압 없는 만족, 즉 승화에 영향을 줄 수 있다는 사실을 받아들이지 않으려 했다. 그는 충동이 사회적 구조에 의존한다는 사실이 모순된다는 관점을 고집했다. 베른펠트는 특히 로베르 발터라는 소년의 사례를 제시하면서, 소년이 이미 유년기에 시인적 기질을 가졌던 사실을 전제로, 2차 성징이 도래하면서 찾아온 리비도의 혼돈을 시 창작 활동을 통해 극복할 수 있었다고 가정한다. 여기에서 리비도의 승화가 이루어지는 주요 요소는 시인적 기질이며 재능이다. 베른펠트는 이와 같은 재능이 마치 사회구조로부터 독립적으로 존재하는 인간의 뛰어난 기질인 것처럼 가정하면서, 뛰어난 재능의 소유자는 리비도의 혼돈을 재능의 발현을 통해 승화로 이끌 수 있는 것처럼 주장하고 있다.

이에 대한 라깡의 비판은 이전에 엘라 샤프의 연구를 반박했던 아주 상식적인 인문학적 견해에 토대하고 있다. 즉, 시인적 재능이라는 것이 도대체 무엇이냐는 것이다. 만일 시인적 재능이라는 것이 마치 시적 재능의 이데아가 있어서 초월적 세계로부터 인간에게 주어지는 신의 선물이라면 베른펠트의 논점은 간단히 증명될 것이다. 그러나

20세기 철학과 사회학, 인류학은 시인적 재능과 같은 한 인간의 뛰어남 역시 사회적으로 구성된 산물들이라는 사실을 다양한 방식으로 증명해주고 있다. 한 인간의 재능은 그것을 재능으로 간주하는 사회에서만 재능으로 인정될 수 있기 때문이다. 쉬운 예를 들자면, 현대사회에서 주먹질과 발길질을 잘하며, 이를 통해서 상대를 쓰러뜨리는 재능은 스포츠 경기를 통해 영웅으로 인정받는 승화의 가능성을 열어준다. 그러나 스포츠라는 개념 자체가 존재하지 않는 사회라면, 이 같은 폭력적 속성은 전혀 다르게 받아들여질 것이다. 눈으로 본 것을 정확히 그림으로 재현할 수 있는 능력은 어떤가? 18세기라면 뛰어난 예술적 재능으로 인정받을 수 있었겠지만, 21세기의 미술은 이와 같은 모방 능력에 후한 평가를 내리지 않는다. 시적 재능 역시 마찬가지다. 시적 재능의 본질을 언어적 묘사 능력으로 보는지, 아니면 언어의 균열점을 찾아내는 해체적 능력으로 보는지에 대한 관점은 시대마다 전혀 다르지 않은가? 라깡은 이러한 관점을 도입하여 베른펠트의 심리 내적이며 폐쇄적인 승화 개념을 비판하고 있는 것이다. 이와 같은 마지막 여담을 마치면서 라깡은 비로소 시를 통한 사회적 승화의 전형적 유형인 궁정풍 사랑에 대한 분석을 시작한다.

기포와 비인간적 파트너

라깡은 먼저 11세기에서 13세기 초까지 서부 유럽에서 유행되었던 궁정풍 사랑 시의 형식과 시인들에 대한 역사적 고찰을 시작한다. 게르만 지역에서는 '미네쟁어Minnesänger'라 불렸고, 프랑스 중부에서는 '트루바두르troubabour', 북부에서는 '트루베르trouvère'라 불렸던 시인들에 의해 만들어진 음유시 형식은 특수한 코드화를 통해 작동하는 예술이었고, 이를 통해 하나의 문화를 형성했다. 이들에 대한 역사적 기록으로 라깡은 예언가로 잘 알려진 노스트라다무스의 기록과, 이것을 다시 참조하는 스탕달의 텍스트를 언급한다. 앙드레 르 샤플랭의 텍스트들 역시 궁정풍 사랑의 면모를 일견하는 데 도움을 준다.

우리에게는 '기사도 이야기' 형식으로 더 잘 알려진 궁정풍 사랑의 다양한 모험과 사건은 다음과 같은 특수한 원칙을 따른다. 먼저 시에 등장하는 사랑의 대상, 즉 여성은 당시 표현에서 '숙녀'나 '고귀한 부인'을 의미하는 'Domnei'로 표기된다. 이것은 '부인'을 의미하는 불어 'Dame'의 중세적 표현이다. 이 용어는 '어루만지다' 또는 '시시덕거리다'의 뜻의 'domnoyer'가 그 어원이며 동시에 '지배하는 자'를 뜻하는 'Domna'의 의미를 내포하기도 한다. 이는 또한 '주다'를 의미하는 불어 'donner'와 기표적 근접성을 가진다. 사랑의 대상이며, 욕망의 지배자를 지시하는 이 단어 'Domnei'는 또한 흥미롭게도 때로 남성명사로 쓰이기도 하는데, 남성 관사를 사용하여 'Mi Dom'으로, 즉 '나의 주인님'으로 표기되는 것이다. 라깡은 이에 대해서 사랑의 대상으로서의 여성이 비인격적 사물로 중성화되는 과정을 의미한다고 설명한다. 그뿐만이 아니다. 음유시의 여자 주인공은 결코 실질적이며 구체적인 덕성을 통해 묘사되지 않는다. 그러한 방식으로 궁정풍 사랑에서는 사랑의 여성적 대상이 탈인격화된다. 음유시에 등장하는 기사들, 사랑의 구애자들은 사랑의 파트너인 여성-대상을 남자도 여자도 아닌, 사람도 신도 아닌, 선하지도 악하지도 않은, 거의 중성적 사물에 가깝게 특수화시키면서 그녀들을 욕망의 일상적 차원으로부터 물러나게 만든다. 여성-대상의 극단적 이상화, 거의 텅 빈 형상에 가까워 공백과 동일하게 보이는 이상화는 당시 사회 현실에 어떤 대응점도 갖지 못하는 비현실적 서사에 불과하다.

라깡은 여기서 중세의 실존 인물이던 코망즈 백작부인의 기구한 삶을 소개한다. 기욤 드 몽펠리에의 딸이던 이 여인은 이미 결혼을 했지만 피에르 다라공 또는 아라공 왕이라 불렸던 강력한 권력자의 욕망에 희생된다. 아라공 왕은 권모술수와 잔혹한 권력의 힘을 이용해 코망즈 백작부인을 남편과 이혼시킨 뒤 그녀와 결혼한다. 이후 아라공 왕의 유형, 무형의 폭력으로부터 도망치기 위해 이 여인이 선택할 수 있는 유일한 방법은 로마 교회의 보호를 받는 일뿐이었다. 여인은 결국 로마로 도망친 뒤 교황의 보호 속에서 생을 마감하게 된다. 라깡이 이러한 역사적 사실을 언급하는 이유는 당시 여성의 지위를 설명하기 위해서이고, 또한 궁정풍 사랑의 음유시에 등장하는 여인들의 모습이 현실과 얼마나 거리가 있었는지를 비교하기 위해서이다. 그는 말한다.

> 개략적으로 말해서 궁정풍 사랑이란 규범적이며 [대상을] 이상화하는 몇몇의 주제를 통한 시적 유희였는데, 현실에서는 그 어떤 대응점도 갖지 못했습니다.*

178

당시 현실에서 여성은 숭배의 대상이 아니라 부계혈통에 종속된 일종의 교환물, 재산의 범주에 속하는 사회적 지위를 가질 뿐이었다. 음유시인들의 서사시는 이와 같은 현실과 재현의 기이한 불일치 속에서도 3백여 년 동안 지배적 시 형식으로 존속한다. 심지어 궁정풍 사랑의 관념은 이후 유럽 사회의 욕망에 관한 표현에 깊은 흔적을 남겼다.

한편 궁정풍 사랑의 표현적 특성에 대해 라깡은 다음과 같이 보다 심도 있는 분석을 재개한다. 먼저 시에 등장하는 여성-대상, 즉 욕망의 대상은 "접근 불가의 원칙으로 제시"된다. 욕망의 대상 자체를 일종의 장벽으로 "둘러싸고 고립시키는" 궁정풍 사랑에 등장하는 모든 여성은 이러한 방식으로 현실에서 물러나 특수한 공간에서 존재를 유폐당한다. 라깡은 유폐의 장소를 '기포vacuole'라고 부른다.[*] 욕망의 대상이 모든 인간성을 상실하면서 일종의 의미의 진공상태, 기포의 상태로 변하기 때문이다. 이것이 성애적 대상으로서의 여성의 비인간화이다. 궁정풍 사랑의 여성은 그러한 방식으로 비인간적 파트너로 변모된다. 여기서 라깡은 중세 시인 단테를 언급하면서 그가 (실제로 존재했던) 9살 소녀 베아트리스를 연모할 수 있었던 것은 당시 사랑의 행위에 내재된 이 같은 형이상학적 특수성 때문이라고 설명한다.

궁정풍 사랑에서 남자들이 요구하는 것은 결국 욕망의 대상으로서의 여성이 현실에서 배제되는 것이다. 또는 그녀들의 현실성을 박탈하는 것이다. 그런데 여성-대상에게서 현실적 좌표를 박탈한다는 의미는 그녀들의 존재를 현실원칙에서 물러나도록 강제하는 것이기도 하다. 만일 현실원칙이 당시의 고정관념과 짝을 이뤄 남성과 여성의 사랑 행위를 규정하는, 즉 상징화하는 패러다임 역할을 했다면, 여성-대상의 현실성 박탈은 이와 같은 패러다임의 박탈을 의미한다. 쉽게 말해서 중세의 욕망의 대상으로서의 여성은 교환가치라는 패러다임으로 지배되고 상징화되는 대상이다. 그런데 이와 같은 여성적 대상을 극단적 숭배 속에서 비인간화한다면 이는 곧 중세의 현실원칙이던 교환가치-패러다임을 박탈하는 일인 동시에, 그 내부에 순수한 균열을 출현시키는 절차라고도 할 수 있다. '기포'라는 표현은 그러한 맥락에서 이해되어야 한다. 그것은 현실원칙의 의미들이 소멸하는 지점, 상징계의 의미화 질서가 공백을 형성하는 지점을 형상화한 것이다. 라깡이 기포가 출현하는 자리를 큰사물의 영역으로 설명하는 이유 역시 이 때문이다. 그는 다음과 같이 덧붙인다.

시의 창조는 예술에 고유한 승화 양태들을 따라서 불안한 대상, 비
인간적 파트너라고 부를 만한 대상을 설정하는 것입니다.[•]   180

　궁정풍 사랑의 음유시는 대상을 비인간화하는 한편 대상의 사회
적, 인간적 속성을 과감히 제거하는 과정에서 그 대상을 접근할 수 없
는 한계 너머의 것으로 설정한다. 만일 사랑이 근본적으로 나르시시스
적 구조를 통해 실현되는 과정이라면, 궁정풍 사랑은 이러한 자기애적
대상에 대한 접근을 차단하는 방식으로 그것을 외밀한 것으로 만든다.
따라서 그 대상은 사랑의 주체의 자기애적 내밀성의 대상인 동시에,
결코 접근할 수 없는 외밀성의 대상이 된다.
　궁정풍 사랑과 성애적 욕망에 대한 이러한 설명은 사랑의 가장 기
원적 형태가 발생하는 지점으로 우리를 데려간다. 사랑이란 결여의 대
상을 중심으로 구성되는 욕망의 절차이기 때문이다. 사랑은 명명된 결
여, 사로잡힌 결여, 위치가 확인된 결여를 중심으로 결여를 채우려는
노력 또는 채움을 요청하는 시도들 속에서 일어나는 행위 아닌가? 그
것은 원초적인 상징화의 절차를 통해 명명된 부재, 상실을 채우려는
욕망의 다양한 판본들에 다름 아니다. 그런 의미에서 사랑의 대상인
여성을 순수한 부재로, 공백으로, 기표로 형상화하는 것은 욕망의 가
장 숭고한 형태, 즉 승화의 형식이라고 할 수 있다. 궁정풍 사랑의 이
러한 승화 절차는 결국 당시의 상징계를, 현실원칙과 결합된 기표들의
순환체계를 거부하면서 여성-대상을 고정관념에 사로잡히지 않는 텅
빈 고립의 장소로 이동시킨다. 궁정풍 사랑에서 발견되는 특수한 어법
과 태도, 즉 현실원칙과 결합된 기표들의 순환체계를 거부하는 이러한
태도를 라깡은 "우회적 행실conduite du détour"이라고 부른다.

우회적 행실: 두 가지 우회적 전략, 보수적인 것과 혁명적인 것

여성-대상을 단순한 사회적 욕망의 대상에서 탈사회적, 탈상징계적 대상, 즉 큰사물로 승격시키는 음유시의 절차들은 '우회적 행실' 또는 '완곡한 태도'라 할 수 있는 전략으로 실현된다. 이러한 전략은 욕망의 대상을 주어진 현실 언어로 말하지 않으려는 일종의 저항이다. 그것은 자제, 유보의 테크닉이며 따라서 일종의 고행의 형태를 취한다.* 대상을 현실원칙의 영역으로부터 보호하려는 일종의 기사도적 투쟁이기 때문이다. 이를 통해서 여성-대상은 현실에서 완벽하게 고립된다. 고립된 대상은 하나의 텅 빈 자리로, 즉 기포의 형태로 (비)존재하게 될 것이다. 그런데 여기서 문제가 되는 것은 욕망의 통제와 절제를 요구하는 우회적 행실에 관하여 다음과 같은 질문이 제기될 수 있다는 사실이다. 결국 쾌락원칙과 현실원칙의 통제 속에서 죽음충동으로 진입하는 것을 연기하고 억압하여, 항상성을 유지하려는 자아의 방어적 경향 역시 우회적 행실이라고 부를 수 있지 않은가? 쉽게 말해서 궁정풍 사랑이 현실원칙의 질서를 따르지 않는 우회적 행실로 욕망의 대상을 고립시켰다면, 사실 이것 역시 현실원칙의 차원에서 작동하는 통제와 자제의 방어적 기능과 다를 바 없지 않은가, 라는 질문이 가능하다는 말이다. 여기서 우리는 왜상의 구조를 궁정풍 사랑의 구조와 동일시하는 라깡의 관점을 참조할 수 있다. 현실원칙으로 구성된 욕망의 공간이 일상적 원근법의 공간이라고 한다면, 궁정풍 사랑은 이러한 일상적 원근법의 공간에 비틀린 위치를 도입하면서, 즉 왜상적 좌표를 도입하면서 공백을 출현시킨다. 이에 대한 본격적인 설명을 시작해보자.

먼저 원근법으로 제시된 안정적 이미지의 공간을 살펴보자. 앞서 왜상을 설명하는 강의에서 강조한 바 있듯이 원근법으로 출현하는 것은 안정된 공간의 환영이다. 그러나 이것은 공백 그 자체는 아니다. 원근법의 기하학적 조율과 통제는 강박증적 효과 속에서 그곳에 무가, 허무가, 즉 큰사물이 자리한다는 사실을 오히려 은폐한다. 원근법은 공간 내부의 대상들이 있어야 할 좌표들을 일관된 담화, 즉 기하학의 담화로 통제하면서 이미지의 영역에서 출현할 수도 있을 공백을 은폐하고, 공백의 중심에 억압된 응시를 차단한다. 이것이 현실원칙의 차원에서 실행되는 자제와 유보의 보수적 기능이다. 그런데 왜상은 홀바인의 〈대사들〉에서 관찰된 바와 같이, 기하학적 담화로 지탱되는 안정된 원근법의 관찰자 위치에서는 알아볼 수 없는 얼룩의 형상으로 출현한다. 오징어 뼈와 같은, 또는 접시 위에 흩어진 달걀 얼룩처럼 보이는 형상이 의미하는 바가 무엇인지를 알아보려면 관찰자가 자신의 위치를 일탈시켜야 한다. 그런데 일탈된 위치에서만 보이는 해골의 형상이란, 일탈된 위치에서 통제된 또 다른 공간에 다름 아니다. 이처럼 왜상의 일탈적 이미지를 만들어내려면 현실원칙의 관점이 아닌 일탈된 관점에서의 이미지 조율, 즉 자제와 유보의 실천이 요구된다. 그리고 이것이야말로 승화의 가장 주요한 특성이다. 왜냐하면 〈대사들〉의 화면 표면에 떠오른 얼룩은 단순한 기능장애나 균열이 아니라 고안된 일탈 이미지이며, 인위적으로 통제된 형상의 창조 과정이기 때문이다. 〈대사들〉에서 원근법적 구도로 제시되는 이미지와 공간이 균열을 은폐하고 공백을 억압하려고 조직된 현실원칙의 산물이라면, 해골의 형상을 출현시키는 왜상적 구조는 원근법의 구조를 역시 인위적인 방식으로 비틀면서 균열을 출현시키고, 공백의 형상을 통해 특수한 쾌락을 느끼게 한다.

결론은 결국 두 가지의 우회적 행실이, 두 가지 유형의 인위적 통제가 존재할 수 있다는 사실이다. 첫 번째는 우리의 심리가 이미 종속되어 있는 현실원칙의 통제이며 이를 유지하려고 사용되는 방어적 완곡화, 즉 우회이다. 이것은 파국으로 다가서는 충동을 우회시키며, 주이상스를 온전히 실현하는 대신 대상 a에게 잉여적 만족을 주며 자신의 항상성을 보존하는 방어적 통제이다. 원근법으로 그려진 회화의 안정된 공간 환영이 이것을 표상한다. 또는 여성들에 대한 중세 나름의 패러다임, 즉 여성을 재화로 취급하는 대상-질서 역시 현실원칙의 통제에 포함된다. 그러한 봉건적 패러다임이 오늘날에는 부조리하게 보일지라도 어쨌든 당시의 현실을 지탱하는 유일한 사회적 담화였기 때문이다. 이것이 위협받는다면 중세의 봉건적 질서는 붕괴했을 것이다.

한편 두 번째 유형의 통제는 라깡이 궁정풍 사랑으로 말하려는 승화의 범주에 속한다. 이것은 나름의 인위적 과정에서 자제와 유보의 절차를 엄격히 따르는 시적 언어의 실천이다. 이러한 통제 역시 특수한 공간을 만들어내며, 공간 내부에 특수한 이미지를 출현시킨다. 그런데 이러한 승화의 절차가 첫 번째 유형의 현실원칙과 대립한다면, 즉 현실원칙의 유보와 절제의 통제 과정으로 포획될 수 없는 일탈적 좌표를 고집한다면 이를 통해 출현하는 새로운 공간과 이미지는 첫 번째 유형으로 통제된 공간에 균열을 출현시키는 결과로 이어질 것이다. 두 번째 유형의 통제는 그러한 방식으로 왜상의 기능을 완성한다. 두 번째 유형의 우회적 행실은 첫 번째 유형의 우회적 행실, 즉 현실원칙에 죽음충동의 영역을 출현시킬 것이기 때문이다. 라깡이 〈대사들〉의 해골 형상으로 말하고자 했던 바가 이것이다. 또한 라깡이 "심리 속에서의 우회가 언제나 현실의 구조로 제시되는 쾌락원칙의 영역 속에서 조직되는 것으로 통하는 통로를 조율하는 것만은 아니다"라는 문장으로 말하고자 했던 것이 이것이다. 왜냐하면 "여기에는 또한 기표의 영역을 그와 같이 출현시키기 위해 조직되는 우회와 장애물들 역시 존재하기" 때문이다.* 따라서 인간의 심리가 작동하는 일반적이고 방어적인 방식을 현실원칙의 우회 기능에 기반한 욕망이라고 부를 수 있다면, 궁정풍 사랑이 왜상의 특수한 우회 기능 속에서 출현시키는 현상은 '욕망의 위반', 즉 욕망을 위반하는 욕망이라고 할 수 있다.

왜상과 궁정풍 사랑을 연결하면서 개념화되는 라깡적 승화의 기능은 그러한 방식으로 쾌락-현실원칙에 사로잡힌 욕망의 구조를 위반의 욕망으로 전환시킨다. 그것은 매번 같은 자리로 되돌아오려고 우회를 선택하는 욕망이 아니라, 현실원칙이 미끼로 던지는 보수적 욕망의 대상을 피해가려고 절차화되는 우회의 욕망, 현실원칙 너머의, 욕망의 마지막 단계에 도달하기 위해서 제시되는 특수한 욕망, 이후 라깡이 "죽음을 욕망함"이라고 정의하게 될 위반의 욕망을 장치화하는 것에 다름 아니다. 이러한 차원에서 라깡은 프로이트의 정신분석을 계승하고 있다. 그가 프로이트주의란 "성애적인 것의 윤리적 기능"이라고 정의하는 이유가 여기에 있다.* "성애적인 것의 윤리적 기능이 작동하기 시작하는 것은 바로 여기", 즉 주어진 우회의 문법을 따르는 것이 아니라 이것을 다시 비트는 두 번째 우회를 실천하는 지점이다. 이윽고 라깡은 "프로이트주의란 대략적으로 말해서, 윤리적인 것 안에서의 성애적 생산성에 대한 항구적 은유일 뿐"이라고 말하기에 이른다.* 정신분석 실천이란 성애적 범주 내에서 주어진 욕망을 반복하는 것이 아니라, 욕망 자체의 구조를 횡단, 즉 비트는 실천을 통해서 새로운 욕망의 구조를 창조해낼 수 있는지를 묻는 욕망의 생산성에 관련된 탐사라는 것이다. 여기서 '윤리적'이라는 표현이 말하고자 하는 것은 결국 엑스 니힐로의 윤리를 의미한다. 주어진 것을 반복하는 유한성에 머물지, 아니면 공백에 도달하는 과정 속에서 새로움의 출현을 겨냥하는 무한성에 자신을 개방할지에 윤리적인 것이 걸려 있기 때문이다.

　　궁정풍 사랑에 대한 잠정적 결론을 내리며 강의를 마치는 라깡은 마지막으로 초현실주의 시인인 앙드레 브르통과 폴 엘뤼아르를 언급한다. 궁정풍 사랑의 음유시가 추구하는 것을 현대적 의미로 실현시킨 것이 바로 앙드레 브르통의 '미친 사랑'의 개념이기 때문이다. 특히 폴 엘뤼아르의 시를 인용하는 라깡은 자신이 시의 승화 기능을 통해 말하고자 했던 것을 보다 구체적으로 암시하며 강의를 끝낸다. 먼저 아래의 인용된 시를 읽어보자.

　　황폐한 이 하늘 위로, 강물의 창들 위로,
　　어떤 얼굴이 찾아오나, 소리내는 조개껍질,
　　사랑의 밤이 아침에 이르는 것을 알리네,
　　다문 입에 가닿은 열린 입.

　　시에 대해 라깡은 이렇게 말한다. "이 시에서 그것들은 정확히 바로 이러한 경계, 한계 위에 있습니다. 이것이 담화 속에서 내가 여러분들에게 표지하려고 했으며 느끼도록 시도했던 것입니다."＊ 여기서 라깡이 말하는 경계, 한계란 의미 출현의 한계점으로서의 경계이다. 그것은 또한 하늘과 강물의 표면으로 의미가 떠오르기 직전의 순간이다. 그것은 발화의 순간인 열린 입이 발화의 종말인 동시에 침묵의 형상인 다문 입에 가닿는 순간이기도 하다. 의미를 내뿜게 될 표정들이 아직 도래하지 않은 순간, 그래서 어떤 얼굴이 찾아올지 알 수 없는 시간의 형상. 충동의 밤이 지나고 모든 것이 명백해지는 아침을 맞이할 시간적 경계의 순간은 라깡이 말하는 한계와 경계를, 기표를 둘러싼 막의 경계를 말하고 있다. 이러한 경계의 장소는 승화가 우리를 데려가려는 한계의 장소이기도 하다. 그것은 모든 것이 종말을 맺는 동시에 모든

184

것이 시작되는 장소이다. 이와 같은 텅 빈 장소에서 욕망의 출현과 소멸이 기능하는 유일한 방식은 라깡이 앙드레 브르통의 개념을 빌려와 표현하는 "즉물적 우연hasard objectif"이다. 거기에는 어떠한 인과성도, 합리적 도식도, 따라서 어떤 포착 가능성도 존재하지 않는다. 그런 의미에서 승화가 마주한 공백의 유일한 속성은 오직 사건적이라고밖에 말할 수 없다.

이렇게 마무리된 라깡의 이번 강의는 승화와 관련한 아주 중요한 언급들로 가득 차 있다. 그럼에도 라깡의 담화의 특성상 암시적이며 모호한 표현들, 나아가서 미스테리한 기표의 나열들이 자주 관찰된다. 필자는 라깡의 이러한 강의 과정을 보충하기 위해 시 일반의 규정과 정신분석과 시의 유사성을 보충 자료로 제시하고 싶다. 결국 라깡이 궁정풍 사랑의 음유시를 통해 설명하려던 승화 개념은 시의 일반적 기능이 겨냥하는 것이기 때문이다.

궁정풍 사랑의 음유시부터 폴 엘뤼아르의 초현실주의 시에 이르기까지 시 예술 일반이 겨냥하는 것은 무엇일까? 그것은 소위 낯설게 하기로 시적 재현의 대상을 현실관계에서 이탈시키는 것이다. 이러한 시적 기능은 필연적으로 윤리적 차원에 기대고 있다. 현실관계에 대상이 사로잡혀 있다는 것은 대상을 바라보는 사유가 현실 언어의 패러다임에 종속된다는 것을 의미한다. 나아가서 현실언어의 패러다임에 종속된 사유는 인간의 실존을 근본적으로 소외시킨다. 시어는 이러한 소외에 대항하는 기표의 투쟁을 실천한다. 시어는 모든 사물의 대상적 속성을 의심하고, 비틀고, 마침내 박탈하여 대상이 시작된 자리로 모든 것을 되돌린다. 이것이 사물성의 장소에 도달하려는 시적 실천의 욕망이다. 그런 의미에서 시는 대상들의 의미를 비우는 투쟁이며, 그렇게 비워진 의미의 진공상태에 사유가 도달할 수 있도록 언어의 매혹을 사용한다. 공백을 욕망할 수 있도록 유도하는 아름다운 비틀림이 시적 언어의 가치를 결정하는 것이다.

라깡이 궁정풍 사랑의 음유시를 통해서 암시하는 시 예술 일반의 이와 같은 승화 기능은 사실상 정신분석 임상의 목표와 동일한 지점을 겨냥한다고 이해할 수 있다. 정신분석 임상 역시 환자의 상징계를 비틀어 공백을 출현시키기 때문이다. 증상이라는 비틀린 경로를 따라 내려간 무의식의 장소에서 정신분석은 모든 욕망의 원인인 최초의 환상이 텅 빈 허무의 가장자리, 공백의 연안에 달라붙어 있는 기표의 무더기에 불과하다는 사실을 환자에게 일깨울 것이다. 임상의 절차 속에서 환자는 자신의 욕망을 결정짓던 대상들의 의미 구조를 횡단하여 공백에 도달하는 실천을 수없이 반복한다. 그리하여 환자가 마침내 공백을 둘러싸는 기표의 조합을 새롭게 구성할 수 있게 되었을 때 분석은 종료될 것이다. 새로운 욕망의 출현을 겨냥하는 임상분석의 이 같은 실천은 결국 시가 목표로 하는 새로운 사유의 출현, 주어진 의미가 아닌 도래할 의미의 출현과 같은 장소를 바라보고 있다.

베른펠트 비판

1960. 3. 2. / 3. 9.

• 주요 개념 •

승화와 반동적 형성 ： 승화의 조숙성

프로이트적 윤리와 프로이트적 미학 사이 ： 승화와 동일시 ： 의문점 하나

• 강의 개요 •

이번 강의는 두 개의 짧은 강의를 하나로 편집한 것이다. 첫 번째 강의는 베른펠트
의 논문에 대한 발표와 그에 대한 논평으로 이루어졌기 때문에 라깡 본인의 강의
내용이 비교적 짧다. 이에 덧붙인 두 번째 강의, 즉 '의문점 하나'라고 표기된 부분
의 강의 역시 짧은 편인데, 그 이유에 대해서는 알려져 있지 않다.

첫 번째 강의에서 라깡은 베른펠트의 승화 개념을 다시 비판한다. 베른펠트에 의
하면 승화는 주체의 성장 과정에서 2차 성징 즈음에 등장하는 심리적 반응이다.
성충동의 억압이 초과점에 달했을 때 주체는 시 창작과 같은 활동을 통해 성적 충

동을 사회적으로 허용된 방식으로 우회시킨다는 것이다. "승화를 성충동의 억압에 대한 반동적 형성"으로 보는 이 같은 관점에 대해 라깡은 성충동에 대한 승화는 이미 유아기에 실행되고 있음을 밝힌다. 이로부터 암시되는 것은 포르-다 게임과 같은 것이다. 충동에 대해 그것을 공백 또는 상실로 명명하는 행위를 통해 '승화의 조숙성'이 논증될 수 있기 때문이다. 여기서 강조되는 라깡의 주요 논점은 승화가 성충동에 위협받는 자아를 보호하고 강화하는 역할을 하는 것은 아니라는 것이다. 자아의 강화란 또 다른 억압의 강화에 다름 아니며, 이는 억압 없는 만족의 실현이라는 승화 개념과 일치할 수 없다. 승화에 대한 오류들을 하나하나 바로잡아가려는 라깡의 이 같은 집요함은 이후 자신만의 승화 개념을 정립하기 위한 일종의 사전적 정지 작업이라고 할 수 있다.

이어지는 강의에서 라깡은 프로이트의 정신분석이 '미학과 윤리학 사이'에 위치한 상보적 실천임을 주장한다. 인간의 심리란 큰사물을 중심으로 구조화된 기표들, 즉 언어의 물리적 요소이며 그런 의미에서 미학적 대상들의 연쇄인 이러한 기표들은 윤리적 현상들인 초자아와 죄책감에 의해 유지된다. 따라서 인간의 마음은 이미 미학-윤리학의 구조 속에서 발생하고 지탱된다. 정신분석의 윤리는 이에 대한 2차적 차원을 구성하게 될 것이다. 큰사물을 둘러싼 미학-윤리학의 상보적 틀을 횡단하는 위반의 윤리가 그것이다. 여기서 라깡은 승화의 문제가 이상화의 문제를 남긴다는 사실을 언급한다. 예를 들어 궁정풍 사랑의 승화에서 여성-대상이 큰사물의 위치로 승격될 때 여성-대상은 고상한 의미화의 방향을 따라서 탈인격화 과정을 겪게 된다. 그렇다면 여기서 남겨지는 문제는 승화에서 여전히 사회적 이상화가 작동하고 있다는 것이며, 이러한 이상화는 여전히 주체를 억압하는 상징계의 틀로서 기능할 것이라는 점이다. 즉, 승화가 이상화의 여정을 따를 때 상징계의 억압과 포획은 약화되지 않는다는 것이다.

이 같은 '의문점 하나'는 이후 다시 보충될 것이다. 짧게 끝난 이날의 강의는 일주일 뒤 또 다른 짧은 강의를 통해 다시 논증되기 때문이다. 여기서 라깡은 이상화 없이 일어나는 승화의 절차를 보여주기 위해 기괴한 궁정풍 사랑의 시 한 편을 분석한다. 이를 통해 라깡은 대상을 큰사물의 위상으로 승격하는 과정에서 이상화가 배제될 수도 있음을 암시한다. 이와 같은 강의의 흐름에서 우리가 주목해야 하는 것은 결국 승화의 마지막 보루라고 할 이상화의 관점을 어떻게 이해해야 하는가이다. 이상화는 어쨌든 자아를 강화하는 데에 사용되는 토대이기 때문이다. 이상화가 승화의 내부에서 주요 장치로 작동하는 한, 자아의 한계 바깥으로 나아가는 승화란 불가능할 것이다. 그러나 라깡이 이후의 강의들에서 궁극적으로 보여주려고 하는 승화는 자아의 한계를 무너뜨리는 어떤 절차이다.

승화와 반동적 형성: 베른펠트의 오류

베른펠트의 승화 개념을 비판하는 이번 강의에서 라깡이 암시적으로
드러내려는 것은 승화가 자아의 강화를 위해 기능하는 리비도 활동이
아니라 오히려 자아를 해체한다는 사실이다. 이처럼 승화와 자아의 개
념을 대립시키려는 라깡의 논점은 승화를 자아 강화의 주요 기능으로
간주하는 베른펠트의 관점과 정면으로 충돌한다. 이를 설명하기 위해
라깡은 베른펠트가 승화를 억압에 대한 반작용 형성물로 간주하는 태
도를 비판한다.

　강의 도입부에서 M. 코프만이 발표한 베른펠트의 승화이론에 따
르면, 승화는 리비도의 대상이 사춘기 주체의 선택에 따라 받아들여
지는 목표로 전환된다. 이러한 승화는 자아의 형성 과정에서 발생하
는 억압의 반작용과 같다. 그러한 방식으로 "베른펠트는 승화와 억압
을 종합하고 있다." 혹은 "베른펠트는 승화가 억압과 일시적 상관성을
갖는 한도 내에서만 승화를 포착하고 있다."* 이에 라깡은 프로이트의
『성욕에 관한 세 편의 에세이』를 참조하면서 "더 간단한, 다른 메커니

즘의 승화가 존재할 수 있다"고 말한다. 이 간단하고 다른 메커니즘의 승화는 자아의 정립 시기가 아닌 훨씬 이전 시기인 유아기에 이미 존재한다. 이것이 바로 조숙한 승화의 개념이다.

승화의 조숙성

승화는 억압의 반응적, 반동적 형성물이 아닌 독자적인 방식으로 존재한다. 이와 같은 승화의 조숙성은 성충동의 조숙성이라는 프로이트의 고유한 관점과 대응한다. 즉, 성충동은 아주 이른 유아기에 이미 실재하며, 이것을 중심으로 승화의 기능이 시작된다는 것이다. 라깡의 관점을 다시 요약하면 다음과 같다. 먼저 사춘기 아이가 자신의 충동의 대상들이 받아들여질 수 없다고 인식하고, 충동의 방향을 틀어 사회적으로 받아들여질 수 있는 대상으로 대체하는 과정에서 쾌락을 추구하는 현상을 승화로 보는 것은 승화와 자아의 관계를 상보적으로 인식하는 관점이다. 베른펠트의 이러한 관점은 자아가 구성되기 이전의 유아기에 존재하는 승화의 기능을 부정한다. 또한 자아를 강화하는 기능으로 수렴되는 승화의 개념은 억압과 억압 없는 만족이라는 승화의 고유성을 모호하게 만든다. 베른펠트를 따르면 억압의 상관물로서, 반응물로서 승화가 가정되기 때문이다. 그러나 라깡에 따르면 승화는 큰사물을 중심으로 분절되지, 자아가 수용한 대상들을 중심으로 분절되지 않는다. 라깡은 다음과 같이 말한다. "내가 큰사물이라고 부르는 것은 하나의 결정적 자리인데, 그것을 중심으로 승화의 규정이 분절되어야 하는 것입니다. [이러한 승화는] 자아가 태어나기도 전에, 하물며 자아의 목표가 출현하기도 전에 구성되는 것입니다."* 이는 다른 모든 욕 188

망의 대상들이 출현하기 이전에 출현한 근본적인 결여의 자리인 큰사물의 실존이 승화의 대상임을 의미한다.

라깡의 이 같은 비판은 필자에게 다음의 두 가지 이론적 지점들을 암시하려는 듯 보인다. 첫 번째로, 승화는 자아의 방어와 다른 기능을 갖는다는 것이다. 두 번째로, 승화의 구조는 이미 유아가 말을 배우는 단계에서 도입되었다는 사실이다. 첫 번째 관점은 라깡이 승화를 정신분석의 목표와 동일시하는 담론의 토대가 된다. 두 번째 관점은 승화가 인위적으로 강제된 문명의 산물이 아니라, 이미 심리의 발생 시기에 흔적으로 남겨진 신경증의 고유한 구조라는 사실이다. 물론 승화가 유아기 언어의 도입에 따라 기표의 폭력 속에서 발생한다는 점에서 이것을 기원적 인위성이라고 간주할 수도 있다. 따라서 궁정풍 사랑을 비롯한 예술의 인위적 승화 기능은 심리 속에 이미 기억된 최초의 인위적 승화, 즉 원초적 기표에 의한 공백의 출현이라는 승화 절차를 각 시대에 가능한 형식으로 다시 불러내어 반복하는 것으로 이해되어야 한다. 예술과 문명에서의 승화 절차들은 유아기에 언어가 도입되는 과정에서 심리에 흔적으로 남겨진 승화의 궤적을 드러내어 시대적 방식으로 변주한다. 그러한 이유로 우리는 승화를 히스테리적, 강박증적, 정신병적 차원에서 추적해볼 수 있는 것이다. 심리 구조 속에서 승화의 흔적은 히스테리나 강박증 또는 정신병과 마찬가지로 생후 3~4개월부터 새겨지는 초기 문신이다.

프로이트적 윤리와 프로이트적 미학 사이

승화가 자아 형성 이전에 존재하는 기능으로, 큰사물과의 관계 속에서 작동한다고 강조하는 라깡의 설명은 곧장 프로이트적 미학과 프로이트적 윤리학의 관계를 규정하는 강의로 이어진다. 그는 다음과 같이 말한다. "모두가 느끼듯이, 제가 올해 여러분에게 드러내 보이고 있는 것은 프로이트적 윤리학과 프로이트적 미학 사이에 위치할 수 있을 겁니다."* 그는 이어서 프로이트적 미학에 대한 설명을 덧붙인다. 그에 따르면 넓은 의미에서 프로이트적 미학이란 큰사물을 중심으로 구성된 기표들의 경제이다. 여기서 기표들은 큰사물을 접근불가의 (비)대상으로 설정한다. 이것은 감각적인 대상을 탐구하는 미학을 정신분석의 영역에 도입하면서 도출되는 관점이다. 간단히 말해서, 프로이트적 틀로 인간 심리를 바라봤을 때 감각적인 것은 오직 기표의 경제뿐이다. 나머지는 이들을 통해 출현하는 환상일 뿐이다. 그런데 라깡은 이러한 프로이트적 미학이 프로이트적 윤리학과 상보적이라고 말한다. 먼저 프로이트적 윤리학이란 다음과 같다는 사실을 짚고 넘어가자.

190

프로이트 정신분석에서 윤리학의 일차적인 의미는 인간의 심리가 어떻게 죄책감 또는 수치심 등의 윤리적 정동에 사로잡히는지를 밝히는 것이다. 그것은 도덕적 실천 방향을 제시하려는 철학의 윤리학과는 다르게, 윤리가 어떠한 방식으로 인간의 심리에 출현하고 기능하는지를 밝힌다. 물론 이러한 프로이트의 논증은 철학에서의 윤리학이 출현하는 원인까지도 설명해준다. 이에 따르면 최고선을 윤리의 궁극적 지점으로 파악하는 전통 윤리학은 사실 인간의 강박증적 사유에 따른 결과물에 불과하다. 그런 의미에서 프로이트는 철학을 신경증의 병리적 증상이라고 비판했던 것이다. 또한 그와 같은 관점에서 라깡은 미학과 윤리학이 상보적일 수밖에 없다고 강조한다. 왜냐하면 충동이 자리한 큰사물의 영역에 적용되는 기표연쇄를 둘러싸는 미학적 구조는 '아버지의 법'이라는 윤리적 환상 속에서 완성되기 때문이다. 인간의 심리가 큰사물의 영역에 접근하지 못하는 이유는 단지 큰사물이 기표의 장벽으로 은폐되기 때문이 아니라 도덕적 환상을 통해 부정적인 것으로 억압되기 때문이다. 그렇기에 정신분석 임상에서 분석가가 환자에게 충고의 형식으로 베푸는 '도덕적 배려', 즉 윤리적 보살핌은 분석이 큰사물에 접근하는 것을 불가능하게 만든다. 존스를 인용하는 라깡의 이러한 언급은 다음과 같은 정신분석의 진정한 윤리를 암시한다. "프로이트적 미학, 즉 기표의 모든 경제에 대한 분석은 우리에게 접근 불가의 큰사물을 드러내는" 것인데, 여기에 도달하는 것이 정신분석의 윤리이다.* 이것은 정신분석의 윤리에 대한 (아직 말해지지 않은) 또 다른 차원, 어쩌면 궁극의 차원이라고 부를 수 있다. 정신분석의 윤리는 단지 인간의 심리에 도덕관념이 어떠한 방식으로 자리잡고 구성되며 힘을 발휘하는지를 분석하는 것에서 멈추지 않을 것이기 때문이다. 정신분석의 윤리는 환자의 심리를 지배하는 도덕적 환상의 구성물들을 횡단하면서, 그 허구성을 폭로해야 하며 그러한 횡단의 마지막에 있을 큰사물의 자리에 도달해야 한다. 바로 이러한 횡단과, 공백의 자리인 큰사물의 (비)좌표에 도달하는 것이 곧 정신분석 임상이 추구하는 두 번째 목표, 궁극의 목표이다. 텅 빈 자리에 도달한 뒤에야 엑스 니힐로의 작업이 시작될 수 있기 때문이다.

승화와 동일시

정신분석과 근본적으로 관련된 윤리의 두 가지 차원을 본격 탐사하기에 앞서 라깡은 승화와 이상화의 문제를 언급하며 이날의 강의를 끝낸다. 궁정풍 사랑에서도 보았듯이 큰사물의 단계로 승격된 대상의 차원에서는 필연적으로 이상화된 이미지가 출현한다. 그것은 여성-대상을 이상화한 이미지이며, 이에 대한 동일시는 궁정풍 사랑의 절차가 남기는 흔적이었다. 마찬가지 현상이 윤리학에서도 발생한다. 전통 철학이 윤리의 차원에서 가정하는 최고선은 큰사물의 자리에서 출현하는 이상화된 동일시의 대상이기 때문이다. 물론 큰사물의 자리를 기표로 둘러싸면서 발생하는 이상화된 이미지는 기표들의 속성에 따라서 달리 출현할 것이다. 예를 들어 정직함 또는 정의로움과 같은 기표들로 둘러싸는 방식과, 공리주의적 기표들의 연쇄논리를 따라서 둘러싸는 방식은 동일한 큰사물의 자리에서 다른 이상화 이미지를 출현시킨다. 이 모든 것은 승화의 절차가 어떠한 속성의 기표들을 따르는지로 결정되는 문제이다. 라깡은 이와 같은 언급을 통해 이후의 강의들에서 다룰 승화로서의 윤리의 근본적 문제들을 예고한다.

의문점 하나: 승화에 대한 보충 강의

『세미나 7』을 편집한 자끄-알랭 밀레가 '의문점 하나'라고 표기한 두 번째 강의는 첫 번째 강의 일주일 뒤인 1960년 3월 9일에 진행된 것이다. 이 짧은 강의가 3월 2일 강의에 덧붙여진 정확한 이유는 밝혀지지 않았다. 짐작컨대, 분량 때문이라고 생각된다.

강의에서 라깡은 궁정풍 사랑의 음유시에서 예외적인 작품을 언급한다. 아르노 다니엘Arnaud Daniel이라는 음유시인의 작품인데, 이 작품이 예외적인 이유는 승화의 절차가 여성-대상을 이상화하지 않기 때문이다. 라깡이 승화의 역설이라고 부르는 이 사례는 여성-대상을 탈성화시키기보다는 더욱 성화시켜, 가장 일차적인 의미에서의 성적 대상으로 보존한다. 라깡이 시 한 편 전체를 인용하는 이 텍스트에는 거의 포르노그래피에 견줄 만한 묘사들, 특히 분뇨담에 가까운 묘사들이 나온다. 예를 들어, 항문은 나팔 또는 깊고 축축한 늪으로 묘사되고 있으며, 길고 뾰족한 새 부리와 같은 것으로 나팔을 분다는 식의 묘사가 이어진다. 이 모든 항문성애적 묘사가 궁정풍 사랑의 음유시가 취하는 고매한 분위기 속에서 표현되고 있다.

라깡이 이 기이한 시를 소개하며 승화와 시에 관한 강의를 마무리 지으려는 진정한 의도는 다음과 같다. 승화가 드러내는 큰사물을 마지막까지 은폐하는 것은 곧 이상화된 이미지인데, 이러한 이상화 없는 승화의 절차 역시 존재한다는 것이다. 아르노 다니엘의 시가 바로 이상화 없는 승화 절차의 한 사례이다. 이 시에서 여성-대상이 찬미되고는 있지만, 이상화와는 전혀 반대되는 묘사들을 통해서이다. 항문에 대한 날것 그대로의 집요한 묘사를 통해서 시가 도달하는 장소는 사물의 공백이다. 이 시는 충동의 자리가 이상화 없이 출현할 수 있는 가능성을 보여주고 있다. 설명을 마무리 지으면서 라깡은 아르노 다니엘이 단테에 의해서 남색꾼 무리로 분류되고 있음을 덧붙인다. 그러한 방식으로 라깡은 승화가 도착의 영역에서도 발생할 수 있으며, 이때 이상화가 포기된 특수한 유형의 기표연쇄로 둘러싸인 큰사물이 보다 덜 은폐되는 방식으로 출현할 수 있음을 암시한다. 라깡의 이 보충 강의는 이후에 그가 전개할 사드의 성도착 분석과, 사드적 승화의 개념을 예고한다. 미완의 방식으로 단지 예고만 되는 이러한 설명은 현재로서는 불충분하게 느껴지지만, 이후 다루어지는 강의들을 통해 의미적 완결성에 도달할 것이다.

3장

주이상스의 역설

강의 13

신의 죽음

1960. 3. 16.

• 주요 개념 •

성적 상징주의에 관하여 : 모세의 메시지의 영력에 관하여

위인과 그의 살해 : 프로이트의 그리스도 중심주의 : 주이상스와 채무

• 강의 개요 •

이번 강의에서 라깡은 기독교의 구조를 탐사한다. 프로이트를 참조하는 라깡은 기독교의 정립이 실재하는 아버지를 살해함으로써 완성되었음을 재차 강조한다. 여기서 언급되는 텍스트는 프로이트의 『인간 모세와 유일신교』이다. 모세는 이집트 최초로 일신교를 추구했던 아케나톤의 사제로서, 유대인들의 다신교 전통을 일소하고 일신교로의 전환을 시도한 인물로 간주된다(우상숭배 금지). 이로부터 추론되는 정신분석의 논점은 결국 상징계가 도래하기 위해서는 실재의 아버지가 살해되어야 한다는 것이다. 여기서 모세는 위인의 살해라는 관점에서 아버지의 이름을

240

도입하기 위해 살해당한 인물로 묘사된다. 그러나 유대의 텍스트 속 모세는 단지 십계명을 가져오는 상징계적 인물로만 묘사되지는 않았다. 그는 신비로운 존재이며, 때로는 말을 더듬는 모호한 인물이다. 이로부터 라깡은 상징계의 기능이 단지 합리적 법에만 의존하지는 않는다는 사실을 암시한다.

이어지는 강의에서 라깡은 프로이트가 그리스도교를 가장 발달된 종교 형태로 간주했다는 사실을 언급한다. 소위 '그리스도 중심주의'라고 표현되는 이 같은 관점은 그가 종교를 강박증의 구조라고 언급했던 내용과 함께 고려되어야 한다. 기독교가 다른 많은 종교 가운데 가장 발달된 것이라고 간주된다면, 그것은 가장 심화된 강박증이라는 말과 같은 의미이다. 이어서 언급되는 기독교의 "네 이웃을 네 몸과 같이 사랑하라"라는 명령은 강박증적 종교담화가 도달하는 상징계의 초과점을 표지한다. 보편성을 추구하는 기독교의 담화질서는 이웃 사랑이라는 수렴점에 도달함으로써 스스로 붕괴되는 강박증의 구조를 그대로 보여주기 때문이다. 이는 또한 주이상스를 억압하는 상징계의 구조가 어째서 증가되는 억압과 비례하는 방식으로 '죄의식의 채무감'을 더욱더 강하게 느끼게 하는지를 설명하는 사례가 된다. 이 모든 사례들을 통해 라깡은 주이상스에 대한 억압으로서의 종교의 강박적 특성을 드러내고, 그곳에 상징계가 어떤 방식으로 자리하여 기능하는지를 보여주려고 한다.

모세의 메시지의 영력에 관하여

이번 강의에서는 열한 번째 강의에서 이미 언급했던 모세의 일신교 개념을 다시 분석한다. 당시 강의에서는 아버지의 이름 차원에서 승화의 개념을 보충 설명하기 위해 모세의 신화를 다루었다면 이번에는 특별히 주이상스의 역설적인 측면을 부각하려는 의도에서 모세를 소환한다. 프로이트의 인용에 따르면, 모세 신화는 이집트인 모세와 미디아인 모세라는 역사적으로 서로 다른 인물의 통합으로 완성되었다. 이집트인 모세는 이성적이며 합리적인 인물이다. 그는 아케나톤의 일신교 사상을 추구했다. 기원전 18세기 아케나톤의 종교개혁은 모든 다신교적 우상 파괴를 명령한다. 이는 상상계적 이미지의 파괴를 명령하는 일신교 출현의 최초 사건이다. 그러나 아케나톤의 사망 이후 이집트는 다시 다신교파가 득세한다. 이에 더불어 정치적 대혼란은 종교적 대혼란을 야기했다. 이 시점에서 유대인들을 데리고 이집트를 탈출하는 일신교의 전파자 모세가 등장한다. 모세의 이미지는 이집트인다운 합리적 면모 외에도 이와 대립되는 또 다른 특성을 보여준다. 그것은 말을 더듬는, 시나이의 호렙 산에서 불타는 덤불 앞에 선 모호한 모세의 이미지이다. 이곳에서의 모세는 이집트에서 유대인들을 구해내는 합리적 모세가 아니다. 호렙 산에서 불타는 덤불을 바라보는 모세는 하나님을 이해하지 못하는 모세이다. 불타는 덤불은 그 자체로 신비주의적 종교의 전형적 형상을 드러낼 뿐, 십계명을 내리며 법을 설명하는 합리적 신의 형상이 아니기 때문이다. 라깡은 이와 같은 대립적 면모를 분석하면서, 호렙 산의 모세가 이집트인 모세로 변모하면서 일신교의 형상이 완성됨을 암시한다. 호렙 산의 모세는 영적인 모세이며, 모호한 신의 욕망을 표현하는 모세이다. 이에 반해 이집트인 모세는, 유대인들에게 언어적 보편 질서인 십계명을 가져오는 모세이고, 자신의 죽음으로 상징적 법의 확립을 완수하는 모세이다. 모세는 자신이 데리고 나온 유대인들에게 살해됨으로써 프로이트가 말하는 부친 살해를 완성시켰기 때문이다. 모세의 이러한 두 가지 이미지는 다신교의 상상적 모호성과 기독교의 상징적 선명성의 대립을 드러낸다. 다신교는 법이 확립되지 못한 단계에서 미스터리한 신력이 편재하는 가운데 발전해나간다. 이에 반해 일신교는 언어, 상징계, 보편법에 의존한다. 신력神 力이 아닌 법의 보편성이 종교적 토대로 기능하는 것이다.

위인과 그의 살해

그럼에도 모세는 단지 합리적 이성의 목소리로서만이 아니라 호렙 산의 모호한 이미지와 함께 기능한다. 모세가 발화하는 메시지의 영력은 불타는 덤불에서 들려오는 목소리의 하나님, 즉 어떤 이성적 언어로도 접근될 수 없고 설명될 수 없는, 그래서 오직 "나는 나이다"라는 동어

반복으로만 자신을 언표하는 공백의 하나님에 의해 지탱되는 것이기도 하다.[*] 이에 대해서 라깡은 불타는 덤불을 모세의 큰사물이라고 규정한다. 불타는 덤불은 한계의 이미지이며, 그것 너머로는 그 어떤 상징계도 접근할 수 없다. 불은 일종의 한계인 동시에 공백으로서, 이것을 중심으로 기독교적 상징계의 기표연쇄가 시작된다. 덤불의 화염으로 은폐된 신은 그런 의미에서 "질투의 신이다."[*] 보편성에 기반하는 언어로서의 신이 아닌 실재의 신이다. 이것을 언어로서의 신, 법으로서의 신, 즉 상징계의 신으로 전환시키는 것이 모세의 임무였다. 그리하여 모세는 스스로 살해됨으로써 살아 있는 신이 죽은 신으로, 질투하는 신이 법의 신으로 전환되는 상징화로서의 죽음을 현시한다. 이후 수천 년이 지난 뒤 예수의 죽음을 통해 다시 반복되는 위인의 살해, 즉 신의 죽음은 기독교를 일신교적 법의 종교로 완성시켰다.

일신교의 형성과 보편적 법의 출현을 추적하는 프로이트의 논점들을 다시 확인하는 과정에서 라깡은 인간 내부에서 벌어지는 상징계의 출현 과정을 읽어낸다. 그것은 아버지 살해라는 심리적 사건이다. 아버지는 주이상스와 관련하여 아이의 심리에서 폭군으로, 때로는 경쟁자로 등장하는 이미지이다. 이러한 아버지를 향한 살해 욕구는 주이상스에 대한 의지와 상보적이다. 그렇다면 부친 살해는 어떤 결과를 낳는가? 그것은 상징적 법의 도래이며, 죽은 아버지의 도래이다. 주이상스의 실질적 장애물을 걷어내면, 그보다 더한 억압의 장치가 심리를 사로잡는 것이다. 아버지이자 구원자였던 모세, 하나님 법의 전달자이자 쾌락의 금지자였던 모세를 살해한 유대인들은 어떻게 되었는가? 그들은 죽은 모세, 즉 율법에 의해 더욱더 억압받는다. 율법은 살아 있는 아버지보다 강하며, 편재하며, 어느 곳에서나 침투하여 쾌락을 금지한다. 마찬가지 일이 유아의 심리에서도 반복된다. 어머니-주이상스에 장애물로 기능하는 아버지, 무제한적 쾌락의 실질적 소유자인 아버지에서 상징적 아버지로 전환되는 과정, 즉 살해되는 과정에서 주이상스를 금지할 수 있는 실질적 권력은 언어에 양도된다. 거대하고 미스터리해 보였던 아버지의 권력이 상징적 아버지, 즉 사회적 규범의 이름으로 전환되는 과정에서 비로소 주이상스에 대한 효과적인 억압이 완수된다.

프로이트의 그리스도 중심주의

프로이트의 이와 같은 기독교 분석을 라깡은 '그리스도 중심주의'라고 표현한다. 프로이트는 기독교를 가장 발전된 종교 형식으로 인정했기 때문이다. 물론 프로이트는 철저한 무신론자이다. 따라서 프로이트가 기독교의 상징화 체계를 가장 발달된 종교의 승화 형식으로 평가한다면, 그것은 종교와 신의 존재를 가정하는 관점이라기보다, 상징계의 법을 출현시키는 문명의 승화 기능과 관련해서일 뿐이다. 기독교는 문명의 차원에서 상징계를 출현시키는 심리적 과정을 가장 적극적으로 실현시킨 종교 형식이라는 것이다. 구약과 신약의 신화적 서사들은 주이상스와 부친 살해의 절차들, 즉 주이상스의 승화 절차를 가장 근본적으로 담론화시켰다. 라깡의 이 같은 논평으로 다시 한 번 확인할 수 있는 정신분석의 근본 입장은 다음과 같다.

인간 욕망의 원인인 동시에 모든 정동들이 출현하는 근원적 장소로서의 주이상스는 오직 그에 대한 억압을 통해 외밀한 장소로 자리잡는다. 주이상스는 본질적으로 억압의 대상인 것이다. 그런데 주이상스를 억압하는 유일한 방법은 상징적 법에 의한 거세뿐이다. 아버지의 법으로만 주이상스는 안정적으로 억압되어 통제될 수 있다. 따라서 상징계의 도입은 주이상스의 억압에 필수적인데, 이는 부친 살해의 과정을 통해서만 가능하다. 폭군적 아버지는 죽음을 통해서 하나의 보편적 이름으로 전환될 수 있기 때문이다. 주이상스의 소유자이며 폭군이었던 아버지의 이미지는 부친 살해의 은유적 절차 속에서 보편적 법의 실행자로 거듭난다.

주이상스와 채무

그런데 주이상스의 소유자로서의 아버지를 살해한다는 은유는 다음과 같은 모순적 상황으로 이어진다. 프로이트가 『토템과 터부』에서 언급한 것처럼, 아버지를 살해하고 난 후의 아들 역시 주이상스에 접근하지 못하기 때문이다. 주이상스의 금지자로서의 실재적 아버지는 죽은 아버지이자 상징적 아버지로서 더욱 막강한 권력인 보편성을 획득하기 때문이다. 한마디로 주이상스의 장애물인 살아 있는 아버지를 살해한다는 것은 더 완고한 금지를 초래할 뿐이다. 이제 상징계의 지배 아래 추상적 아버지의 기능은 더욱 합리적인 금지, 더욱 상징적인 금지를 실행한다. 이에 대해서 우리는 이를 정신병에서의 금지와 비교해 볼 수 있다.

정신병에서는 아버지에 대한 단일한 상징화가 이루어지지 않았기에, 살아 있는 폭군적 아버지가 금지를 실행한다. 그러나 이러한 금지는 불완전하고 허술한 금지이다. 변덕스런 질투의 하나님을 닮은 형상이 명령하는 금지이다. 이에 대해서 정신병자는 언제나 불안과 향유 사이를 오가는 불안정한 궤적을 보일 수밖에 없다. 그러나 신경증에서는 상징계가 막강하며 죽은 아버지는 오직 기표의 이름으로, 법의 이름으로 금지를 실행한다. 그리하여 신경증의 주이상스는 모두에게 보편적인 방식으로 안정적으로 통제되고 필터링 된다. 그러나 이것이 전부는 아니다. 이번 강의에서 라깡은 '신의 죽음'이라는 주제를 통해 주이상스를 안정적으로 금지하고 통제할 수 있는 부친 살해의 구조만을 말하려는 것이 아니기 때문이다. 이어지는 강의에서 라깡은 이러한 주이상스의 금지에 역설적인 차원이 존재한다는 사실을 강조한다. 주이상스와 관련하여 인간의 심리는 언제나 채무, 즉 빚진 감정을 갖게 될 수밖에 없으며, 이것은 쾌락을 추구하건 금지하건 어떤 경우에도 인간을 따라다니는 중압감이다. 이를 설명하려고 라깡은 다시 프로이트의 『문명 속의 불만』을 인용한다. 여기서 프로이트가 말하는 초자아는 금지에 복종하는 주이상스의 주체, 즉 향락을 포기하는 주체에게 더욱 가혹하며 정교한 억압을 실행한다. 주이상스에 접근하려는 주체와 멀어지려는 주체 모두에게 초자아의 공격과 억압은 언제나 증가하기 때문이다. 이것이 주이상스의 역설이다. 또는 욕망이 언제나 그것을 금지하는 법과의 상호 관계 속에서만 작동한다는 사실에 관한 논증이기도 하다. 욕망은 법으로 금지되기에 그 너머를 욕망하게 되며, 그 너머를 욕망할수록 법의 금지 또한 강화될 것이다. 이러한 방식으로 욕망은 법과의 뫼비우스 띠적 구조 속에서 억압의 강도를 증가시킨다. 인간은 자신의 욕망을 추구하거나 억압하는 과정 모두에서 법으로부터 자유로울 수 없기 때문이다.

모세의 일신교 정립에 관련된 기독교적 신화를 다루었던 이번 강의에서 라깡은 '이웃 사랑'이라는 기독교적 메시지를 언급하며 논점을 마무리한다. 토템적 종교 형태로서 출발했던 다신교적 문명이 일신교의 단계로 진화하면서 상징계 도입이 이루어졌다면, 이웃에 대한 사랑은 종교가 도달할 수 있는 가장 최종 단계이다. 왜냐하면, 이웃이란 보편성의 최고의 이름이기 때문이다. 그것은 더 이상 유신론적 범주의 개념조차 아니다. "네 이웃을 네 몸과 같이 사랑하라"라는 기독교의 메시지는 상징계의 고유한 기능인 보편성을 통해 신의 죽음을 완수하는 최고의 승화적 명제라고 할 수 있다. 라깡은 바로 다음 주 강의에서 이 주제를 다시 다룬다.

이웃에 대한 사랑

1960. 3. 23.

• 주요 개념 •

예외적 신 : 바보와 악당 : 참 중의 참 : 주이상스는 어떻게 악인가?

성 마르탱 : 칸트의 일화들

• 강의 개요 •

이번 강의에서 필자는 여섯 개의 주요 개념 중 세 개만을 강해한다. 나머지 세 개념은 전체 세미나 맥락에서 부차적이라 판단했기 때문이다.

'주이상스는 어떻게 악인가?'의 문제는 인간 문명과 주이상스의 역설적 관계를 가장 잘 드러낸다. 이로부터 전개되는 일련의 강의들로 '주이상스의 역설'이라 명명된 3장의 논점을 선명히 이해할 수 있다. 여기서 라깡은 프로이트의 관점을 따라서 문명 공동체는 쾌락을 억압하려는 일반적 경향이 있다는 사실을 논증한다. 문명은 주이상스를, 즉 쾌락의 장소를 언제나 악으로 규정하는 모습을 보여왔다. 그런데 이와 같은 규정과 금지가 주이상스에 대한 욕망을 더욱 증폭시키는 모순된 효과를 가져온다. 앞선 강의에서 라깡은 칸트의 일화-단두대와 위증의 에피소드-를 통해 금지의 위협 자체가 별것 아니었던 욕망의 대상을 강력한 주이상스의 유혹으로 바꿀 수 있다는 논점을 제시했는데, 이번 강의에서 이에 대한 보충설명이 이어진다. 즉, 욕망의 대상은 금지를 통해 전혀 다른 심급으로, 즉 큰사물의 심급이기도 한 주이상스의 차원으로 변화될 수 있다는 것이다.

이에 앞선 '성 마르탱'에 대한 설명은 이웃 사랑의 차원에서 이 같은 주이상스의 역설을 설명하려는 시도이다. 성자 마르탱은 걸인에게 옷자락을 잘라 덮어준 것으로 유명한데, 걸인의 행복과 성자의 행복이 일치했으므로 모두 쾌락을 나눌 수 있었다. 그러나 쾌락에 관한 둘의 입장이 일치하지 않는 상황, 가령 걸인이 성자가 도저히 줄 수 없는 것을 원한다면 결국 둘이 나눌 수 없는 쾌락은 둘 중 하나에게 죽음과 같은 고통을 가져올 것이다. 그런데 바로 이처럼 죽음과 같은 고통이 포함되는 순간 그것은 진정한 주이상스로 변모할 것이다. 진정한 쾌락으로서의 주이상스란 조율과 타협의 사회적 분절을 초과하는 대상이기 때문이다. 이와 같은 방식으로 라깡은 어떻게 쾌락이 공동체 내부에서 철저히 배제되는 대상인지를 설명한다. 공동체 내부에서 다루어지는 공유 가능한 쾌락과 행복이란 단지 환영적 구성물에 불과하다. 반면 진정한 쾌락은 주이상스의 차원에 존재하며, 이것은 주체가 접근할 수 없는 위상을 갖는다. 만일 이것에 접근하려 한다면 주체는 스스로의 안위를 포기하는 선택을 해야 할 것이다. 그런데 누군가는 바로 이러한 안위를 포기한다. 그 누군가는 때로 나환자를 돌보는 성자이기도 하며 때로는 분변을 먹는 성도착자이기도 하다. 주이상스에 관한 이 같은 극단적 양극성을 라깡은 다양한 사례의 제시를 통해 밝히고 있다.

주이상스는 어떻게 악인가?

이번 강의에서 라깡은 프로이트의 『문명 속의 불만』에서 언급된 '이웃 사랑'의 개념을 집중적으로 다룬다. 쾌락 추구의 불가능성을 다루는 이 텍스트에서 프로이트는 인간이 자신의 주이상스에 대하여 부정적인 입장만을 고수하는 현상을 초자아의 가학성과 자아의 피학성으로 밝혀낸다.

먼저 개인의 차원에서 부친 살해의 충동을 포기하고 억압하는 과정에서 죄책감이 형성된다. 쉽게 말해서 유아는 먼저 쾌락의 경쟁자인 동시에 금지의 권위자인 아버지에게 원망을 갖는다. 그러나 아이는 자신의 내면적 갈등을 초자아의 형상을 받아들임으로써 해소한다. 금지하는 아버지의 이미지를 초자아와 동일시하는 것이다. 그렇게 형성된 초자아는 자아의 쾌락 추구를 강력하게 억제한다. 심지어 초자아는 자아가 쾌락을 포기하면 할수록 더욱 잔혹하게 그러한 포기를 부추긴다. "자기 징벌의 욕구는 가학적 초자아의 영향 때문에 피학적이 된 자아의 본능적 발현"이라는 프로이트의 설명은 주체의 쾌락의 경제가 언제나 쾌락의 포기를 향해서 나아갈 수밖에 없는 현실을 설명한다.

한편 초자아가 야기하는 강력한 죄책감의 정동은 자아가 느끼는 초자아의 공격성에 불안이 전이된 정동이라고 할 수 있다. 프로이트의 이러한 분석은 집단적 차원에서 문명의 형식으로 확장된다. 문명은 다양한 윤리적 요구들을 통해서 초자아의 기능에 준하는 금지와 억압을 실행한다. 이러한 집단적 초자아의 금지는 더욱 가혹한데, 왜냐하면 공동체 차원에서 "우리 앞에 놓여 있는 문제는 문명을 가로막는 최대의 장애물, 즉 인간의 상호 공격적인 성향을 제거하는 것"이기 때문이다. 프로이트는 이렇게 덧붙인다. "여기서도 행복을 얻으려는 목적이 존재하는 것은 사실이지만, 그것은 뒷전으로 밀려난다. 개인의 행복을 무시해야만 거대한 공동체가 성공적으로 창조될 수 있는 것처럼 보일 정도"이기 때문이다. 그러한 의미에서 "문명적 초자아는 자신의 이상을 개발하고, 또한 자신의 요구를 제출해왔다. 그런 요구들 가운데 인간 상호 관계에 대한 요구는 윤리에 포함된다."

이 같은 윤리적 요구의 가장 보편적인 명제인 동시에 프로이트가 가장 가혹하다고 간주하는 명제는 바로 "네 이웃을 네 몸과 같이 사랑하라"이다. 이타성의 명령인 이 명제는 주체의 주이상스와 결코 양립할 수 없는 윤리적 개념인데, 문명은 초자아의 목소리로 공동체의 구성원들에게 이를 강제한다. 프로이트는 이러한 문명의 보편적 도덕명령이 "자아의 행복에는 거의 신경을 쓰지 않는"다고 강조한다. "문명적 초자아는 명령을 내릴 뿐, 사람들이 그 명령에 복종할 수 있는지 어떤지는 문제 삼지 않는다. […] 그러나 이것은 잘못이다. 정상인들도 이드를 어느 한도까지만 통제할 수 있을 뿐이다. 개인에게 그 이상을 요구하면, 그는 반항을 일으켜 신경증에 걸리거나 불행해질 것이다. […] 이 명령을 수행하는 것은 불가능하다. 사랑을 그처럼 거대하게 부풀리면 사랑의 가치가 떨어질 뿐, 장애물이 제거되지 않는다. […] 현대문명에서 그런 명령에 따르는 사람은 그 명령을 무시하는 사람과 비교하여 불리한 처지에 놓일 뿐이다. […] '이웃 사랑'이라는 윤리의 개념은 초자아의 명령 속에서 그 어떤 주이상스도 보장해주지 못한다."*

프로이트가 『문명 속의 불만』에서 결국 말하고자 하는 바는 다음과 같다. 인간은 집단적 차원에서 보다 강력한 초자아의 공격성에 노출되어 있다. 초자아의 공격성은 도덕명령의 형식으로 개인의 쾌락을 강하게 억압한다. 물론 자아의 피학적 응답 역시 초자아의 가학적 속성을 더욱 부추길 것이다. 특히 인간의 문명이 만들어낸 이웃 사랑이라는 이타성의 도덕명령은 가장 보편적이라 반박 불가능한 형식을 취하는 명제임에도 가장 가혹하며 잔혹한 억압자 역할을 한다. 프로이트는 문명의 중핵에 존재하는 초자아의 공격성이 문명 속에 불편함과 불안을 죄책감의 형태로 각인시킨다고 주장한다.

라깡은 프로이트의 이러한 논점을 이어받아 자신의 주이상스 이론을 전개한다. 이전 강의들에서 억압 없는 만족으로서의 승화 개념을 다루었던 그는 그럼에도 주이상스의 만족이 진정으로 가능한지를 재차 질문하려는 것이다. 프로이트가 이미 논증했듯이 쾌락의 만족은 전적으로 불가능한 것처럼 보일 뿐이기 때문이다. 특히 문명의 차원에서 주이상스의 억압은 잔혹하다. 주이상스는 이웃 사랑, 달리 말해 이타성의 보편적 실현이라는 최고의 도덕명령에 의해서 근본적으로 근절되어 있다. 그리하여 문명의 상징계는 사회적 신체로부터 주이상스를 핍진화시켜버린다. 만일 그렇지 않다면, 주이상스가 허용된다면, 공동

---

* 지금까지 인용된 텍스트의 출처는 『문명 속의 불만』(열린책들)이다.

체는 붕괴될 것이기 때문이다. 따라서 '주이상스는 어떻게 악인가'라는 질문은 먼저 주이상스가 타인의 행복을 파괴하는 방식으로만 획득된다는 사회적 현실로부터 답을 찾을 수 있다. 이에 대해서 라깡은 다음과 같이 말한다. "주이상스는 악인데, 그것이 이웃의 고통을 내재하기 때문이다."* 이것이 프로이트가 말했던 인간의 자연적 경향성이다. 인간은 "냉혹성과 공격성, 파괴적 속성, 즉 잔혹함"을 본질로 가진다. "인간은 이웃에 대한 공격성을 통해서만 자신의 욕구를 만족시키려 한다. 인간은 이웃의 노동을 착취하며 이웃의 동의도 없이 성적으로 도구화하며, 이웃의 재화를 착복하고, 굴종시키고, 고통을 강제하고, 학대하여 죽게 만든다."* 문명적 초자아는 이러한 사회적 관계망 속에서 주이상스를 악으로 규정할 수밖에 없다는 것이다. 여기서 라깡은 프로이트의 관점과 사드의 관점이 놀랍도록 유사하다고 지적한다. 프로이트의 텍스트라고 말하지 않았다면 잔혹한 성도착의 문학가인 사드의 텍스트라고 착각할 수 있을 정도라는 것이다. 라깡이 강조하는 프로이트의 쾌락관은 그토록 잔혹한 현실을 드러낸다고도 할 수 있다. 라깡은 덧붙인다. "전통적 도덕주의자들은 그들이 누가 되었든, 쾌락이란 선이라고, 선으로의 여정은 쾌락에 의해서 그려져 있다고 우리를 설득하려는 구습에 어쩔 수 없이 빠지고 만다." 그런데 이것은 그 자체로 모순을 내포하는 의견이다. 왜냐하면 쾌락의 기본적 원리, 프로이트에 의해서 쾌락원칙이라고 정리된 심리의 근본원칙이란 역설적이게도 쾌락으로부터, 주이상스로부터 자신을 멀리하려는 역설적 원칙에 다름 아니기 때문이다. 그런 의미에서 쾌락원칙의 내부에는 쾌락의 금지만 있다. 한편 쾌락원칙의 저 너머에는 과도한 쾌락이 고통의 형

---

* 『세미나 7』에서 『문명 속의 불만』을 재인용.

식으로 존재할 뿐이다. 따라서 진정한 쾌락은 어디에도 없다는 결론이 도출된다. 쾌락이란 도덕군자들이 말하듯 선을 추구할 때에 동반되는 조화로운 행복이 아니다. 그것은 언제나 고통을 야기하는 역설적 만족의 대상이며, 초자아의 공격에 노출되는, 그래서 선의 편이 아니라 악의 편에 위치하는 대상일 뿐이다. 임상경험을 참조하는 라깡은 "자신의 주이상스에 대해 조금이라도 진지한 첫걸음을 내디디려는 사람 중에서 쾌락의 이름으로 주저하지 않는 사람이 누구인가?"라고 반문한다.* 임상경험 속에서 쾌락을 두려워하는 심리의 방어적 망설임보다 자명한 것은 없기 때문이다.

218

성 마르탱

이어서 라깡은 이웃이라는 개념의 이중성을 설명한다. 이를 위해 성 마르탱이라는 성자의 일화를 제시한다. 성 마르탱은 프랑스 가톨릭의 수호성인이다. 프랑스 최초의 수도원을 세운 것으로 알려진 그는 걸인에게 자신의 외투를 잘라 나누어준 일화로 유명한데, 라깡 역시 이것을 언급하면서 첫 번째 이웃의 개념을 전개시킨다. 성 마르탱이 걸인에게 외투를 나누어주면서 선행을 베풀 수 있었다면 걸인이 요구하는 것과 성 마르탱이 줄 수 있는 것은 동일한 차원, 즉 공리의 차원에 속한다. 여기서 주고받는 재화는 산물의 범주에 속한다고 할 수 있다. 이러한 주고받음의 행위는 안전한 영역, 즉 선의 영역에서 이루어지는 비즈니스이다. 그리고 선이 관련된다면 내가 줄 수 있는 것과 타인이 받을 수 있는 것, 혹은 그 역에서도 재화는 모두 같은 재료로 된 교환물들, 자아의 영역에서 유통 가능한 대상들이다. 라깡은 이것을 "같은 직물로 짜인 천"이라고 표현한다. 여기서 우리는 다시 한 번 '선'과 '재화'가 같은 단어, 즉 'le bien'이라는 사실을 기억해야 할 것이다. 이것을 매개로 해서 이루어지는 이웃과의 사랑은 결국 "생필품 공급의 문제"이다.* 또한 여기서 이웃은 나와 동일한 것을 요구하는 이웃, 나의 쾌락과 동일한 것을 요구하며, 만일 자신의 그러한 요구들 중에서 과한 것이 있어 나의 권리를 침해할 수 있을 경우 그 역을 상상하여 요구를 철회할 수도 있는, 고로 역지사지의 이해 속에서 조율되는 요구만을 주장할 이웃이다. 쉽게 말해서 자신이 하기 싫은 일은 남에게도 요구하지 않으며, 자신이 할 수 있는 일만을 타인에게 요구하는 이웃의 공동체가 바로 첫 번째 이웃의 개념이다. 라깡은 이것을 '이타주의적 이기주의égoisme altruiste'라고 말한다. 공공의 효용성을 바탕으로 형성된 이웃 공동체는 자신들의 자아를 보존하려는 한계 안에서만 이타주의를 실행할 수 있기 때문이다.

성 마르탱 일화에서 걸인이 요구하는 것은 생필품과 외투 한 조각뿐이다. 성 마르탱은 이것을 줌으로써 걸인의 필요를 충족시키고, 자신의 존재도 보존할 수 있었다. 그러나 걸인이 다른 것을 요구했다면 어땠을까? 라깡은 다음과 같이 질문한다. 만일 걸인이 그를 죽이기를 원했다면, 또는 섹스할 것을 원했다면? 이 시점부터 성 마르탱의 이웃으로서의 걸인은 전혀 다른 차원에, 쾌락원칙 저 너머의 차원에 위치할 수밖에 없다. 바로 이곳, 쾌락원칙을 통해 서로의 요구를 충족시켜줄 수 없는 한계 너머의 자리가 바로 두 번째 이웃의 장소이다. 이곳은 분명 큰사물의 장소이기도 하다. 그런 의미에서 첫 번째 이웃의 장소는 동포들, 나와 유사한 자들의 공동체를 형성할 것이다. 여기서 이기주의, 즉 에고이즘은 자아를 보존하는 실천의 장소이다. 벤담의 공리주의의 가장 근본적인 의미가 이것이다. 이에 대해 라깡은 벤담에게 다음과 같이 반박할 수도 있다고 가정한다. 즉, "나의 행복은 타인의 행복과는 다릅니다. 그리고 당신의 최대 다수를 위한 행복의 원칙은 나의 에고이즘의 요구와 충돌합니다"라고. 그러나 라깡은 이 같은 자신의 주장을 또 다시 뒤집는다. 그것은 진실이 아니기 때문이다. 왜냐하면 나의 에고이즘은 이타주의를 통해 매우 만족되기 때문이다. 공리의 영역인 이타주의는 쾌락원칙의 한계를 넘어서지 않으므로 나의 만족을 훼손할 위험이 전혀 없다. 나는 공리를 위해 타인의 권리를 침해하지 않으려 하지만, 그러한 와중에 타인 역시 동일한 행위를 할 것이라고 전제한다. 이기주의는 그러한 방식으로 이웃의 개념을 내 자아의 유사물로 가정한다. 여기서 라깡은 달러나 루블과 같은 화폐들, 즉 보편적으로 유통 가능한 매개를 쫓아서 추구되는 삶의 쾌락은 이기주의와 이타주의의 상호 결탁이 가능해지는 역설적 영역이라는 사실을 암시한다. 여기서 "내가 원하는 것은, 나의 행복의 이미지로 남을 수 있는 타자의 행복이다."•

220

그러나 두 번째 이웃, 해악의 이웃 개념은 보다 파괴적이며 이기주의의 질서를 붕괴시킨다. 욕망에서 진정으로 문제가 제기되는 것은 이러한 파괴적 주이상스의 이웃이다. 이것을 설명하려고 라깡은 또 다른 기독교적 고행의 역사를 소개한다. 앙젤 드 폴리뇨라는 성자는 나환자의 발을 씻긴 뒤 그 물을 마셨다고 전해지는데, 그때 성자의 목구멍에 나환자의 살점이 걸려 넘어가지 않았다고 한다. 여기에서의 이웃은 쾌락의 한계를 넘어선다. 이웃은 주체의 자아가 상상할 수 없는 이미지로 출현하여 '사랑'이라는 실천의 과정을 보다 끔찍한 것으로 만들고 있다. 라깡은 일화 하나를 덧붙인다. 마리 알라코크라는 성자가 종교적 은총의 감화 속에서 환자들의 분변을 기꺼이 먹었다는 내용이다. 여기서 선행과 사랑의 매개물은 외투나 돈이 아니라 나환자의 살점과 병자의 분변이다. 이웃은 이제 쾌락을 나누는 나의 동포가 아니라 극단적 역겨움과 이질성을, 나의 자아가 견딜 수 있는 한계를 시험하는 외부의 이웃, 즉 이웃의 이웃이다. 그런데 라깡은 바로 이들, 쾌락원칙 너머에 존재하는 이웃의 영토를 고려하는 것만이 정신분석적 문제의 본질로 접근하는 것이라고 강조한다. 왜냐하면, 인간의 심리가 동요하며 문제를 일으키는 것은 언제나 이 이질성의 이웃, 자아를 붕괴시키는 위협 속에서 출현하는 주이상스의 이웃, 또는 이웃의 주이상스이기 때문이다. 그리고 이와 같은 이웃의 주이상스의 자리는 성충동의 자리이기도 하다. 앙젤 드 폴리뇨와 마리 알라코크의 사례에서도 이와 같은 성애적 차원이 숨겨져 있다. 라깡은 놀랍게도 나환자의 살점과 병자의 분변을 럭비 선수의 정액이나 어리고 아름다운 여성의 분변으로 대체해보라고 말한다.[•] 실제로 포르노그래피의 다양한 상상력 속에서 우리는 배설물의 일종에 불과한 정액과 심지어는 분변마저도 쾌락 속에서 섭취하는 성행위자들을 발견할 수 있지 않은가? 앙젤 드 폴리뇨와 마리 알라코크의 이웃 사랑은 그러한 방식으로 주이상스에 접근한 한계 너머의 사랑이 가진 성애적 차원을 은밀히 숨기고 있는 사례이다. 묘사된 것의 맥락을 살짝 바꾸기만 해도 쾌락원칙의 한계 너머에 존재하는 주이상스, 때로는 도착적이라고 말할 수 있는 성애적 차원의 존재를 드러낼 수 있는 것이다.

221

칸트의 일화들

이어서 라깡은 앞선 강의에서 언급했던 칸트의 일화 두 개를 다시 분석한다. 앞선 강의에서 라깡은 여인과의 하룻밤을 보내는 쾌락을 위해 목숨을 거는 주체란 없을 것이라는 칸트의 순진한 관점을 궁정풍 사랑, 즉 승화의 주체와 범죄 성향을 가진 성도착의 주체들을 통해 간단히 반박했다. 위증의 일화에서도 진실을 말하기 위해 목숨을 걸 수 있는 주체들의 존재를 암시했다. 즉, 법의 위협 앞에서 오히려 강해지는 위반의 욕망을 암시했는데, 이 강의에서 이를 더 심도 있게 분석한다.

규방과 단두대의 일화에서 여인과의 하룻밤을 통한 충동의 만족은 단두대의 고통과 비교되며 하나의 쾌락으로 설정된다. 일견 성욕의 만족과 단두대의 형벌은 동일한 차원에서 플러스와 마이너스를 구성하는 것처럼 보인다. 칸트가 쾌락 그리고(∧) 고통이라는 논리적 구도 속에서 사건을 전제하기 때문이다. 이러한 쾌락 양의 계산법은 칸트가 「부정적 크기 개념을 철학에 도입하기 위한 에세이*Versuch den Begriff der negativen Grössen in die Weltweisheit einzuführen*」에서 보여주었던 수학적 셈법과 동일하다. 여기서 칸트는 스파르타의 한 어머니가 전쟁에서 자신의 아들을 잃은 슬픔과 가족이 얻게 될 영광의 기쁨을 비교 계산한다. 영광의 쾌락에서 상실의 슬픔을 감산하는 방식으로 쾌락과 고통은 동일한 구도에 놓이고 강도 비교를 통해 결과가 산출된다. 칸트의 산출로는 '쾌락-고통=쾌락'으로 계산되므로 스파르타 어머니는 쾌락을 획득한다. 규방의 여성과 단두대의 형벌 사이의 비교법도 마찬가지 논리로 계산된다. 여기서는 '쾌락-고통=고통'이다. 얻게 되는 쾌락은 너무 작고 받아들여야 할 형벌의 고통은 너무 크다. 따라서 멀쩡한 정신의 소유자라면 규방의 여인과 동침하지 않을 것이 자명하다는 논리다.

그런데 라깡은 여기서 잠시 쾌락의 본질을 주목하자고 제안한다. 앞선 강의에서 성인들이 나환자를 씻긴 물을 마시거나 병자의 분변을 먹는 행위가 어떻게 맥락의 변화를 통해 강렬한 주이상스로 변모되는지 우리는 보지 않았는가? 표면적으로는 고통으로 보이는 행위가 특수한 문맥 속에서 도착적 주이상스로 변화할 수 있다. 마찬가지의 변화가 단두대에서도 가능하다. 라깡은 단두대의 형벌이라는 강력한 법이 여인과의 동침이 일어나는 규방을 강력한 주이상스의 장소로 변화시킬 수 있다고 설명한다. 그리하여 누군가는 단두대의 형벌을 감수하면서까지 여인과의 동침을 실행에 옮기려 할 수 있다. 여기서의 논점은 욕망의 대상을 금지하기 위해 설정된 법이 대상의 속성 자체를 변화시킨다는 것이다. 따라서 '쾌락-고통'이라는 계산을 위해 둘을 동일한 구도에 위치시킬 수 없다. 둘은 양의 차이만이 아니라 질적인 차이를 갖기 때문이다. 즉, 단순한 쾌락의 대상이었던 여인은 금지의 법이 등장함으로써 어떤 쾌락과도 비교 불가능한 주이상스의 대상이 된다. 결국 법과 금지의 문제는 쾌락을 전혀 다른 질적 경험으로, 주이상스의 차원으로 전환시킬 수 있기 때문이다. "달리 말해서 대상의 면모가 전혀 다른 것이 되기 위해서는 주이상스가 악인 것으로 충분하며, 도덕법의 의미가 그 경우에 완전히 변화하는 것으로 충분하다."* 여기서 도덕법은 주이상스를 악으로 규정하면서 등장하는 금지의 주체인데, 이로 인해 주이상스가 악으로 규정되는 순간부터 주이상스의 속성은 근본적으로 변화한다. "만일 도덕법이 여기서 어떤 역할을 할 수 있다면 그것은 죄가 사도 바울이 엄청난 죄악이라고 부르는 것이 되도록 만드는 것이다."* 요컨대 주이상스를 죄악으로 만드는 것은 도덕법이지 주이상스 자체의 속성이 아니라는 것이다.

이것이 바로 주이상스의 역설 중의 역설이다. 쾌락은 그 자체로 무구하지만 그것을 엄청난 죄악으로 만들면서 동시에 엄청난 쾌락의 주이상스로 변모시키는 것은 모두 금지의 법 자체이다. 법이 없다면 거대한 죄악도 있을 수 없다. 같은 의미에서 아주 단순한 쾌락을 거부할 수 없는 강력한 주이상스로 만드는 것은 바로 금지의 법이다. 규방

222

222

의 여인과의 하룻밤이란 그 자체로 아무 의미도 없는 생식 욕구에 불과하지만, 출구에 단두대를 설치하자 즉각적으로 여인의 육체는 강렬한 주이상스의 대상으로 전환된다. 칸트는 법과 주이상스의 이와 같은 역설적 관계를 보려 하지 않았고, 라깡은 이러한 논리적 모순점으로부터 주이상스와 법의 관계를 새롭게 정의하려 시도한다.

한편 칸트의 위증의 일화에서 발견되는 또 다른 논리적 균열은 다음과 같다. 즉, 위증자는 누구에 대하여 위증을 하고 있느냐의 문제가 핵심이라는 것이다. 그는 자신의 동포에게, 즉 자신의 이타주의적 이기주의의 동료들을 팔아넘기는 위증을 하는가, 아니면 또 다른 누군가에 대한 위증을 하고 있는가의 문제가 밝혀져야 한다는 것이다. 단지 위증의 문제가 아니라 그러한 위증이 어떤 사람들을 해하는지를 고려해야 한다. 이를 위해서 라깡은 일화의 내용을 살짝 변화시켜볼 것을 제안한다. 여기서는 위증이 아니라 진실의 증언이 문제시된다. 증인으로 나서는 주체가 피고인 형제-이웃이 국가의 안전을 위협하는 테러리스트라고 증언을 해야 한다면 증언의 주체는 어찌해야 하는가? 이 질문은 진실을 말해야 한다는 보편원칙의 지점에서 다른 곳으로 강조점을 옮긴다. 더 이상 진실을 말하는 행위가 문제시되는 것이 아니다. 문제는 이웃의 개념이 어디에 위치되어야 하는지이며, 이웃의 주이상스가 나의 주이상스와 동일한 것인가를 질문하는 것이다. 라깡은 이에 대해서도 위증 또는 진실 증언의 논리식이 '쾌락∧고통', 즉 쾌락 그리고 고통이 아니며 '쾌락∨고통', 즉 쾌락 아니면 고통이라는 사실을 지적한다. 여기서도 칸트가 생각하듯 쾌락과 고통이 동질적 공간에서 감산으로 계산될 수 없기 때문이다. 예를 들어, 증언의 주체가 고발해야 하는 형제는 절대적 이웃이기보다는 자신의 쾌락원칙 내부에 머무는 그의 동포, 유사물들이다. 만일 주체가 자신의 형제-이웃을 고발함으로써 국가 전체의 이익을 우선시한다면, 국가라는 추상적 이웃, 즉 이웃의 이웃의 쾌락은 주체의 형제를 죽이는 고통 속에서만 보장된다. 그런데 이를 통해 주체에게 돌아오는 것은 '텅 빈 주이상스'이다. 주체 자신의 쾌락원칙을 희생하고 보장되는 국가-이웃의 주이상스는 그가 이해할 수 없는 쾌락이며, 나아가서 거대한 고통이다. 자신의 형제로서의 이웃을 고발하고 그들이 사형에 처해지도록 해야 하기 때문이다.

라깡이 칸트의 위증 일화를 진실 증언의 일화로 비틀면서 우리에게 보여주고자 하는 것은 이웃 개념의 진정한 위상이다. 동포가 아닌 진정한 타자로서의 이웃의 주이상스는 자아의 관점에서 보았을 때 언제나 거대한 고통, 압도하는 카오스이다. 이에 대해서 주체가 할 수 있는 일이란 그의 유사물들 뒤에 숨어 이웃의 주이상스를, 주체에게는 추상적으로만 보이는 거대한 고통인 그것을 포기하는 것이다. 그러한 방식으로 주체는 자신의 주이상스의 원칙에 대해 쾌락원칙으로, 행복의 원칙으로 방어할 뿐이다.

편집 과정에서 자끄-알랭 밀레가 '이웃 사랑'이라고 명명한 이번 강의에서 라깡은 주이상스를 타자의 타자, 즉 동포가 아닌 절대적 이웃의 영역에서 파악하고자 한다. 주이상스는 쾌락과 다르며, 오히려 쾌락의 안정된 영역을 위협한다. 이곳은 나중에 라깡이 두 번째 죽음의 장소로 명명하는 곳이기도 하다. 한편 우리가 쾌락이라고 부르는 친숙한 영역은 쾌락이 전혀 존재하지 않는 핍진화된 황야와 같다. 상징계에 의해 남김없이 억압된 이곳에서의 삶에는 어떤 향유도 가능하지 않다. 말에 의해 살해된 사물들의 세계가 이곳이며, 라깡이 첫 번째 죽음의 영토로 파악하는 장소가 이곳이다. 오직 기표와 기표 사이에서 환유의 형식으로 출현하는, 기대 속으로 소멸하는 끝없는 기다림의 세계가 바로 쾌락-현실원칙의 세계인 것이다.

첫 번째 죽음의 장소에서 관찰된 두 번째 죽음의 장소는 위협 그 자체일 것이다. 언어와 도덕의 원칙과 법으로 통제되는 이곳에서 너무 강한 쾌락은 오히려 위험한 것으로 간주되기 때문이다. 그러나 아버지의 법은 또한 모순적 속성을 통해서 두 번째 죽음의 장소를 강렬한 주이상스의 신기루처럼 상상하게 만든다. 상징계는 그러한 방식으로 쾌락을 소멸시키는 동시에 그것을 거대한 악으로, 저항할 수 없는 매혹을 발산하는 미스터리의 대상으로 변환시킨다.

이 모든 역설의 중심에는 도덕법, 즉 윤리적 차원이 존재한다. 인간의 사회화를 결정하는 '아버지의 법'의 도입은 주체에게 주이상스를 박탈하는 첫 번째 죽음을 부여하는 동시에 다시 그것을 악의 형식으로, 두 번째 죽음의 형식으로 동경하게 만든다. 단순하게 표현하자면 언어-법의 도입은 그것의 내부를 초라한 선으로, 그것의 외부를 악이 지배하는 영벌의 지옥으로 창조해낸다. 언어-법의 내부에서 가정되는 선의 세계는 핍진화된 세계로서, 사실상 그 어떤 쾌락의 가능성도 존재하지 않는다. 이곳에 잔여물로 남아 있는 쾌락의 흔적들, 초과분의 잔여들은 제거되어야 할 대상으로 초자아에 의해 비난받을 뿐이기 때문이다. 반면 언어-법의 외부로서 창조된 악의 영역은 주이상스를 거대한 매혹으로 변화시킨다. 그곳은 두렵고 위협적이며 어떤 대가를 치르고서라도 피해가야 할 영역이지만 그럼에도 주체를 유혹하는 악의 꽃이다.

라깡은 이러한 관점에 근거해서 칸트의 윤리학의 순진성을 폭로했다. 칸트는 언어적 보편명제로서의 도덕법이 모든 정념적인, 즉 병리적인 욕망을 정지시킬 힘을 가진다고 생각했다. 그러나 라깡은 오히려 도덕법의 언어적 속성이 어떻게 정념을, 병리적 주이상스를 증폭시키는지를 보여준다. 도덕법의 정언명령이 욕망을 포기하도록 만드는 것이 아니라 오히려 부추겼던 것이다. 도덕법은 또한 쾌락원칙의 내부와 외부, 즉 그 너머의 영역을 창조해냄으로써 이웃 개념의 근본 속성을 드러냈다. "네 이웃을 네 몸과 같이 사랑하라"는 명제는 이웃의 주이상스가 가진 파괴적 속성을 드러내주기 때문이다. 이웃을 내 몸과 같이 사랑하는 순간 우리는 내 몸, 즉 자아의 안정이 붕괴되는 경험으로 들어가야 한다. 사회적 관계 속에서 타자의 문제가 윤리의 중심에 제시되는 한, 이러한 타자를 나의 유사물로 볼 것인지, 혹은 나의 유사물의 질서와 안정을 위협하는 악의 대리인으로 보아야 하는지의 문제가 비로소 출현하는 것이다.

그런 의미에서 이웃, 타자를 주이상스의 영역으로, 절대적 타자의 영역으로, 타자의 타자의 영역으로 출현시키는 것 역시 도덕법이다. 언어의 법이 주체에게 도입되기 이전에는 타자란 존재하지 않았기 때문이다. 유아의 세계에서는 자신의 쾌락을 더하는(+) 존재와 빼앗는(-) 타자만 있다. 또는 쾌락 그리고(∧) 불쾌의 논리만 있다. 이곳에서는 하나의 일관된 쾌락 구도가 형성되어 있으므로 타자의 타자에 관한 사유가 존재하지 않는다. 그러나 언어 그리고 아버지의 법의 도입은 아이의 심리에 절대적 타자의 공간을 창조한다. 이곳은 쾌락-불쾌의 계산법으로 측정 불가능한 주이상스가, 또는 그것의 가상적 상실이 초래한 텅 빈 공백이 외밀성의 방식으로 실존한다. 이와 같은 방식으로 우리는 이번 강의에서 라깡이 이후에 발전시킬 쾌락과 법의 역설적 관계에 대한 문제를 이미 상당 부분 피력하고 있음을 알 수 있다.

위반의 주이상스

1960. 3. 30.

• 주요 개념 •

주이상스 앞에서의 장벽 : 타자 이미지에 대한 존중 : 사드, 그 환상과 독트린

동일함 : 조각난 그리고 파괴되지 않는

• 강의 개요 •

이번 강의에서 라깡은 비로소 승화의 가장 이상적인 절차를 설명한다. 프로이트
의 승화 개념을 분석하면서 이제까지 들었던 다양한 사례들은 사실상 라깡 본인
이 정립하려는 승화 개념이 아니었다. 문명의 다양한 양상 속에서 공백에 접근하
는 승화의 절차들은 이상화와 동일시의 함정을 포함하고 있기 때문이다. 달리 말
해서, 자아의 상상계적 이미지와 상징계적 좌표를 사회로부터 부여받을 수밖에
없는 프로이트적 승화는 '사회적 인증'에 의존할 수밖에 없는 한계를 가진다. 이
번 강의에서 라깡은 이러한 승화의 한계를 넘어서는 새로운 절차를 사드의 문학

과 삶 속에서 발견한다. 상징계에 의해 지탱되는 사회적 대타자의 인증을 오히려 소멸시키는 사드의 승화 개념은 라깡이 정신분석의 절차 속에서 추구하는 '죽음을 욕망함'의 사태에 가장 근접한 실천이다. 임상분석 치료의 핵심적인 목표라고 할 수 있는 억압 없는 주이상스의 실현은 주이상스를 지탱하거나 좌표화하는 모든 사회−언어적 지표의 소멸을 통과하는 절차 속에서만 가능할 것이라는 라깡의 신념이 가장 분명하게 드러나는 강의라고 할 수 있다.

주이상스 앞에서의 장벽

라깡은 다음과 같이 말한다. "주이상스로의 접근을 방해하는 저항의
실행과 '네 이웃을 네 몸과 같이 사랑하라'의 계명 앞에서의 저항은 동
일한 하나의 것이다."* 만일 도덕법 역시 일종의 승화적 실천이라고   228
간주할 수 있다면, 즉 억압된 (이웃에 대한) 성충동을 사회적으로 허용
된 틀 속에서 만족에 도달하는 실천으로 이해할 수 있다면, '이웃에 대
한 무조건적 사랑'은 도덕법이 도달하는 승화의 가장 높은 차원이라고
할 수 있다. 이는 이웃에 대한 성충동을 이웃에 대한 자기희생의 논리
속에서 실현시키는 도덕법적 승화의 마지막 양태이다. 여기서 '이웃에
대한 성충동'은 단지 이웃과의 성행위를 의미하는 것이 아니다. 그것
은 이웃을 욕망의 대상인 팔루스의 경쟁자로 생각하거나 또는 팔루스
의 소유자로서 그들을 질투하는 등 이웃을 공격성의 출발지 혹은 공격
성의 목표지로 설정하는 다양한 유형의 환상에서의 충동을 의미한다.
여기서는 일종의 계급투쟁적 공격성이 암시될 수 있다. 유산계급을 향
한 무산계급의 공격성, 또는 무산계급을 무위도식하는 자들로 오해하

는 유산계급의 증오가 그것일 수 있다. 그런데 이것이 오해인 이유는 두 계급 모두 물질-재화를 통해서는 결코 주이상스에 도달할 수 없기 때문이다.

한편 승화를 통해 주이상스에 도달하는 사례로 우리는 사회봉사 활동과 자기희생의 종교적 실천 속에서 만족의 차원에 도달하는 주체들을 상상해볼 수 있다. 이들은 이웃, 즉 타자를 향한 소유욕과 질투의 상상계적 이자관계를 상징계적 이상화의 명제, 즉 '이웃 사랑'의 이념 속에서 극복한다. 극복할 뿐만 아니라 강렬한 만족의 차원에 도달한다. 자기 헌신의 봉사활동의 비밀이 여기에 있다. 종교적 고행도 동일한 쾌락을 가정하지 않는가? 이들은 결코 주이상스의 고갈 상태에서 그렇게 하는 것이 아니다. 그러한 의미에서 '자기희생적 이웃 사랑'과 '성적 만족을 위한 주이상스의 추구'는 동일한 것이다. 전자는 승화의 틀 속에서, 후자는 도착의 틀 속에서 쾌락에 몰입할 뿐이다. 다만 '자기희생의 이웃 사랑' 형식으로 실행되는 주이상스의 실천이 사회적으로 보다 접근 가능한 형식이다. 물론 이것은 승화의 형식인 만큼 주이상스에 대한 우회적 실천일 뿐이다. 따라서 결과적으로 둘의 만족의 속성은 전혀 다를 수 있다. 그럼에도 이 둘의 동기는 주이상스의 추구로 동일하다. 따라서 목표의 실현 앞에서 좌절하는 신경증적 주체의 실패 역시 동일한 속성을 갖는다. 신경증적 주체가 "네 이웃을 네 몸과 같이 사랑하라"의 도덕명령 앞에서 뒷걸음질 치는 것과, 성충동의 실현 앞에서 멈추어 서는 것은 동일한 저항이라는 의미이다. 라깡은 이에 대해서 주체는 '행복eudaimonia'의 이름으로 주이상스 앞에서 멈추어 선다고 말한다.* 만일 행복이 자기 보존을 목적으로 하는 가장 인간적인 가치라면 주이상스는 자아의 파멸을 야기하는 비인간적 가치이다. 그것이 승화의 형태로 제시되건 단순한 성충동의 형태로 제시되건 인

228

간 주체는 자아의 몰락을 감수하지 않고서는 주이상스의 영역으로 들어설 수 없다. 그러한 의미에서 이제까지 다루어졌던 문명 속 승화의 다양한 양태들은 억압이 여전히 지속되는 과정에서의 단순한 잉여-주이상스라고 말해야 한다. 그것은 승화라는 개념이 내포한 주체의 자유로운 만족의 상태와는 전혀 관련이 없다. 여전히 강력한 지배력을 발휘하고 있는 '아버지의 이름'과 상징계의 법으로 조율되는 팔루스적 만족의 유형들일 뿐이다.

한편 초자아로 말하자면, 이 엄격하고 공격적인 심리의 폭압자는 주이상스를 향한 이와 같은 접근에 언제나 파괴적인 방식으로 개입한다. 초자아의 공격성은 주이상스의 장벽을 구성하는 주요한 힘이기 때문이다. 자아는 성충동을 가졌다는 자체로 불안의 정동에 사로잡힐 뿐만 아니라 초자아의 공격적인 경고 메시지에 위협받는다. 주이상스의 한계점이자 장벽인 그것을 넘어서는 순간 자아에게 쏟아질 죄책감이라는 초자아의 무시무시한 공격은 장벽을 넘어서기도 전에 이미 주체를 얼어붙게 만든다. 그런데 여기서 필자가 덧붙이고 싶은 한 가지는 '이웃 사랑'의 형식으로 주이상스를 향한 접근이 명령될 때의 모순이다. 주체의 자아는 자기 보존이라는 항상성의 상태를 유지하기 위해서, 즉 행복의 추구를 위해서 이 불가능한 명령에 저항한다. 그런데 초자아는 이 순간에도 공격성을 드러낸다. 예를 들어, 가정을 버리고 해외로 봉사활동을 떠나는 '국경 없는 의사회'의 주체가 가질 수 있는 죄책감이 이것이다. 그러나 동일한 주체가 가족에 대한 의무를 다하려고 봉사활동을 포기할 경우 역시 초자아의 공격이 출현한다. 죄책감은 양쪽에서 출현하여 주체를 괴롭힐 것이다. 해당 주체에게 난민들을 치료하는 행위의 이미지는 자아와 도덕적 이상이 실현되는 일종의 승화된 주이상스의 세계로 출현할 테지만, 이에 대해서 초자아는 그것을 명령하는 동시에 금지하는 역설적인 공격성을 드러낸다. 이것은 성충동을 억압하면서 초자아의 공격에서 도망치려는 주체가 억압의 수위를 높일수록 초자아의 요구사항 역시 강도가 높아지는 역설에 빠지는 것과 유사하다. 초자아는 주체를 어느 쪽으로도 움직이지 못하도록 얼어붙게 만드는 속성을 가진다. 그와 같은 방식으로 주이상스와 초자아의 대립은 주체를 역설적 상황에, 이러지도 저러지도 못하는 상황에 처하게 만든다. 더구나 주이상스를 제한하는 도덕법의 매개는 상황을 악화시킬 뿐 완충 역할을 해주지 못한다. 그것은 도덕법에 따른 승화의 양태가 갖는 또 다른 역설 때문이다. 도덕법은 무조건적 명령에 대한 어떠한 초월적 토대도 갖지 않는다. 특히 역사에 출현하는 승화로서의 도덕법의 가장 강력한 형식인 '이웃 사랑'의 명령은 법과 주이상스의 모순을 가장 적극적으로 드러낸다. 내 이웃을 내 몸과 같이 사랑해야 하지만, 그러나 그래야만 하는 이유는 어디에도 없다. 이것을 대답해줄 초월적 신은 이미 죽은 신이기 때문이다. 십자가에 매달려 죽어가는 예수가 어찌하여 자신을 버리시는지 신에게 질문하지만, 그에 대한 대답은 오직 침묵일 뿐이다. 이것을 라깡은 $S(\cancel{A})$의 도식으로 설명한다. 죽은 신, 결여된 신$\cancel{A}$이 대답할 수 있는 유일한 단어는 결여의 단어, 즉 침묵$S(\cancel{A})$이다. 어째서 그와 같은 법이 지켜져야 하는지를 설명할 또 다른 아버지 하나님의 자리는 결여의 자리일 뿐이다. 이러한 관점에서 라깡은 도덕법칙의 가장 보편적 승화 양태로서의 이웃 사랑과 아버지의 죽음 신화가 역사에서 기독교적 사건, 예수의 죽음으로 연결된다고 설명하는 것이다.

타자 이미지에 대한 존중

그런데 여기서 한 가지 짚고 넘어가야 하는 '이웃 사랑'의 본질이 있다. 앞선 강의에서 칸트의 사례로 이미 언급되었던 것처럼, "네 이웃을 네 몸과 같이 사랑하라"의 명령에서 가장 본질적인 것은 그 이웃이 어떤 이웃인가의 문제이다. 만일 그 이웃이 내가 알아볼 수 있는 이웃, 즉 나의 유사물이라면 그는 진정한 이웃이라고 할 수 없을 것이다. 그런 의미에서 이웃에 대한 두 가지 유형의 사랑을 좀 더 깊이 들여다보자.

첫 번째는 앞서 설명한 '네 이웃이 네 자신과 같을 경우 사랑하라'이며, 이것은 동일시의 차원에서 나의 자아와 유사한 자아들에 대한 사랑을 의미한다. 라깡은 우리가 아는 이타주의의 본질이 여기에 있다고 설명한다. 그것은 또한 평등의 개념이 유사 존재들 사이의 평등으로 간주될 경우 보수주의적 사회에서 자기 보존의 명제로 전유될 가능성에 관한 설명이기도 하다. 여기서는 나와 동일한 자들, 나의 자아와 동일한 이상을 가진 자들의 공동체가 문제시되며, 이들에 대한 이타주의적 사랑은 결국 나 자신의 자아에 대한 사랑과 차이가 없다. 이것 때문에 라깡은 또한 공리주의가 이타주의로서 기능할 수 있는 부분을 지적하는 것이다. 공리주의란 행복의 양을 측정함으로써 기능하는 정치-윤리 시스템이다. 그런데 여기서의 행복이란 모두가 동의하는 행복이며, 모두가 알아볼 수 있는 형태의 행복이다. 최대다수가 공유하는 행복인 것이다. 이를 위해서 소수자의 행복, 혹은 다수의 입장에서 알아볼 수 없는 유형의 주이상스는 포기되거나 심지어는 억압될 수 있다. 예를 들어 거지와 범죄자들의 인권이 보유한 주이상스는 철저히 무시된다. 시민권자들의 결속을 위협하는 비-시민권자들의 주이상스는 인증되지 못할 것이다. 이와 같은 공리주의는 결국 나와 동일한 자아를 공유한 사람들의 행복을 윤리적 선택의 규준으로 설정한다는 의미에서 유사물로서의 이웃에 대한 사랑을 실천하는 이타주의의 개념과 연결된다.*

그러나 두 번째 형태의 이웃 사랑, 즉 '네 자신과 같지 않은 네 이웃을 네 자신과 같이 사랑하라'는 '원수를 사랑하라', 즉 어떤 동질성도 발견할 수 없는 이웃을 사랑하라는 명제와 동일한 차원에서 기능하는 도덕법이다. 이것은 첫 번째 이웃 사랑과는 정반대의 위치로 주체를 이끈다. 주체는 이 명령을 통해 행복과는 전혀 다른 차원, 즉 죽음충동의 차원이며 주이상스의 차원인 동시에 자기 파괴를 명령하는 도덕법의 차원으로 진입한다. 이것은 주체가 자아의 보존을 위해서, 즉 행복을 위해서 거부하고 저항하는 차원의 도덕법이다. 만일 주체가 이러한 도덕법의 명령에 노출되는 경우, 그는 신에게 그 이유를 요구할 것이다. 어째서 그와 같은 잔혹한 사랑을 실천해야 하지를 묻는 십자가위 예수의 목소리. 그런데 이러한 요구에 대한 응답은 침묵이다. 왜냐하면 다시 강조하건대, 상징계의 도래와 함께 신은 죽었고, 아버지는 살해되었기 때문이다. 대타자의 대타자는 존재하지 않는다.

만일 우리가 '이웃 사랑'이라는 도덕법의 승화적 실천을 이해하고

---

* 동일자와 비동일자, 유사물로서의 이웃과 타자로서의 이웃 또는 시민권자와 비시민권자의 대립으로 이타주의의 본질과 모순을 드러내는 이 같은 관점은 가라타니 고진이 『철학의 기원』에서 소크라테스의 윤리를 설명하는 관점과 연결된다. 소크라테스는 정치적 활동, 공적인 활동을 거부하는데, 이러한 거부는 시민권자의 한계 내에서 철학하기를 거부하는 것이다. 여기서 고진은 시민권자의 정치 영역인 의회를 초과함으로써 비로소 철학적 기원으로서 정초되는 소크라테스적 주이상스를 포착한다. 소피스트들과 소크라테스를 가르는 결정적 차이는 바로 소크라테스가 정치공동체로서의 시민권자의 한계를 초과하는 진리 개념을 주장하기 때문이며, 그의 이웃 개념이 유사물로서의 시민권자, 동일한 정체적 자아를 소유한 자들의 한계를 초과하기 때문이다.

자 한다면, 이웃 개념 자체에 내포된 내부와 외부의 환원 불가능한 차이, 교집합이 존재하지 않는 구도와 이를 지탱하는 초월자의 부재, 대타자의 대타자의 부재를 이해할 수 있어야 한다는 것이 라깡의 생각이다. 나아가서 동일자, 유사물의 세계를 지탱하는 것은 상상계, 즉 이미지의 세계이며 이러한 이미지의 재생산을 금지하며 출현하는 우상금지의 기독교적 신, 이집트인 모세의 신은 상징계가 자신의 고유한 결여와 함께 도래하는 사건을 역사적 구도 속에서 형상화한다고 이해될 수 있다. 이를 통해서 라깡은 언어의 도래가 인간 주체를 상상계적 차원에서 상징계적 차원으로 이동시키면서 발생되는 주이상스와 법의 역설적 관계의 모든 것을 설명하고 있었던 것이다. 만일 신이 자신의 이미지대로 인간을 만들었다면 어째서 그 역은 금지되어야 하는 것일까? 이러한 질문은 결국 신의 이미지가 결여, 즉 공백의 (비)이미지였으며 그로부터 발화되는 주인기표의 음성임을 암시하는 것 아닐까? 이처럼 인간이 도덕법칙의 절대명령을 따르기 위해 자신을 동일시할 수 있는 그 어떤 이미지도 존재하지 않는다는 사실, 혹은 오직 공백, 소멸의 이미지와 자신을 동일시함으로써 자아의 몰락을 받아들여야 이웃 사랑을 실천할 수 있다는 사실에서 다음의 논점이 도출된다. 즉, 승화와 관련하여 주목해야 하는 것은 동일시 또는 인정이라 부를 수 있는 자아 보존과 자발적 자아 소멸을 위한 투쟁이라는 대립 구도가 설정될 수 있다는 사실이다. 그런데 이제껏 전개된 이 모든 승화의 모순과 본질을 설명하기 위해 이어지는 강의에서 라깡이 도입하는 것은 놀랍게도 사드 후작의 악명 높은 외설문학이다.

사드, 그 환상과 독트린

사드는 17세기 프랑스의 마지막 왕정체제와 18세기 초 짧은 혁명체제 그리고 다시 반동체제로 몰락하는 격동기를 살았던 인물이다. 특히 사드는 칸트가 『실천이성비판』이라는 윤리학의 혁명적 사유를 생산해내던 시기의 인물인 동시에 이에 응답하는 자신만의 반-윤리학을 정립한 모순된 인물이기도 하다. 물론 사드의 반-윤리학이란 철학이랄 것도 없는 수준의 외설문학과 잡설에 불과했다. 또한 자신의 주장을 세상에 알리려는 어떤 사명감에서 집필된 작품조차 아니었다. 귀족 집안에서 태어난 사드는 서른네 살까지 온갖 엽기적 성도착 행각을 벌이며 프랑스 사회를 떠들썩하게 만들었다. 당시의 사드는 다른 많은 타락한 귀족들과 구분되지 않는 파렴치범에 불과하다고 할 수도 있다. 사드라는 이름에 걸맞은 명성을 얻은 것은 서른네 살 이후였기 때문이다. 그의 엽기적 행동에 분개한 장모가 사드를 고발하여 감옥에 수감시켰고, 더 이상 실질적 도착행위를 할 수 없었던 사드는 글을 써서 은밀히 출간하기 시작했다. 감금과 성충동의 금지로 억압된 욕구를 글쓰기의 방식으로 충족하고자 했던 사드, 그의 미친 상상력에 사람들은 경악했다. 그리고 인생의 절반 이상을 감옥과 보호소에 갇혀 살게 된 사드의 운명이 역설적으로 그의 도착적 성충동을 세계에 알리는 계기가 되어줬는데, 라깡은 승화의 특수한 구조를 이러한 사드의 삶의 궤적 속에서 발견했다.

물론 라깡이 주목했던 것은 사드의 문학 속에 등장하는 성도착적 판타즘이 아니다. 사디즘과 마조히즘, 남색과 물신도착의 백과사전과도 같은 그의 문학은 엄밀한 의미에서 아주 조악한 묘사를 통한 동일 주제의 반복과 지루한 나열에 불과하다. 물론 사드 자신은 사정이 달랐을 것이다. 그는 글 쓰는 행위를 통해 금지된 성충동에 대한 특정 유형의 보상을 분명 획득했을 가능성이 있다. 그렇지 않다면 그토록 많은 작품을 열에 들뜬 사람처럼 써댔을 리가 없기 때문이다. 그렇다면 우리는 사드의 이 조야한 문학작품들을 단지 전무후무한 충격적인 판타즘을 드러냈다는 이유로 높이 사야 하는 것일까? 이에 대해서 라깡은 회의적이다. 라깡은 사드의 문학이 생산하는 엽기적 효과가 "예술 없이" 또는 "테크닉 없이" 획득되었다고 평가한다. 라깡은 심지어 사드의 문학작품에는 그 어떤 "수단들의 경제도 존재하지 않는다"고 혹평한다. 쉽게 말해서 문학적 표현의 기술 자체가 결여되어 있다는 것이다. 그러나 사드는 이미 살아생전에 자신의 조야한 문학을 통해 유명세를 획득했다. 그렇다면 라깡이 사드를 승화의 특수한 유형, 나아가서 정신분석적 승화를 참조할 수 있는 가장 이상적인 사례로 제시하려는 이유가 이러한 문학적 성공과 관련된 것일까? 이에 대한 대답은 '그렇다'이다.

라깡은 사드가 자신의 성충동을 텍스트로 발화하는 방식으로 일차적인 승화의 단계에 접근하고, 이러한 과정의 결과물이 사회적 악명을 획득하는 과정에서 승화를 완성한다고 평가한다. 그런데 여기서 사회적 악명의 획득은 프로이트적 승화에서 가정했던 사회적 인증과는 반대되는 결과이다. 프로이트가 가정했던 승화에서의 사회적 인증은 승화의 작품이 가치를 인정받음으로써 주체의 사회적 동일시가 높은 가치의 차원에서 일어날 수 있어야 했다. 쉽게 말해서 주체는 자신의 성충동을 직접적으로 실현해 비난받는 대신, 예술이나 종교 또는 과학을 통해 사회적으로 높이 평가받아 우회적인 만족을 얻는 것이다. 이때 해당 공동체 구성원들의 인정, 즉 칭찬과 존경은 승화에 주요한 역할을 한다. 그러나 사드에게는 반대의 일이 일어났다. 그는 자신의 성

충동의 언어-재현적 표현인 문학작품으로 오히려 악명을 획득했고,
그로 인해 감옥살이가 더욱 연장되었을 뿐이다. 간단히 말해서 사드의
승화는 사회-공동체의 내부로 자신을 진입시킨 것이 아니라 방출시켰
다. 그는 자신의 사회적 좌표를 박탈당한다. 그런데 라깡은 이러한 추
방과 사회적 동일시의 박탈이 승화의 진정한 완성이라고 주장한다. 라
깡은 다음과 같이 말한다.

> 이제 사드는 내가 실험문학이라 부르려는 것의 질서 속에서 스스로
> 를 드러냅니다. 예술작품은 여기서 자신의 절차를 통해 주체를 사회
> 심리적 토대로부터 뿌리째 뽑아내는 경험, 보다 명확히 하자면 그것
> 에 관계되는 모든 사회-심리적 승화의 용인에 대해서 주체를 뿌리
> 째 뽑아내는 경험이라고 말할 수 있습니다. *

237

여기서 라깡은 '실험문학littérature expérimentale'이라는 용어를 사용한
다. 이는 사드의 승화와 관련된 라깡의 특수한 표현이기도 하지만 동
시에 아방가르드적 문학의 기능과 숙명을 내포하는 개념일 수도 있다.
문학은 단지 예술적 아름다움이라는 쾌락을 생산할 뿐만 아니라 작가
와 독자의 삶의 근본적 문제를 돌아볼 수 있도록 하는 기능을 가질 때
에만 실험적 예술 또는 실험적 문학이라고 불릴 수 있다. 실험문학은
주어진 형식을 반복하는 예술이기를 거부하고 새로운 형식을 창조하
기 위한 도전에 참여함으로써, 주어진 삶을 반복하던 예술가와 독자가
새로운 삶의 양태를, 그리하여 새로운 세계관을 도래하도록 만드는 실
험을 실천하기 때문이다. 그런 의미에서 실험문학은 지배적인 예술 형
식을 몰락으로 이끄는 방식으로 작가와 독자를 둘러싼 세계를 몰락으
로 이끈다. 그렇게 해서 도래한 텅 빈 예술의 자리로부터, 세계의 균열

점으로부터 새로운 작품을, 새로운 자아를 구성해내려고 시도한다. 만일 이것이 실험문학이라는 용어의 가장 엄밀한 정의라면 사드의 (문학이 아닌) 삶은 실험문학의 특수한 유형이라고 할 수 있다. 사드는 문학이 주는 우회적 쾌락을 따라가는 과정에서 자신의 삶이 매달려 있던 사회적 좌표들을 박탈당했다. 그리하여 마침내 마지막으로 남기는 텍스트인 유서에서 사드는 자신의 무덤가에 과일수를 심어 그 덤불에 가려지기를, 그리하여 자신의 묘비명조차 남김없이 소멸하기를 유언했다. 라깡이 사드의 삶과 문학의 사례를 승화의 가장 적절한 유형으로 제시하는 이유가 바로 여기에 있다.

　이제껏 승화의 다양한 단계와 유형들을 이리저리 지루할 정도로 살펴보는 과정 속에서 라깡은 문명 자체를 일종의 보수적 승화라고 규정하는 듯했고, 그리하여 승화의 기능을 부정적인 것으로 간주하는 듯했다. 그리고 마침내 소개된 사드의 실험문학 사례는 라깡이 진정으로 말하고자 했던 긍정적 승화의 기능을 가장 적절히 암시한다. 사드의 실험문학으로서의 승화는 또한 라깡이 『세미나 7』에서 결론처럼 말하고자 했던 정신분석 임상의 절차를 은유한다. 정신분석이란 가장 일차적 의미에서 환자의 심리적 불행을 종결짓고 행복을 돌려주는 치료라고 할 수 있다. 환자가 현재 불행을 겪고 있다면 이는 환자의 주이상스를 억압하는 기능의 장애 때문이다. 여기서 기능장애란 억압이 과도하든가 아니면 환자의 삶에 문제를 일으키는 방식으로 작동하고 있기 때문이다. 따라서 정신분석 임상은 환자가 자신의 쾌락에 대하여 부정적인 효과를 산출하는 억압의 구조를 변경시킬 수 있도록 도와주어야 한다. 그리하여 환자가 억압 없는 주이상스의 만족에 도달할 수 있다면 임상은 성공했다고 간주될 것이다. 그러나 신경증자에게 억압 없는 주이상스는 불가능하다. 왜냐하면 신경증의 주체 자신이야말로 상징계의 억압이 발생시킨 하나의 효과이며 파생물이기 때문이다. 억압이 없다면 주체도 사라진다. 억압 없는 주이상스는 결국 정신병적 구조의 도래에 불과하기 때문이다. 바로 그런 이유 때문에 승화 개념이 임상에서 주요한 절차로 제시된 것이다.

　승화는 분명 억압을 우회하는 방식으로 만족에 도달하긴 해도, 여전히 억압이 존재하는 상징계 내에서 만족을 이룬다. 정신분석 임상은 그렇게 상징계의 억압을 유지하면서도 그러한 억압을 약화시켜 만족에 도달하는 것이다. 그런데 라깡이 보기에 자아심리학을 비롯한 여타 정신의학에서는 억압을 오히려 강화하는 방향을 취해왔다. 그들이 주장하는 정신치료는 사회적 도덕과 연결된 행복의 관념을 환자에게 이식하는 절차를 따르기 때문이다. 이 경우에 환자의 무의식은 초자아의 공격에 여전히 과도하게 노출된다. 따라서 환자는 상대적으로 억압이 약화된 주이상스의 만족에 도달하는 대신 오히려 핍진화된 쾌락의 황무지에, 즉 쾌락에서 소외된 죽음의 상태로 다시 던져진다. 만일 이것이 여타 심리치료가 가진 첫 번째 문제, 즉 주이상스의 핍진성이라고 한다면 이에 대한 부가적 효과는 부분충동들의 난립이며, 이에 대한 또 다른 억압의 증강이다.

　주이상스가 핍진화된 상태를 라깡은 소외라고 부르는데, 이러한 상태에서 핍진화의 동인인 상징계는 언제나 균열을 갖는다. 즉, 완전하게 주이상스를 억압하지 못하는 것이다. 그리하여 출현하는 주이상스의 유령들을 라깡은 이후 『세미나 11』에서 대상 a라고 부르게 될 것이다. 이들은 부분충동의 흔적으로서 주체의 핍진화된 심리를 떠돌며 주체를 혼란에 빠뜨린다. 주체는 대상 a가 충동의 만족을 자극하는 만큼 그것에 이끌리는 동시에 또한 초자아의 억압과 공격에 의해 이것으로부터 다시 도망가는 악순환 속으로 들어가기 때문이다. 핍진화된 주체의 심리와 이곳을 찾아오는 주이상스의 대상a가 벌이는 모든 소동이야말로 인간의 마음이 겪는 정신병리적 고통의 원인이다. 이와 같은 고통을 단지 자아의 강화로 대응하는 정신의학은 실패를 반복할 수밖에 없다. 쉽게 말해서, 사회적 좌표에 따른 동일시를 약속하는 보수적 승화는 아무리 다양한 우회로를 제시해 억압된 성충동의 만족을 유도할지라도 주체를 다시금 주이상스의 핍진화와 대상a라는 유령에 사로잡히게 만들 것이다.

라깡이 실험문학이라는 개념을 도입하는 것은 이와 같은 심리치료의 모순에 하나의 해결책을 제시하기 위해서였다. 그것은 승화의 특수한 유형이며, 핍진화된 주체에게 새로운 기표의 발화를 제안하면서 주이상스의 우회적 만족에 도달하도록 유도하는 절차이다. 여기서의 승화는 마지막 단계에서 사회적 인증에 의존하지 않는다는 결정적 특성을 갖는다. 오히려 주체는 주이상스를 고정시켰던 상징계의 규범적 틀에서 벗어난다. 물론 이를 위해서 임상절차는 주체를 사로잡는 사회적 인증의 흔적인 다양한 환상들을 횡단하는 과정을 제시할 것이다. 주체는 임상의 테크닉을 따라서 자신의 무의식을 유형화시켰던 타자의 권력에 대해 위반의 절차를 실현할 것이다. 자끄-알랭 밀레는 후에 이것을 '장치화된 위반transgression appareillée'*이라고 부른다.

임상의 주체는 분석가의 도움을 따라서 새로운 쾌락의 기표들을 발명해내고, 이를 발화하는 과정을 따라서 기존에 그를 사로잡고 놓아주지 않았던 타자의 문법을 포기한다. 무의식의 현재 모습을 구성해냈던 타자의 흔적인 서사들을 위반할 것이라는 의미이다. 그리하여 도달하는 장소는 모든 환상이 위반된 장소, 소멸한 장소인 공백의 가장

---

* 자끄 알랭-밀레, 「주이상스의 여섯 개 패러다임」.

자리이다. 만일 이곳에 도달하는 과정이 위반의 실천으로 가능했다면, 그러한 위반을 지탱하는 것은 분석으로 환자가 획득한 특수한 주이상스이다. 환자는 특정한 기표들을 발화하는 과정에서 자신의 환상이 횡단되고 있음을 느낄 수 있다. 때로는 해석으로, 때로는 단절과 도약으로, 환자를 사로잡고 있는 무의식의 환상들은 붕괴될 것이다. 그리하여 환자는 이제 더 이상 자신의 자아를 지탱해주는 그 어떤 타자의 인증도 기대할 수 없는 상태에 도달할 것이다. 이곳이 사드가 유언장에서 드러냈던 소멸의 장소이며, 그는 바로 이곳에 도달하기 위해 실험문학이라는 실천을 감행했던 것이라고 할 수 있다. 그러고 나면 어떤 일이 벌어지는가? 해방된 자아가 실현되는가? 물론 그렇지 않다. 환자의 자아는 단지 보다 확장된 상징계의 기표들을 통해서 다시 구성되며, 그 속에서 발생하는 사회적으로 인증받은 권력에 다시금 의존할 것이다. 그럼에도 이미 환자는 주어진 자아의 좌표에서 빠져나와 새로운 것을, 제아무리 또 다른 억압을 불러올지라도 어쨌든 새로운 상징계의 지배 아래 들어간다. 그러한 방식으로 이제 환자는 하나의 자아와 그것을 생산하는 대타자의 권력이 절대적이지 않다는 것을 체험한다. 정신분석 임상으로 환자가 경험하는 이러한 빠져나감은 이후 또다른 대타자의 권력과 그것이 야기하는 환상에 완전히 사로잡히지 않는 유연한 존재를 가능하게 만든다. 만일 또다시 문제가 발생한다면, 환자는 다시금 주어진 자아의 한계에서 빠져나갈 수 있을 것이기 때문이다. 환자는 이제 자기 자신을 고정된 자아로서가 아니라 텅 빈 공백으로서, 간헐적으로 출현하는 균열의 틈으로서, 혹은 아주 상식적인 표현을 쓰자면 미래를 향해 개방된 하나의 가능성으로서 파악하는 데 익숙해질 것이다.

　라깡 정신분석의 고유함은 이처럼 주체를 고정된 자아로 파악하지 않는 특수한 주체이론으로부터 비롯된다.* 또한 임상의 주체가 원하는 것이 비록 행복이라 불리는 쾌락원칙 내부의 만족일지라도 결코 그것을 주어서는 안 된다는 라깡의 신념에서 시작된다. 왜냐하면 행복이란 쾌락원칙이라는 보수적 자기 방어의 힘이 만들어내는 가장 기만적인 환영이기 때문이다. 행복은 그것을 추구하는 순간 인간을 하나의 이미지에 고착시키거나, 필연적 좌절 속에서 우울의 상태로 감금시킬 뿐인 신기루이다. 이러한 인식에서 라깡은 정신분석의 윤리를 '죽음에 대한 욕망'이라고 규정하며, 이에 대한 전형적 사례를 소멸에 도달한 사드의 실험문학에서 찾았던 것이다. 자아의 죽음을 초래하는 욕망, 그리하여 공백에 도달하는 욕망, 그런 다음 미래를 향해 자신을 개방하는 욕망은 죽음충동을 가장 생산적인 방식으로 사용하는 정신분석의 테크닉을 상징한다. 그런 의미에서 라깡의 정신분석은 자신의 주이상스라는 실재의 항구적 도전에 새로운 상징계를 발명해낼 것을 요청하는 정신병리적 윤리학에 다름 아니다.

---

* 이러한 주체이론은 어떤 학문적 관점에서도 최종적으로 관찰될 수 있는 가장 정확한 사유이다. 자아는 생물학적 관점에서나 사회적 관점에서 주어진 것이지 주체에게 고유한 것, 즉 존재로서의 실체가 아니다. 인류학적 관점에서는 레비-스트로스가, 유전적 관점에서는 리처드 도킨스가, 철학적 관점에서는 하이데거 이후의 모든 서구철학자들이 이를 논증하고 있지 않은가? 따라서 자아를 그대로 수용하고 그것을 '나'로 인정하는 것은 가장 환영적이며 신화적인 선택이다. 또한 이것은 정치적으로 반동적인데, 현실세계의 그 어떤 문제도 해결할 수 없기 때문이다. 주어진 자아를 받아들이는 것은 주어진 세계를 비판 없이 받아들이는 것이며, 새롭게 출현하는 실재의 요구, 새로운 언어로 그것을 상징화할 요구에 고개를 돌리는 행위에 다름 아니다.

조각난 그리고 파괴되지 않는

사드의 문학을 통해 정신분석적 차원에서의 승화의 의미를 탐사하는 라깡은 또한 그가 어떻게 '이웃 사랑'을 실천했는지를 설명한다. 역설적이긴 하지만 사드 역시 어떤 종류의 이타주의를 주장했다는 말이다. 예를 들어 사드는 진정으로 타인의 신체를 내 것처럼 사랑했다. 심지어 이러한 사랑을 『쥘리에트 이야기 또는 악덕의 번영』에서 일종의 보편적 도덕명령으로 정립하기조차 했다. 라깡에 의하면 사드는 다음과 같이 강조하여 말했다. "내가 잠시 만족할 수 있도록 당신의 신체 일부를 빌려달라. 그리고 만일 원한다면 당신에게 쾌락을 줄 수 있는 나의 신체를 향유하라." 이것은 사드가 정언명령의 형식으로 선언하는 쾌락주의의 실천윤리이다. 즉, 모두가 모두의 신체를 향유할 권리를 선언하자는 것이다. 만일 사회가 주이상스의 금지로 지탱되고 있으며, 그러한 과정 속에서 온갖 위선과 기만, 거짓과 환상들이 출현한다면 이를 일소하고 새로운 세계를 출현시키기 위해 사드가 주장하는 것은 쾌락을 향유하는 무제한적 권리이다. 그런데 여기서 주목할 점은 사드가 타인을 하나의 인격체가 아니라 특정 신체의 일부로 간주한다는 사실이다. '신체의 특정 부위를 빌려달라. 그렇다면 나의 특정 부위를 빌려주겠다'는 식의 명제는 사실상 성도착의 논리에 다름 아니다. 주이상스의 차원에서 모든 쾌락의 대상은 부분대상이며, 성기대 중심의 신화, 즉 전체성의 신화가 일소된 장소에서 출현하는 것은 부분대상에 대한 주이상스일 뿐이기 때문이다. 사드 작품의 이러한 특수성을 설명하면서 라깡은 '파편화된 신체corps morcellé'라는 표현을 쓴다. 파편성은 주이상스로서의 대상의 가장 고유한 특징이다. 유아가 어머니의 신체로부터 분리되는 과정에서 충동의 대상으로 소유하게 되는 것은 이와

237

같은 파편적 대상들이기 때문이다. 우리의 욕망이 제아무리 신화적 통일성에 도달한다고 해도 그 기원은 언제나 파편적 부분충동의 대상들일 뿐이다. 욕망이 펼치는 통일성의 환상은 이러한 이질적 기원에 의해 위협받는다.

이에 덧붙여 라깡은 사드 문학에 등장하는 또 다른 특수성인 불멸에 관하여 언급한다. 그의 작품 속에서 온갖 잔혹한 사디즘적 고문과 학대에도 불구하고 희생자인 여자 주인공들은 결코 죽지 않는 모순을 보인다. 죽지 않을뿐더러 아름다움이 손상되지도 않는다. 이것 역시 무의식에 출현하는 충동의 고유한 특성 중 하나이다. 주이상스의 영역에서의 대상들은 파편적일 뿐만 아니라 무한히 회귀하는 반복강박적인 특성을 갖는다. 라깡은 죽음충동이 이처럼 무한 반복되는 큰사물의 장소에 두 번째 죽음이라는 개념을 사용한다. 지옥에서의 영생과 동일한 현상이 죽음충동의 장소에서 벌어지고 있기 때문이다. 죽음은 죽음이지만 결코 완전히 소멸하지 않는 죽음의 개념이 그것이다. 이는 단 한 번으로 끝장나는 죽음이 아닌, 죽음 뒤에 오는 죽음, 영원히 지속되는 죽음으로서의 반복강박을 지시한다.

사드 작품에 등장하는 파편적 신체와 불멸은 그렇게 억압되지 않은 상태에서 출현하는 주이상스의 양상들을 직접적으로 암시한다. 물론 이 모든 암시의 정확성은 사드 자신이 주이상스의 본질인 도착성에 해박한 지식을 지니고 있었던 덕분이다. 사드 자신이 성도착자였기에, 신경증적 신화에 사로잡히지 않으면서 충동의 본질적 구조를 관찰할 수 있었던 것이다. 그러한 방식으로 라깡에게 사드는 파편화된 동시에 소멸하지 않는 대상을 사랑하는 모습으로 그려진다. 사드는 "네 이웃을 네 자신과 같이 사랑하라"라는 정언명령을 주이상스에 가장 근접한 방식으로, 즉 사랑의 본질에 가장 근접한 방식으로 실천하고 있었던 것이다. 사드가 가장 윤리적인 실천을 했던 것은 물론 아니지만, 누구보다 욕망의 민낯을 정확히 직시하고 있었던 것은 사실이다.

동일함

사드의 사례로 '이웃 사랑'에 대한 논점을 언급하는 라깡은 이웃과 자신 사이에는 공통분모가 존재한다는 사실을 부연한다. 이웃을 자신과 같이 사랑하는 실천은 결국 동일한 하나의 것을 사랑하는 실천에 다름 아닐 수 있다는 것이다. 여기서 이웃과 나의 영역은 하나의 대상을 통해 교집합을 형성하게 되는데, 그것은 곧 큰사물이다.

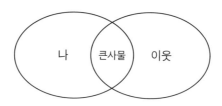

쉽게 말해서, 자신의 내부에 가장 낯선 것이 존재하며, 이는 이웃의 경우에도 마찬가지다. 이웃들 역시 그들 내부에 가장 낯선 것, 외밀한 것을 소유한다. 바로 이것, 외밀성은 모두에게 동일한 타자, 또는 타자의 타자이다. 앞선 초기 강의들에서 우리는 큰사물이 주이상스의 영토이며, 이것은 외밀성의 방식으로 우리 심리의 중핵을 구성한다는 사실을 언급했다. 따라서 라깡이 이웃이라는 개념을 통해 말하고자 했던 것은 곧 나 자신의 심리의 중핵인 동시에 가장 낯선 것으로서의 이웃

그 자체였다. 따라서 이웃을 네 몸과 같이 사랑하라는 명령은 "나 자신의 큰사물을 욕망하라"는 정신분석의 명제로 환원된다. 이를 암시하기 위해 라깡은 '나 자신'이라는 표현의 어원적 설명을 덧붙인다. 불어로 'même'로 표기되는 이 단어는 라틴어 'metipsemus'에 기원을 둔다. 이 용어는 동어반복적 표현, 즉 '나 자신보다 더 나 자신'이라는 의미를 내포하고 있다. 라깡은 이것을 "나 자신 너머의 나 자신"인 무엇으로, 그리하여 "그것이 나 자신의 것인지 혹은 다른 누구의 것인지 알수조차 없게 되는 내부의 공백"이라고 설명한다. "네 이웃을 네 몸과 같이 사랑하라"의 명제는 바로 이것을, 나 자신의 것도 다른 누구의 것도 될 수 없는 주이상스의 영토를, 사랑의 0도를, 욕망의 원인 지점으로서의 그곳을 욕망하는 행위가 된다. 그런 면에서 사드의 '이웃 사랑'은 여타 윤리학의 '이웃 사랑'이 뒷걸음치던 한계 지점을 넘어선다. 칸트조차도 넘어서기를 거부했던 '이웃 사랑'의 근본적 실천을 사드가 실현하고 있었던 것이다. 결국 칸트와 달리 사드는 주이상스가 욕망의 환상과 스스로를 구별하면서 출현시키는 전혀 다른 차원을 직시한다. 그리하여 이웃을 사랑한다는 것은 곧 자아의 몰락을 추구하는 행위라는 사실을 숨기지 않는다. 라깡은 그렇게 큰사물과 대면한 주체의 구도 속에서 사드의 관점을 그린다. 일반적인 경우에서라면, 즉 신경증적 방어의 관점에서라면 큰사물의 텅 빈 불안의 자리에는 환상이 들어선다. 그러나 사드는 큰사물을 직시하는 주체의 포지션을 고집한다. 그곳에 떠다니는 파편적 신체를 조합하여 신화적 욕망을 구성해내려는 시도가 그의 문학에는 존재하지 않기 때문이다.

죽음충동

1960. 5. 4.

• 강의 개요 •

이번 강의에서 라깡은 큰사물의 자리에 위치한 충동에 관하여 몇 가지 새로운 논평을 이어나간다. 특히 충동과 욕망의 모순된 속성을 강조하는데, 먼저 마르크스의 프롤레타리아 혁명이 추구하는 계급 소멸에 관한 다음과 같은 덧붙임을 통해 충동의 역설적 기능을 강조한다. 만일 마르크스가 혁명의 완성 단계를 모든 계급의 욕구에 대한 평등한 분배라고 봤다면, 여기서 충동의 만족이 빠져 있다는 것이다. 충동의 만족은 그 어떤 정교화된 상징계 시스템에 의해서도 완전히 잠재워질 수 없는 난포착적 특성을 갖기 때문이다. 이를 고려하지 않는다면 프롤레타리아

독재라는 새로운 국가 시스템의 실현은 막다른 골목에 도달할 수밖에 없을 것이다. 욕구의 차원에서, 그리고 욕망의 차원에서 강조되는 조화로운 세계의 실현은 언제나 충동의 차원을 먼저 고려하는 시선에서는 위태로운 논리로 비추어질 수밖에 없다.

이와 비교되는 관점을 드러내기 위해 라깡은 사드의 작품 속에 등장하는 교황 피 6세의 시스템이라는 파괴적 세계관을 소개한다. 욕구와 욕망의 안정적 분배를 추구하는 시스템과는 다르게 교황 피 6세의 시스템은 반목과 충돌, 파괴를 통한 욕망 장치의 붕괴를 선호한다. 이로부터 라깡은 사드가 엔트로피의 세계관, 즉 항상성을 유지하려 조화를 추구하는 세계관의 반대편에 위치한다는 사실을 다시 한 번 강조한다. 이를 통해 우리는 창조를 위해 필요한 것이 현상 유지가 아니라는 것을 알게 된다. 오히려 몰락이, 죽음충동이야말로 창조를 위한 밑거름이다. 이어지는 강의에서 진화론을 비판하는 것도 같은 취지이다. 라깡은 진화론의 환영적 속성을 폭로한다. 진화론이란 하나의 지점에서 다음 지점으로 나아가는 식으로 사유를 끌고 가며, 최종 단계에서는 플라톤적 이데아를 가정하게 만드는 사유의 틀이다. 그러나 이러한 관점은 사실 이전 단계의 속성을 보전하는 방식으로 전통적 루틴을 반복하는 것에 다름 아니다. 진화란 동일한 요소가 보다 진보된 것처럼 보이도록 환영을 변주함으로써 현상 유지를 달성하는 기만에 불과하다. 이에 비해 창조론적 세계관은 진정한 변화와 진보를 가능하게 만든다. 왜냐하면, 창조론이란 이전 단계의 사태의 모순을 파괴하는 방식으로 그것과 단절하고, 연속이 아닌 도약 속에서 다음 단계로 나아가는, 다음 단계를 발명해내는 절차이기 때문이다. 우리는 이를 통해 진리를 창조론적 관점 또는 발생론적 관점으로 간주하는 라깡의 생각을 다시 한 번 확인할 수 있다. 이어지는 강의에서 창조론적 진리관을 여성과 연결시키려는 태도 역시 같은 의미를 갖는다. 주어진 질서, 지배적인 질서는 아버지의 이름을 중심으로 구성된 남성적 유한성이다. 이에 비해 큰사물의 영역은 상징계의 외부라는 의미에서 여성적이다. 따라서, 엑스 니힐로의 창조는 언제나 여성적 영토로 나아가는 경향을 갖는다. 이 같은 라깡의 언급은 10년 뒤 그가 주이상스의 형상을 여성적인 것으로 간주하면서 상징계의 선험성을 포기하게 되는 이론적 전회를 예감할 수 있게 해준다.

마르크스와 진보주의자들 : 주이상스, 충동의 만족

인간의 욕구와 충동은 전혀 다른 것이다. 앞서 2장의 도입부에서 설명했듯이 충동은 생물학적 영역과 심리적 영역, 즉 물질적 영역과 정신적 영역의 접경 지대에서 타자-언어의 도입에 의해 출현하는 특수한 만족의 형태다. 이러한 만족은 다른 모든 생물학적 욕구를 초과하는 방식으로 인간을 사로잡는다. 인간의 신체를 사로잡는 욕구이기보다는 존재 그 자체를 사로잡는 열망이다. 여기서 '존재'라는 용어는 상당히 복합적이다. 만족의 장소로서의 존재는 신체적 쾌락의 영역을 벗어나는 문화적 추상성을 내포하기 때문이다. 인간을 신체가 아닌 존재로 규정할 때에는 필연적으로 인간이 속한 모든 문화적 조건이 개입된다. 존재의 차원에서 전개되는 만족의 추구는 또한 욕망이라는 심리적 차원을 주요한 영토로 삼는다. 그리고 이러한 욕망의 추상성은 신체와 정신의 경계선인 충동에서 비롯된다. 그런 이유로 라깡은 충동을 욕망의 원인이라고 규정한다. 한편 아주 일상적인 의미에서 욕망이라는 단어 역시 단지 생식적 욕구 해결을 의미하지 않는다. 욕망은 때로 사랑의 실현을, 존재의 자아 실현을, 공동체 이상의 실현 등을 의미한다. 욕망은 본질적으로 문화-언어적이며, 따라서 개념적인 만족의 차원 또는 환영적 차원에 토대하고 있기 때문이다. 그리고 이와 같은 욕망의 원인으로서의 충동 역시 그에 못지 않게 비-생식적이다. 욕망의 원인의 한 유형으로 구강충동을 표현하는 아이는 상실한 어머니의 흔적인 젖가슴을 부재의 형태로 소유한다. 아이는 자신의 손가락을 덧없이 빠는 열정적 행위를 통해 이러한 부재를 끝없이 섭취한다. 결국 아이가 이러한 행위로 얻게 되는 것은 상실 그 자체이다. 그런 의미에서 충동의 만족으로서의 주이상스는 멈추지 않는, 강박적인 반복인 동시에 파괴 불가능한 흐름을 구성한다. 만일 이것을 고전철학의 틀인 존재론의 차원에서 파악한다면, 존재로서의 존재는 충동이며, 그것의 의미는 주이상스라고 할 수 있을 것이다. 따라서 임상적 차원에서 환자의 진리를 찾아내려는 분석가가 겨냥하는 것은 바로 이것, 존재로서의 존재인 충동의 장소이다. 다른 모든 것은 환상에 불과하다. 현상적 다양성들이 감추는 환자의 존재, 존재로서의 존재인 그것은 충동의 장소이며, 이것의 원초적 구조는 주인기표, 즉 S1이다.

그런데 프로이트의 고유한 발견인 동시에 개념적 발명품인 충동은 어째서 죽음이라는 개념과 연계되어야 했을까? 충동이 타나토스의 형상으로 묘사되어야만 했던 이유는 충동의 집요한 속성이 문명의 비자발적 원인이 되는 동시에 파괴적 속성을 띠기 때문이다. 충동은 철저하게 쾌락을 추구하며 출현하는 구조인 반면, 문명은 쾌락의 추구를 철저하게 억압하여 근절하는 방식으로 구축되고 유지된다. 이와 같은 근절의 상태를 라깡은 '소외'라고 부른다. 그러나 근절의 상태에서 문명이 유지되기 위해서는 역설적이게도 욕망이 지속되어야 한다. 이것은 한 인간에서 가족과 공동체에 이르기까지 모든 문명적인 것을 움직이게 하고, 생산하도록 만들며, 보존하고 혁신하게 만드는 힘이다. 그리고 이러한 힘의 원동력이 되는 것 또한 충동으로부터 우회적인 방식으로 출현하여 미끼를 던지는 욕망의 대상들이다.

이번 강의에서 라깡은 충동의 만족으로서의 주이상스를 다시 설명하면서 마르크스의 국가 개념과 욕구의 만족 개념을 언급한다. 만일 국가가 재화의 분배와 조직화를 통해서 기능한다면, 부르주아 국가는 무산계급의 역압을 통해 재화를 독점하는 방식으로 유지된다. 이때 독점되는 것은 욕구의 만족이다. 그리하여 계급해방이란 무산계급이 부르주아의 지배를 벗어나 욕구의 만족에 접근하는 가능성을 확보하는 것이다. 이때 국가 시스템은 공산주의적 입법을 통해서 욕구와 이성을 이상적으로 조율한다. 즉, 고도로 정교화된 상징계는 욕구의 차원이 더 이상 불평등의 오류를 초래하지 않도록 (실재가 아닌) 현실을 완전히 장악한다. 이것이 마르크스가 말하는 계급해방이며, 인간의 해방이다. 마르크스적 관점에서 인간 소외는 이와 같은 방식으로 극복된다. 그러나 마르크스적 소외의 극복은 심리적 차원에서의 문제, 즉 실재의 문제를 여전히 남겨놓는다. 욕구의 만족이 평등화된 사회에서도 충동의 만족으로서의 주이상스의 불평등이 초래되기 때문이다.

라깡은 더 이상의 논의를 진전시키지는 않지만, 그럼에도 욕구의 차원보다 근본적이며, 인간의 욕망을 결정짓는 충동의 만족으로서의 주이상스의 차원을 마르크스가 누락했다는 사실을 암시한다. 마르크스가 불평등한 인간의 문제를 해결하는 데 정교한 사유를 발명해낸 것은 사실이지만, 그럼에도 "이성과 욕구라는 두 개념은 인간적 실현이 문제시되는 영역을 평가하기에는 충분하지 못하다."* 충동의 만족이 문제시되는 주이상스의 영역인 실재는 상징계에 저항하며, 결코 온전한 상징화를 허용하지 않는다. 현상적 차원에서 교환되거나 착복되

247

거나 전유되는 것이 욕구의 대상처럼 보일지라도 그 이면에 보다 강한 영향력을 행사하는 것은 충동의 대상이며, 그로부터 발생하는 환상들이다. 그리고 이러한 충동의 대상들이 시작되는 지점은 생식적 요구의 장소가 아니다. 그곳은 타자의 언어가 주체의 심리에 흔적으로 남긴 기표의 분절, 담화, 무의식적 발화의 장소이다. 정신분석이 이성의 장소라고 부를 수 있는 것은 이곳뿐이다. 여기서 이성은 주체적 이성이 아니라 무의식의 언어적, 즉 로고스적 사유방식을 의미하는 이성일 뿐이다. 왜냐하면 주체는 무의식에 새겨진 기표적 분절로부터 분열되어 있기 때문이다.* 주체의 무의식은 언어적으로 구조화되어 있으며 그런 의미에서 무의식은 하나의 지식, 즉 이성인데, 정작 주체 자신은 이러한 지식으로부터 소외되어 있다. 주체는 스스로에 대해서 언제나 언표된 것의 차원에서 말하고 있으며 자신에 관한 주체성의 환상을 추구하지만, 그럼에도 자신의 진리에 관하여 철저하게 배제되어 있을 뿐이다. 언표된 것으로서의 주체의 담화는 이러한 무지에 대한 끝없는 장광설, 변명이 되며 무의식의 발화, 즉 언표화는 분리된 채로 그것 자체가 말하는 차원에 머물게 된다.* 인간의 욕망은 바로 이렇게 분열된 토대로부터 전개된다. 따라서 욕망이 모순된 현상을 보이는 것, 즉 단지 욕구의 차원으로 설명될 수 없는 비일관성을 보이는 것 역시 이 때문이다.

정신분석 임상은 바로 이것, 주이상스의 만족이라는 특수성을 탐사하는 실천이다. 그리고 정신분석이 이를 다루는 방식은 그것의 '역사성의 차원'을 통해서이다.* 왜냐하면 무의식의 차원에서 최초의 기표에 의해 흔적으로 남는 주이상스는 최초로 기억된 주이상스이며, 라깡의 표현대로 이것은 기념비화된 주이상스이기 때문이다. 라깡이 역사성의 차원이라고 말한 것은 이처럼 기표에 의해 주이상스의 흔적들이 무의식에 차례로 기억되는 양상을 지시하는 것에 다름 아니다. 달리 말한다면 충동의 구조가 형성되고 그것이 반복되는 방식으로 불멸의 것이 되기 위해서는 지표가 설정되어야 하기 때문이며, 기표는 마음의 역사가 표기될 수 있도록 지표를 무의식의 흔적으로 남긴다. 그와 같은 방식으로 기표는 충동을 역사화하고 기념비적인 것으로 만든다. 이러한 최초의 지표화 이후에 또 다른 기표의 흔적이 최초의 기표-흔적에 환유와 응축의 방식으로 달라붙는 것이, 즉 다시 기억하는 일이 잇따르게 되는데, 이것이 바로 '표상의 대표자'라는 기표 기능의 의미이다.

교황 피 6세의 시스템

주이상스의 본질에 대한 논평을 마친 라깡은 다시 사드의 작품 분석으로 돌아온다. 특히 『쥘리에트 이야기 또는 악덕의 번영』에서 언급되는 특수한 세계관으로서의 '교황 피 6세의 시스템'을 분석한다.[*] 사드가 교황 피 6세라는 가상적 인물을 통해 말하는 바에 따르면 세계 또는 자연은 근본적으로 부조화와 모순의 장소이다. 자연은 세 개의 힘으로 지배되며 순환된다. 그런데 세 개의 힘은 서로 갈등하며 반목하고, 그 결과 자연은 스스로의 에너지를 상실하고 혼돈 속으로 추락한다. 마치 분열된 인간 주체의 심리 상태를 암시하는 듯한 이러한 자연의 모순을 치료할 유일한 방법은 모든 것이 다시 시작될 수 있도록 자연이라는 세계 자체를 깨끗이 비워내는 것이다. 라깡은 사드의 이러한 논점을 그대로 소개하기 위해 작품 자체의 상당 부분을 강의에서 그대로 읽는다. 라깡의 작품 강독에서 주목할 만한 부분은 다음과 같다.

248

악덕이 미덕보다 더 필요하다. 왜냐하면 악덕은 창조자인 반면 미덕은 창조물일 뿐이기에, 혹은 악덕은 원인이며 미덕은 효과일 뿐이라고 말할 수 있기에 […]. 너무 완벽한 조화는 혼돈보다 더 위험하다. 만일 전쟁과 반목 그리고 범죄가 금지된다면 세 개의 영역들의 힘은 더욱 파괴력을 갖기에 자연을 파괴하게 될 것이다. *

인용된 부분은 더 큰 파국을 막으려면 세계의 혼돈을 가속화시켜 자연을 몰락의 지점으로 이끌어야 한다고 주장한다. 그런 의미에서 위반과 범죄는 기만적인 환상을 일소하는 필연적 절차이며, 따라서 범죄자는 세계의 구원자이다. 마찬가지 의미에서 살인은 개인의 환영적 삶을 제거해주는 은총이다.

우리를 덮치는 살인은 단지 첫 번째 삶을 빼앗아갈 뿐이다: 자연에 더욱 유용하기 위해서는 두 번째 삶을 앗아갈 수 있어야 한다. 왜냐하면 자연이 원하는 것은 파멸이기 때문이며 […] *

여기서 말하는 두 번째 삶의 파괴는 두 번째 죽음을 의미한다. 일반적인 의미에서 죽음이 평온의 상태를 의미한다면 사드는 두 번 죽이는 절차를 통해 어떤 휴식과 안정의 조화도 허용하지 않겠다는 결의를 표현한다. 이에 대해서 라깡은 죽음충동의 본질을 덧붙여 설명하는데, 죽음충동이란 니르바나와 대립되는 속성이자 항상성의 휴식과 대립되는 운동이다. 쾌락원칙이 원래의 안정적 상태로의 항구적 회귀를 가정하는 운동이자 절대적 휴지의 상태 혹은 일반 균형의 상태라면, 죽음충동은 이 모든 항상성에 대립되는 파멸의 운동이다. 사드는 이러한 파멸을 강조하기 위해, 심지어 한 번의 죽음과 소멸이 보장하는 휴식조차 거부하기 위해 두 번째 살인을 언급했던 것이다.

라깡이 충동의 역사적인 요소를 다시 드러내려는 이유가 여기에 있다. 자연 그 자체에서 하나의 세계가 출현하려면, 즉 물질적 신체로부터 인간적 사유의 역사가 출현하려면 충동이 역사화되어야 한다. 즉, 충동의 시작이 기억되어야 한다는 것이다. 이를 위해서는 기억의 매개체인 기표가 필요하다. 단지 은유의 운동에 참여하는 기표들의 대체-연쇄만이 아니라, 기표들의 연쇄의 최초 지표가 필요하다는 것이다. 이것이 바로 최초의 살해, 말에 의한 사물의 살해이며, 사물의 부재의 출현이다. 또는 포르-다 게임으로 표지되는 어머니의 부재이다. 기표에 의해 도입되는 이 최초의 공백은 그것을 채우러 오는 이후의 기표연쇄들을 허용하는 사유의 공간이 된다. 따라서 이 모든 사유의 전개가 시작되는, 그리하여 상징계-팔루스 판본의 욕망의 전개를 가능하게 만드는 최초의 지표가 바로 근본적 기억화mémorisation fondamentale의 기능이며, 시원적 의지intension initiale의 장소이다.* 결국 라깡이 사드의 사례로 말하고자 하는 주이상스의 구조는 신체라는 자연적 영토에 새겨지는 기표연쇄의 인위적 개입이다. 이것은 신체를 살해하면서 시작되는 문명적인 것의 기능이기도 하다. 교황 피 6세라는 인물의 조야한 이론으로부터 라깡은 정신분석의 근본 개념을 은유하고 있는 것이다.

정리하면, 충동은 균형 상태로 회귀하는 항상성과는 반대되며, 그보다는 파괴적 의지의 속성에 가깝다. 그런데 이와 같은 충동의 기능은 기표의 흔적에 의해 역사로 기록되면서 시작된다. 우리의 심리는 이와 같은 충동의 역설적 운동에 방어적인 경향을 보이거나 그에 동조해 몰락에 도달하기도 한다. 그런 의미에서 죽음충동은 파괴의 의지인 동시에 폐허 속에서 다시 시작하려는 의지이며, 엄밀한 의미에서 주어진 안정적 대상들, 즉 쾌락원칙 내부의 사물들이 아닌 다른 것을 향한 의지, 즉 큰사물을 향한 의지이다. 여기서 중요한 점은 죽음충동의 파괴적 의지가 역사적인 방식으로 심리 내부에 보존된다는 것이다. 그것은 무너진 건물의 잔해 속 벽에 새겨져 있던 상형문자처럼 잔존한다. 상징계라는 거대한 건축물 내부의 잔해 속에 흔적으로 각인된 파괴적 의지는 결코 사라지지 않는다. 따라서 기표연쇄가 쾌락원칙의 한계 내에서 항상성 추구를 통해 삶의 보존을 욕망하고 있을 때조차 죽음충동의 원초적 기억은 무의식의 내부에 도사리고 있으며, 정신분석은 이것을 불러낼 수 있다. 라깡이 사드를 참조하면서 묘사하려는 것은 바로 이 같은 충동의 구조와 잔존하는 힘이며, 이것을 임상실천에서 역으로 이용할 때 일어나는 창조의 긍정적 효과이다. 왜냐하면, 엄밀한 의미에서 죽음충동이란 창조적 승화이기 때문이다. 죽음충동은 유아기 시절 신체의 자연적 항상성을 붕괴시키면서 상징계를 도래시켰으며, 그렇게 상징화된 세계가 다시 항상성의 구도에서 고착되려 할 때 다시 한 번 붕괴를 초래하며 또 다른 상징계의 도래를 가능하게 할 수 있기 때문이다.

이제껏 논의의 중심을 차지했던 죽음충동, 프로이트가 발명한 이 개념은 사유가 심리의 역사 속에서 어떻게 출현하는지, 어떻게 욕망의 구조가 형성되는지를 이해할 수 있게 해주는 효과적인 개념이다. 라깡은 이 개념을 틀림과 맞음의 기준으로 파악하는 것은 무의미하다고 말한다. 왜냐하면 죽음충동은 실재, 큰사물, 또는 형언할 수 없는 근본적 사태에 정신분석이 접근할 수 있게 해주는 하나의 설정된 개념이기 때문이다. 결국 죽음충동이라는 개념의 정확성을 논의하며 시간을 보내는 것은 소모적일 뿐이다. 이 개념은 과학이 만들어낸 모든 이론과 개념처럼 붙잡을 수 없는 실재에 접근하는 하나의 틀에 불과하기 때문이다. 그런 의미에서 죽음충동은 쾌락원칙 너머의 영역을 승화하는 하나

의 기표이며, 이후 정신분석이라는 로고스적 실천을 파생시킨 기원적
장소이다. 그런데 라깡의 이 같은 관점에는 창조론과 진화론의 대립구
조가 숨겨져 있다. 모든 과학은 이전 과학의 인식장과 단절하는 방식
으로 새로운 과학적 지평을 연다는 관점에서 창조론은 정신분석이 문
명과 개인의 차원에서 사유가 출현하고 발전하는 현상을 설명하는 데
참조하는 유일한 인식론적 관점이다. 마치 충동이 기표의 흔적에 의해
이전의 상태에서 질적으로 전혀 다른 도약을 했던 것처럼 사유의 모든
도약은 창조론적 방식으로 진행될 뿐이다.

창조론과 진화론

모든 것의 시작에 기표가 있다. 그리고 이 기표는 타자가 던진 우발적
사건에 불과하다. 결국 모든 존재의 시발점은 존재의 균열 또는 공백
의 개시이다. 항상성의 구도에 공백이 도입되고, 부재가 명명되는 사
건을 통해 이후의 상징계는 욕망의 신화적 현상계를 창조해낼 수 있었
다. 이것을 라깡은 창조론적 사유의 틀이라고 부르는데, 이에 대립되
는 것은 진화론적 사유의 틀이다. 즉, 모든 사물의 시작과 전개를 단절
없는 연속성 속에서 파악하려는 관점이 그것이다. 앞선 강의에서 이미
한 차례 짧게 언급된 적이 있었던 두 가지 사유의 대립이 이번 강의의
말미에서 다시 언급된다. 라깡은 이렇게 말한다. "여러분들이 진화론
이라고 불리는 사유의 범주에 관해 조심해야 하는 것은 다음의 두 가
지 이유 때문입니다."[•]

251

　　라깡이 말하는 첫 번째 이유는 진화론과 프로이트적 사유가 대립
되는 지점에서 도출된다. 이미 충분히 설명했듯이, 프로이트가 사유의

역사를 사유하는 방식은 충동의 개념을 매개로 해서이다. 다시 강조하건대, 인간의 욕망과 그에 종속된 사유는 기표적 사건으로부터 출현한다. 기표 없이는 충동을 시간 속에서 역사적으로 분절할 수 없다. 따라서 매번 인간 문명이 출현하는 것은 연속적 출현이 아니라 사건적 출현이며, 단절에 근거한 출현이다. 나아가서 이 단절은 언어라고 하는, 인위적이고 이질적일 수밖에 없는 외부적 개입으로 이뤄진다. 라깡이 인간 심리와 문명의 전개에 지속적으로 엑스 니힐로라는 구도를 설정하는 이유가 여기에 있다.

한편 라깡이 제시하는 두 번째 이유는 신의 개념을 근본적으로 배제할 수 있도록 허용하는 유일한 구도가 창조론이기 때문이다. 개념 자체에서 풍기는 뉘앙스와는 반대로 창조론은 무신론에, 진화론은 오히려 유신론적 관점에 의존한다. 이미 설명했듯이 창조론은 단절이자 사건적인 역사관이다. 창조론은 인간의 사유와 문명이 우발적 개입으로 출현하는 것으로 간주한다. 반면 진화론은 연속적이다. 일견 진화론에 대한 현대적인 담화에서는 그 어떤 신의 존재도 명명되지 않은 듯하지만, 라깡은 신이 편재한다고 비판한다. 왜냐하면 연속성을 가정하는 진화론은 하나의 종이 연결된 최초의 지점, 플라톤적 존재의 시원이라고 부를 만한 최고 단계를 가정하게 하기 때문이다. 종의 기원에 일관성의 시원이 가정되며, 이러한 시원의 가정은 이데아를 가정하는 사유만큼이나 신학적이다. 절대적 시원의 가정과 이로부터 흘러나오는 일관된 역사의 구도는, 절대적 시원과 역사의 연속을 단절로서 구분하는 창조론적 관점과 철저하게 대립된다. 그러한 방식으로 진화론은 존재자étant 내부에 존재être를 융합한다. 그러나 라깡은 충동의 구조에 의존하면서 존재와 존재자를 분리한다. 존재를 무nihil로, 존재자를 환상 또는 현상, 기억된 것mémorisé으로 규정하는 창조론의 관점에서 라깡은 진화론의 환영적 속성을 비판하는 것이다.

이와 같은 라깡의 존재론을 우리는 창조론이라는 말 대신, 생산적 존재론이라고 부를 수도 있다. 실제로 라깡은 사유가 도달할 수 있는 존재의 최종적 형상을 엑스 니힐로로부터의 생산으로 보고 있기 때문이다. 무언가가 공백의 장소에서 새롭게 만들어지는 것이지 이어받아 전수되는 것이 결코 아니라는 의미이다. 이처럼 존재를 무로 가정하며, 부재를 존재로서의 존재로 규정하는 라깡적 존재론은 이후 바디우가 공집합의 존재론, 또는 사건의 존재론을 통해 수학화할 것이다. 라깡의 충동 개념과 그것을 지표화하는 최초의 기표, 즉 주인기표는 바디우가 초일자Ultra-Un의 명명으로 변주할 것이다. 라깡이 대타자의 균열이라고 묘사했던 구조는 재현-국가의 무기력으로 다시 규정될 것이다. 한편 바디우의 사건 개념 자체는 라깡적 증상의 회귀 개념과 동일하다. 바디우의 정교하게 수학화된 존재론적 사유는 이미 라깡의 초기 세미나들에서 온전히 표현되었던 것이다. 그런 의미에서 라깡의 사유는 20세기의 존재론이 도달할 수 있는 최종 정점에 도달해 있었다.

엑스 니힐로로서의 여성

강의를 정리하면서 라깡은 충동의 지대, 주이상스의 영토이며 기표연쇄의 시작점인 큰사물의 장소로부터 승화의 과정을 통해 출현하는 것이 '여성'임을 지적한다. 궁정풍 사랑이라는 특수한 사례의 주체들이 자신의 주이상스와 관련하여 출현시키는 승화의 산물을 여성의 이미지로 표현한다는 사실 역시 이를 증명한다. 이에 대해 라깡은 경이롭다는 표현을 쓴다. 어째서 욕망의 한계점에서 인간이 추론해내는, 즉 승화해내는 이미지는 여성 또는 여성적인 것일까? 모든 존재자의 한계 너머에 위치하는 고립된 존재의 자리에서 여성성을 발견하는 것은 무엇 때문일까? 큰사물의 영역에 던져진 마지막 환상은 어째서 여성의 형상일까? 물론 여기서 여성은 생물학적 대상으로서의 여자를 말하기보다는 여성성, 즉 팔루스의 법이 가정하는 한계의 바깥을 의미한다. 만일 팔루스의 법이 아버지의 법으로 한계 지어진 욕망의 지대를 규정한다면 그러한 한계 너머의 욕망의 대상은 곧 여성이며, 주이상스이며, 위반으로 도달되는 존재의 영토이다. 그런 의미에서 궁정풍 사랑에서 시적 욕망의 대상이 되었던 실질적 존재는 존재자로서의 여성, 살과 뼈를 가진 이미지로서의 여성이기보다 존재의 지표인 여성, 즉 기표로서의 대상이었다. 앞선 강의에서 대상의 비인간성이라고 언급되었던 것은 존재의 기표, 또는 기표로서의 존재가 가진 고립된 속성을 묘사하는 또 다른 표현에 다름 아니다. 궁정풍 사랑의 이야기에 등장하는 인물들을 광기에 가까운 자기 파괴의 모험으로 몰아넣은 주요한 동인은 결국 현실의 여성이 가진 욕망의 대상으로서의 속성이 아니라, 죽음충동을 표지하는 기표로서의 속성이었던 것이다. 공백이, 큰사물이 겨냥되는 순간 작은 사물들, 즉 산물의 세계를 지탱하는 논리, 쾌락원칙의 논리는 힘없이 무너지기 때문이다. 궁정풍 사랑에서 음유시의 아주 예외적인 경우였던 아르노 다니엘의 외설적 승화 형식을 암시하면서 라깡은 여성성의 본질을 다음과 같이 설명한다.

> 여성은 그에게 이렇게 말합니다. "나는 내 기포 속의 공백에 불과합니다 [⋯] 당신의 승화가 여전히 지속되는지 보려면 그 안으로 숨결을 불어넣어 보아요."•

그런 의미에서 여성 또는 여성성은 결국 남성적 영토의 균열점, 상처로 인해 출현한 수포, 즉 기포인 동시에 새로 도래할 질서의 시작점이다. 여성성이 오직 고립된 공백의 형식으로 묘사될 수밖에 없는 이유는 없는 것, 볼 수 없는 것, 한계 지을 수 없는 것, 따라서 무한한 것의 도래를 있는 것의 질서를 통해 포착할 수 없기 때문이다. 유한성의 질서는 우리에게 주어진 법에 의해 조율되는 사물들의 출현만을 허용한다. 그런 이유로 여성성이 출현한다면 그것은 형언 불가의 공백과 같은 형식을 통해서일 뿐이다. 이곳에 접근하는 모든 절차를 우리는 승화라는 이름으로 규정했다. 승화는 그렇게 유한성의 끝에 도달하는 기술인 동시에 무한성의 시작점에서 멈춰 서는 기술이기도 하다. 이곳, 경계선에서 바라보는 욕망의 대상이 바로 여성이다.

한편 사드는 이 대상을 궁정풍 사랑의 경우와는 다른 방식으로 규정했다. 사드는 궁정풍 사랑이 삶의 가장 존엄한 존재가 자리하는 곳으로 규정한 이 영역을 오히려 '악의 최고 존엄'이라고 명명했다. 큰사물의 영역을 이처럼 최고의 악이 군림하는 자리로 규정하는 방식은 물론 새롭지 않다. 라깡의 예를 따르자면 마니교와 카타리교 역시 동일한 방식으로 주이상스의 영역을 표현하기 때문이다. 그러나 이와 같은 명명의 다양성에도 불구하고 이들이 추구하는 바는 동일하다. 그것은 큰사물에, 주이상스에 가능하면 더 가까이 접근하려는 것이다. 이들은 모두 현상계의 유한한 질서 너머에 도달하기 위해 특별히 고안된 기표로 욕망의 궁극적 대상을 명명하는 방식을 취한다. 그리하여 말의 효과가 그들을 쾌락원칙 너머의 장소로 데려갈 수 있도록 하려는 것이다. 실제로 우리는 궁정풍 사랑의 효과가 현실 질서를 어떻게 횡단하는지를 관찰했으며, 사드 역시 현실의 몰락을 극단적 사악함으로 표현하면서 그 너머에 도달하려는 모습 또한 볼 수 있었다. 라깡이 다시 언급하는 카타리교 역시 마찬가지였다. 말의 효과로 그들이 원하는 것은 세속적 유한성의 횡단이며, 종교적 무한성, 즉 기독교적 메시지의 시원적 지점으로 도달하는 것이었다. 결국 이 사례들의 공통된 목표는 "어떻게 더 가까이 접근할 것인가?" 또는 "어떻게 이 영역을 탐사할 수 있을까?"인 것이다.

이제까지의 강의에서 라깡은 다양한 사례를 통해 큰사물로의 접근 형식들을 탐사했다. 다음 강의에서 라깡은 이러한 접근을 가로막거나 잠시 정지시키는 완충장치들을 다루는데, 그것은 '선의 기능'과 '미의 기능'이다. 이 둘은 인간의 욕망이 큰사물에 완전히 접근하지 못하도록 하는 두 가지 유형의 완충장치라고 할 수 있다.

선의 기능

1960. 5. 11.

• 주요 개념 •

성 아우구스티누스와 사드 : 기억, 길트임, 제례 : 주체, 기표의 생략

직물 일화의 교훈 : 효용과 주이상스

• 강의 개요 •

이번 강의의 주제로 제시된 개념은 선善, le bien이다. 라깡은 욕망에 장벽을 설치하는 기능을 하는 선의 개념을 (악에 대립하는) 선의 차원과 재화의 차원 모두에서 다룬다. 선과 재화 둘 모두 욕망의 대상, 즉 대상 a로 기능하는 동시에 욕망이 그 너머로, 악의 영역으로 또는 재화를 완전히 향유하는 영역으로 진입하는 것을 차단하는 기능을 한다. 요약하자면, 욕망이 추구하는 대상으로서의 선은 그 너머의 악의 영역인 주이상스의 공간을 차단한다. 또한 욕망이 추구하는 대상으로서의 재화는 그것의 공리적 분배를 통해 개인적 사유화라는 주이상스

의 영역을 차단한다. 선과 재화의 기표는 그와 같은 방식으로 욕망의 초과를 통제하는 방벽의 역할을 한다. 라깡은 이번 강의에서 선의 개념을, 다음 강의에서 미美, le beau의 기능을 소개하면서 주이상스의 본질과 한계를 탐사하는 강의들을 종결짓는다. 그러나 필자는 강의 18을 강해하지 않을 것인데, 그 이유는 해당 강의의 주제가 '미의 기능'이라고 명명되어 있기는 하지만 사실 강의 17의 주제인 '선의 기능'을 이어서 논평할 뿐이기 때문이다. '미의 기능'은 간단한 언급만으로 암시되어 있을 뿐이다. 이에 강의 18의 상당 부분을 강의 17의 강해에 포함시켰다. 한편, '미의 기능'이 실제로 강의되는 것은 이후의 강의들, 특히『안티고네』를 다루는 강의들에서이다. 필자 역시『안티고네』를 주제로 한 강의들을 통해 '미의 기능'을 보충 강해할 예정이다.

성 아우구스티누스와 사드: 선과 쾌락의 공모관계

인간의 행위에서 가장 주요한 통제의 기능을 하는 것은 '선'이다. 초자아와 죄책감의 무게로 주체를 압박하고 무제한적 쾌락으로의 접근을 금지하기 때문이다. 이러한 선의 개념은 일종의 지식 또는 과학의 형태로 제시된다. 라깡은 이것을 플라톤적 속견의 수준에서 일어나는 승화 작용과 연결시킨다. 승화의 보수적 측면이 사회적으로 허용된 만족을 의미한다면, 다양한 의견의 조정과 타협으로 도출되는 도덕적 선의 개념과 이를 통한 욕망의 통제, 그 잉여적 만족의 허용은 승화의 절차를 사회적 가치의 틀 속에서 따르는 것이기 때문이다. 간단히 말해서 옳고 그름의 판단으로 행동을 통제하는 선의 규준은 다양한 의견들이 타협과 조율이라는 일종의 승화 절차 속에서 산출해내는 결과물에 다름 아니다. 그것은 타협된 속견이며, 도덕에 관한 일종의 위조된 과학이다.[*] 우리의 사회 공동체가 어떤 선의 이데아를 추구하든 그것의 정당성이란 공동체의 한시적 조건이 부여하는 불완전한 보증만을 담보로 하기 때문이다. 그럼에도 선의 권력은 언제나 초월적인 것으로 가

258

정된다. 라깡은 이러한 방식으로 사회적 차원에서의 선의 개념을 일종의 기만으로 가정한다. 선의 개념이 제아무리 초월적인 근거를 갖고, 이로 인해 보편성의 위상을 갖는다고 해도 자신의 상대성을, 즉 속견의 속성을 완전히 은폐하지 못하기 때문이다.

그런 의미에서 라깡은 "우리 자신의 태도", 즉 정신분석가들의 태도에서 이러한 세속적 선의 추구가 경계되어야 한다고 강조한다.[*] 임상과정에서 '선'이란 환자의 치료이며, 그것은 환자에게 좋은 일을 해주는 것, 즉 선을 베푸는 실천으로 가정된다. 그러나 이는 가능하지 않고 정신분석이 추구하는 바도 아니다. 만일 임상과정이 선의 추구를 염두에 둘 경우, 분석은 필연적으로 길을 잃게 된다. 존재하지 않는 것, 단지 속견일 뿐인 것을 쫓는 행위의 결과는 자명하기 때문이다. 그런 의미에서 분석의 욕망은 오히려 치료에 대한 비-욕망, 즉 치료를 욕망하지 않는 욕망이다.[*] 이 같은 역설적 표현을 통해 라깡이 말하고자 하는 바는 다음과 같다. 환자의 욕망이 선이라는 개념을 통해 방어하려는 것은 진정한 욕망을 향한 접근 그 자체이다. 환자가 분석가에게 요구하는 것이 선이며 행복이라면, 분석가는 오히려 이것을 욕망하지 않음을 욕망해야 한다. 왜냐하면 분석가는 환자가 자신의 환영적 자아를 넘어서는 것을 욕망하기 때문이다. 분석가는 환자가 쾌락-현실원칙의 방어와 이에 뒤얽힌 주이상스의 역설적 효과들로 형성된 환영들 너머에 진입하기를 욕망한다. 그곳은 환자의 자아가 경계 너머의 영토로 규정하는 장소이며, 따라서 악으로 규정되는 장소이다. 그럼에도 이곳으로 환자가 도달해야 하는 이유는, 외밀성의 장소인 이곳을 통해서 자신의 진정한 욕망과 대면할 수 있을 것이기 때문이다. 따라서 분석가는 선의 형식 아래 제시되는 주체의 행복을 욕망하지 않는다.

동일한 관점에서 라깡은 미국식 라이프 스타일에 근거한 행복 치료류의 정신분석을 비난한다. 그것은 마치 선의 개념을 재화와 동일하게 간주하면서 치료가 그러한 재화로서의 선에 접근하는 길을 열어줄 것이라 약속하는 정신분석의 경향들이다. 마치 사회적 선에 연결된 심리적 쾌락이 상품화될 수 있다는 듯 심리의 증상들을 분류하고 처방을 내려 영혼의 안락함을 상품화하는 모든 종류의 정신의학은 라깡학파의 정신분석이 밝히는 주이상스의 역설적 구조와 그 효과들에 의해 비판의 대상이 될 수밖에 없다. 간단히 말해서, 타협된 속견에 다름 아닌 선을 중심으로 구성된 행복과 쾌락을 환자에게 판매한다면, 환자는 자신의 무의식으로 접근할 기회를 차단당할 것이며, 결국 무의식의 진리로부터 영원히 소외당할 것이다. 이것은 치료가 아닌 마취이며, 다른 정신의약품들이 그러하듯이 환자를 철저히 치료에 의존하게 만든다. 환자는 이제 주어진 행복으로 만족하지 못하고 욕망의 환유원칙에 따라 또 다른 행복을 요구하며 정신분석가들을 전전하는 방황을, 일종의 우상들에 대한 성지순례에 다름 아닐 그것을 불안과 분노 속에서 지속하게 될 뿐이다. 그런 의미에서 라깡학파의 정신분석은 "선 너머의 가공할 만한 미지의 장소"로 주체를 초대하는 절차이다.° 그곳은 망각으로 은폐된 장소이며, 프로이트가 무의식이라고 명명한 장소이기도 하다. 주체의 욕망이 기만적 운동 속에서 이곳을 비켜가거나 때로는 격렬한 환각 속에서 이곳과 충돌하는 사건들로부터 출현하는 모든 환상을 횡단하는 것이 정신분석의 목표이다. 이러한 목표에 도달하기 위해 라깡은 선의 이데아가 가진 은폐된 환영적 속성을 드러내려고 한다.

272

이를 위해서 라깡은 성 아우구스티누스와 사드의 관점을 비교한다. 특히 이 두 인물이 선과 악에 관하여 표명한 입장들을 분석한다. 사드가 『쥘리에트 이야기 또는 악덕의 번영』에서 표명한 바에 의하면, 새로운 국가의 출현이 가능하려면 구질서의 파괴라는 무정부주의적 혼돈이 필연적으로 요청된다. 새로이 구성된 질서는 질서의 공백인 카오스로부터 산출된다는 의미에서, 무정부주의는 이후 산출된 정부보다 순수하며 우월하다. 이러한 과정을 법의 차원에서 접근해본다면, 모든 법을 파괴하는 혁명의 법, 또는 죽음충동의 법이 선행하며 이것의 결과물로서만 새로운 현행법이 출현한다고 봐야 한다. 한편『고백록』에서는 선악에 대해 다음과 같은 견해가 표명된다. 만일 우리가 어떤 것을 타락했다고 말할 수 있다면, 그것은 선함이라는 상대항을 상실했기 때문이다. 선함의 상실이 완전히 실행되었을 때, 그것은 더 이상 아무것도 아닌 것이 된다. 성 아우구스티누스는, 따라서 모든 타락하는 것은 선함을 이미 가정한다고 규정하며 나아가서 선은 환원 불가능한 최초의 것이며 최종적인 것이라고 결론짓는다. 그러나 사드는 반대의 논점을 주장한다. 결국 선함이 가정되는 이유는 그것이 타락할 수 있는 가능성 때문이며, 타락의 주체인 악은 선함을 지탱하며 선함의 조건을 구성한다는 것이다. 사드는 한 발짝 더 나아가서, 모든 선함이란 생산물이며 이것을 순환시키고 새롭게 탄생시키는 근본적 힘은 파괴의 힘, 즉 악의 힘이라고 주장한다. 선을 지탱하며 선의 속성과 정도를 규정하는 것도 악이며, 기존의 선을 폐지하면서 선의 0도에서 새로운 선의 체계를 출현시키는 것 역시 악이다. 만일 성 아우구스티누스가 선을 악의 조건으로 규정하는 관점을 보여주었다면(선이 없다면 악도 없다), 사드는 악을 선의 탄생 조건으로서, 즉 보다 순수하며 우월한 것으로 규정하는 관점을 '법'이라는 개념을 축으로 드러냈다. 왜냐하면 새로운 선을 계율과 법의 체계가 지탱한다면, 이러한 체계를 탄생시키기 위해 구시대의 법을 폐지하는 것은 혁명적 법이며 이것은 존재하는 무엇도 타당한 법으로 인정하지 않는 파괴의 법이기 때문이다. 이러한 논점의 전개를 통해서 라깡은 도덕법의 토대로서 선의 가장 근본적인 지점을 드러낸다. 만일 올바름의 기표로서 선이 가장 상위의 단계에 도달할 수 있다면 그것은 파괴의 법에 의해 지탱되는 선일 뿐이다. 무언가가 올바를 수 있다면 그것은 올바르지 않은 모든 것이 파괴된 후에 다시 창조된 어떤 것이기 때문이다. 따라서 악은 선보다 우월하다. 혹은, 죽음충동은 선 의지보다 선재하며 근본적이다.

성 아우구스티누스와 사드의 관점을 비교한 후에 라캉은 선과 악의 개념에 관련하여 쾌락원칙이 어떤 전략을 추구하는지를 다시 설명한다. 주체가 선을 추구하는 과정은 일종의 알리바이를 획득하는 절차와 유사하다. 주체는 선을 추구한다는 알리바이 속에서 그 너머로, 즉 상대적 악의 형상이 잔존하는 영역으로 진입하는 것을 스스로 차단할 수 있기 때문이다. 라캉은 이것을 명백히 하고 있다.

> 그럼에도, 우리[정신분석가들]의 매일의 경험이 주체의 방어라고 부르는 형식을 통해 드러내는 것은 다음과 같습니다. 즉, 선에 대한 주체의 탐사 경로들은 항구적으로, 그리고 그렇게 말할 수 있다면 본래부터, 오직 어떤 알리바이의 형식으로서만 현시됩니다.*

261

이로부터 우리가 도출할 수 있는 결론은 다음과 같다. 즉, 선의 추구가 쾌락의 추구와 동일하게 간주되었던 전통철학의 논점은 일견 타당했다는 사실이다. 주체는 선을 추구함으로써 자신의 행복과 안녕의 상태를 보존한다. 물론 여기서 말해지는 선은 보편적인 것도, 절대적인 것도 아니다. 전통철학이 쾌락과 선을 동일하게 간주하는 관점의 이면에는 선을 쾌락원칙을 위한 단순한 알리바이로 여기는 무의식의 전략이 숨어 있기 때문이다. 따라서 전통윤리학이 선과 쾌락을 동일한 것으로 간주하는 관점은 한 가지 단서를 덧붙이는 조건에서만 타당한

데, 그것은 전통윤리학이 엄밀한 의미에서 윤리학이 아닌 행복학, 또는 쾌락학이라고 정정되어야 한다는 것이다.* 정신분석은 이와 같은 전통윤리학의 모순을 따르지 않는다. 왜냐하면 쾌락은 초자아의 역설적 속성 때문에 결코 선의 이데아와 조화를 이룰 수 없기 때문이다. 따라서 라깡은 정신분석의 목표에 관하여 다음과 같이 말한다.

> 모든 분석 경험은 자신의 욕망에 대한 직접적 깨달음으로 [환자를] 초대하는 것에 다름 아니며, 그리하여 주체와 선의 관계의 원초적 상태를 변화시킵니다. 철학자들에 의해 이제까지 규정되어왔던 그것[주체와 선의 관계]에 대해 변화를 꾀한다는 것입니다.*

261

이는 『세미나 7』의 시점에서 주장되는 라깡학파 정신분석의 목표가 쾌락의 보존이 아님을 분명히 말해준다. 분석 경험은 환자를 환상이 지배하는 욕망의 '이쪽'이 아니라 욕망의 가려진 민낯이 비로소 드러나게 될 '저쪽'으로 데려가 욕망과 대면하도록 유도하는 절차라는 것이다. 이것은 쾌락과 관련이 없다. 쾌락은 분석가가 환자에게 줄 수 있는 것이 아니라 환자 자신이 무의식의 형성물들이 의존하던 환영적 지지물들을 파괴한 뒤에 그 폐허 위에 스스로 발명해야 할 어떤 것이기 때문이다. 그런 의미에서 정신분석은 소크라테스적 산파술의 위치에 있다고 말할 수 있다. 소크라테스가 그랬던 것처럼 분석가는 유사 진리의 환영을 파괴하는 것을 도울 뿐이다. 진리의 쾌락, 또는 쾌락의 진리를 생산해내는 것은 환자의 몫으로 남겨진다. 그리고 라깡에게 진

* 윤리학이 진정한 도덕실천의 학문으로 자리매김하게 되는 것은 라깡이 높이 평가하듯 선과 쾌락을 별개의 것으로 분리시키는 칸트의 연구가 완성되는 시점부터이다.

리란 절대적 차이를 의미한다. 각자의 주체가 자신의 소외된 존재에서 빠져나가는 절차 속에서 발명해내야 할 삶의 다양한 진실이 그것이다.

기억, 길트임, 제례 : 주체, 기표의 생략

선과 쾌락원칙의 공모 관계에 대한 분석에 이어서 라깡은 주체의 구조가 무엇인지 설명하기 시작한다. 주체의 구조는 현실원칙에 의해 지탱된다. 현실원칙이란 쾌락의 초과를 조율하는 주체가 심리 속에 길트는frayage 절차를 의미한다. 그러한 길트임은 쾌락의 만족이 초과되지 않도록 조율되었던 심리의 흔적을 기억으로 간직하는 것을 의미한다. 그런 의미에서 쾌락원칙과 현실원칙은 서로 분리 불가의 관계를 맺는다. 쾌락을 추구하는 심리의 원칙은 현실원칙이라는 기억된 흔적의 반복 기능 속에서 쾌락을 취하면서 만족에 도달할지 또는 쾌락을 포기하면서 만족에 도달할지의 루틴을 형성하는 것이다. 현실원칙은 기표들의 표지 기능을 통해 기억의 루틴을 형성하는 방식으로 쾌락원칙의 궁극적 목표인 항상성에 도달한다. 따라서 길트임은 현실원칙의 본질이다. 이에 대해 라깡은 다음과 같이 말한다.

> [⋯] 길트임은 자극이 주체가 견딜 수 없는 한계의 수준을 초과하지 못하게 하는 방식으로 리비도 투자의 분배를 통제하는 것이다.*

262

그런데 이와 같은 길트임은 습관이나 학습의 차원과는 전혀 다르다. 길트임으로 가능해지는 현실원칙은 의식적 행위의 차원에서 기능하지 않기 때문이다. 길트임이란 무의식의 기억작용이 발생시키는 반복의 효과일 뿐이다. 욕망의 구조를 구성하는 방식으로 주체의 삶과 역사를 지배하는 것은 바로 쾌락과 관련된 기억의 각인이며 그것의 폭정이다. 그런데 이와 같은 기억의 구조는 언어구조의 근본적 특징에 따라 결정되는데 그것은 기표의 반복이다. 즉, 하나의 기표가 대상을 명명하면, 이어지는 기표가 그 대상의 속성을 다시 규정하는 것이다. 라깡은 이것을 '음'과 '양'이라는 동양적 사유 개념으로 비유한다. 또는 '사인'과 '코사인'의 수학 개념을 간단히 예로 들기도 한다. 이러한 언급을 통해 라깡이 강조하고자 하는 바는 무의식에 흔적을 남기는 길트임의 근본적 특성이 두 개의 기표의 반복구조로 되어 있다는 사실이다. 먼저 하나의 기표가 쾌락의 지점을 표지하면 두 번째 기표가 그러한 쾌락의 표지점을 긍정적인 것으로 간주할지 아닐지를 결정하러 온다. 이것은 또한 현실원칙의 근본 구조이기도 하다. 어머니의 욕망이 기표로 명명되면 이를 억압하러 오는 두 번째 기표, 즉 '아버지의 이름'이 도래할 것이다. 즉, S1과 S2의 반복이 이어지는데, 이것이 '기억 자체의 구조'이다.

한편 기표의 반복과 분절에 따라 기능하는 현실원칙에 대한 라깡의 설명은 자연스레 주체의 출현이라는 사건적 구조의 개념으로 연결된다. "[현실원칙의 기표구조] 바로 그곳으로부터만 그 자체로서의 주체의 탄생이 존재한다는 사실이 식별될 수 있기" 때문이다.* 만일 누군가 주체의 개념과 전개를 의식 차원에서 식별하려고 한다면 그러한 사유의 여정은 필연코 막다른 골목에 이를 것이다. 왜냐하면 의식의 진화라는 현상은 철저하게 우발적 과정들에 의존할 뿐이기 때문이다. 인간의 의식이 하나의 단계에서 다음 단계로 진화하고 변화하고 때로는 퇴행한다는 관점은 무의식으로부터 출현하는 주체의 구조를 왜곡할 뿐이다. 반면 기표연쇄의 근본적 차원에서 파악되는 주체 개념은

263

의심의 여지 없이 선명한 사실을 드러낸다. 주체란 하나의 기표로 표지된 욕망이 다른 기표로 필터링되는 과정 그 자체이다. 사유 역시 이 과정에서 발생한다. 그런 의미에서 라깡은 주체를 다음과 같이 규정한다. 즉, "하나의 주체가 본래로부터 표상하는 것은 그 자신이 망각할 수 있다는 사실이다."* 주체의 기원에 이러한 망각 작용이 토대로 존재한다는 것인데, 여기서 '망각함oublier'이 의미하는 바는, 하나의 기표가 표상하던 것이 다른 하나의 기표에 의해 억압될 수 있다는 사실이다. 즉, S1이 표상하던 것이 S2에 의해 억압되어 망각될 수 있다. 이것은 앞서 언급했던 기억의 근본 구조이기도 하며, 현실원칙의 근본 구조이기도 하다. 따라서 주체의 구조란 이렇게 하나의 기표가 다른 하나의 기표를 위해 표상하는 구도 속에서, 즉 자신의 주이상스를 망각할 수 있는 구조 속에서 출현하는 어떤 것이다. 마치 태양이 달에 의해 가려지듯이, 주이상스의 기표가 아버지의 기표에 의해 망각되지 않는다면 주체라는 신경증적 사유는 출현할 수 없다. 이러한 망각의 산물이 곧 무의식이라는 구조인 것이다.

주체의 출현을 현실원칙과 기표의 길트임 기능으로 설명하는 부분을 마무리 지으면서 라깡은 제례의식을 언급한다. 인간의 역사 속에서 주체가 자연을 마주하는 방식은 언제나 순환 이미지를 통해서였다. 무엇인가가 자연에서 순환되고 있으며, 이것이 자연을 지탱하는 근본 속성이라는 것이다. 이것은 인간이 사유의 토대로 간직한 기표의 반복을 자연 현상에 투영하는 방식으로, 이질적 실재를 상징화함을 의미할 뿐이다. 그런 의미에서 최소한 우리가 알고 있는 자연은 우리 자신의 무의식적 구조의 투사물일 뿐이다.

264

직물 일화의 교훈: 재화와 팔루스의 주이상스 값(-φ)

독자들은 앞선 강의에서 언급한 직물 일화를 기억할 것이다. 라깡은 성 마르탱의 직물-천에 관한 일화를 이번 강의에서는 재화의 개념을 설명하는 데 사용한다. 재화는 라깡에게 선과 동일한 차원인 쾌락원칙과 현실원칙의 영역에 자리한다. 만일 선이 도덕의식의 차원에서 주이상스를 금지한다면 재화는 실질적 생산물의 차원에서 소유와 관련된 주이상스를 금지한다. 이를 설명하기 위해 라깡은 먼저 사르트르의 『변증법적 이성비판』의 첫 30페이지까지 언급되는 희소성의 개념을 소개한다. 여기서 사르트르는 인간과 욕구 대상 사이의 근본적 관계를 희소성의 관점에서 규정한다. 라깡은 이에 대한 간단한 소개에 이어서 곧장 천의 일화를 전개시킨다. 만일 천 또는 직물이 효용가치를 상징하는 사물로 기능한다면 그것은 분명 팔루스의 차원에서일 수밖에 없다는 것이다. 그런 의미에서 사르트르의 희소성 개념은 여전히 불완전한 설명만을 제공한다. 재화의 가치를 결정하는 것은 세계 내 희소성이 아니라, 심리적 희소성이기 때문이다. 보다 엄밀히 말한다면, 재화의 가치를 결정하는 것은 희소성보다는 절대적 결여이다. 희소성이란 대상의 존재를 수적으로 축소시킬 뿐 여전히 존재하는 무엇에 관한 관념이다. 그러나 대상의 효용가치가 욕망의 차원에서 추구된다면 그것은 희소하기 때문이 아니라 지금 여기에 없다는 사실, 또는 전적인 소유가 금지된다는 사실에 원인을 갖는다. 이에 대해 라깡은 팔루스-천의 양가성이 문제가 된다고 설명한다. 즉, 하나의 재화로서의 천은 가치를 드러내는 동시에 은폐한다. 상징화된 재화의 대상값은 스스로를 결여로 제시하는 방식으로만 드러나는 역설 속에 있기 때문이다. 이것은 재화의 영역뿐만 아니라 상징화가 일어나는 상징계 내부의 근본적 역설이며, "상징 개념의 난점"이기도 하다. 실재의 상징화가 시작되는 순간 실재는 결여로, 즉 부재의 형식으로만 상징값을 가지기 때문이다. 만일 상징계 내에서의 가치 규준을 팔루스라고 한다면, 팔루스는 스스로의 현존을 결여의 차원에 위치시키는 방식으로만 유지되는 기능이라고 할 수 있다. 즉, 그것이 지금 여기에 없기에 그것의 가치가 인정될 뿐이다. 뒤집어 말한다면, 그것을 욕망하기 위해 우리는 그것의 부재를, 현존의 불가능성을 받아들인다.

　이를 설명하기 위해서 라깡은 일견 기이한 비약을 시도한다. 즉, 천의 가치를 이해하려면 털의 결여를 생각해봐야 한다는 설명이 그것이다. 인간이 천을 직조하여 옷을 만들기 시작한 이유는 무엇일까? 그것은 인간의 신체에 털이 결여되었기 때문인가? 이에 대해서 라깡은 다음과 같이 덧붙인다. "[털이 없기는 하지만] 분명 온몸 전체에 결여된 건 아니다"라고. 그런 의미에서 천은 여전히 신체에 남아 있는 털, 즉 음모의 연장이라고 볼 수 있다는 것인데, 특히 여성의 음모가 그렇다. 그리고 여성 음모의 기능은 "그녀가 가지지 못한 것을 가리는"것이다.* 따라서 천 또는 직물로서의 재화는 여성 음모의 확장된 대상이며, 그것이 가리는 것은 팔루스의 부재 그 자체이다. 만일 여성의 음모가 페니스의 부재를 은폐하는 기능을 한다면, 음모의 확장인 직물로서의 천 역시 팔루스의 부재를 은폐하는 차원에서 기능한다. 같은 의미에서 나체의 개념 역시 이해할 수 있다. 나체 상태를 현상학적 차원에서 고려한다면 그것은 자연의 상태를 의미할까? 의복을 입은 상태는 인위적인 것이며 나체의 상태는 자연적인 것인가? 앞선 팔루스적 해석에 근거한다면 절대로 그렇지 않다. 왜냐하면 나체란 언제나 '가려짐'의 상태를 전제함으로써 사유되는 현상이기 때문이다. '벗겨짐'을 상정하지 않는다면 그 자체로서의 자연 상태를, 즉 나체 자체를 지시

267

할 상징이 존재하지 않는 이유도 여기에 있다. 따라서 나체는 언제나 그 너머의 차원을 가정하게 만들며, 그-이쪽의 차원, 즉 의복과 천의 차원이 선험적으로 전제된다. 라깡의 설명은 직물과 관련된 일화에 그 치지 않고 아담과 이브의 개념으로까지 나아간다. [하나님] 아버지에 의해 세상에 삽입된 두 기표, 아담과 이브는 무엇을 의미할까? 그것은 현존과 부재의 기표적 연쇄이다. 무언가의 존재가 명명되었지만 곧 이 어서 거세가 일어나고, 부재가 선언된다. 아담과 이브의 상징화가 바로 이것이다. 이것을 라깡은 다음과 같은 방식으로 설명한다.

[…] 아담이 이브로부터 털 하나를 뽑았습니다. 내가 여기서 여러분 들에게 보여주려고 하는 모든 것은 바로 이 털 하나, 아주 희귀한 털 하나를 중심으로 회전하고 있다는 것입니다. 아담이 자신에게 아내 로서 주어진 여성으로부터 털 하나를 뽑았고, 오랜 기다림 끝에 다 음 날이 오자, 그녀는 밍크코트를 어깨에 두른 채 나타납니다. 바로 여기에 직물의 속성의 토대가 있습니다.•

쉽게 말하자면 털 하나를 뽑는 행위, 즉 거세 또는 결여의 상징화 가 재화로서의 직물(밍크코트)을 출현시키며, 그에 대한 욕망을 발생 시킨다. 따라서 산업의 역사가 보여주는 모든 폭발적인 생산과 소비의 확산 현상들은 인간이 짐승들보다 털을 적게 가진 데에서 비롯되는 필 요와 욕구의 차원 때문이 아니라는 것이다. 재화의 차원에서 문제가 되는 것은 그 원인을 구조의 내부에서 찾아야 한다. 문제의 핵심은 구 조의 내부에 도입된 거세, 결여, 즉 명명된 무의 차원이다. 그런 의미에 서 언어학 또는 언어철학의 교훈은 재화의 기능을 설명하는 데 결정적 이다. 언어는 사물을 살해하며, 그로부터만 사유가 출현할 수 있다. 혹

268

은, 기표가 사물을 살해함으로써 욕망의 구조가 출현한다. 털의 연쇄는 그런 의미에서 기표의 연쇄였으며 이 모든 연쇄의 출발점에는 결여된 털이, 혹은 결여를 명명하는 기표가 존재한다. 따라서 "직물textile은 먼저 텍스트texte"였던 것이다.*

268

효용과 주이상스

이제까지의 설명은 재화와 그 효용값이 인간의 자연적 욕구에서 발생하는 가치가 아니라는 사실을 알려주었다. 그것은 오히려 분배의 차원에 결여를 도입함으로써 발생하는 가치를 중심으로 구성되었다. 인간의 욕구가 효용성에 근거하고, 이로부터 최대 다수에게 유익한 것이 최고선이라는 벤담의 공리주의는 아직 결여의 심급이 도입되지 않은 차원의 사유이다. 천의 일화로 예를 들자면, 그것은 단지 성 마르탱이 반으로 자른 천일 뿐, 옷처럼 입을 수 있는 천이 아니다. 그것을 입고자 욕망할 수 있으려면 머리와 팔다리가 통과할 수 있도록 "구멍이 뚫려야" 한다.* 그리고 이 '구멍'을 통해 라깡이 재화의 영역에서 근본적인 것이라고 암시하려는 것은 두말할 필요 없이 팔루스의 결여이다. 다시 말해서 재화의 기능에는 그것을 온전히 소유할 가능성의 거세, 주이상스의 거세라는 차원이 전제된다. 천이 둘러싸고 감추는 육체는 바로 주이상스의 육체 또는 주이상스 부재의 육체이다. 그런 의미에서 "재화의 영역은 권력 탄생의 영역이다."* 왜냐하면 재화에 있어서 본질적인 문제는 그것을 소유하고 향유할 권력의 유무이기 때문이다. 그리고 이러한 권력은 결국 타자의 재화를 빼앗을 권리와 동일하다. 타자의 재화를 빼앗지 않는 방식으로 사유화할 방도란 없기 때문이다. 따라서

269

269

재화의 결여는 이제 재화 자체의 결여가 아니라 그것을 소유할 권리의 결여를 의미하게 된다. 그리고 이러한 권리의 결여가 바로 거세의 가장 근본적 의미이기도 하다. 이로부터 재화 또는 팔루스의 소유권을 둘러싼 주체들 간의 무한경쟁이 상상계의 영역을 형성하며 출현한다. 작은 타자들, 유사자들의 영역이 바로 여기이며, 라깡이 거울관계를 통해 설명하고자 했던 심급이 이곳이다. 주이상스는 이러한 구조 속에서, 재화의 영역에서 기능하는 것이다. 그것은 재화를 향유할 권리가 언제나 타자에게 속한다는 관념 속에서 재화의 향유를 결여의 차원에 위치시킨다. 그런 의미에서 주이상스는 언제나 결여된 것이다.

라깡은 재화에 관한 이제까지의 설명을 마무리 지으면서 다음과 같은 결론을 내린다. 즉, 분석에서 우리가 언제나 잊지 말아야 하는 것은 주이상스에 대한 방어 차원으로 재화의 결여된 심급이 이용된다는 사실이다. 혹은, "자신의 재화를 지킨다는 것은 자신이 그것을 향유하는 것에 대해서 방어한다는 것과 동일한 것"이다.* 왜냐하면 재화를 욕망한다는 것은 이미 그것의 결여를 욕망한다는 말과 같기 때문이다. 그렇게 해서 주체의 무의식은 재화의 충만한 향유를 욕망하는 대신 재화의 결여된 속성을 욕망하는 방식으로 주이상스의 한계선을 넘지 않는 방어 기술을 보여준다. 그러한 방식으로 "재화의 차원은 우리 자신의 욕망의 여정에 강력한 장벽을 설치한다."*

만일 사정이 이러하다면 정신분석의 기술은 어떻게 이와 같은 선, 또는 재화의 장벽을 넘어설 수 있을 것인가에 집중된다. 강력한 환상의 장벽에 다름 아닌 이것을 넘어서지 못한다면, 외밀성의 장소인 큰 사물로의 접근을 기대할 수 없기 때문이다.

4장

비극의 본질:
소포클레스의 『안티고네』에 대한 논평

• 주요 개념 •

카타르시스의 의미 ： 헤겔의 약점 ： 코러스의 기능 ： 괴테의 요망

소진 ： 소포클레스의 반-인간 중심주의 ： 엑스 니힐로의 법칙

묘사된 죽음충동 ： 보충 논평

• 강의 개요 •

라깡은 1960년 5월 25일부터 다음 달 15일까지 이어지는 세 번의 강의를 통해
『안티고네』를 분석한다. 기원전 441년 고대 그리스의 극작가 소포클레스에 의해
창작된 이 오래된 작품을 라깡이 다루는 이유는 문학적 호기심이나 예술 분석의
목적이 아니다. 라깡은 비극 형식의 탐사를 통해 인간 심리 구조의 가장 핵심적인
부분을 드러내려고 했으며, 이를 위해 안티고네와 그녀를 둘러싼 인물들을 심리
구조를 은유하는 매개로 활용한다. 특히 극의 구조 속에서 안티고네의 행위는 이

번 세미나의 주제인 정신분석의 윤리를 설명하는 특별한 궤적을 그리고 있기 때문이다. 이 강의들의 독해를 위해 우리는 라깡이 사용했던 주요 개념들을 강의 자체의 순서와는 상관없이, 필자에 의해 재해석된 흐름을 따라 분석해나갈 것이다. 이를 통해 독자들은 강의의 파편적 속성이 제거된 상태에서 드러나는 정신분석의 조건과 윤리의 개념이 어떠한 모습인지를 비로소 마주할 수 있게 될 것이다. 간단한 전개를 요약해보면 다음과 같다.

먼저 라깡은 소포클레스의 비극『안티고네』에서 스펙터클의 효과로서 카타르시스 개념을 분석하면서 카타르시스가 감동의 기능인지 아니면 동요의 기능인지에 대해 설명한다. 이어서 정신분석에서 환자의 정동이 체험하는 과정을 은유하는 설명이 이어진다. 한편 극중 인물 안티고네의 욕망과 크레온의 욕망이 비교 분석된다. 이러한 분석은 죽음충동과 그에 대한 대립항으로서 상징계의 법의 관계를 새롭게 해석하도록 이끌어줄 것이다. 이어지는 설명에서 라깡은 안티고네가 욕망하는 대상인 폴뤼네이케스의 시체를 큰사물에 비교할 수 있도록 유도한다. 덧붙여 페데리코 펠리니의 영화 〈달콤한 인생〉에 등장하는 거대한 괴물 가오리의 형상을 통해 큰사물에 관한 은유적 설명을 완성한다.

이와 같은 논점들을 횡단하면서 필자는 사실 라깡이 안티고네의 이미지를 통해 미의 기능을 설명하고 있음을 논증할 것이다. "미는 선보다 멀리 간다"라는 라깡의 명제는 안티고네의 아름다움을 통해 우리가 도달하게 되는 죽음충동의 지대를 통해서 논증되기 때문이다. 그런 의미에서 소포클레스의 비극 속 주인공 안티고네의 아름다움은 쾌락-현실원칙을 넘어서게 만드는 특별한 미의 파괴적 기능에 다름 아니다. 이로써 우리는 앞선 강의에서 완성되지 못했던 미의 기능에 대한 이해에 도달하게 될 것이다.

비극의 구조

라깡은 고대 그리스의 이 위대한 시인의 작품들이 아주 기이한 구조로 되어 있다고 설명한다. 소포클레스의 모든 작품은 『오이디푸스 왕』을 제외하면 한결같이 시작부터 예고된 붕괴의 절차를 묘사한다. 그의 서사에서는 엄밀한 의미에서의 사건 전개 과정이 존재하지 않는다. 모든 것은 이미 결정된 숙명 속에서 하나의 붕괴가 다른 하나의 붕괴를 초래하는 방식으로, 그리하여 종국에는 완전한 몰락이 실현되는 방식으로 진행될 뿐이다. 오직 예고된 몰락의 점차적 실현이 있으며 "사건이라 부를 수 있는 것, 이야기의 전개라 부를 수 있는 것"이 존재하지 않는다. "마치 카드로 지은 성이 무너지듯, 하나의 카드는 다른 하나의 카드에 앞서 무너진다."•

309

『안티고네』 역시 마찬가지다. 극의 시작부터 안티고네는 자신이 이미 죽은 목숨이며, 죽어야 한다면 어서 빨리 죽기를 열망한다. 그녀는 말한다. "나는 그분을 묻겠어. 그러고 나서 죽으면 얼마나 아름다우냐?"* 이 말은 그녀를 걱정하는 동생 이스메네의 말에 대한 단호한 응답이었다. 이스메네는 다음과 같이 말한다. "권력에 맞서다가는 가장 비참하게 죽게 될 거예요. […] 우리는 여자이며, 남자들과 싸우도록 태어나지 않았어요." 그럼에도 안티고네가 뜻을 굽히지 않자 이스메네는 다음과 같이 전율한다. "그토록 으스스한 일에 그토록 뜨겁게 마음이 달아오르다니!"

『안티고네』의 첫 장면을 구성하는 이스메네와 안티고네의 이 대화 속에는 앞으로 펼쳐질 극중 몰락의 서사가 모두 예고되어 있다. 안티고네는 서로 싸우다 죽음을 맞이한 두 오라버니들 중에서 애국자 에테오클레스가 아닌 반역자 폴뤼네이케스를 연민한다. 새로운 섭정자이자 자신의 삼촌인 크레온이 금지한 폴뤼네이케스의 매장을 욕망하는 것이다. 그런데 안티고네의 폴뤼네이케스를 향한 연민에는 금지된 욕망의 암시가 가득하다. 그녀는 심지어 이렇게 말한다. "그분[폴뤼네이케스]의 사랑을 받으며 나는 사랑하는 그분의 곁에 눕겠지." 또는 "그래야만 내가 가장 기쁘게 해드려야 할 그분의 마음에 들겠지." 둘의 관계는 단순한 남매 이상이다.

안티고네의 이 같은 욕망에서 우리는 그녀의 아버지이자 오라버니인 오이디푸스 왕의 금지된 욕망, 근친상간적 욕망이 반복되고 있음을 분명하게 볼 수 있다. 오이디푸스 왕은 자신이 알지 못하는 사이에 어머니인 이오카스테를 아내로 맞이한 인물이다. 이 같은 원죄의 결과물로 태어난 것이 바로 안티고네이며, 그녀의 세 형제자매가 폴뤼네이케스와 에테오클레스 그리고 이스메네이다. 이들 중에서 특히 안티고네는 아버지 오이디푸스의 죄를 반복하려는 욕망을 표상하는 인물로

---

* 이후 인용의 출처는 『오이디푸스 왕: 아가멤논, 코에포로이, 안티고네』(천병희 옮김, 문예출판사)이다.

그려진다. 그러나 안티고네와 오이디푸스 사이에는 근본적인 차이가 있다. 오이디푸스는 스스로 알지 못하는 사이 금지된 주이상스에 접근하는 신경증자의 특성을 보인다. 그는 자신이 하는 일의 진실을 알지 못했다. 그리하여 이 모든 일의 진실이 밝혀졌을 때, 즉 자신이 죽인 사람이 아버지였으며, 아내로 취한 사람이 어머니였다는 사실을 알게 되었을 때에서야 비로소 스스로의 눈을 찌르고 황야로 떠나버린다. 그는 진실을 마주할 용기도, 의지도 없었기 때문이다. 그러나 안티고네는 다르다. 그녀는 시작부터 모든 것을 안다. 그녀는 자신의 행위가 도시의 법으로 금지되었다는 사실을 알고 있으며, 그러한 범죄의 결과가 죽음을 초래할 것이라는 사실 또한 알고 있다. 라깡이 주목하는 것은 이러한 안티고네의 선명함이다. 그녀는 무지 속에 있는 것이 아니라, 죽음에 대한 명백한 지식 속에 있다. 그녀는 맴돌지 않고 직진한다. 신경증의 욕망이 기표들의 순환 속에서 언제나 제자리를 맴돌면서도 세계를 일주하는 듯한 착각을 야기하는 것과는 전혀 다르게 『안티고네』의 구조 속에서 드러나는 욕망은 큰사물 자체에 대한 직접적 욕망, 즉 죽음충동의 궤적을 그리는 특수한 욕망이다.

만일 이것이 가장 눈에 띄는 비극 구조의 첫 번째 형상이라면, 그 중심에는 무엇이 있는가? 안티고네가 크레온이 선포한 도시의 법을 위반하면서 도달하려는 비극의 중핵에는 무엇이 있는가?

큰사물 또는 폴뤼네이케스의 시체

극의 구조의 중심에 썩어가는 시체가 있다. 도시국가 테베의 반역자이며, 자신의 형제를 죽인 배덕자 폴뤼네이케스의 시체이다. 섭정자 크레온은 도시의 법을 바로 세우려고 반역자의 시체를 방치하여 썩게 내버려둘 것을 명령한다. 국가를 지킨 '영웅' 에테오클레스와 적국의 군대를 끌어들여 '반역'을 도모한 폴뤼네이케스를 동등하게 취급할 수는 없기 때문이다. 크레온은 상징계의 법을 통해 폴뤼네이케스의 썩은 시체를 더욱 썩게 만들어 흔적도 남기지 않게 소멸시킬 작정이다. 그러나 시체는 크레온의 이 같은 법에 도전이라도 하듯 자신의 현존을 고집한다. 도시의 '외밀'한 곳, 변방인 동시에 모두의 욕망이 집중된 장소에 버려진 시체는 악취를 풍기며 들개와 까마귀 떼를 불러들인다. 그곳은 맑은 공기를 오염시키고, 역병을 퍼뜨리고, 종국에는 도시를 몰락시킬 악의 근원지, 증상의 근원지이다. 마치 무의식의 중핵에 은폐된 주이상스가 상징계의 법에 의한 억압에도 불구하고 증상의 형식으로 유령처럼 신경증자의 의식 세계에 출몰하듯, 폴뤼네이케스의 시체는 지우려 해도 지워지지 않는 큰사물, 쾌락원칙의 관점에서는 악의 얼룩으로 간주되어야 하는 괴물로서 도시를 위협한다.

그런 의미에서 폴뤼네이케스는 아버지의 법이 아닌 어머니의 욕망을 표상한다. 폴뤼네이케스가 불러내는 것은 안티고네의 일탈의 욕망이기 때문이다. 둘의 사랑은 금지된 것이며, 크레온이 표상하는 상징계의 법으로 제거해야 하는 범죄이다. 무의식의 중핵에 위치한 큰사물은 어떤 특수한 환영적 틀에 의해 드러나지 않는다면 불안과 공포 그리고 역겨움의 대상에 불과한 것처럼, 시체의 자리는 도시의 관점에서는 썩어가는 괴물의 자리이다. 그것은 오직 안티고네라는 특수한 환영적 틀에 의해서만 드러나는 욕망의 대상이다. 그녀의 고립된 시점에서만 가시화될 수 있는 일종의 왜상, 라깡이 '안티고네의 섬광éclat d'Antigone'이라고 명명하는 특별한 빛의 파동 속에서만 주이상스의 빛나는 영광을 되찾게 될 큰사물이다.

애도의 문제

『안티고네』의 서사 구조가 폴뤼네이케스를 매장하는 권리를 중심으로 구축된다는 점에서 '애도deuil'는 또 다른 중심 개념일 수 있다. 라깡은 이에 대한 특별한 언급 없이 분석을 진행하지만, 그럼에도 필자는 애도와 함께 비극을 설명해야 할 필요를 느낀다.

정신분석에서 애도란 금지된 주이상스, 따라서 언제나 상실된 것의 형식으로만 제시되는 쾌락의 만족에 대한 상징화를 의미한다. 그것은 금지와 상실의 이유를 대타자의 언어를 통해 설명받는 절차이며, 상실에 대한 보상을 도래할 시간의 형식 속에서 약속받는 담화이기도 하다. 유아가 어머니-타자와의 관계 속에서 누렸던 쾌락을 포기하는 대가로 얻는 팔루스적 만족의 담론이 바로 애도이며, 이것은 상실이라는 현실을 인정하고 그것을 결여의 형태로 욕망의 내부에 소유하는 담화의 모든 범주를 가리킨다. 그런 의미에서 애도란 큰사물을 팔루스의 경제 속으로 포함시켜 길들이고 축소시키는 담화이다.

예를 들어, 에테오클레스의 죽음은 국가적 상징계의 법으로 애도된다. 그의 죽음의 의미가 국가의 보존에 대립하지 않기 때문이다. 반면 폴뤼네이케스의 죽음에는 애도가 금지된다. 그의 죽음은 국가의 보존 원칙에 대립한다. 그의 욕망은 국가의 선, 나아가서 재화의 원칙에 위협이 되기 때문이다. 혹은 폴뤼네이케스의 상실에 대해서 국가의 담화는 부정적인 방식의 애도만을 허용한다. 그의 행동과 욕망은 악이며, 이것을 근절하려면 매장의 영광이 허용될 수 없다는 식이다. 이것이 또한 '두 번째 죽음'이라는 개념으로 라깡이 설명하는 바이기도 하다. 죽음이 애도를 통해 상징화되면, 상징계 내부에 좌표를 얻게 되고 상실의 사태로부터 야기된 슬픔의 정동은 진정된다. 만일 이와 같은 애도의 상징화 기능이 박탈당한다면, 죽은 자는 상징계에서 추방된 채 실재를 떠돌게 될 것이다. 크레온은 매장의 금지를 통해 폴뤼네이케스의 시체에 두 번째 죽음을 강제했던 것이다. 이에 대해서 안티고네는 자신만의 애도를, 죽음의 상징화를 시도하고 있으며, 비극 전체의 서사는 이것의 실천을 위해 투쟁하는 주체의 궤적을 묘사한다. 상징계의 금지에도 불구하고 새로운 애도의 형식을 발명해내려는 주체의 행적 묘사가 그것이다. 폴뤼네이케스라는 상실된 대상에 대해서 국가가 강제하는 '반역자'라는 이름을 거부하며 새로운 이름의 발명을 통해 전혀 새로운 애도의 장을 개방하려는 실천이 드라마를 지탱하는 근본 구조이다.

이로부터 우리는 애도가 본질적으로 정치적이라는 사실을 이해하게 된다. 만일 하나의 세계가 주어진 방식의 애도만을 허용하면서 욕망의 구조를 존속시키려 한다면, 혁명적 정치의 실천은 새로운 애도의 언어를 발명해내는 것에 다름 아니기 때문이다. 쉽게 말해서, 하나의 세계는 중핵의 주이상스를 억압하는 공인된 대타자의 담화로 지탱된다. 이것이 우리의 무의식이 지탱되는 방식이자, 정치 공동체가 집단적 욕망을 필터링하며 스스로 보존되는 방식이다. 이러한 대타자의 공인된 담화를 뚫고 증상적 사건이 출현했을 때 공동체는 이미 존재하는 담화를 통해, 즉 권력의 담화를 통해 증상을 다시 상징화하는 방식으로 억압하는 반응을 보인다. 그런데 하나의 증상이 출현했다는 의미는 억압이 실패했다는 의미에 다름 아니다. 따라서 억압의 재시도는 필연적으로 또 한 번의 실패를 반복하게 될 것이다. 혁명적 정치의 주체들이란 이러한 증상적 사건에 새로운 이름을 명명하는 자들이다. 혹은 증상에 대해서 새로운 애도의 노래를 발명해내는 절차 자체가 곧 주체의 혁명적 절차이다. 예를 들어, 1987년 고故 박종철 열사 고문치

사 사건에 연루된 주체들이 그들이라고 할 수 있다.* 하나의 시체가 출현하고 이를 둘러싼 투쟁이 벌어진다. 안보와 경제성장의 언어로 시체를 애도하려는 보수적 담화의 권력에 맞서는 자들이 출현하고, 이들이 '민주주의'라는 새로운 애도의 담화를 통해 시체를, 상실을, 혹은 주이상스의 증상적 출현을 포획하려 한다. 정치 공동체 내부에서 출현하는 상실의 대상을 애도하는 담화는 이렇듯 언제나 대립의 양상 속에서 서로의 정당성을 주장하며, 한쪽이 다른 한쪽을 부정한다.

같은 맥락에서 정신분석의 임상절차를 설명할 수 있다. 예를 들어 환자가 마비나 두통, 불안과 분노, 우울 등의 증상을 호소한다면, 그는 주이상스 상실에 대한 애도에 실패한 것으로 간주될 수 있다. 주이상스의 상실을 강제하는 대타자의 법이 적절한 애도의 기능을 수행하지 못했던 것이다. 이때 분석가가 할 수 있는 일은 무엇일까? 여타 정신의학의 차원에서라면 현재의 사회 공동체가 인증하는 담화를 제시하는 것으로 치료가 진행될 것이다. 현대 정신의학의 DSM-5 체계에 근거한 진단이 그 전형이다. 또는 분석가 자신이 속한 공동체의 평균적 인격 모델을 제시함으로써 아버지의 법을 강화하는 방식의 자아심리학 모델이 또 다른 전형이다. 그 외에도 대부분의 심리치료는 현재 환자가 속한 공동체의 지배 담론을 애도의 틀로 사용함으로써 환자의 증상

---

* 안기부(과거 국정원) 남영동 대공분실의 고문실에서 밤새 전기고문과 물고문을 당하던 박종철 열사가 사망하자 시체를 둘러싼 두 가지 유형의 주체가 출현했다. 당시 내무부장관 김종호와 치안본부장 강민창 그리고 대공간부 박처원, 유정방, 박원택 등 권력 담화의 주체들이 첫 번째 유형이다. 이에 대립하는 주체는 사망 당시 시체를 검안했던 중앙대 전문의 오연상과 이후 부검한 황적준 박사 등이다. 이 사건은 박정희에서 전두환으로 이어지는 '반공과 경제성장'의 독재 이데올로기 담화 지배의 시기에 일어났으며, 하나의 시체 또는 상실된 정의를 두고 대립하는 담화의 투쟁이 한국 민주주의의 역사 속에서 가장 선명하게 드러났던 사건 중 하나이다.

을 재상징화하는 전략을 취한다.* 그러나 다시 강조하건대 증상이 출현한 이유는 현재 환자가 속한 상징계의 지배적 담화가 억압과 애도에 실패했기 때문이다. 이에 대해서 라깡학파의 정신분석은 환자가 자신만의 애도 담화를 스스로 발명해낼 때까지 기다리는 전략을 취한다. 절대적 차이의 발명이라고도 표현할 수 있는 이 같은 라깡적 임상의 전략은 안티고네의 투쟁 속에서 가장 극적으로 묘사되고 있다. 만일 애도의 정치성이 주어진 담화와 도래할 담화 사이의 투쟁을 의미한다면, 『안티고네』의 구조 속에는 이러한 새로운 애도의 담화를 위한 투쟁이 선명하게 그려지고 있기 때문이다.

크레온, 선(재화)의 기능

안티고네가 존재하지 않는 언어, 스스로 지하 신들의 정의라고 주장하는 언어를 통해 혁명적 애도의 실천을 추구했다면, 크레온은 지상의 법을 대표한다. 크레온은 합리적 언어의 표상이며 논리적 기표연쇄의 화신이다. 그는 극중에서 다음과 같이 말하며 등장한다.

---

* 알랭 바디우는 '상황situation'에서 '상태état'로 이어지는 이중의 현시를 통해 공백의 출몰을 억압하는 멱집합의 논리로 동일한 것을 설명한다. 하나의 상황은 '일자로 셈해진다compter-pour-un'는 의미에서 통제된 공간이라고 볼 수 있다. 그러나 한 번의 '셈해짐présenter'은 결코 상황의 불안을 완전히 억제할 수 없다. 따라서 '두 번째 셈해짐re-présenter'이 필연적으로 요청되며, 이것이 바로 '상태' 또는 '국가État'이다. '모집합présentés'으로부터 '멱집합re-présentés'으로의 전환이 또한 이러한 상태의 구축이다. 그러나, 셈해진 집합이 무한집합들의 연속일 경우, 즉 오메가0에서 시작하여 오메가1, 2, 3…의 무한서수로 이어질 경우 멱집합, 상태, 또는 국가는 결코 상황의 양적 초과를, 공백의 출현을 완전히 억압할 수 없다. 라깡식으로 말하자면, 상징화는 언제나 실패할 운명이다. 알랭 바디우, 『존재와 사건』(새물결) 참조.

한데 그분[오이디푸스]의 아들들이 서로 치고 맞는 가운데 형제의 피로 물든 채 죽고 죽이는 이중의 운명에 의해 한날 한시에 죽은 까닭에, 이제는 내가 고인들의 가장 가까운 인척으로서 왕좌와 모든 권한을 갖게 되었소이다.

이것이 크레온이 스스로 왕좌에 오를 수밖에 없었던 타당한 이유이다. 그는 부당함 속에서 권력을 획득하지 않았던 것이다. 그는 이어서 말한다.

왜냐하면 누군가 도시 전체를 통치하면서 도시를 위해 최선의 정책을 채택하지 않고 무엇인가를 두려워하여 함구한다면, 그런 자를 나는 예나 지금이나 가장 나쁜 자로 여기기 때문이오. 그리고 누구든 조국보다 친구를 소중히 여기는 자 역시 나는 경멸하오.

크레온의 한마디 한마디는 칸트의 정언명령을 떠올리게 하는 보편적 정의에 토대하고 있다.* 당시 아테네의 정치적 담화를 통해 상상할 수 있는 가장 보편적인 정의가 크레온의 발화 속에서 실현되는 것이다. 이러한 강력한 논리에 근거하여 크레온은 다음과 같이 결론 내린다.

오이디푸스의 아들들과 관련하여 내가 시민들에게 내린 포고령도

---

* "반역자이며 조국의 적인 폴뤼네이케스의 매장에 대한 금지는 조국을 위해 싸운 자와 조국을 공격한 자에게 동일한 명예를 부여할 수 없다는 사실에 토대하고 있습니다. 칸트적 관점에서 보았을 때, 이것은 보편적 가치를 갖는 이성의 규칙에 의해 주어질 수 있는 규범입니다."●

이런 원칙에 부합되는 것이오. 에테오클레스는 우리 도시를 위해 싸우다가 모든 면에서 뛰어난 장수로서 전사했으니, 무덤에 묻어주고 지하에 있는 가장 훌륭한 사자들에게 걸맞은 온갖 의식을 베풀 것이오. 하지만 그와 형제간인 폴뤼네이케스로 말하자면 망명지에서 돌아와 조국 땅과 선조들의 신들을 화염으로 송두리째 불살라 없애고, 친족의 피를 마시고, 나머지는 노예로 끌고 가려 했으니 그와 관련하여 나는 도시에 알리게 했소이다. 아무도 그를 위해 장례를 치르거나 애도하지 말고, 그의 시신을 묻지 않은 채 버려두어 새 떼와 개 떼의 밥이 되고 흉측한 몰골이 되게 하라고 말이오.

크레온의 관점은 반박 불가능하다. 그런데 재미있는 것은 크레온의 이 같은 명령과 당부의 말에 무대 위의 코러스 단장이 응대하는 방식이다.

그렇게 하는 것이 그대의 마음에 든다는 것이로군요. 물론 그대에게는 죽은 자들과 살아 있는 우리 모두에게 마음대로 어떤 법령이든 적용할 권한이 있기는 하지요.

그러자 크레온이 대답한다.

"여러분들은 내가 내린 명령의 수호자가 되어주시오."
"그런 짐이라면 더 젊은 사람들에게 지우시지요."

코러스 단장의 냉소적인 대답이 되돌아온다. 여기서 코러스와 그 단장의 역할이 우리의 흥미를 끈다. 뒤에 다시 설명할 기회가 있을 테지만, 코러스는 고대 그리스 비극에서 중요한 장치이다. 관객의 감정을 대변하며, 심지어는 유도해낸다. 코러스는 노래와 탄식, 기쁨의 환호 등을 표현함으로써 극의 전개를 도울 뿐만 아니라 극중 인물들에 대한 논평을 통해서 이야기 전개에 결정적 역할을 한다. 바로 이 같은 코러스의 단장이 지금 크레온의 논증과 요구에 냉소적인 반응을 보이고 있다. 크레온의 섭정과 법령 포고의 정당성이 단지 그의 칼끝에서 나올 뿐이라는 반응이다.

한편, 라깡 역시 크레온의 법이 절대적 타당성을 가질 수 없다고 설명한다. 라깡은 아리스토텔레스를 따라서, 그리고 이를 다시 논평하는 괴테를 따라서, 이를 '하마르티아', 즉 오류 또는 판단착오로 규정한다. 크레온은 법의 보편성에 의존하는 오류를 범하고 있으며, 나아가서 모두를 위한 선, 즉 보편적 선을 추구하는 오류를 범하기 때문이다. 심지어 라깡은 크레온이 국가의 수장으로서 모두의 선을 위해 존재한다는 사실 자체가 곧 그의 오류의 근원이라고까지 말한다.* 이것은 어떤 의미를 갖는 것일까? 답을 찾기 위해서 신경증의 유형 중 하나인 강박증의 논리를 환기해보자.

강박증이란 기표의 연쇄, 즉 사유에 집착함으로써 주이상스의 출현을 강하게 억압하고 은폐하려는 신경증의 증상이다. 이것이 증상인 이유는, 그러한 집착이 역설적으로 주이상스의 초과를 야기하기 때문이다. 만일 히스테리가 질서의 붕괴를 수용함으로써 주이상스의 초과를 발생시키는 현상이라면, 강박증은 오히려 질서를 극단적으로 추구하고 그로 인한 실패의 지점에 도달함으로써 주이상스를 초과시킨다. 이에 대해서 우리는 라깡의 칸트 분석을 환기해볼 수도 있다. 칸트의 정언명령은 보편적 명제에 대한 집착을 통해 병리적인 모든 정념들을 일소하려는 전략이었다. 그러나 보편적 명제에 대한 집착은 결국 스스로의 강박증적 현상을 출현시키고 만다. 명제의 형식으로 제시되는 하나의 기표연쇄는 그 너머에 존재하는 병리적인 대상, 즉 불안의 대상을 오히려 불러내는 효과를 발휘하기 때문이다. 심지어 정언명령의 명제를 물신화할 수조차 있다. 도덕명령 자체에, 특정 기표연쇄에 집착하는 것은 기표의 물질성을 출현시키고 그것에 주체를 사로잡히게 만드는 결과로 이어진다. 이로부터 성도착적 주이상스라고 하는 가장 파괴적 정념이 출현한다. 칸트의 윤리학을 지탱하는 것은 그렇게 가장 정념적인 것, 즉 큰사물에 대한 불안의 정념에 다름 아니라는 것이 라깡의 생각이다.

크레온의 경우도 마찬가지다. 그는 애국자와 반역자에게 동일한 매장의 영광을 부여할 수 없다는 가장 합리적인 정의를 추구하는 듯 보이지만, 극의 전개는 이러한 크레온의 집착 속에서 몰락해가는 한 가문과 국가의 운명을 보여준다. 그가 조금만 양보했다면, 안티고네를 산 채로 매장하는 형벌을 가하지만 않았다면, 안티고네의 약혼자였으며 자신의 아들이었던 하이몬이 자살하는 일도 없었을 것이다. 그리하여 크레온의 아내인 에우리디케가 아들의 죽음 앞에서 자결하는 일도 없었을 것이다. 크레온의 법에 대한 집착은 결국 죽음의 연쇄를 몰고 왔던 것이다. 바로 이 같은 시각에 근거해서 우리는 테베 왕국의 몰락을 단지 안티고네의 위반 탓으로만 돌릴 수 없게 된다. 오류는 양쪽 모두의 몫이었다. 즉, 크레온의 오류에 대립하는 안티고네의 오류가 그것이다. 라깡은 이러한 관점에 근거하여 안티고네에 대한 헤겔적 분석, 즉 변증법적 분석을 거부한다. 『안티고네』의 전개에는 테제도, 안티 테제도 없으며 따라서 궁극의 화해도 존재할 수 없다. "오 태어나지 말 것을."*이라고 한탄하는 오이디푸스 가문의 탄식 속에서 도대체 어떤 화해와 조화를 결과로 끌어낼 수 있단 말인가?* 그보다는 오히려

292

파국의 지점으로 접근해 들어가는 불가역적인 두 개의 운동이 있을 뿐
이다. 파국을 은폐하고 외면할수록 더욱 몰락을 촉진하게 될 크레온의
강박 신경증적 운동이 그 첫 번째이다. 그리고 다른 하나는 파국을 마
주하며 정면으로 돌진해 들어가는 안티고네의 죽음충동이다. 『안티고
네』라는 비극은 이 두 운동이 서로 교차하며 만들어내는 몰락의 드라
마다. 흔히 말해지듯, 크레온이 표상하는 국가의 법과 안티고네가 표
상하는 가족의 법이라는 두 담화의 대립이 아니라 두 가지 오류의 대
립, 두 가지 병리적 정념, 즉 파토스들 사이의 대립이라는 것이다.**

　크레온과 안티고네의 파국적 운동에 관한 이제까지의 분석은 우
리에게 한편으로는 무의식의 욕망의 경제에 관련된 진실과, 다른 한편
으로는 사회-정치적 차원에서 벌어지는 현상들을 설명해주는 틀이 될
수 있다. 먼저 무의식의 욕망의 경제에 관하여 다음과 같은 사실이 밝
혀진다. 우리의 욕망은 쾌락원칙과 현실원칙이라는 안정화의 보안 시
스템을 통해 기능하는 듯 보이지만, 사실상 이러한 안정화의 심리장치
에 이미 파괴적 요소가 내재되어 있다는 사실이다. 질서를 추구하거나
과도한 쾌락으로부터 스스로를 방어하는 심리장치는 필연적으로 자
신의 초과점에 도달한다. 조화와 안정을 꿈꾸는 모든 종류의 심리치료

---

* 이 문장은 소포클레스의 마지막 작품인 『콜로노스의 오이디푸스』에 등장한다.
라깡은 이 문장을 강조하면서, 오이디푸스 왕가의 3부작이 저주와 그 실현의 서사일 뿐
어느 곳에서도 화합이 일어나지 않고 있음을 강조한다.●
** 크레온과 안티고네의 충돌을 로고스의 대립이 아닌 두 가지 유형의 파토스의
대립으로 보는 라깡의 관점은 그의 이론의 핵심에 근거하고 있다. 라깡에게
로고스란 존재하지 않기 때문이다. 모든 사유는 기표연쇄의 구조로 되어 있는데,
이들은 주이상스에 의해 촉발된 2차 현상에 불과하다. 따라서 모든 로고스의 원인은
파토스이다. 언어적 사유의 질서는 정념적 불안을 둘러싸고 방어하기 위해 구축된
심리적 장벽과 같은 것이기 때문이다.

가 난점에 봉착하는 장소도 바로 이곳, 초과의 지점이다. 소위 '안정되고 성숙한 자아' 또는 '성기대적 단계의 욕망'이라고 말해지는 심리 상태를 강조하는 모든 종류의 심리학은 크레온에게 덮쳐온 숙명을 피할 수 없다. 심지어 초자아의 파괴력은 이러한 초과를 더욱 비극적인 것으로 만드는 데 결정적 역할을 한다.* 환자의 주이상스가 초과되는 것을 방어하기 위해 마련된 모든 종류의 담론들은 필연적으로 환자의 자아를 질식시키는 올가미로 돌변한다. 따라서 신경증의 치료는 법과 질서의 강조로 실현될 수 없다. 오히려 환자의 무의식에 남겨진 다양한 법과 질서의 강박증적 흔적들과 그로부터 발생하는 환상들을 횡단하는 과정, 즉 위반하는 과정이 임상 속에서 장치화되어야 한다. 위반을 통해 환자가 만나게 되는 지점은 텅 빈 공백의 지점이며, 환멸의 장소이다. 지속적이며 반복적인 방식으로 환자를 이곳에 도달하게 만드는 것이 이 시기 라깡 임상의 핵심이다.

한편, 사회-정치적 차원에서도 동일한 틀을 적용해 분석이 가능하다. 공동체가 스스로를 보존하는 방식은 상징계의 법을 강제함으로써이다. 이러한 강제를 상징화라고 부를 수 있는데, 이것은 언제나 이중의 상징화, 즉 재현을 통해 유지된다. 국가의 성립은 상징계의 재현 체계가 도달하는 가장 전형적 상태를 보여준다. 그런데 이러한 상징화가 억압의 대상으로 간주하는 것은 언제나 상징화의 체계 내부로 포획되지 않는 욕망의 흐름들이다. 정신분석 용어로는 이것을 실재라고 부를 수 있다. 국가는 이 같은 비가시적, 비가독적 사건에 대해서 언제나 현재의 패러다임을 구성하는 지배 이데올로기의 언어로 대응한다. 즉, 기존의 상징계를 이루는 권위의 언어로 사건을 명명한다. 그러나 실

---

* 강의 7 '목자의 차원' 참조.

재의 특수성이란 바로 이러한 상징화에 저항하는 속성이다. 실재로서의 사건은 그런 의미에서 기존의 상징계 내부에 출현한 결여, 공백, 균열이다. 바디우가 말하는 혁명적 정치의 순간은 이러한 사건에 새로운 이름을 부여하는 두 번째 사건의 출현이다. 이 새로운 이름은 현재의 상징계 내부에서는 통용될 수 없는 기표의 조합으로 현재로는 알아볼 수 없는 비가독적 의미를 발산한다. 그런데 만일 이러한 특수한 명명에 참여한 주체들이 새로운 이름의 정당성을 주장하며 사회적 인증을 획득하려고 투쟁을 시작한다면, 그리하여 새로운 이름이 상징계 내부에 좌표를 획득하게 된다면, 상징계는 이전의 속성을 상실하고 새로운 속성을 획득하게 된다. 쉽게 말해서 '다른 세상'이 된다.

이와 관련하여 크레온의 법이 차지하는 좌표는 물론 지배 이데올로기의 상징계이다. 그런데 크레온의 법은 상징계의 특성상 스스로 초과하는 속성을 갖는다. 쉽게 말해서, 안티고네의 사건을 발생시키는 것은 크레온의 법의 초과하는 특성이다. 크레온-패러다임과 안티고네-패러다임, 이 둘은 구별되는 두 개의 담화가 아닌 것이다. 크레온은 스스로 초과하면서 사건적 자리를 생산하는 상징계의 특성을 표상하며, 안티고네는 그러한 사건적 자리에 새로운 이름을 요구하는 진리의 절차 또는 주체의 절차를 표상한다. 이를 통해서 추론해볼 수 있는 사실은, 개인의 무의식과 공동체의 무의식은 상징계의 언어로부터 출현하는 현상인 한에서 자발적으로 초과하는 속성을 이미 내재하고 있으며, 이로부터 출현하는 사건에 새로운 이름을 요구하는 주체가 출현하는 구조 역시 내재적이라는 사실이다. 간단히 말해서, 개인과 공동체 모두 상징계를 통해 표현되는 이상 주이상스를 통한 창조성의 공간에 본질적으로 개방되어 있다. 엑스 니힐로 속성은 무의식의 본질적 정치성이며, 이것이야말로 정신분석의 실천과 정치적 실천이 공유하는 현상학이자 윤리학이라고 할 수 있다.

안티고네, 미의 기능

그러나 상징계의 구조적 결여와 주체의 출현으로 모든 것을 설명할 수는 없다. 무로부터의 창조는 상징계가 스스로를 초과하는 속성과, 이러한 초과에 접근하는 주체의 구조 외에 다른 한 가지를 더 요구하기 때문이다. 그것은 바로 한계 너머로 접근하려는 '의지'이며, 그 너머에 도달한 뒤에는 그곳에 머물도록 하는 '의지'이다. 무엇이 이것을 가능하게 만드는가? 이에 대한 해명은 우리가 정신분석과 정치의 차원에서 고전적 주체 개념을 포기하는 와중에도 혁명적 변화와 창조에 관하여 말할 수 있는 가능성을 획득하게 해줄 것이다.

　해명을 위해 우리는 다시 폴뤼네이케스의 시체와 안티고네에게로 돌아가야 한다. 도시의 모든 시민들에게 시체는 역겨움 또는 공포의 대상일 뿐이다. 오직 한 사람 안티고네에게만 사랑의 대상이다. 어째서인가? 무엇이 안티고네에게 시체를 욕망하게 하는가? 다시 한발 뒤로 물러나서 안티고네를 보자. 그녀 역시 서사 속에서 일견 역겨움의 대상, 공포스런 자기 파괴의 이미지에 불과할 수 있었다. 그러나 소포클레스는 이 여인을 빛나는 아름다움의 형상으로, 라깡의 표현을 빌리자면, 그것이 내뿜는 강렬한 빛 때문에 눈을 가늘게 떠야만 간신히 볼 수 있는 이미지로 탈바꿈시키고 있다. 이스메네보다 덜 아름다운 외모를 가졌음에도, 안티고네에게는 무언가 눈을 뗄 수 없도록 만드는 것이 있다. 바로 이것 때문에 관객은 안티고네의 공포스런 투쟁의 여정에 참여하고, 사로잡히고, '공포와 연민' 속에서 마침내 마음이 온통 흔들리게 된다. 보는 사람의 마음을 사로잡는 이것은 분명 매혹일 것이다. 그렇다면 폴뤼네이케스의 시체에 있어서, 그리고 안티고네의 이미지에 있어서, 문제의 핵심은 '미의 기능'이지 않을까?

라깡이 직전 강의에서 '선의 기능'을 통해 설명했던 논의들을 떠올려보자. 재화와 선의 기능은 방어적이다. 그리고 크레온 역시 바로 이 재화와 선의 기능 속에 있다. 그는 모든 사람의 선을 위해, 행복을 위해, 그리하여 국가의 안녕을 위해 폴뤼네이케스의 매장을 금지한다. 재화와 선의 기능은 그렇게 우리의 존재를 합리적인 기표연쇄의 내부로 가두고 유통 가능한 욕망의 대상들이 교환되며 순환되도록 조율한다. 그것은 쾌락원칙과 현실원칙의 차원과 정확히 동일한 장소에서 기능한다. 그런데 미의 기능은 이러한 재화의 기능을 초과한다. 쉽게 말해서 아름다움이란 멀쩡한 이성을 마비시키고, 객관적 시선을 눈멀게 한다. 그렇다고 미의 기능을 보편적 아름다움의 차원에서 이해할 필요는 없다. 보편적 미의 기능이란 현재의 세계가 자신을 지탱하는 패러다임 속에서 산출해내는 미적 감각을 의미할 뿐이기 때문이다. 그러나 라깡이 말하는 미의 기능이란 매혹시키는 기능이며, 설명할 방법이 없는 아름다움의 형상에 엄습당하도록 만드는 특수한 기능이다. 마치 어린아이에게 어머니가 세상 누구보다 아름답게 보이는 것처럼 말이다. 이것은 보편적 미와는 전혀 상관 없는 아름다움의 매혹이다. 만일 이곳에 보편성이 존재할 수 있다면 그것은 욕망의 보편성이며, 주이상스의 보편성인 상실이다. 아이는 지금 상실할 것을 강요받고 있는 어머니라는 타자로부터 발생하는 강렬한 미의 영향력에 사로잡혔기 때문이다. 이처럼 미의 기능이란 욕망의 대상이라는 보편적 사물이 주체를 사로잡는 가장 근본적인 개별성 속에서 힘을 발휘하는 특수한 현상이다.

그런 의미에서 미의 기능은 두 가지로 범주화될 수 있다. 먼저, 통제와 안정의 효과를 발휘하는 기능이며, 쾌락원칙의 내부에 주체가 머물도록 욕망을 소멸시키는 기능이다. 그러나 두 번째 미의 기능은 일종의 덫과 같은 효과를 발휘하며 주체의 욕망을 증폭시킨다. 모든 대상-재화-선들의 영역으로부터 주체의 욕망을 일탈시키고, 또한 지속시킨다. 미의 이 같은 두 번째 기능에 사로잡힌 주체는 쾌락원칙의 영토로부터 뿌리째 뽑히고, 큰사물의 면전에 던져진다. 이것이 미의 섬광에 사로잡힌 주체의 형상이다.

보다 자세한 이해를 위해 먼저 안티고네를 매혹시킨 폴뤼네이케스의 시체를 살펴보도록 하자. 그녀는 어째서 이 시체에 집착하는가? 만일 우리가 안티고네에게 합리적 설명을 요구한다면 그녀는 설명에 실패할 것이다. 실제로 크레온과 논박하는 안티고네의 논지, 즉 로고스는 빈약하기 그지없다. 애국과 반역의 논점을 제시하며 공격하는 크레온을 향해 그녀가 펼칠 수 있는 최대한의 논증은 다음과 같은 것이다. 라깡은 다음의 구절을 인용한다.

> 내 오라버니는 당신이 말하고자 하듯이 범죄자이며, 조국의 방벽들을 무너뜨리고자 했으며, 동료 시민들을 노예로 만들고자 했고, 도시의 영토로 적군을 데려왔지요. 그러나 결국 나에게 그는 그일 뿐입니다. 중요한 것은 그에게 장례의 명예를 되찾아주는 것이지요. [...] 왜냐하면 내게 중요한 것은 내 오라버니는 내 오라버니라는 사실이니까요.*

324

논증의 차원에서 안티고네는 최악의 전략을, 즉 동어반복을 취할 수 있을 뿐이다.* 그녀에게는 애도의 정당성을 설명할 상징계의 담화가 주어지지 않는다. 엄밀한 의미에서 폴뤼네이케스의 시체가 그녀에게 발산하는 매혹은 담화의 형식을 빠져나가기 때문이다. 마치 신경증의 증상이 상징화되는 것에 저항하듯, 그럼에도 주체의 무의식을 사로잡고 놓아주지 않듯이 폴뤼네이케스의 시체는 안티고네의 마음을 상징계의 균열점에서 사로잡고 뒤흔든다. 그녀에게 사태는 "그냥 그렇기에 그럴 뿐이며", 이것은 "절대적 개별성의 현시"이다. 이에 대해서 라깡은 안티고네의 포지션이 상징계의 한계점에 위치한다고 지적한다. 그녀는 상징계의 한계점에 버티고 서 있다.* 그곳은 크레온으로 은유되는 상징계 내부 법의 끝없는 순환이 시작되는 장소, 즉 주인기표S1의 고독의 장소이다. 모든 기표연쇄들이 시작되는 장소, 즉 공백 또는 상실이 명명됨으로써 기표의 자리가 개시되는 장소이다. 그녀가 이곳에 도달하여 버티고 설 수 있게 만드는 것은 다름 아닌 폴뤼네이케스의 시체이며, 큰사물로서 그것이 발산하는 매혹의 재앙적 힘이다. 크레온의 현실적 법이 지배하는 세계를 넘어 이곳에 도달하게 만든 힘, 소포클레스가 '아떼Atè'라고 표현하는 일탈의 장소에 도달하게 만든 힘은 바로 주이상스의 매혹이며, 그것의 아름다움이다. 그녀는 다음과 같이 말한다.

> 내가 아이들의 어머니였거나 내 남편이 죽어 썩어갔더라면, 나는 결코 시민들의 뜻을 거슬러 이런 짐을 짊어지지 않았을 거예요. 어떤 법에 근거하여 내가 이런 말을 하느냐고요? 남편이 죽으면 다른 남편을 구할 수 있을 것이며, 아이가 죽으면 다른 남자에게서 또 낳을 수 있을 거예요. 하지만 어머니도 아버지도 모두 하데스에 가 계시

---

* 동어반복이 진리를 말하는 최선의 전략인 것은 기독교의 신이 자신을 표현하는 "나는 나이다"의 명제를 통해 증명된다. 강의 13 '위인과 그의 살해' 참조.

니, 내게 오라비는 다시는 태어나지 않겠지요.

이것이 단순한 장광설이 아닌 이유는 안티고네가 폴뤼네이케스의 가치를 자신의 어머니-아버지에서 찾고 있기 때문이다. 안티고네는 오라비가 같은 모태에서 태어난 존재이기에 무엇보다 중요했다.[*] 이에 더해서 그녀는 가문의 저주가 어머니의 침상에서 시작되었음을 강조한다. 어머니의 침상에 아들인 오이디푸스가 들어서는 순간, 금지된 주이상스의 봉인이 풀리고 모든 재앙이 시작되기 때문이다. 그런 의미에서 오이디푸스와 그의 아들 에테오클레스의 죽음은 저주를 마감하는 기능을 했다. 특히 오이디푸스의 적장자 에테오클레스의 명예로운 죽음은 오이디푸스 가문의 저주를 다시 봉인한다. 그러나 안티고네를 사로잡는 것은 에테오클레스의 죽음이 아니라 폴뤼네이케스의 시체이다. 그것은 법과 이성의 한계 너머에 위치한 사물이 발산하는 매혹이며, 안티고네는 이것의 저항할 수 없는 힘에 이끌려 한계선을 넘어서고야 만다. 만일 에테오클레스의 장례 절차에서 출현하는 이미지를 팔루스적 미의 기능이며 따라서 남성적 매혹이라고 말할 수 있다면, 폴뤼네이케스의 시체에서 출현하여 안티고네를 사로잡는 이미지는 어머니의 욕망에 관련된 모성적 주이상스의 매혹이며 미의 기능이다. 그것은 아버지의 법의 한계를 초과하는 순간 출현하는 매혹의 이미지이다. 라깡은 이것을 '특권적 이미지image privilégiée'라고 부른다. 이것은 안티고네가 폴뤼네이케스의 시체에서 보는 이미지이며, 그렇게 함으로써 그녀 스스로가 그것이 되는 이미지이다. 그리하여 우리는 관객으로서 그녀의 이미지에 다시 매혹당하는 과정으로 들어서게 된다. 라깡의 설명에 따르면, "안티고네는 우리에게 욕망을 규정하는 중핵을 실제로 보여"준다. 그런데 "이것은 이제까지 발화될 수 없었던, 뭔지 모

324

341

를 미스터리함을 내포하고" 있다. 그것은 "우리가 그것을 보려고 하는 순간 눈을 뜰 수 없게 만드는" 어떤 것이다. 안티고네 자신의 이미지인 이것은 "모든 담화들 너머로, 가족과 국가 너머로, 도덕적 담론들의 전개 너머로 우리를 매혹"하기 때문이다. 결국 "이것은 견딜 수 없을 것만 같은 섬광 속에서 우리를 그 안에 붙잡아두는 동시에 또한 그것에의 접근을 금지"하는 특수하며 강렬한 매혹인 것이다.* 그런 의미에서 안티고네가 사로잡힌 매혹은 다른 모든 이미지들을 정지시키는 특권적 시공간 속에서 출현한다. 그리고 그것은 재화의 유통을 단번에 중지시키는 미의 기능이다.

감동 아닌 동요로서의 카타르시스

미의 기능과 매혹을 동일한 것으로 간주하는 관점은 이 둘의 효과가 욕망의 본질이라는 사실을 알려준다. 결국 주체의 관점에서는 무언가를 스스로 욕망하는 것이 아니라 대상에 매혹될 뿐이다. 욕망에 있어서 주체란 존재하지 않는다. 주체가 리비도를 대상에 투자하는 것은 자발적 선택이 아니다. 그의 무의식이 그렇게 하도록 길트임 되어 있을 뿐이다. 그런데 주체로부터 리비도를 유도하여 끌어들이는 대상에 두 가지 유형이 있는 만큼 이들이 야기하는 감정에도 두 가지가 있다. 먼저 재화의 영역에 있는 재화-대상들, 즉 현실원칙 속에서 유통되는 대상들이 야기하는 감정은 '감동émotion'이다. 다른 하나는 재화의 영역 바깥에, 『세미나 7』의 어조를 빌리자면 가족과 국가 너머에, 도덕적 담론들의 전개 너머에, 즉 모든 상징계의 담화들 너머에 존재하는 대상, 즉 큰사물이 야기하는 '동요émoi'이다. 첫 번째 정동인 감동은 공

감 능력을 통해 작용하며, 이해받고 이해하고 있다는 착각을 불러일으
킨다. 또한 이것은 감동 효과의 결과로서 주체를 언제나 동일한 자리
로 되돌려놓는다. 간단히 말해서, 주체는 감동한 뒤 다시 익숙한 일상
으로 돌아와 예전과 같은 삶을 반복하는 방식으로 예전과 같은 욕망
의 루틴을 반복한다. 이에 반하여, 큰사물이 유도해내는 정동으로서의
동요는 '감동'이나 '감동시키다émouvoir' 등의 용어와는 전혀 상관이 없
다. 프랑스어에서 'émoi'는 'émoyer' 또는 'esmayer'라는 프랑스 고어
에서 기원한다. 이들은 모두 "누군가를 동요시켜 잃게 한다"의 의미를
갖는다.* 그런 의미에서 이 용어는 권력 관계를 내포한다. 나 자신을   292
상실하게 만들려면 그렇게 하는 누군가는 강력한 권능을 소유해야 하
기 때문이다.* 이로부터 우리는 욕망의 대상으로서의 큰사물이 대타   292
자의 영역임을 또한 상기하게 된다. 큰사물은 아버지의 법 이전의 대
타자, 즉 강력한 쾌락의 모성적 주이상스의 영역인 것이다. 비극의 효
과가 주는 이 같은 동요의 현상을 설명하는 라깡의 의도는 무엇일까?
그것은 분명 정신분석의 목표와 관련이 있을 것이다. 정신분석 임상
은 환자를 감동 또는 그에 준하는 그 어떤 정동의 영역으로도 초대하
지 않는다. 환자는 분석가에게 어떤 감정적 동일시도 받지 못한다. 분
석가는 환자에게 어떤 호의나 공감의 가능성도 보여주어서는 안 된다.
오히려 분석의 절차 속에서 환자가 발견하는 것은 흔들림이며, 이것이
곧 동요이다. 환자는 자기 자신을 상실하는 사태를 분석을 통해 경험
하게 될 것이다. 분석의 절차는 환자의 욕망이 큰사물로 향하도록 유
도하는 과정에서 이처럼 환자를 흔들어 그의 자아를 상실하게 할 것이
다. 이것은 또한 소포클레스의 비극이 주는 효과이기도 하다.

　라깡이 285페이지에서 288페이지에 이르기까지 비극의 고유한
효과로서 카타르시스 개념을 세밀하게 분석했던 이유 역시 카타르시

스의 두 가지 효과인 감동과 동요를 설명하기 위해서였다. 아리스토텔레스의 『시학』을 인용하면서 라깡은 비극의 기능으로서의 카타르시스가 정화작용의 효과가 있다는 사실을 지적한다. 이것은 정신분석 임상에서의 해제반응-abréaction과 유사하다. 심리 속에서 해결되지 못한 정동, 즉 상징화의 좌표에서 일탈한 채로 잔존하는 외상적 감정이 증상적인 문제를 일으킬 때 언어적 분절화를 통해 해소를 유도하는 것이 카타르시스의 정신분석적 개념이다.[*] 그러나 이러한 카타르시스 개념은 이미 히포크라테스가 정상성으로의 귀환으로 규정한 만큼 라깡이 비극의 기능을 통해 궁극적으로 겨냥한 동요와는 거리가 있다. 그런 의미에서 카타르시스 역시 미의 기능처럼 재화의 영역 내부로 돌아오게 만드는 것과 큰사물의 영역으로 일탈하게 만드는 것의 두 가지 범주로 구분될 수 있다. 어떤 비극의 기능은 선의 기능 내부에서 카타르시스의 작용을 통해 초과하는 주이상스를 상징화하고, 감동을 주며, 그리하여 초과분을 배출함으로써 주체가 상징계의 내부로 다시 돌아와 편안함을 느끼도록 유도한다.[*] 그러나 소포클레스의 『안티고네』와 같은 비극이 야기하는 카타르시스의 효과는 감동이 아닌 동요 속에서 특수한 쾌락에 접근하도록 만드는 동시에 주체의 좌표를 흔들어버린다. 이 같은 동요의 효과 속에서 주체는 이전의 상징계가 아닌 새로운 상징계의 지도를 스스로 그려내야 하는 의무에 직면할 것이다.

존재자로부터 존재의 단절

이제까지 진행된 『안티고네』 분석을 통해 우리가 도달하는 결론 지점은 '창조론적 윤리학éthique créationniste' 또는 '발생론적 윤리학éthique générique'이다. 비극은 주체를 그가 사로잡혀 있었던 욕망의 대상들로부터 일탈하게 만든다. 일탈한 뒤에 주체가 대면하는 것은 욕망의 대상이 아닌 욕망의 큰사물이다. 이것은 환유를 통해 주체를 끝없이 현혹하는 욕망의 기만적 장치가 정지되어야만 출현하는 궁극적 욕망의 대상이며, 상실된 것의 자리로서의 빈 공간, 즉 공백이다. 라깡은 이것을 '죽음을 욕망함'이라고 표현한다. 소포클레스의 비극은 삶과 죽음이 교차하는 특수한 서사 속에서 재화의 원칙에 관련된 모든 것들을 단번에 초과하는 특권적 이미지를 창조해냈으며, 그것을 바라보는 주체에게 죽음을 '욕망될 수 있는 어떤 것'으로 출현시켰다. 욕망될 만한 것으로서의 죽음은 삶의 희노애락의 환상을 횡단하도록 유혹하는 죽음의 매혹이다. 만일 쾌락-현실원칙이 만들어내는 신화의 장벽들을 횡단하는 방식으로만 존재의 자리인 공백에 도달할 수 있으며, 바로 이곳에서 비로소 새로움이 시작될 수 있다면, 비극은 그러한 존재의 자리로 주체를 초대하는 특수한 장치로 가정될 수 있다. 라깡이 『안티고네』의 한 구절을 통해 강조하듯 "그것은 이제 끝났으며, 고로 다시 시작된다"는 점이 중요하다.* 끝에 도달하지 않고서는 다시 시작될 수 없다는 것이다. 소포클레스의 비극이 정신분석의 임상절차와 유사한 과정을 따르고 있다면, 그것은 삶의 질서들을 카드로 만든 성과 같이 나약한 것으로 간주하면서, 그것이 몰락해가는 단계들을 추적해나간다는 의미에서 그러하다. 그리하여 도달되는 몰락의 폐허에 널려 있는 넘어진 카드들은 환자 앞에 개방된 새로운 기표 선택의 가능성들에 다름 아니다. "[카드가 모두 무너진] 마지막에 가서 우리가 그 카드들을 모두 다시 뒤집으면서 볼 수 있는 것이란 그들이 다른 방식으로 제시될 수도 있다는 사실이다."*

또한 만일 삶이 언어의 질서로 분절되는 의미화의 환상들로 지어

309

310

진 건축물이라고 한다면, 안티고네의 섬광은 이 모든 건축물에서 주체를 단절시키는 효과로 윤리적 기능을 완수한다. 그것은 주체의 존재를 주체 자신의 역사로부터 단절시키는 효과이며, 의미화의 연쇄로부터 주인기표를 단절시키는 효과이기도 하다. 정신분석 임상이 목표로 하는 것이 바로 이것이다. 환자의 무의식을 지배하는 환상들은 환자의 삶을 타자의 욕망이 반복되는 소외의 장으로 구성해낸다. 여기서 환자는 자신의 존재에 관한 강력한 오인의 차원에 종속된다. 그의 사랑과 증오, 기쁨과 환멸, 우울과 열광에 관한 모든 원인들이 초월적이며 실체적인 것에 기원한다는 오인이 그것이다. 이에 정신분석은 환자의 무의식을 장악한 환상을 구성하는 기표들의 조합을 찾아내고, 그것의 조야한 민낯을 드러낼 것이다. 그리고 하나의 환상 다음에는 이에 은폐된 또 다른 환상이 드러날 것이다. 정신분석 임상은 이렇게 드러나는 환상의 기표구조를 하나하나 횡단하여 마침내 가장 근본적인 환상에 도달해야 하며, 그리하여 끝내 아무것도 남지 않은 텅 빈 허무의 공간에 도달해야 한다. 이것이 바로 공백에의 도달이며, 폐허의 장소에 홀로 남겨지는 환자의 이미지이다. 바로 이곳에서 창조론적 윤리, 발생론적 윤리의 의무가 환자에게 요청된다. 환자는 이처럼 공백에 도달하는 지속적인 실천 속에서 파편처럼 흩어진 무의식의 기표들을 새롭게 조직해야 한다. 무너진 카드 한 조각을 다시 다른 한 조각과 연결하여 또 다른 모양새의 성을 쌓기 시작하는 것이다. 이번에 창조되는 카드성의 형상은 이전과는 근본적으로 다른 모습이 된다. 왜냐하면, 타자의 욕망이 있던 자리에 이미 주체가 들어섰기 때문이며, 지속적으로 다시 들어서기를 반복할 것이기 때문이다. 필자는 정신분석의 이러한 과정을 '존재를 위한 새로운 언어의 발명'이라고 부르고자 한다. 만일 우리의 무의식이 타자의 권력에 따라 언어와 같이 구조화되어 있다면, 정신분석의 실천은 자신의 주이상스에 대해서 타자의 흔적이 아닌 환자 자신의 고유한 언어를 발명하는 절차 이상도 이하도 아니기 때문이다.

달콤한 인생

삶은 달콤한 쾌락을 약속하는가? 이것은 라깡이 『세미나 7』을 진행해오면서 지속적으로 던져왔던 질문이다. 쾌락의 문제는 예술과 윤리, 심지어는 과학에서조차 중심적인 요소이기 때문이다. 정신분석 임상의 관점에서도 역시 인간의 모든 행위는 자신이 상실한 쾌락의 대상을 우회적인 방식으로 획득하려는 의지에 근거한다. 결국 상실된 궁극적 쾌락, 즉 주이상스에 관한 왜곡된 기억이 개인의 삶과 공동체의 구조를 만들어내는 결정자의 역할을 했던 것이다. 물론 여기서 말하는 '왜곡'과 '우회'의 기능은 무의식이 주이상스에 관하여 취하는 근본적 포지션이다. 왜곡하지 않는다면 주이상스는 결코 말해질 수 없는 파괴적 대상이기 때문이다. 따라서 삶의 쾌락이 달콤하게 느껴질 수 있다면 그것은 무의식의 적절한 왜곡의 기능 덕택이다. 여기서 '왜곡'이라는 용어를 '거짓말'로 대체한다면, 무의식의 거짓말이란 안정된 삶의 조건이라는 의미에서 일종의 '하얀 거짓말'이다. 유아기의 인간에게 각인되는 타자의 담화로서의 각기 다른 유형의 하얀 거짓말들이 한 인간이 전 생애를 통해 추구하게 될 쾌락의 유형을 결정한다.

예를 들어 여자는 여성적 담화를 통해 자신의 주이상스를 왜곡하며, 남자는 남성적 담화를 통해 그렇게 한다. 히스테리 담화와 강박증 담화는 신경증 내에서 기능하는 하얀 거짓말의 가장 두드러진 두 가지 유형이다. 보다 세밀한 예로, 누군가 자신을 헌신하는 담화, 타자의 결여를 보충하는 유형의 담화를 통해 무의식적 쾌락을 추구하는 자가 있다면, 그는 사회봉사활동이나 종교적 헌신을 통해 삶의 쾌락을 추구할 것이다. 또는, 타자에게 고통을 강제함으로써 쾌락을 추구하는 유사-도착적 담화를 가진 신경증자라면 타자의 존재를 억압하는 담화 속에 자신을 포함하는 방식으로 쾌락을 추구하게 될 것이다. 혹은 유아기 부모와의 관계를 노골적으로 반복하는 담화를 추구하는 자는 사회생활 속에서 매번 부모 역할을 맡게 될 타자를 찾아내 그와의 친밀한 관계를 형성하면서 쾌락을 추구하려고 할 것이다. 부모의 위치에 신을 소환함으로써 종교적 담화를 실현할 수도 있다.

반면, 주이상스에 대한 하얀 거짓말로서 신경증이 아니라 성도착 구조의 담화가 각인된 주체라면 보다 강렬한 환상으로 쾌락에 접근할 수 있다. 이들은 어머니의 거세된 형상을 거부함으로써 주이상스의 온전한 복원을 현실로 소유한다. 그럼에도 이들 역시 주이상스에 대해 거짓말하는 담화 속에 종속되어 있다는 사실에는 다름이 없다. 왜냐하면 상실된 것으로서의 주이상스란 성도착의 환상이 꿈꾸는 것처럼 강렬한 쾌락도, 망아적忘我的이며 대양적大洋的인 오르가즘의 분출도 아니기 때문이다. 주이상스란 본질에 있어서 파편적이며, 불안정한 쾌락의 단편들에 불과하다. 이것을 조합하여 거대하며 통일된 쾌락의 이미지로 뒤바꾸어놓는 것이 바로 성도착의 하얀 거짓말이다.

따라서 어떤 유형의 담화가 되었든 주체의 욕망은 주이상스의 현실에 근본적으로 무지해야만 쾌락에 접근할 수 있다. 이것이 우리가 삶에 있어서 쾌락 또는 좀 더 승화된 형태로서 행복이라고 부르는 것의 정체이다. 그런데 이와 같은 쾌락의 달콤함을 획득하려면 주체는 두 가지 대가를 치러야 한다. 첫 번째 대가는 소외인데, 이것은 라깡이 이후『세미나 11』에서 보다 정교하게 세공하게 될 개념이다. 그러나

『세미나 7』의 수준에서도 소외의 개념은 충분히 설명될 수 있다. 그것은 온전히 상징화된 존재의 형상이며, 큰사물로부터 멀어진 존재의 좌표이다. 소외는 주체의 존재가 불안정한 리비도-대상으로서의 큰사물로부터 격리된 상태와 같다. 그러나 『세미나 7』의 논점이 지속적으로 강조해왔듯이 큰사물은 결코 완전히 억압될 수 없다. 주이상스를 억압할수록 그것은 증상의 형태로 회귀할 것이기 때문이다. 필연적으로 강한 억압은 강한 증상을 출현시킨다. 이러한 증상의 출현이 달콤한 인생을 위해 치러야 하는 대가의 두 번째 조건이다. 주체가 안정된 쾌락을 보존하기 위해 상징화를 받아들인다면, 그는 주이상스가 거의 남지 않은 핍진화된 상태에 도달하는 대가를 치르게 된다. 이와 같은 핍진화된 주체의 신체는 그에게 유령처럼 찾아오게 될, 라깡이 『세미나 11』에서 대상 a의 개념으로 세공하게 될 증상의 출현이라는 두 번째 난점에 직면한다. 이를 통해서, 주체는 그 어떤 과정으로도 쾌락에 도달할 수 없다는 결론이 도출된다. 쾌락은 추구되면 추구될수록, 핍진과 초과의 양극단을 주체에게 강제하면서 삶을 혼돈 속으로 밀어넣을 뿐이다. 따라서 일상에 주어지는 욕망의 대상들에 단지 현혹되는 방식으로라면 결코 쾌락에 도달할 수도 없고, 쾌락의 진리가 폭로되는 인식의 장소에 도달할 수도 없다. 라깡이 『안티고네』를 다루는 첫 번째 강의, 1960년 5월 25일 강의의 말미에서 페데리코 펠리니의 영화 〈달콤한 인생〉을 간단히 분석하면서 말하고자 했던 첫 번째 의미가 이것이다. 그는 강의에서 "[…] 〈달콤한 인생〉의 스펙터클에서 무언가를 발견하려면 내 세미나의 진정한 제자, 그러니까 특별히 깨어 있는 사람이어야 합니다"라고 말한다.* 이어서 그는 영화의 마지막 장면을 묘사하기 시작하는데, 필자는 이에 대한 해석을 시도하면서 정신분석의 윤리를 설명해보고자 한다.

295

〈달콤한 인생〉은 1960년에 유럽에 배급되었다. 그러니까 라깡이 막 파리에서 개봉된 영화를 보고 난 뒤 세미나에서 언급했던 듯하다. 특히 영화의 마지막 장면에서 영감을 얻은 라깡은 자신이 발명해낸 개념인 큰사물의 형상이 영화에서 출현한다고 확신한다. 펠리니가 욕망의 본질을 이미지화하는 과정에서 출현시키는 거대한 괴물 가오리의 형상이 큰사물의 이미지와 부합하기 때문이다. 영화의 보다 구체적인 줄거리를 살펴보면 다음과 같다.

2차 세계대전이 끝나고 10년 뒤의 로마가 배경인 이 영화에서 주인공은 유명인사들의 사생활을 캐는 가십 기자 마르첼로이다. 영화의 도입부에는 거대한 예수상이 헬리콥터로 운반되는 장면이 나오면서 종교적 환멸의 시대, 대타자의 대타자에 대한 환멸의 시대를 암시한다. 이후 주인공 마르첼로가 쾌락을 쫓는 행각들의 묘사는 신이 죽은 시대에 쾌락과 삶의 의미를 묻는다. 일견 퇴폐적 상류사회의 환락을 고발하는 듯 보이는 영화의 외관을 그대로 받아들일 필요는 없다. 왜냐하면 영화 속에 등장하는 인간 군상의 모습이란 환유적 욕망의 대상들을 덧없이 쫓으며 삶의 쾌락과 행복을 추구하는 인간 일반을 은유한다고 해석될 수 있기 때문이다. 주인공 마르첼로는 완전히 몰입하지도 못하지만 그렇다고 빠져나올 수도 없는 쾌락의 흐름에 자신의 몸을 맡긴다. 이따금씩 삶의 의미를 질문하고 때로는 구원이라는 형태로 보다 충만한 행복의 가능성을 점쳐보지만 주인공의 삶은 우리 삶이 그러하듯이 쾌락을 거부하지도 몰입하지도 못하는 어정쩡한 상태에서 타자의 욕망을 반복한다. 그 역시 쾌락을 조건 짓는 두 가지 요소, 핍진과 초과의 양극단 사이에서 오락가락할 뿐이다. 그러나 라깡이 강의에서 영화를 통해 드러내고자 하는 것은 이러한 반복으로서의 흔들림 너머의 무엇이다. 이를 위해 라깡은 영화의 후반부에 등장하는 장면 하나를 지적

한다. 어느 새벽 파티 장소에 아침이 밝아오자 사람들이 그곳을 빠져나
와 해변으로 걸어가는 장면이 그것이다. "간밤의 취객들이 해변의 소
나무들 한가운데서 잠시 미동도 하지 않다가 빛의 파동에 사라져가듯,
무엇인지 모를 목적을 향해서 갑자기 걷기 시작하는 순간의 장면."* 296
간밤의 숙취에서 아직 깨어나지 못한 사람들은 어부들이 던진 그물에
걸려 해변으로 끌려나오는 거대한 가오리의 시체를 보게 되는데, 라깡
은 이것을 "나의 악명 높은 큰사물"이라고 표현한다. 사람들이 "바다
에서 건져낸 얼마나 구역질 나는 것인지 모를 그것으로 향하는 순간"
이 바로 큰사물과 조우하는 순간이라는 것이다.* 그러면서 라깡은 다 296
음과 같이 말한다. "그들은 우첼로의 나무들 한가운데서 움직이는 조
상들과 전적으로 닮았습니다." 여기서 라깡이 말하는 "우첼로의 나무
들"은 아마도 르네상스 초기 화가 파올로 우첼로의 〈야간 사냥〉의 이
미지라 짐작된다. 아래의 그림이 그것이다.

파올로 우첼로Paolo Uccello, 〈야간 사냥 *La Chasse de nuit*〉
(1470)
애슈몰린 박물관

〈야간 사냥〉의 장면과 비교되는 영화 속 풍경과 인물들의 형상이

의미하는 것은 명백해 보인다. 그것은 신경증의 무지 속에서 환유의
방식으로 추구되는 욕망의 반복이다. 매번 동일한 나무의 형상이 반
복적으로 전개되지만 욕망은 그것의 기만적 속성을 알아채지 못하도
록 은폐한다. 같은 자리에서 같은 형식을 통해 반복되는 우리의 욕망
이 발생시키는 환상은 마치 매번 새로운 것인 양, 그리하여 언제나 새
로운 세계를 탐사하는 듯한 환상을 불러일으킨다. 우첼로의 그림 속에
등장하는 사냥의 이미지는 한밤의 어둠 속에서 욕망을 쫓는 눈먼 주체
들의 운동을 그대로 보여주며, 〈달콤한 인생〉에서 드러나는 취객들의
움직임 역시 영화 전체가 그려내는 욕망의 덧없는 반복적 속성을 암시
한다.

만일 이것이 영화를 통해 라깡이 말하고자 했던 욕망의 첫 번째
국면이라면, 영화가 보여주는 그다음의 충격적 이미지는 정신분석의
목표를 정확히 드러낸다고 할 수 있다. 이에 대해 라깡은 "그 순간", 즉
특권적 이미지가 출현하는 순간은 바로 그다음이라고 말한다. 기만적
이었던 욕망의 반복이 정지되는 순간 마르첼로가 보는 것은 거대한 괴
물 가오리의 시체이며 그것의 공허한 텅 빈 눈깔이다. 바로 이것이 충
동의 민낯이다. 우리 자신의 욕망의 원인이었으며, 무의식의 외밀한
장소에서 환상과 환영을 생산해내고 그것에 사로잡히는 소외된 주체
를, 때로는 초과하는 주체를 야기했던 마음의 외밀한 중핵. 마르첼로
의 길고 지루했던 욕망의 여정이 다다른 마지막 장소에서 출현하는 것
은 썩어가는 거대한 생선의 시체이며, 감동적이지도 그렇다고 공포스
럽지도 않은 무감각한 텅 빈 시체의 응시, 또는 그것을 바라보는 마르
첼로의 공허한 시선이다. 이것이 큰사물에 대한 가장 정확한 이미지가
아니라면 무엇이겠는가? 우리 모두가 알고자 했으나 결코 마주 보려
고 하지 않았던 욕망의 원인으로서의 큰사물은 그렇게 역겨운 대상일

뿐이다.

펠리니는 주인공의 욕망의 여정이 도달하는 마지막 장면에서 큰 사물과의 조우를 준비하는 방식으로 쾌락과 진리에 관한 사유를 드러낸다. 그러나 아직 영화가 끝난 것은 아니다. 마르첼로는 가오리의 시체로부터 시선을 돌려 반대편인 해변을 바라본다. 그곳에서는 원경으로 처리된 한 소녀가 말을 걸어오고 있지만, 거리 때문에 마르첼로는 아무것도 들을 수 없다. 소리의 진공상태, 또는 의미의 진공상태가 잠시 지속된다. 마르첼로는 이때 비로소 기표의 진공상태에 도달한 것이다. 큰사물의 장소에 도달한 뒤에 비로소 기표연쇄의 모든 의미화 효과들이 정지되는 상태에 도달한 것이다. 이 특권적 순간, 마르첼로는 자신의 인생의 단순한 관객이 아니다. 삶을 분절하는 타자의 언어가 파생시키는 의미들에 이끌리는 삶은 잠시 정지된다. 라깡이 〈달콤한 인생〉에 대해 언급하기 직전에 스펙터클의 관객이라는 개념을 설명한 이유가 여기에 있다. 그는 『안티고네』라는 스펙터클에서 관객은 어떤 의미를 갖는지 다음과 같이 설명한다. 아리스토텔레스의 『시학』에 따르면, 모든 스펙터클의 관객은 '청자', 즉 '듣는 자'이다. 라깡은 이를 말하면서 극예술이 보는 예술이 아니라 듣는 예술, 즉 의미를 전달하는 예술로 발전해왔음을 지적한다.* 우리는 흔히 연극이나 영화를 본다고 생각하지만, 실제로 관객이 하는 일은 스펙터클이 제시하는 이미지의 연쇄를 통해 주어지는 의미를 듣고 있을 뿐이다. 만일 스펙터클의 이미지가 관객이 들을 수 있는 의미를 전달하지 못할 경우 혼돈을 초래할 수밖에 없다. 이 같은 설명에 이어서 라깡은 스펙터클에서의 관객의 위치는 언제나 영원히 고정되어 있다고 말한다. 관객은 언제나 어떤 특정한 각도에서 동일한 심급에 위치해야 한다는 것이다. 이 같은 언급에서 우리는 앞서 분석되었던 왜상을 떠올려볼 수 있다. 왜상

295

이란 본질적으로 이미지를 바라보는 주체의 위치를 규정하는 게임이다. 이미지의 관찰자 또는 관객의 위치에 고정된 관점과 이를 파괴하는 새로운 관점의 대립이 곧 왜상게임의 본질이다. 이것을 스펙터클에서 관객의 고정된 위치라는 개념과 함께 고려해본다면 라깡이 말하고자 하는 바가 분명해진다. 스펙터클은 관객을 주어진 고정점에 위치시킴으로써만 의미를 전달할 수 있다. 스펙터클은 주체에게 상징계의 틀을 강제하는 방식으로 위치를 고정시키며, 주체는 바로 이 자리에서만 상징계가 전달하는 안정된 의미를 들을 수 있다. 여기서 발생하는 관객의 카타르시스는 스펙터클의 논리가 준비한 한계를 넘어서지 못할 것이다. 이를 설명하기 위해 라깡은 또한 고대 그리스 비극에서 코러스의 역할을 강조한다. 코러스는 스펙터클의 무대 위에 포함된 관객의 대리인이다. "코러스는 당신을 대신하여 감동할 것이다."* 그들은 서사의 전개를 따라서 놀라거나 슬퍼하고, 연민하거나 경악한다. 코러스 집단이 보여주는 이 같은 감정의 표현들은 모두 관객을 대신하여 일어나는 형식을 취한다. 관객이 따라야 하는 정동의 방향을 코러스가 앞서 제시한다고도 할 수 있다. 오늘날 텔레비전 프로그램에서 패널과 방청객의 반응을 방송 요소로 포함시키는 테크닉을 떠올려보면 충분히 이해될 것이다. 화면 속에서 클로즈업된 스펙터클 내부의 방청객들 표정은 외부의 시청자들이 감정을 모방해야 하는 일종의 카타르시스적 모델로서 제시된다. 이 모든 테크닉들을 통해서 관객은 스펙터클에 완전히 사로잡힌다. 관객은 스펙터클의 상징계가 부여하는 의미를 통해 규정된 카타르시스만을 향유하는 철저히 종속된 존재이다.

스펙터클과 관객에 대한 관점을 보다 확장시켜보자. 그러면 세계 속에서 욕망하는 주체의 위치 역시 동일한 방식으로 확인된다. 세계라는 거대한 스펙터클에서 주체는 일종의 관객으로 위치한다. 그곳에 출

현하는 다양한 이미지를 관객인 우리는 어떻게 받아들이는가? 주체
는 세계의 사건들을 오직 주어진 방식으로만 의미화하고 이해한다. 세
계-스펙터클의 관객은 철저하게 듣는 자이며, 지배적 패러다임이 허
용하는 규격화된 의미를 통해 세계를 이해할 뿐이다. 정신분석 임상
차원에서도 마찬가지라고 할 수 있다. 욕망 극장의 배우이자 관객인
환자는 타자의 흔적인 상징계적 틀이 파생시키는 의미를 통해서만 자
신의 자아와 그것을 둘러싼 일상의 작은 세계를 이해한다. 나아가 그
것에 완전히 사로잡히는 방식으로 스스로의 존재를 한계 속에 가두어
버린다. 이때 환자는 하나의 고정된 자리에 고착되는 방식으로 자신의
삶을 바라보도록 강제된다. 이로부터 벗어나는 것, 즉 관객의 자리를
일탈하는 것은 환자에게 일종의 재앙처럼 간주된다. 왜냐하면 일탈 속
에서 그는 안정된 의미가 상실된 세계의 혼돈을 체험해야 하기 때문이
다. 환자를 찾아온 증상이 그와 같은 혼돈을 발생시키는 원인이다. 그
런 이유 때문에 환자는 자신의 고정된 자리를 흔들고 위협하는 증상에
그토록 적대적인 것이다.

정신분석 임상은 이렇게 고착된 위치에서 환자가 벗어날 수 있도
록 존재를 개방한다. 사로잡는 의미들로부터 환자를 자유롭게 만들기
위해 의미의 환상들을 횡단하는 여정으로 그를 초대한다. 라깡이 스
펙터클의 관객과 〈달콤한 인생〉의 마지막 장면의 언급으로 암시하고
자 했던 것이 이러한 횡단의 여정이다. 마르첼로가 자신의 욕망의 나
무들을 횡단하면서 도달한 장소는 욕망의 민낯을 만나는 환멸의 장소
였다. 그 직후 마르첼로를 찾아온 것은 '들리지 않는 이미지'로서의 소
녀이다. 의미의 진공상태가 그를 찾아온 것이며, 상징계의 기능이 잠
시 무력화되는 사건이 도래한 것이다. 이때 주체가 할 수 있는 일은 무
엇일까? 그것은 의미의 진공 속에서 새로운 기표의 조합을, 자신의 존

재를 명명할 새로운 언어를 발명해내는 일이다. 〈달콤한 인생〉이라는
역설적 제목의 영화가 보여주려는 욕망에 관한 윤리가 이것이며, 이에
대한 논평을 통해 라깡이 암시하려 했던 정신분석의 윤리 역시 이것이
다. 따라서 우리는 다음의 방식으로 라깡의 의도를 재해석해볼 수 있
다. 라깡은 영화에 등장하는 괴물 가오리의 시체로 폴뤼네이케스의 시
체를 암시하고 있으며, 이후 영화에서 도래한 의미의 진공상태를 통해
안티고네의 비지식을, 또는 지식의 진공상태로서의 동어반복적 논증
을 암시했다고 말이다. 의미의 진공은 타자의 언어가 정지하는 지점인
동시에 새로운 주체의 언어가 출발하는 지점이다. 같은 의미에서 안티
고네의 동어반복은 폴뤼네이케스라는 욕망의 대상에 크레온의 상징
계가 접근하지 못하도록 방어하는 전략인 동시에, 안티고네 자신의 새
로운 의미가 출발할 수 있도록 마련된 의미의 출발점이다. 이 모든 논
증은 라깡의 다음과 같은 표현으로 정리될 수 있다. "특권적 이미지는
말하지 않고 보여준다." 여기서 말하는 주체는 타자이다. 특권적 이미
지는 타자의 권력에서 빠져나가는 방식으로 우리에게 나타난다. 그렇
다면 특권적 이미지는 상상계를 의미하는 것일까? 그렇지 않다. 특권
적 이미지, 가오리의 시체 또는 폴뤼네이케스의 시체를 욕망하는 안
티고네의 섬광과 같은 특권적 이미지는 상상계가 아니다. 그것은 상징
계의 파열점과의 조우이다. 만일 이것이 상상계라면, 또는 이미지라면
이미지 부재의 이미지, 즉 공백의 이미지라는 역설적 형상일 것이다.
그것은 타자의 언어로서의 상징계가 멈춘 장소의 이미지이며, 동시에
자아를 구성해주는 상상계적 작용 역시 멈춘 장소의 이미지, 즉 공백
의 이미지이다. 라깡이 안티고네의 범죄와 위반을 세밀하게 분석함으
로써 우리에게 드러내고자 했던 것은 바로 실재 이미지로서의 '안티고
네의 섬광'인 것이다.

5장

정신분석 경험의 비극적 차원

• 주요 개념 •

욕망과 최후의 심판 ： 두 번째 죽음 ： 구두의 일화 ： 하데스와 디오니소스

분석가의 욕망 ： 부르주아의 몽상 ： 오이디푸스, 리어, 재화의 업무

초자아의 내면화 ： 세 아버지 ： 화해되지 못한 오이디푸스 ： 코믹의 차원

계산원의 일화 ： 욕망과 죄책감 ： 자신의 욕망을 포기한다는 것

종교, 과학, 그리고 욕망

• 강의 요약 •

이번 강해는 1960년 6월 22일에서 7월 6일까지 세 번에 걸쳐 진행된 마지막 강
의들이자, 『세미나 7』 전체의 결론부에 해당하는 내용을 토대로 한다. 여기서 라
깡은 유명한 "자신의 욕망에 관하여 양보하지 않기"라는 정신분석의 명제를 제시
하고 있으며, 또한 행복의 개념을 비판한다. 이를 토대로 필자는 이 책의 결론을

구성하려 한다. 특히 정신분석 임상의 실제 상황에서 환자들이 요구하는 행복의 개념이 얼마나 허구적인지를 비판한다. 이러한 요구는 일종의 부르주아적 몽상이며, 상품화된 욕망의 소외된 판본이기 때문이다. 이를 논증하는 라깡은 행복을 요구하는 환자들에게 응답하는 분석가야말로 욕망의 윤리를 팔아넘기는 사기꾼에 불과하다는 비난을 퍼붓는다. 이는 환자에게 자기 자신의 고유한 욕망을 포기하게 하는 사기극에 불과하기 때문이라는 것이다. 이어서 라깡은 보다 진실한 윤리적 임상실천의 목표가 결국 죽음에 대한 욕망을 전달하는 데 있다고 말한다. 이를 설명하기 위해 라깡이 제시하는 사례는 반 고흐가 그렸던 작품 〈구두〉이다. 덧붙여서 라깡은 묵시록의 '책 먹기'라는 사례를 통해 어떻게 우리의 욕망이 다시 태어날 수 있는지를 밝히려고 한다.

이처럼 이번 강의들에서 일관되게 제시되고 있는 것은 죽음을 욕망하지 않는다면 엑스 니힐로의 창조가 실현될 수 없다는 인식이다. 자아의 몰락에 도달하지 않는다면 새로운 자아가 도래할 수 없다는 인식. 필자가 『라깡의 인간학』을 마무리 지으면서 이번 강의들을 하나로 묶어 결론부로 제시하려 했던 이유는 이 같은 라깡의 논증의 일관성을 부각시키기 위해서이다. 라깡은 이번 강의들에서 앞선 논증들의 결론이 되는 윤리학으로서 '죽음에 대한 욕망'의 선명한 이론을 제시하고 있다.

자신의 욕망을 포기한다는 것

정신분석은 일반 심리치료가 흔히 목표로 삼는 안정된, 길들여진 욕망의 학습이기를 거부한다. 임상은 충동의 불규칙성을 조화로운 상태로 정화하는 것이 결코 아니다. 이에 대해 라깡은 "정신분석이 도덕군자 연하는 허세와 기만적이고 사기성 짙은, 아주 걱정스런 알리바이의 형상을 취하게 되었다"고 개탄한다.* 충동을 성기대를 중심으로 하는 조화로운 욕망의 형태로 조율하려는 임상의 시도는 결코 성공할 수 없으며, 심지어 윤리적이지도 않다. 왜냐하면 성기대를 정상적이며 안정적인 욕망의 완성태로 보는 관점은 충동에 대한 아주 간단한 관찰만으로도 그 오류가 드러나기 때문이다. 인간 주체가 쾌락의 대상으로 삼는 것은 오직 부분충동의 대상과 그로부터 파생되어 나온 대상 a이다. 앞서 충분히 설명했듯이 대상 a는 큰사물이 상징계 내부로 들어와 초과의 지점으로 요소화된 것을 의미한다.* 만일 성기대가 양성 간의 조화로운 성충동을 암시하는 욕망의 단계를 의미한다면, 사실상 이것의 배후에는 보다 파편적이며 난포착적인, 그러나 진정한 욕망의 원인인 대상 a가 도사리고 있다. 양성 간의 파트너십은 이러한 난포착적 욕망의 대상을 은폐하고 통제하기 위한 사회문화적 이상일 뿐이다. 당연하게도 욕망의 진정한 대상은 이와 같은 사회문화적 이상의 포획으로부터 언제나 빠져나간다. 따라서 임상을 통해 욕망의 흐름을 성기대적 정상성의 영역으로 가두려는 모든 시도는 하나의 증상을 다른 하나의 증상으로 둔갑시키는 계기가 될 뿐이다.

이러한 모순은 증상의 해소를 주장하는 모든 정신의학이 사실 해소가 아닌 변이를, 즉 다른 증상으로 달아남을 야기한다는 사실로 증명된다. 그리하여 치료는 난국으로 빠져들며, 그럴수록 심리치료를 담당하는 분석가 또는 의사는 더욱 완고하게 정상성의 이상이라는 관념적 틀 속으로 자신을 가두어 방어하려 할 것이다. 그런 의미에서 심리치료로 발생되는 증상은 단지 환자에게만 일어나지 않는다. 증상이라는 난포착적 사건의 출현 앞에서 의사 또는 분석가 역시 강박증적 반응을 보이게 된다. 의사는 자신이 의존하는 지식담화로 증상을 상징화하려는 강박증적 반응을 통해 증상을 더욱 악화시킨다. 따라서 심리치료사와 환자 사이의 관계는 일종의 마스터, 즉 스승과 제자의 관계처럼 되어버릴 위험에 쉽사리 노출된다. 마스터는 자신의 지식을 통해 제자의 질문을 필터링하고, 자신의 지식을 넘어서는 질문은 유효하지 않은 것으로 배제하려는 경향을 보인다. 환자가 자신의 증상에 사로잡혀 정상성의 규범으로부터 일탈하는 순간 스승 또는 의사, 즉 지식의 담지자로 가정된 주체는 이러한 일탈을 위반으로 간주하면서 정상성의 범주로 환자가 다시 돌아오기를 강요한다. 이와 같은 관계 속에서

---

* 여기서 말하는 대상 a는 특히 『세미나 11』의 관점에서 세공될 '욕망의 대상-원인'의 특성을 말한다.

우리는 권력의 개념이 핵심 문제로 떠오르고 있음을 감지할 수 있다. 이에 대해 라깡은 다음과 같이 말한다.

> 욕망의 질서 또는 무질서와 관련해 문제가 되는 것은 권력의 포지션 입니다. 이는 역사적이건 아니건 모든 상황, 모든 결과에서 언제나 동일했습니다. 페르세폴리스에 입성하던 알렉산더 대왕과 파리에 입성하던 히틀러가 동일하게 포고한 바는 무엇이었나요? "나는 여 러분을 이것으로부터 또는 다른 어떤 것으로부터 해방시키러 왔다" 는 서론은 별로 중요치 않습니다. 핵심은 계속 일을 하라, 일이 중단 되어서는 안 된다[는 것입니다]. 이것이 의미하는 바는 최소한의 욕 망이라도 표현되어서는 안 된다는 것입니다. 권력의 도덕, 재화의 서비스에 대한 도덕, 그것은 다음과 같습니다. 욕망에 관한 한, 다음 번에 오시고, 기다리라는 것입니다.*

363

그렇다. 심리치료에서 가장 위선적인 것은 욕망을 포기하도록 만 드는 이상화의 명령이다. 치료자가 제공하는 상징계의 틀 속으로 자신 의 증상을 가져가 핍진화시키는 것은 스스로의 욕망에 관하여 타자의 시점을 받아들이는 것이다. 이것은 라깡이 "모든 욕망은 타자의 욕망 이다"라고 말했던 사태를 가장 부정적인 지점으로 끌고 가는 행위이 다. 만일 우리의 욕망이 타자의 욕망을 반복하는 것에 불과하다면, 두 가지 선택지가 논리적으로 도출된다. 첫 번째는 반복되는 타자의 욕망 을 지속하면서 스스로의 욕망을 포기하는 것이다. 여기서 타자의 욕망 이란 증상을 포획하고 해소하려는 치료자나, 정신의학계 전체의 지식, 또는 이러한 의료적 환상이 의존하는 사회-관습적 인식장 내부에서 순환하는 팔루스적 욕망이다. 이 경우 나의 욕망과 타자의 욕망은 일치하며, 증상의 이름은 현재의 세계를 지탱하는 인식장의 유한성에 사로잡힌다. 반면, 두 번째 선택지는 자기 자신의 욕망을 포기하지 않는 것이며 이를 위해서 타자의 욕망에 저항하는 것이다. 타자에 욕망에 저항한다는 것은 대타자의 지식에 저항함을 의미한다. 이것은 사회적 관습과 그로부터 파생되는 사회적 이상의 권력에 저항하는 것을 의미하기도 한다. 이와 동시에 주체는 자신의 증상의 고유한 이름을 타자의 지식이 아닌 스스로의 경험을 통해 발명해내려고 시도할 수 있다. 아직 도래하지 않은 자신의 욕망, 따라서 지금 여기에 없는 공백을 욕망함, 또는 공백으로부터의 욕망을 추구함, 이것이 바로 자신의 욕망을 포기하지 않는다는 것의 진정한 의미이다. 이 같은 욕망은 증상으로부터의 해방을 주장하는 그 어떤 식민지배자의 권력에도 동의하지 않는다. 알렉산더 대왕과 히틀러로 은유되는 대타자의 권력은 증상의 고통으로부터 주체를 해방시킬 것임을 주장하지만, 이것은 사실 해방이 아닌 소외, 주체성의 상실에 불과하다. 이에 대한 저항은 재화의 영역, 산물의 한계 내부에서 노동할 것을 요구하는 대타자의 명령에 저항하는 것을 의미한다. 이러한 저항은 또한 욕망을 언제나 뒤로 미루며 나중에 다시 찾을 것을 명령하는 환유의 절차로 지탱되는 상징계의 명령을 거부하게 만든다.

정신분석의 윤리는 이처럼 대타자의 권력에 저항하며 비켜가는 방식으로 자신의 증상과 만나는 주체의 과정을 추구하는 것에 다름 아니다. 임상절차가 조율하는 이러한 만남의 반복으로 주체는 타자의 언어가 아닌 자신만의 언어로 자신의 증상을 표현하고 그것의 구조를 변경한다. 여기서 중요한 것은, 라깡이 말하는 주체의 욕망이란 쾌락원칙의 한계 내부를 순환하는 팔루스적 욕망이 아니라는 사실이다. 라깡의 욕망은 상식 차원의 욕망을 폐기한다. 그런 의미에서 라깡의 욕망은 유한성의 구도를 파기하는 욕망으로, 무한성의 욕망으로 이해되어야 한다. 임상 차원에서 이것이 중요한 이유는, 상식 차원의 욕망이 사회적 이상의 유한성을 주체에게 강제하면서 자아의 과거 문제를 미래에도 변화 없이 지속되도록 만들기 때문이다. 무한성으로 욕망을 개방하는 이유는 이러한 지속을 멈추기 위해서이다. 자아의 판을 흔들어 새로운 판을 짜도록 유도하는 라깡적 임상은 그런 의미에서 보다 파괴적인 욕망, 묵시록적 욕망, 라깡이 "죽음을 욕망함"이라고 부르는 것을 요청한다.

두 번째 죽음

만일 정신분석의 핵심 윤리가 욕망의 절대적 추구에 있다면, 이에 선행하는 분석의 구조와 토대는 다음과 같다. 즉, 정신분석은 우선 숨겨진 무의식의 의미를 찾아내는 과정을 전제한다. 그런 이유로 프로이트는 정신분석을 일종의 고고학과 같다고 표현했다. 기억의 지층 가장 밑바닥에 숨겨진 욕망의 화석을 찾아내고, 그것의 은폐된 의미를 해석해냄으로써 일종의 카타르시스에 도달하는 것이 정신분석 실천의 가장 기초적인 차원이기 때문이다. 라깡은 임상의 이 같은 차원을 "네 자신을 알라"라는 고대 그리스의 명제를 통해 암시했다.* 그러나 이것은 의식의 차원에서 일어나는 인식이 아니다. 자신에 관한 욕망의 진실을 알기 위해서는 무의식의 차원으로 접근하는 과정이 필요하기 때문이다. 그런 의미에서, 무의식의 중핵에 존재하는 큰사물의 영토까지 접근하려는 시도는 정신분석의 가장 어려우면서도 선결되어야 하는 요구이다. 이러한 목표가 어려운 이유는 큰사물의 영토, 즉 가장 근

360

본적인 증상이 자리한 그곳이 어떤 접근에도 격렬히 저항하기 때문이다. 또는 역으로, 그곳으로 접근하려는 어떤 시도에 대해서도 이미 우리 스스로가 원천적으로 거부하려는 경향을 보이기 때문이다.

바로 이곳, 접근이 금지된 장소를 라깡은 두 번째 죽음의 장소라고 부른다. 그곳은 안티고네가 산 채로 갇혔던 죽음의 동굴이고, 다프네가 굳어버린 채로 사로잡힌 정지의 지점, 삶도 죽음도 아닌, 영원한 고통의 장소이다. 그곳은 사드가 자신의 소설 속 희생자들에게 가한 고문의 장소이다. 그곳에서 희생자들은 영원히 죽지 못하면서 반복되는 고통에 자신을 맡겨야 하는 숙명에 갇힌다. 라깡이 문학과 신화 속의 다양한 사례들을 통해 지속적으로 은유하려고 했던 이곳, 두 번째 죽음의 장소는 결국 증상이 환자를 데려가는 회귀의 장소, 파괴되지 않으며 넘어널 수도 없는 충동-반복-운동의 장소이다. 우리의 의식은 이 장소에 영원히 사로잡혀 있음에도 불구하고 그것을 결코 마주 볼 수 없는 역설에 갇혀 있다. 은유와 환유, 억압과 부인의 기능은 우리의 의식이 두 번째 죽음의 장소를 마주 볼 수 없도록 장막을 형성하여 삶의 원인을 전혀 다른 곳에서 찾는 오인 속으로 운명을 내던진다.

만일 이것이 두 번째 죽음의 장소였다면, 첫 번째 죽음의 장소는 무엇인가? 라깡은 이것을 소외 또는 '존재의 결여manque-à-être'라는 표현을 통해 은유한다. 우리의 삶은 주이상스, 즉 쾌락과 관련하여 핍진화되어 있다. 삶은 온통 금지로 가로막혀 있으며, 언어의 법에 의해 남김없이 상징화되어 있다. 그리하여 언어는 삶을, 또는 사물을 살해하는 과정에서 인간의 충동에 대한 향유 가능성을 제로의 지점으로 억제한다. 프로이트가 『문명 속의 불만』에서 설명하려 했던 것 역시 이러한 첫 번째 죽음의 차원이다. 욕망과 관련하여 인간의 향유 가능성은 원천적으로 차단당해 있으며, 초자아는 억압의 끈을 조이는 모순된 폭군에 다름 아니다. 이는 극의 시작부터 크레온의 법에 따라 죽은 듯 살아야 했던 안티고네의 숙명을 통해 표현되었다. 그녀의 여동생 이스메네는 이렇게 말하지 않았던가? "권력에 맞서다가는 가장 비참하게 죽게 될 거예요. […] 우리는 여자이며, 남자들과 싸우도록 태어나지 않았어요." 이를 라깡식으로 해석하면 이렇다. "인간 주체는 주이상스, 여성성으로 표기되는 무한한 욕망을 위해 아버지의 법과 싸우도록 태어나지 않았다." 이것이 크레온으로 대표되는 상징계-법의 세계에 종속된 주체들의 숙명, 첫 번째 죽음을 겪는 인간들의 숙명이다. 그러나 안티고네는 굴복하지 않으며 자신의 욕망을 양보하려 하지 않는다. 그러자 "그토록 으스스한 일에 그토록 뜨겁게 마음이 달아오르다니!"라고 이스메네는 전율하지 않았던가? 안티고네는 그러한 방식으로 두 죽음 사이에 오롯이 서 있다. 그녀는 현실원칙의 폭정에 대항하는 동시에, 죽음충동의 공포와 마주하고 있다. 라깡이 정신분석 임상의 절차를 통해 주체를 이끌어 가려는 장소가 바로 이곳, 두 죽음 사이의 장소 또는 비장소인 것이다. 그곳은 첫 번째 죽음에 저항하는 동시에 두 번째 죽음에 삼켜지지 않는 중간 지대, 즉 연옥이다. 만일 첫 번째 죽음의 영토가 한줌의 잉여 쾌락을 주체에게 던져주는 방식으로 식물인간과 같은 삶을 지속시키려 한다면, 위반을 통해 주체는 그곳의 한계를 뛰어넘어야 한다. 그리하여 임상의 주체는 욕망의 진정한 원인이었던 두 번째 죽음의 악마를 마주 보아야 한다. 라깡적 주체의 개념이란 그렇게 두 죽음을 마주 보며 걷는 상태 그 자체이다. 그러나 어떻게 우리는 그곳에, 두 죽음 사이에 도달하는가? 라깡은 다음과 같이 질문한다.

> […] 인간, 즉 살아 있는 존재는 어떻게 이러한 죽음충동에, 죽음과 그 자신의 고유한 관계성에 접근하고, 그것을 알아볼 수 있을까요?*

이에 대한 라깡의 자문자답은 다음과 같다.

그 자신의 가장 근본적인 형식 아래에서 기표의 미덕을 통해서입니
다. 주체가 하나의 기표연쇄를 발화하는 한, 그렇게 발화된 연쇄에
서 결여되는 것을 주체가 목전에 마주할 수 있게 되는 한 [죽음충동
과 마주하는 것은] 기표 속에서입니다.* 341

이것은 의미화연쇄의 상징계적 논리로부터 벗어난 '기표 자체의
미덕vertu du signifiant'을 통해서라는 말과도 같다.* 다시 말해서, 주체가 341
자신의 두 번째 죽음에 접근할 수 있는 것은 어떤 특수한 기표를 따라
나섰기 때문이다. 그 특수한 기표는 주체의 발화 내부에서 일상의 의
미화를 보장하는 연쇄의 결여와 같은 지점을 표지한다. 그것은 곧 말
실수, 꿈, 부인, 우회를 표지하는 기표들, 즉 결여의 기표들이다. 라깡
은 이 기표를 '마지막 말dernière parole'이라고도 부른다. 현실원칙의 통제
로부터 초과하는 방식으로 출현하는 이 증상적 기표, 마지막 말은 진
리의 전령과도 같이 무의식의 장소로 주체를 인도한다. 만일 현실원칙
으로 구축된 의미화연쇄를 지식의 장소라고 부를 수 있다면, 이 마지
막 말은 모든 의미화의 연쇄가 시작된 곳으로서의 텅 빈 장소, 즉 비지
식의 장소를 표상한다. 그곳은 리비도의 역동값이 시작되는 장소이며,
이 기표의 발견이야말로 무의식의 발견을 의미한다고 할 수 있다.* 만 342
일 이와 같은 사실을 인식하지 못한다면, 정신분석의 실천은 그야말로
장님이 코끼리 더듬는 식의 한계를 넘어서지 못하며, 문자 그대로 분
석이란 "그들은 그들이 하는 일을 알지 못하나이다"의 수준에 머물 뿐
이다.* 342
사정이 그러하다면, 분석은 어떻게 이 '마지막 말'에 접근하는가?

또는 접근했다면, 분석은 진리 그 자체인 이것으로 무엇을 해야 하는 가? 라깡은 이에 대한 대답으로 '책 먹기'라는 요한계시록의 은유를 도입한다.

책 먹기

'책을 먹는다manger le livre'는 표현은 6월 22일과 7월 6일 강의에서 각각 한 번씩 등장하는 개념이다. 라깡은 이것을 통해 승화를 설명하는 자신의 모든 논증에 마침표를 찍는다. 승화에 대한 일차적인 이해이자 오해가 대상을 바꾸어 만족을 추구하는 것이라면, 진정한 승화는 대상을 바꾸는 것이 아니라 목표 자체를 바꾸는 것이며, 이것이야말로 라깡이 말하는 승화의 핵심이다.* 만일 우리가 금지된 충동의 대상을 사회적으로 허용된 대상으로 바꾸면서 만족을 추구한다면, 그것은 욕망을 사회적 유한성에 가두는 것이다. 이러한 만족의 추구는 환자의 무의식을 구성하는 기표의 구조를 변화시킬 수 없다. 프로이트 스스로가 갇혀 있던 모순은 바로 승화 개념에 대한 이 같은 오인에서 비롯된 것이기도 했다. 이에 대해 라깡이 제안하는 승화는 대상이 아니라 목표점을, 과녁 자체를 바꾸는 것이다. 욕망의 주어진 대상, 즉 산물이 아닌 큰사물을 겨냥하는 것인데, 여기서 큰사물을 공백이라고 바꾸어 불러도 무방하다. 그런 의미에서 승화란 대상을 통해 욕망이 지속되는 재화의 세계에서 공백을 통해 만족이 실현되는 큰사물의 차원으로의 이동이라고 할 수 있다. 어떻게 이와 같은 이동이 가능할까? 라깡은 책 먹기의 개념으로 가능성을 타진한다.

승화에 관해서 말하고자 했던 것을 상상해보기 위해서 […] 하나의
사례를 취하려고 합니다. 충동의 단계에 있어서 가장 근본적인 동사
인 '먹다'를 취해봅시다. *

이어지는 설명에서 라깡은 '먹다'가 주체의 개념 이전에 이미 실
행되는 동사임을 강조한다. 문법적 규정 이전에 '먹는다'는 동사는 유
아의 사유 속에서 충동을 표현하는 가장 근본적 언어이며 동사, 즉 실
천의 표상이다. '먹는다'는 '보다', '듣다', '싸다'와 마찬가지로 유아의
신체가 대타자와 분리되기 이전의 근본적 주이상스의 관계를 구성한
다. 여기서 우리는 충동의 표상으로서 '먹다'라는 동사가 무엇을 대상
으로 갖는지 주목해야 한다. 라깡이 암시하고자 하는 것은 의심의 여
지 없이 구강충동의 대상으로서 어머니의 젖가슴이다. 물론 그것은 상
실된 대상이며, 분리된 채로 구강충동의 대상 또는 비대상으로서 존재
하는 비현존의 대상이다. 그러나 먹는다는 동사가 음식물이라는 산물,
즉 재화의 영역에서 실행될 때에는 욕망의 환유적 질서를 따른다고 간
주될 수 있다. 구강충동을 충족할 때 취하는 손가락이나 고무 젖꼭지
또는 음식물 등 상실된 대상을 대체하는 모든 환유적 재화는 욕망이
쾌락원칙의 한계점을 넘어서지 못하도록 달래는 미끼들이기 때문이
다. 그러한 방식으로, '먹는다'는 행위의 일차적 의미는 욕망을 억압된
방식으로 만족하는 것이 된다. 반면 '먹는다'는 행위가 승화의 단계로
들어설 수 있으려면 다른 것을, 특수한 것을 먹어야 하는데 라깡은 이
것을 묵시록의 일화를 따라서 책이라고 가정한다. 즉, 책을 먹는 행위
야말로 구강충동의 단계가 욕망의 유한성으로부터 벗어나는 방식인
것이다. 라깡은 다음과 같이 말한다.

묵시록을 읽을 때, 책을 먹는 이 강력한 이미지가 의미하는 것은 무엇일까요? 책이 체화의 가치를 취하는 것이 아니라면 무엇이겠습니까? 그것은 고유하게 종말론적인 창조의 토대로서의 기표 자체의 체화라고 할 수 있습니다. 이 경우에 기표는 체화 그 자체의 대상, 즉 신이 됩니다.*

340

여기서 분명해지는 것은 라깡이 '책 먹기' 개념을 통해 드러내고자 하는 것이 마지막 말, 곧 마지막 기표라고 표현했던 그것을 체화하는 실천이라는 사실이다.* 기표를 먹는 것은 기표가 내가 되는 것이며, 책이 내가 되는 것이다. 그렇다면 기표가 내가 된다는 것은 무엇을 의미할까? 이를 이해하려면 기표의 상대항인 기의에 대한 설명이 필요하다. 기의는 기표의 연쇄에서 파생되는 의미들이며, 이것으로부터 우리는 책의 의미를 이해하게 된다. 기의는 그런 의미에서 일종의 폐쇄적 구도를 갖는다. 기의의 세계는 상징계 내의 유한성을 표상하기 때문이다. 물론 이러한 유한성의 한계는 팔루스의 판본으로 결정될 것이다. 여기서 욕망의 한계가 팔루스적 판본에 의해 결정된다는 말의 의미는 이렇다. 욕망의 의미를 야기했던 최초의 두 개의 기표가 파생시키는 부분집합들의 집합, 즉 멱집합이 팔루스적 셈법에 따라 허용된 영역으로 스스로를 제한한다는 것이다. 반면 사건적 기표는 기의의 유한성에 반하는 개방성으로 특징지어진다. 이 기표는 스스로 조합을 변화시킴으로써 얼마든지 다른 기의를 생산해낼 수 있는 우연성을, 즉 무한성이라고 말해질 수 있는 사건적 속성을 갖는다. 이 기표를 먹음으로써 그것 자체가 된다는 것은 기의에 사로잡힌 신체, 또는 엄밀한 의미에서 기의 그 자체라고 말할 수 있는 신체를 사건적 기표에 개방하는 것으로 이해될 수 있다. 아버지의 법을 중심으로 구성된 상징계

의 유한한 테두리에서 빠져나가는 사건적 기표와 자신을 동일시하는
것, 증상적 기표와의 동일시가 그것이다. 이것이 유한성의 신체로부터
무한성의 신체로 나아가는 실천의 의미이다.

그런 의미에서 '책 먹기'로서의 승화는 존재의 환유를 멈추려는
시도이다. 끝없이 제공되는 욕망의 유사 대상들을 갈아타면서 존재의
진리를, 공백인 그것을 외면하려는 행위를 멈추려는 시도이다. 그리하
여 주체는 환유의 토대인 공백과 대면하고, 그것을 먹음으로써 스스
로 공백이 된다. 이를 위해서 의미화연쇄로부터 떨어져 나온 기표가,
즉 공백을 지시하는 기표의 발견이 요청된다. 정신분석 임상의 절차는
이러한 발견의 차원을 포함하며, 이후 환자가 그 기표를 먹는 행위, 즉
"그것이 내가 되는" 실천으로 나아가도록 유도한다. 그리하여 환자의
자아가 종말을 고하는 방식으로 창조의 가능성에 접근할 수 있도록 유
도할 것이다. 라깡이 "고유하게 종말론적인 창조의 토대"라는 표현을
통해 말하고자 했던 바가 바로 이것이다.

구두의 일화

마지막 기표, 마지막 말을 먹는 행위를 통해 산물들의 영역에서 벗어
나 그 너머에 도달한다는 '책 먹기'의 일화는 이어지는 구두의 일화와
함께 라깡 정신분석의 근본 윤리를 설명하는 가장 중요한 지점을 표지
한다. 구두의 일화는 사실상 두 개의 에피소드로 구성되어 있는데, 하
나는 라깡 자신이 경험한 일화이며, 다른 하나는 고흐의 작품 〈구두〉
에 대한 철학적 견해이다.*

라깡은 먼저 자신과 그의 아내가 런던의 한 학술원에 초대되었던

343

371

일화를 소개한다. 초청된 인사들이 묵을 수 있도록 마련된 학술기관 내 숙소에서의 일이다. 그날 아침 라깡의 아내는 라깡의 학창시절 은 사인 D 교수가 이곳에 머물고 있다는 사실을 알린다. 라깡이 어떻게 그것을 알게 되었는지를 묻자 아내는 D 교수의 구두를 보았노라고 했다. 그러나 라깡은 아내의 이야기를 귀담아 듣지 않았다고 한다. D 교수와 그들은 그닥 가까운 사이도 아니었으며, 따라서 구두 하나로 D 교수가 와 있음을 확신할 만큼 교수에 대해서 잘 아는 처지도 아니었기 때문이다. 그럼에도 아내의 믿음은 확고했고, 그녀의 확신은 그날 아침 라깡이 D 교수의 실제 모습을 확인하면서 사실로 드러났다. 이는 D 교수의 구두가 프랑스 대학교수들이 보편적으로 신는 구두의 유형이었기 때문에 가능했다. 그에 덧붙여서 D 교수의 개별적 특수성이 구두의 이미지에 결합되었을 것이다. 라깡의 아내가 본 구두는 그렇게 보편성과 개별성이 결합된 이미지를 전달하고 있었다. 이 일화가 우리에게 말해주는 것은 다음과 같다. 즉, 하나의 사물(구두)은 상징계에 의해 의미화된 이름을 통해 산물들의 세계 내에서 유통 가능한 좌표를 갖는다. 이렇게 부여된 사물의 이름은 상징계의 보편성과 연결된 개별성을 소유한다. 그러한 방식으로 사물은 누구든 그것을 알아보고 사용하거나 또는 그 현존을 확인할 수 있도록 하는 의미화의 기능 속에 머물 수 있다. 그런 의미에서 D 교수의 구두는 상징계 내의 대상이며, 따라서 사물이 아닌 산물이다. 그러나 이 일화는 다음의 또 다른 구두를 말하기 위한 전제에 불과했다. 라깡은 D 교수의 구두의 개념적 차원, 즉 대학교수라는 좌표에 연결된 의미-개념의 차원을 배제한 채 한 켤레의 구두를 상상해보라고 말한다. 다시 말해서 어떤 상징적 속성도 갖지 않는, 그 어떤 개인적 특성도 배제된 단순한 구두 한 켤레를 상상해보라는 것이다. 그렇게 하면 반 고흐가 그렸고 하이데거가 분석했던

바로 그 구두의 '통약 불가능한 미적 가치incommensurable qualité de beau'의
차원이 드러난다는 것이다.*

344

빈센트 반 고흐Vincent Van Gogh, 〈구두A Pair of Shoes〉
(1886)
반 고흐 뮤지엄

반 고흐가 그렸던 구두 한 켤레는 산물로서의 구두가 가질 수 있
는 의미의 차원을, 상징계가 부여하는 좌표의 차원을 지우는 방식으로
구두 존재 자체의 이미지를 구현하고 있다. 그것은 "상상의 역능과 기
표의 역능 모두와 동일한 거리를 유지하고 있는" 이미지이다.* 따라
서 아직 상징계의 의미화연쇄가 시작되기 전의 장소를 표지한다. "걷
는 기능을 하며, 오래되어 피로함을" 느끼게 하는 구두의 형상은 기표
의 의미화가 자리할 수 없는 구두 자체의 존재를 가리키는 이미지이
기 때문이다. 거기에는 인간적 체온과 정념이 모두 지워져 있다. 하나
의 기표로서의 구두 이미지는 오히려 의미화된 구두의 부재를, 인간적
대상으로서의 구두의 빈자리를, 앞선 강의에서 라깡이 사물성choséité*

344

* 강의 8 '수집가 자끄 프레베르의 일화' 참조.

373

이라고 불렀던 자리를 표지할 뿐이다. 이 구두-기표는 그런 의미에서 침묵을 말하는 기표, 공백을 드러내는 이미지, 또는 이미지를 지우는 이미지이다.* 그러한 방식으로 라깡은 반 고흐의 구두 이미지가 산물의 세계를 횡단하여 큰사물의 자리에, 공백의 가장자리에 도달한 기표라는 사실을 명시하고 있다. 이를 통해서 미적 기능의 전복적 속성을 강조하는데, 그것은 사물의 존재에 접근하는 역능이다. 그런데 수차례 강조된 바와 같이 사물의 존재는 의미가 아닌 자리의 형식이며, 그것도 텅 빈 자리의 형식이다. 그곳에 도달하도록 주체를 인도하는 미의 기능은 상징계의 의미화연쇄가 규정하는 의미의 한계를, 따라서 최고선의 한계를 초과하도록 만들며, 비로소 새로운 의미가 일종의 타락의 범주에서 산출될 수도 있도록 한다. "미는 선보다 멀리 가기" 때문이다. 이처럼 보다 멀리 가는 미의 효과를 매개로 비로소 "자발적 발생을 환기시키는" 시작의 지점이 출현한다.* 그와 같은 방식으로 고흐는 예술이라는 실천이 도달할 수 있는 가장 먼 지점에, 진리의 장소인 바로 이곳에 구두를 위치시켰다.* 라깡은 이것을 자신의 일화와 함께 소개하면서 정신분석이 취해야 할 전략을 동시에 은유하고 있다. 그것은 기표의 감각적 속성, 즉 미학적 차원을 따라서 실현되는 정신분석의 이상이다.

344

343~344

---

* 필자는 이미지를 지우는 이미지의 기능으로서의 예술을 설명하기 위해 게르하르트 리히터를 분석한 바 있다. 『라깡 미술관의 유령들』(책세상) 참조.

욕망과 최후의 심판

정신분석의 시작이라고도 할 수 있는 심인성 증상의 발견은 상징계 내의 균열점의 발견에 다름 아니다. 만일 라깡의 정신분석이 여타 심리학이나 안나 프로이트류의 자아심리학과 구별되는 점이 있다면 이 증상을 명명할 기표를 주어진 상징계의 상식적 이름에서 취하지 않는다는 사실이다. 균열의 원인인 타자에게 다시 균열의 봉합을 요구하는 것은 모순이기 때문이다. 따라서 라깡은 환자 자신이 증상을 스스로 명명할 것을 촉구한다. 그런 이유로 정신분석에는 대타자의 지식에 근거한 처방전이 없다. 또한 바로 그런 이유로 후기 라깡은 정신분석이 과학이 아니라고 선언하기에 이른다.

과학이란 하나의 지식이며 일관성이 가정된 담화이다. 과학은 자신 앞에 출현하는 증상 또는 사건을 자신의 체계에 의존하여 명명한다 (S2→a). 쉽게 말해서 과학은 자신의 셈법에 따라서 존재를 셈하는 것이다. 이렇게 셈해진 존재가 소외된 사태에 빠진다는 사실은 쉽사리 이해된다. 존재의 이름은 스스로가 명명한 것이 아니라 타자가, 즉 과학의 담론이 자신의 논리대로 셈한 것이며 나아가서 타자는 언제나 균열된 대타자이기 때문이다. 즉, 과학의 담화는 완전할 수 없으며 균열을 가진다. 과학의 셈법은 언제나 불완전하며 균열을 증상의 형식으로 출현시킬 수밖에 없다. 그렇게 회귀하는 증상을 또다시 타자의 담론에 의존하여 셈하려는 시도는 어불성설이다. 그럼에도 일반 심리학과 자아심리학 그리고 현대 정신의학은 환자의 고유한 증상을, 절대적 개별성인 그것을 규범적 타자의 셈법으로 포획하려 시도한다. 처방전으로 명명된 증상들, 우울증, 공황장애, 충동조절장애, 성격장애, 집중력결핍과 과잉행동장애ADHD 등 끝도 없이 새로 조합되고 있는 이 이름들은 증상 자체의 고유성을 획일성의 담화로 포획하여 가두려는 시도일 뿐이다.

이와 같은 시도들은 인간의 정신이 가진 다양성을 획일화하려는 지배담론의 폭정을 의미한다. 라깡은 이러한 자본주의적 유한성의 사유에 대항하여 절대적 차이의 보존을 촉구한다. 자신의 증상의 이름을 스스로 명명할 권리와 기회를 보존하려는 전략이 그것이다. 그리고 반고흐의 구두 일화를 통해 전개되었던 예술의 전략은 정신분석의 이 같은 정치성을 은유하는 도구였다. 삶의 의미를 지시하는 기표들의 차원을 넘어서 사물성의 단계로 접근하는 기표의 형상화는 고흐의 구두가 보여준 진리의 절차이다. 그렇게 접근된 기표는 구두의 부재를 현시하는 동시에 도래할 구두의 현존을 지시한다. 여기서 도래할 구두란 도래할 세계를 의미한다. 아직 여기에 없는 것을 지시하는, 그러나 미래에로 개방된 기표의 형상화가 그것이다. 정신분석 역시 동일한 목표를 향해 나아간다. 기표들의 체계에 사로잡혀 소외당한 주체의 마음을 미래로 개방하려면 먼저 위반이, 법의 환상들을 넘어서는 것이 요구된다. 이를 위해서 라깡이 제시하는 방법론은 기표를 먹는 것이다. 아무 기표가 아닌 특별한 기표, 의미화연쇄에서 배제된 기표, 결여 자체의 기표, 증상적 기표를 먹는 방식으로 기표 자체가 되는 것이다. 그리하여 스스로 의미 없는 기표로 자리하는 주체는 다른 기표와 다른 방식으로 연쇄할 가능성의 차원에 위치하게 된다. 정신분석 임상의 종결은 이러한 개방과 새로운 연결의 성공 여부에 달려 있다.

그러나 이것은 결코 쉬운 절차가 아니다. 라깡 역시 임상에서 언제나 성공한 것은 아니었으며, 오히려 매번 실패를 거듭했을 것이라고 가정할 수 있다. 왜냐하면 주체의 개방은 또 다른 폐쇄로 이어지기 십상이기 때문이다. 이는 주체가 폐쇄되지 않고 개방되기만 한다면 항구적 불안과 변화의 혼돈 속에 던져질 수 있기 때문이다. 라깡은 정신 분석의 이러한 어려움을 '최후의 심판'이라는 표현으로 설명한다. 사실 환자들은 자신의 증상을 사로잡고 폐쇄해주기를 원한다. 이러한 요구에 대해서 정신분석가 역시 무엇인가를 지불해야 한다. 환자가 돈을 지불하고 신뢰를 지불하여 정신분석실에 들어섰다면, 분석가 또한 무언가를 지불할 것을 요구받게 될 것이라는 말이다. 이와 같은 요구를 두고 우리가 상상해볼 수 있는 지불의 형식으로는 증상에 대한 분석가의 말이 있을 것이다. 그러나 분석가는 또한 자신의 존재를 지불한다. 환자가 전이를 일으키는 타자의 현존으로서의 존재 말이다.* 그러나 이 보다 더 중요한 것은 진단 또는 판단 혹은 심판이다.* 현대의학의 '처방전' 개념이 바로 이것이다. 그리고 이것은 언제나 '최후의 심판'일 것을 요구받는다. 궁극의 판결, 즉 증상의 분쟁을 끝장낼 가장 적절하고 이상적인 판결로서의 처방전을 의미한다.

337
338

환자는 바로 이것을 요구한다. 그러나 환자가 모르는 것이 하나 있는데, 그것은 증상이 사라지는 최후의 순간 그 자신의 욕망도 소멸할 것이라는 사실이다. 증상이 없다는 의미는 환자의 존재가 남김없이 상징화되었다는 말과도 같기 때문이다. 남김없이 상징화되었다는 의미는 아버지의 법에 의해 주체의 신체가 살해되었다는 의미이다. 두 번째 죽음 없는 첫 번째 죽음의 완결이 그것이다. 따라서 최후의 심판으로서의 의사의 진단과 처방은 최후의 심판이라는 표현이 의미하는 죽음 그 자체를 암시한다고 이해될 수 있다. 이는 또한 우리의 욕망이 궁극적으로 소망하는 것의 실현이 욕망 자체를 끝장낸다는 역설을 통해 설명될 수도 있다. 만일 환자가 자신의 증상들로 인한 고통을 끝내고 모두가 원하는 궁극의 행복을 실현할 것을 소망한다면, 역설적이게도 이러한 소망이 실현되는 순간 환자는 더 이상 욕망할 수 없는 모순

속에 빠지게 된다. 욕망의 본질은 궁극의 실현을 뒤로 연기하는 끝없는 환유의 질서 속에서 유지되기 때문이다. 욕망과 최후의 심판이라는 개념을 통해 라깡이 말하고자 하는 바는 이러한 역설들이다. 분석가가 환자의 이 같은 요구에 '판결'로서 자신의 몫을 지불한다면, 그는 해결할 수 없는 모순에 빠지게 될 뿐이다. 그런 의미에서 환자의 요구란 분석가가 줄 수 없는 것을 겨냥한다고 말할 수 있다.

보다 자세한 이해를 위해 환자가 분석가에게 원하는 궁극의 것이 무엇인지 살펴보자. 라깡에 의하면, 그것은 행복이다. 라깡은 굳이 이것을 영어로 발음한다.* '해피니스', 이것은 미국식 라이프 스타일이 의료의 영역에 도입시킨 심리치료의 이상이다. 이는 환자가 분석가에게, 의사에게, 심리치료사에게 원하는 궁극의 것이다. 이 행복은 환자의 욕망이 사회적 규범 속에서 온전히 실현되는 사태를 의미한다. 사회적 규범이란 남성 지배적 사회, 특히 미국식 라이프 스타일이 주장하는 중산층 백인 남성의 규준에 합당한 것을 의미한다. 미국식 라이프 스타일이라는 표현을 간단히 상품화된 자본주의적 삶의 방식이라고 이해해도 좋다. 여기서 정상성의 이상으로 간주되는 것은 남성과 여성의 조화로운 결합이며 가족 공동체에서 각자의 이상적인 역할 분담이다. 이러한 전통적 규범은 상품 논리와 결합하여 존재의 의미를 고정시킨다. 이와 같은 담론의 틀로부터 성역할에 대한 강력한 환상들이 구축된다. 젠더의 환상이 자본주의적 틀 내에서 고착되는 과정에 다름 아닌 이곳에서 행복이라고 간주되는 상태는 존재를 가장 근본적인 소외의 장소로 밀어넣을 뿐이다. 아빠는 아빠의 역할을, 엄마는 엄마의 역할을, 자식들은 그들의 역할을 수행하면서 규범적 관계 속에서 행복을 추구하는 이상은 주체의 주이상스를 억압하는 가장 경직된 틀을 출현시킬 뿐이다. 바로 그 때문에 라깡은 이러한 행복의 꿈을 '부르주아의 몽상'이라고 부른다. 왜냐하면 그것은 추구되면 추구될수록 지금 여기에 없는 것으로 여겨지는 역설적 소망의 신기루이기 때문이다.

부르주아적 몽상 vs. 분석가의 욕망

환자가 분석가에게 요구하는 행복은 언제나 최고선의 형식으로 발화된다. "올바른 삶이란 무엇일까요?" 또는 "조화롭고 행복한 인생이란 무엇일까요?"라는 환자들의 질문 속에는 행복에 대한 초자아의 강력한 통제가 발견되기 때문이다. 환자는 모두가 만족할 수 있는 선한 행복에 대한 기대와 요구를 멈추지 않는다. 마치 크레온이 모두를 위한 선이라는 이상에 사로잡혀 고뇌했던 것처럼 말이다. 그러나 분석가가 이미 알고 있으며 또는 알고자 노력해야 하는 진실은 다음과 같다. "환자가 요구하는 최고선을 분석가 자신은 갖고 있지 않을 뿐만 아니라, 그러한 것은 존재하지 않는다는 사실"이다.• 정신분석의 임상절차가 종결에 이르면서 증명해내는 가장 중요한 것 중에 하나가 이것이다. 환자 자신이, 그의 무의식이 사로잡혀 있는 최고선에 대한 욕망의 덧없음 말이다. 인간의 무의식이 사로잡혀 있는 것은 이 같은 윤리적인 환상이다. 바로 이러한 원초적 환상에 근거하여 윤리학의 역사가 건설되어 이어져왔다. 행복과 재화의 영역에서 최고선을 발견하려는 전통윤리의 역사, 그리고 이에 반하는 라깡적 반윤리학의 포지션. 물론 전통윤리의 역사는 아주 오래전부터 정립되었다. 그리고 라깡이 이에 대한 반윤리의 이론을 정립한 최초의 이론가 또한 아니다. 아리스토텔레스에 의해 정교하게 완성된 재화의 윤리학은 이미 소포클레스의 안티고네라는 선행하는 대립항이 있었기 때문이다. 그러나 역사적 승리는

347

언제나 재화의 윤리학이 가진 환상의 힘에 따라 실현되어왔던 것 또한 사실이다. 재화의 윤리, 상품의 윤리, 또는 행복의 윤리, 그것은 우리의 욕망이 스스로를 통제하는 방식으로 추구되는 형상과 정확히 일치하기 때문이다. 바로 그러한 이유로 전통윤리에 근거한 심리치료는 은밀하게 담합된 사기에 불과하다. 환자가 추구하는 행복의 보증인으로서 자신을 제시하는 치료자의 행위는 환자의 몽상에, 팔루스적 틀에 따라 조율되는 환각에 아첨하는 서비스업에 다름 아니다. 이에 대해 라깡은 다음과 같이 선언한다.

> 주체가 어떤 방법으로든 분석에서 자신의 행복을 찾아낼 수 있도록 보증인 역할을 하는 것은 일종의 사기입니다. 우리가 부르주아적 몽상의 보증인이 되어야 할 어떤 이유도 없습니다.*

350

여기서 '부르주아적 몽상'은 상징계의 틀 속에서 팔루스적 고정점으로 완성된 고정관념의 몽상을 말한다. 행복의 가능성은 이러한 틀 내부에서 담합된 의미화의 산물에 한정된다. 이것은 이미 주어진 의미들의 한계 안에서의 행복을 말하며, 이러한 몽상에 자신의 욕망을 제한하는 것은 곧 존재의 가능성을 포기하고 폐쇄하는 것을 의미할 뿐이다. 라깡이 "이 도시를 오늘날 우리는 그토록 쉽사리 폐쇄할 수 있을까요?"라고 자문하는 이유가 여기에 있다.* 자본주의적 유한성에 갇혀버린 도시의 한계 내부로 자신의 욕망을 가둔다는 것은 곧 도시의 고정관념에, 도시가 믿는 신*에 존재를 고스란히 봉헌한다는 것을 의미

350

---

* 우리는 "도시가 믿는 신을 믿지 않은 죄", 그리하여 "젊은이들을 타락시킨 죄"가 소크라테스에게 사형 선고를 내리게 했던 죄목임을 알고 있다. 라깡이 죽음을 욕망하는 정신분석의 마스터로 소크라테스를 암시하는 것은 자주 있는 일이다.

한다. 도시의 신은 바로 이 봉헌의 피를 먹고 자라는 초자아의 괴물임을 잊지 말자. 라깡이 '주이상스의 역설'이라는 개념을 통해 지속적으로 논증하려고 했던 것이 바로 도시의 신의 포악함이지 않았는가. 사정이 이러하다면, 정신분석가가 환자의 요구에 응답하는 '올바른 방식'은 무엇일까? 환자의 '오르토스 로고스'에 대항하는 분석가의 '오르토스 로고스'는 무엇일까? 또는, 부르주아적 몽상에 대항하여 분석가가 지불할 수 있는 유일하게 진실한 것은 무엇일까? 라깡은 이것을 분석가 자신의 '각성된 욕망désir averti'이라고 말한다.

> 분석가가 주는 것은 세상의 가장 아름다운 신부도 줄 수 없는 것인데, 그것은 분석가 자신이 가진 것, 그 자신의 각성된 욕망에 다름 아닙니다.*

347

정신분석 임상에서 분석가가 줄 수 있는 최고의 것은 해석도, 진단도, 위로도 아니다. 분석가는 환자의 자아를 진정시키고 "피신처를 제공해주는" 충분히 좋은 엄마도 아니다.* 권력이 결정한 최고선의 지배 아래서 가만히 있으라고 명령하는 엄격한 아버지도 아니다. 나아가서 그는 연인도 부모도 아니며, 멘토는 더더욱 아니어야 한다. 분석가가 줄 수 있는 것은 도시가 자랑하는 그 어떤 보물도 아니다. 오히려 정반대인데, 그것은 죽음에 대한 욕망이며 텅 빈 공백에 대한 매혹이다. 마치 소크라테스가 변증술을 통해 도시의 고정관념인 속견의 단단한 표면에 구멍을 뚫어 증명하려 했던 것처럼, 분석가는 지식이 아닌 공백의 실존을 증명하고, 그에 대한 욕망을 환자에게 전달한다. 그러한 방식으로 분석가는 도시를 지배하는 도시민의 환상, 부르주아적 몽상이 주체의 자아를 단단히 고정시키는 고착의 힘을 거부한다. 이것이

16

바로 각성된 욕망이다. 무의식의 진리인 큰사물로의 접근을 우회시키는 욕망의 가짜 대상들을 넘어서려는 욕망. 그리하여 절대적 개별성의 자리인 동시에 절대적 보편성의 존재인 공백*과 마주하도록 주체를 유도하는 욕망. 초자아가 죄책감이라는 강력한 무기로 환자의 자아를 억누르려고 할 때에, 오직 자신의 욕망을 포기하는 것만이 죄이며 그렇게 하는 데 대한 죄책감만이 유효하다는 사실을 알게 하려는 욕망.* 오

368

이디푸스 왕과 리어 왕이 왕국의 운영을 포기하면서 그러했던 것처럼

352

환자의 자아가 산물, 재화의 서비스업 노동을 멈추도록 하려는 욕망.*

367

그리하여 눈 먼 오이디푸스가 보았던 것을,* 우스꽝스럽게 몰락한 리

353

어 왕이 보았던 욕망의 진실을 보게 하려는 욕망.* 간단히 말해서, 자아를 몰락시키고, 욕망의 끝자락에 주체가 도달할 수 있도록 도우려는 그러한 욕망. 분석가가 자신의 교육 분석 과정에서 보았던 스스로의 무의식의 진실을, 텅 빈 공허이며 공백의 환멸인 그것을 선물의 형식으로 환자에게 전달하려는 욕망. 그렇게 해서 모든 것이 끝났으므로

309

다시 시작되어야 한다*는 것을 알도록 해주는 그러한 산파술적 욕망만이 진실하며, 그것만이 분석가가 환자에게 줄 수 있는 모든 것이라고 할 수 있다.

* 공백이 절대적 개별성인 동시에 절대적 보편성이라는 표현은 필자의 덧붙임이다. 이를 이해하기 위해서는 공집합에 대한 체르멜로-프랭켈 공리를 참조하는 것으로 충분하다. 이에 따르면 공집합은 그 어떤 원소도 갖지 않는 집합이므로, 즉 속성을 가질 수 없으므로 복제가 불가능하다. 따라서 그것은 오직 하나이며, 결코 둘이 될 수 없다. 이로부터 공집합, 즉 공백이 단일자이며 개별자라는 사실이 추론된다. 그런데 공리는 또한 공집합이 모든 집합의 보편적 부분집합임을 명시하고 있다. 이로부터 공집합의 절대적 보편성이 추론된다.

에필로그

_____

라깡 임상 이론의 여정
여섯 개 패러다임과 무한성

라깡 정신분석 임상 이론의 여정을 한마디로 정의한다면 유한성의 분석에서 무한성의 분석으로의 도약이라고 할 수 있다. 프로이트로부터 시작된 공백의 개방이 어떻게 자아심리학을 비롯한 여타 포스트-프로이디언의 이론들에 의해 다시 닫히는 방식으로 유한성의 분석이 되었는지를 고려한다면, 라깡의 무한성 분석이론의 혁명적 가치를 이해할 수 있다. 이 글에서는 라깡 이론의 여정을 여섯 시기의 패러다임으로 분절하는 자끄-알랭 밀레의 관점을 참조하면서 라깡적 분석이론이 어째서 다시 발명되어야 하는 무한성의 정치성을 갖게 되었는지를 살펴보고자 한다.*

_____

* 보다 선명한 이해를 위해 자끄-알랭 밀레의 논점을 빌려왔음을 밝힌다. 자끄 알랭-밀레, 「주이상스의 여섯 개 패러다임」 참조.

첫 번째 패러다임: 기표 왕국의 성립

대체로 1957년 이전 글과 강연들에서 나타나는 이 패러다임은 상징계
의 언어적 논리와 독자성의 탐구로 특징지어질 수 있다. 무의식의 언
어적 속성은 기표들의 연쇄(S1-S2) 또는 상징계의 반복이라는 논리
속에서 스스로 작동하는 하나의 언어장치에 다름 아니다. "언어와 같
이 구조화된 무의식"이라는 명제로 대표되는 이 시기의 이론은 인간
의 주체성에 대한 기표의 독자적 우위가 강조된다. 인간은 무의식의
문체 그 이상도 이하도 아니라는 것이다. 무의식이란 주이상스에 대
한 히스테리적 발화이거나, 강박증적 발화이거나, 공포증적 발화이거
나, 성도착적 문체의 발화이다. 한편, 언어에 의해 암호화되거나 분석
과정에서 다시 해독되는 상징계적 (타자의) 요소들의 저편에 상상적인
것으로서의 주이상스가 (타자의 타자로서) 남겨진다. 상상적 주이상스
란 전적으로 자아의 동일시와 관련된 것으로서, 주체를 사로잡는 이미
지들, 나르시시즘의 리비도 투자에 의한 동일시들에 한정된다. 이곳은
비언어적 리비도가 가득한 환상의 공간이다. 따라서 이 시기의 라깡
임상은 이러한 상상적 주이상스를 일종의 장애물로 간주한다. 그것은
분석과정의 언어적 분절들이 부딪혀 가로막히곤 하는 덫이며, 빠져나
가야 하는 모호함의 늪지대이다. 밀레는 이러한 초기 이론을 '주이상
스의 상상계화'라고 부른다. 라깡이 소쉬르의 언어학을 새롭게 은유하
여 만들어낸 언어장치이론linguisterie은 언어-상징계의 제국에 대립되는
모든 것을 상상계적 주이상스라고 규정하기 때문이다. 이 시기에는 만
족의 개념 역시 상상계적 주이상스의 만족과 그에 대립하는 의미화의
상징계적 만족이 가정된다. 주체를 괴롭히던 모호함들, 상상계적 만족
의 덫에 사로잡혔던 욕망은 언어에 의해 다시 사로잡히고, 기의의 차

원에 고정되며, 이것이 상징계적 만족을 유발한다. 간단히 말해서, 상상계적 주이상스의 영역, 모호한 만족의 영역에서 이탈하여 상징계로 넘어온 리비도는 기표에 사로잡힌 기의로서 확정된 만족을 유발한다. 나아가서 대타자에 의한 인증이 이러한 상징계적 만족을 한층 강화해 준다. 만일 이러한 상징계적 만족의 단계에 종속되지 못하는 것이 있다면, 그들은 여전히 상상계적 주이상스의 모호한 공간을 떠도는 유령과 같은 것으로 간주될 것이다. 그런 의미에서 첫 번째 패러다임은 상징계와 상상계의 대립으로, 기표와 주이상스의 대립으로 대표된다. 여기서 주이상스는 주체가 아닌 자아의 영역에 속하며, 거울단계의 범주에서 작동하는 나르시시즘적 만족이다. 리비도를 자아에 관련된 것으로 한정하는 프로이트의 관점이 충실히 지켜지는 것이다. 이러한 관점에서 주이상스와 기표는 서로 분리된 채 존재한다. 리비도의 자아와 기표의 무의식은 분리되어 있기 때문이다. 이는 프로이트의 이론에서 분석의 장애로 간주되는 모든 리비도적인 것이 상상계적 주이상스의 탓으로 돌려지는 관점을 적극 수용한 것에 지나지 않는다. 따라서 정신분석 임상 치료의 목표는 상상계적 주이상스의 축, 즉 a-a'로부터 상징계의 축, 즉 A-S로 이동하는 것이며, 그리하여 주체의 상징계적 위치를 좌표화하고 그의 무의식을 결정화하는 것이 된다.

두 번째 패러다임: 상상적 주이상스에 대한 상징계의 식민화

1957년에 시작된 『세미나 5: 무의식의 형성물』과, 1958년에 시작된 『세미나 6: 욕망』에서 라깡은 상징계의 영역을 보다 정교하게 세분하고, 상상계를 이에 종속시킨다. 이제 상상계는 주이상스의 모호한 늪

지대가 아니라 상징계에 의해 통제되는 식민지이다. 예를 들어, 환상은 이전 패러다임에서는 비언어적인 것, 거세되지 않은 이미지들의 출몰 현상이었다. 환상은 상상계적 주이상스로 인해 욕망이 정체되는 공간이었다. 그러나 이제 환상 역시 언어에 의해서만 지탱되는 것으로 간주된다. "시나리오 없는 환상극은 없기 때문"이다. 그것은 충동을 통해 발화되는 기표 아래에서 발생하는 기의의 연기와 같은 위상을 갖는다. 전이 역시 이전 패러다임에서는 상상계적 주이상스에 지배되는 것으로 간주되었으나 이제 그것은 상징계적 축으로 옮겨진다. 뿐만 아니라 첫 번째 패러다임에서 역시 상상계적 주이상스에 속하는 것으로 간주되던 팔루스와의 동일시 역시 기표의 영역으로 이관된다. 즉, 상상계적 팔루스($-\varphi$)의 상징계적 팔루스(Φ)화가 그것이다. 주이상스의 기표라고 말할 수 있는 상징계적 팔루스는 주이상스의 상상계적 모호함이 기표에 의해 상징계 내부에 고정되는 과정을 보여준다. 따라서, 욕망의 대상인 대상a는 상상계적 동일시의 대상 i(a)의 자리에서 기표 연쇄에 동반된 충동의 자리 $\aleph \Diamond D$로, 언어로 발화되는 요구의 자리로 이동한다. 욕망의 대상a는 이 시기에 상징계화된 상상계적 주이상스라고 볼 수 있으며, 상징계와 만나는 생체적 리비도의 정점이 된다. $\aleph \Diamond a$ 로 표기되는 환상의 공식은 이후로도 오랫동안 상징계와 상상계의 고정점을 표지하게 될 것이다. 이 같은 두 번째 패러다임을 자끄-알랭 밀레는 '주이상스의 기표화'라고 부른다. 그리하여 모호함의 지역이며, 비언어적 영토로서의 상상계에 대한 상징계의 잠정적 지배가 완성되지만, 그 권력은 얼마 가지 못해 역전되고 만다. 세 번째 패러다임에서는 상상계적 주이상스가 실재계의 영역으로 이관되면서 일종의 침노 불가능한 영토를 구성하기 때문이다.

세 번째 패러다임: 큰사물

1959년에서 60년 상반기 사이에 진행된 『세미나 7』은 '정신분석의 윤리'라는 제목이 붙어 있다. 라캉의 사유에서 이 세미나의 논의들은 일종의 도약과 같다. 라캉은 이제 더 이상 상징계의 기표 시스템이 모든 것을 장악할 수 없다고 선언하면서 주이상스의 장소를 '큰사물'이라고 부른다. 주이상스의 영역이 비로소 실재계의 개념에 의해 독자적 공간을 확보하게 된 것이다. 주이상스는 이제 상징계와 상상계로 구성된 세계 전체를 위협할 수도 있는 국경의 저편이 된다. 정신분석의 임상 치료 과정에서 부딪히게 되는 암초의 지대는 이제 극복되어야 하는 장소가 아니다. 밀레는 이것을 '불가능한 주이상스'의 시기라고도 부른다. 그런데, 이 주이상스의 장소는 오히려 가장 근본적인 장소이며 기이하게도 "도달해야 하는" 장소로 규정된다. 자아를 사로잡는 동일시의 이미지들과 상징계 기표들이 만들어내는 욕망의 흐름들은 모두 이곳으로 주체가 도달할 수 없도록 덫을 놓는 가상물들, 항상성의 쾌락 원칙들, 거짓된 신기루의 공간일 뿐이다. 라캉은 이것을 상징계의 장벽과 상상계의 장벽으로 구분한다. 상징계의 장벽은 현실원칙의 기표 연쇄를 통해 "너는 하지 말아야 한다"의 형식으로 실재계로의 접근을 금지한다. 반면 상상계적 장벽은 미의 기능을 통해서 실재계로의 접근을 연기하여 방어한다. 상징계적 장벽은 최고선의 명령을 통해, 상상계적 장벽은 "그보다 멀리 가는" 아름다움의 이미지를 통해서 방어의 기능을 수행한다. 따라서 큰사물의 영역에 도달한다는 것의 의미는 심리적 세계의 두 가지 장벽을 모두 횡단하는 것이며, 프로이트를 따라서 라캉이 산물이라고 부르는 가상물들의 스크린을 넘어서는 행위와 같은 것이 된다. 주체가 자신을 사로잡는 증상들의 반복에 사로잡히는 것은 산물들의 음모에 사로잡혀 있기 때문이며, 이러한 산물들은 진리 그 자체인 공백을 가리는 은폐물들이다. 따라서 환상들을 횡단하는 것은 곧 증상들의 효과를 가로질러 증상의 진리에 도달하는 것이 된다. 이러한 횡단은 오직 위반에 의해서만 가능하다. 『세미나 7』이 위반에 대한 오마주로 가득 찬 이유가 여기에 있다. 그런데 이 같은 위반의 여정이 남긴 폐허 위에서 라깡이 발견하려고 하는 것은 무엇일까? 그것은 바로 엑스 니힐로의 진리, 즉 창조론적 진리의 실현이다. 간단히 말해서, 모든 것을 스스로 다시 시작하게 하는 새로운 출발이 그것이며, 그러한 새로움을 매번 다시 반복해야 하는 시지프스의 윤리가 그것이다. 바로 그런 의미에서 자끄-알랭 밀레는 이 시기의 라깡 임상치료가 장치화된 위반의 실행이었다고 논평한다. 정신분석이란 말의 테크닉을 매개로 분석 주체를 무의식의 다양한 환상-기표들을 횡단하게 만들고, 이윽고 도착한 파괴적 주이상스의 텅 빈 공백과 대면하게 만드는 것 자체라는 것이다. 좀 더 기술적인 표현을 쓰자면, 정신분석 임상이란, 기표의 반복과 수렴 그리고 우회의 상징계적 장치들을 활용하여 무의식의 언어가 끝내 비켜가려고 했던 주이상스의 중핵에 도달하는 실천에 다름 아니다. 여기서 반복의 개념은 상징계 자체의 본질로서의 반복이다(증상의 반복 개념은 『세미나 11』에서야 비로소 다루어질 것이다). 분석가에 의해 유도되는 분석 주체의 발화는 동일한 주제를 반복하면서 주인기표로 수렴하여 들어가기 때문이며, 이러한 주인기표가 겨냥하는 동시에 우회하는 주이상스의 중핵으로 접근해 들어가는 과정이 곧 임상에 의해 장치화된 위반의 과정인 것이다. 이렇게 도달된 쾌락원칙 너머의 장소, 즉 죽음의 장소인 그곳의 주인공인 큰사물과 새로운 외교관계를 스스로 창안해내도록 만드는 시도가 치료 자체이다.

　여기서 라깡이 중요하게 구분하는 것은 욕망과 주이상스이다. 욕망은 기표연쇄들의 효과이며, 의미화의 효과를 통해 주체가 취하는 쾌락이다. 이것은 쾌락원칙의 한계 안을 맴도는 핍진한 쾌락이며, 주이상스의 파괴적 힘에 접근하지 않도록 하기 위해서 산물들 사이를 맴도는 궤적 속에 있다. 반면 주이상스는 큰사물의 영역에 위치한다. 이것은 쾌락원칙 너머의 죽음충동이며, 상징계와 상상계가 그로부터 자신을 방어하기 위해 총력을 다하는 죽음의 대상이다. 욕망은 선의 영역에 머물며, 재화를 따라서 진행되지만 주이상스는 선을 초과하는 악이며, 재화를 상실케 하는 몰락을 표지한다. 욕망은 그렇게 주체를 덫에 걸리게 하여 동포들과 함께 있도록 하는 관성이지만 주이상스의 큰사물은 타자의 타자, 즉 절대적 타자이며, 결코 사랑할 수 없는 이웃, 사랑하게 되면 스스로의 파멸을 초래할 대상이다. 만일 무의식이 언어와 같이 구조화된 것이라면 큰사물은 무의식이 말할 수 없는, 또는 무의식이 언제나 거짓말하는 방식으로만 말하게 되는 절대적 타자인 것이다. 이처럼 주이상스는 무의식조차 아닌 진정한 현실, 즉 실재이다. 한편, 증상에 관해 말하자면 다음과 같다. 이 시기 라깡에게 증상은 큰사물에 대한 기표의 접점이다. 물론 이러한 접촉이 조화롭지는 않다. 무의식은 큰사물을 부정하고 거짓말하려는 속성을 갖기 때문이다. 따라서 기표로서의 증상은 큰사물과 부조화의 관계를 갖는다. 밀레는 이에 대해서 "증상이란 주체가 주이상스를 나쁜 것으로 형식화하는 양태"라고 설명한다. 증상이란 그렇게 기표와 주이상스가 부조화된 방식으로 만나는 양태인 것이다.

이 시기의 이론이 라깡에게 도약인 이유가 여기에 있다. 이제 정신분석 임상은 주이상스를 포획하는 것이 아니라, 새로운 주이상스의 관계를 창안해내는 것에 집중되기 때문이다. 주이상스의 모호함과 난포착성은 일종의 무한성으로 간주되며, 바로 그러한 무한성은 주체의 유한한 영토를 파괴할 수도 있는 힘의 원천으로 자리잡는다. 만일 주체가 주이상스의 무한성을 통해 자아의 유한성을 폐허로, 공백으로 만들 수만 있다면, 새로운 주이상스-구조의 창안은 가능한 것이 된다. 욕망장치의 새로운 창안이라는 관점에서 정신분석의 윤리를 규정하는 이 시기의 논점은 이후로도 변하지 않는다. 다만 변주들이 일어날 뿐인데, 특히 주체의 충동과 욕망을 구성하는 다양한 현상적 허구들에 대한 상이한 분석의 변주가 그것이다. 그럼에도 유한성의 장소인 크레온의 왕국과 무한성의 비장소인 안티고네의 대립은 라깡학파의 정신분석을 토대 짓는 라깡적 대의가 된다.

네 번째 패러다임: 주이상스의 국지화

라깡이『세미나 7』에서 주이상스를 절대적인 동시에 불가능성의 공간으로 설정하는 데에 반해서『세미나 11: 정신분석의 네 가지 근본 개념들』(1964년)에서 완성되는 네 번째 패러다임은 일견 주이상스를 일상적인 것으로, 혹은 다시 상징계 내부에 포섭되는 것으로 묘사하는 듯 보인다.『세미나 7』에서 라깡은 주이상스를 큰사물이라는 다소 추상적인 개념으로 묘사했다. 그러나『세미나 11』에 와서 이것은 신체의 특정 부분들에 분산되어 국지화되는 충동의 대상으로 다시 개념화된다. 구강충동, 항문충동, 시관충동, 호원충동의 지대로 한정되면서 주이상스의 큰사물은 대상 a로 소규모화되는 동시에 구체적인 형상을 갖추게 된다. 이로써 기표의 상징계와 주이상스의 모호한 대상은 신체의 구체적인 장소로 소환되고 대면된다.『세미나 11』이 가장 심리-임상적 텍스트처럼 보이는 이유가 여기에 있다. 신체의 구체적 장소들을 주이상스의 상실의 대상-장소로 설정하고 이에 대한 기표연쇄의 작용과 포획의 절차를 다루고 있기 때문이다. 이제 상징계에 의해 실행되는 주체의 소외의 자리에 주이상스가 대상 a의 형식으로 분리되어 보충된다. 그러나 이러한 라깡의 시도는 상징계 내부로 스며들어온 주이상스의 모호함이라는 관점에서 해석될 수도 있다. 이제 주체는 부분충동의 박동 속에서 보다 분열된 존재로 제시된다. 대상 a에 오염된 주체의 국지화된 신체적 특성은 그가 얼마나 주이상스의 박동에 지배되는 존재인지를 드러낸다. 그런 의미에서 기표의 반복과 중첩되는 충동의 박동은 쾌락원칙이 닿을 수 없는 저 너머에 있지 않고, 그것의 사이사이에 삽입되어 있다. 따라서 이 시기에 강조되는 반복의 개념은 기표-상징계가 아니라 증상의 편에서의 반복이다. 그것은 포획하는 반복이 아니라 유출되는 반복이며, 둘러싸는 반복이 아니라 균열을 일으키는 반복이다. 여기서 주이상스는 상징계적 동일시와 억압의 과정에서 공집합에 스스로를 동일시하게 되는 주체, 즉 근본적 소외와 (첫 번째) 죽음 속에 있는 핍진한 주체의 욕망을 보충하기 위해 절편의 형식으로, 즉 요소화된 형식으로 소환된다. 앞선 패러다임에서의 거대하고 절대적이었던 큰사물 개념이 단순한 충동의 개념으로 대체되고 있는 것이다. 주이상스는 이제 절대적 타자로서의 외부가 아니라, 소외된 주체, 상징화된 주체의 신체의 표면에 잠시 구멍을 뚫으며 나타나는 충동의 개폐 운동과 같은 것이 된다.

다섯 번째 패러다임: 주이상스의 담론화

『세미나 11』이 주이상스의 공간을 부분충동으로부터 비롯된 대상 a의 지역으로 한정하여 다루고자 했다면,『세미나 17: 정신분석의 이면』에서 라깡은 대상 a의 리스트를 문화, 산업, 자본생산 일반으로 확장한다. 이 세미나에서 라깡은 신체를 주이상스의 공간으로 다루고 이것을 포획하는 다양한 담화들, 특히 네 가지 담화의 형식들을 주이상스 획득의 구체적 도구로서 가정한다. 신체는 특정 담화들에 의해 주이상스가 금지되는 동시에 또한 한줌의 '잉여-주이상스plus-de-jouir'가 허용되는 공간이다. 여기서 기표는 주이상스의 결여를 표지하는 동시에 그것의 보충적 만족을 보장하는 유일한 실행자로서 가정된다. 쉽게 말해서, 주이상스의 공간으로서의 신체는 특정 유형의 지식이 분절하는 방식에 따라서 보충적 주이상스의 획득 유형이 결정된다. 이 같은 다섯 번째 패러다임에서 가장 결정적인 변화라고 볼 수 있는 것은 주이상스를 독자적인 것으로 보지 않는다는 것이다. 이전까지의 입장에서 라깡은 큰사물로서의 주이상스를 상징계로부터 독자적인 것으로 보았다. 마찬가지 관점에서 상징계의 질서는 선험적이며 독자적인 것이었다. 그러나『세미나 17』로부터 심화되는 변화는 상징계와 주이상스가 연결된다는 점이다. 이 둘은 상호적 관계 속에서만 기능하게 된다. 기표는 신체에 던져지고 삽입되는 방식으로 주이상스의 결여를 표지하는 동시에 그에 적합한 잉여-주이상스를 취하도록 만든다. 그러나 이러한 결여의 자리, 즉 $-\varphi$의 자리에 온전히 들어맞는 대상 a는 존재할 수 없으므로 잉여적 만족과 함께 그 자리는 또다시 결여의 자리로 표지된다. 그리하여 주이상스의 기표적 반복이라는 개념이 설정된다. 기표의 반복은 이제 상징계가 아니라 주이상스 쪽에서 증상과 같이 연속된다. 이처럼 주이상스의 결여와 보충을 담당하는 것이 기표인 한에서 지식은 담화의 형태로 잉여-향유를 보장하는 도구가 된다. 주체는 어떤 담화를 취하는가에 따라서 자신의 주이상스를 취하는 양상을 달리하게 된다. 이와 같은 변화 속에서 주이상스에 도달하게 하는 것은 위반이 아니라 기표의 반복, 담화의 반복에 지나지 않는다는 사실은 유념할 만하다. 여기서 밀레가 주목하는 것은 욕망의 핍진성이 주이상스로 전환되고 있는 사실이다. 다시 말해서, 기표연쇄라는 무의식의 내부를 배회하는 것이 과거에는 빗금친 주체의 죽음이며, 진리이며, 그로 인해 영원히 만족될 수 없는 욕망의 빈자리였다. 그러나 다섯 번째 패러다임에서 기표연쇄의 배후를 떠도는 난포착의 유령은 주이상스가 된다. 그것은 기표에 연결된 주이상스이며, 반복에 의해 장치화된 주이상스이기도 하다. 이와 같은 변화는 라깡이 욕망의 문제에서 주이상스의 문제로, 결여의 문제에서 초과적 만족의 문제로 돌아서고 있음을 시사한다. 특히 초과적 만족으로서의 주이상스가 기표 또는 상징계와의 관계 속에서만, 오직 지식의 담론적 발화 속에서만 출현하고 있다는 사실이 가장 특징적이다.

여섯 번째 패러다임: 주이상스의 타성과 발명

『세미나 20: 앙코르』를 기점으로 시작되는 마지막 라깡 임상 이론의 전개는 마치 이전의 자신의 이론들을 파괴하고 분쇄하는 데 집중하는 듯 보인다. 이제 라깡은 구조가 선험적이지 않다고 선언한다. '아버지의-이름'이나 '상징계' 또는 '팔루스의 기표' 등이 선험적으로 존재하면서 주체와 주이상스의 관계를 조율하는 것이 아니다. 이제 이들은 파편적인 방식으로 흩어져 있던 주이상스와 언어의 접속점들에 불과한 것으로 간주된다. 따라서 그들을 규범으로 참조할 필요도 없다. 이제 주이상스는 '라랑그lalangue'라고 하는 특수한 개념, 일종의 옹알이와

393

같은 주이상스의 기표, 상징계 외부의 기표인 그것이 신체에 씨앗처럼 스며들어 발생하는 무엇이며, 이들이 구조화되면서 일종의 타성적인 상징계적 현상계를 출현시킬 뿐이다. 따라서 주체와 주이상스의 관계란 문화 속에서 특정한 권력을 획득한 주요한 접속자들에 의해 타성화되고 있을 뿐이며, 이같이 타성화된 주이상스의 접속과 배치에 문제가 있을 경우 타성적 접속자를 거부하고 새로운 접속자를 창안해내는 것이 문제가 된다. 이와 같은 패러다임은 사실『세미나 7』에서 정립된 세 번째 패러다임과 가장 유사하다. 이것은 모든 구조를 가상적인 것으로, 즉 환영적인 것으로 간주하는 패러다임이며, 그 어떤 구조도 선험적 정당성을 인정받지 못한다. 이는 결국『세미나 7』이 강조했던 엑스 니힐로의 실천, 즉 창조의 실천을 정신분석의 윤리로 간주하는 관점과 동일하다. 여기서도 새로운 접속자를 창조하는 것이, 루틴이 아닌 발명을 도모하는 것이 정신분석의 윤리이다.

결론

모든 주이상스의 향유는 기표의 반복 운동 속에서 루틴화된다. 이러한 루틴화가 환자의 삶을 특정한 조건의 장벽 안으로 가두고 유한한 것으로 억압할 때 정신분석은 새로운 루틴의 발명을 유도하는 개방적 실천을 시도한다. 그런데, 엄밀한 의미에서 모든 주이상스는 타자로부터 남겨진 흔적이라는 의미에서 유한성의 주이상스이다. 만일 타자-상징계가 유한성의 대표자라고 한다면, 주이상스는 상징계-타자에게는 난 포착적인 타자이므로, 즉 타자의 타자이므로, 무한하다. 그런데 타자의 흔적으로 남겨지는 주이상스의 루틴은 주이상스 자체의 무한성을 타자에게 종속되는 유한성의 형식으로 주체에게 강제한다. 그렇기 때문에 정신분석은 이러한 주이상스의 유한화된 무한성을 다시 순수한 무한성으로 되돌리려 한다. 다시 말해서, 정신분석은 주이상스라는 타자의 흔적이 타자 자체를 넘어설 수 있도록, 그리하여 타자의 타자의 자리에, 즉 주이상스-일자의 자리에 주체 스스로가 들어설 수 있게 하는 실천이다. 그런 의미에서 '라깡'이라는 고유명사는 마치 공백으로의 회귀를 고집하는 운동의 의미를 가진다고 할 수 있지 않을까? 한편 동일시를 통해 유한한 안정성을 획득하는 자아와 세계는 루틴화된 문명의 전형적 공간을 상징한다. 그리하여 어떻게 자아-세계를 텅 비게 만들 것인가가 정신분석의 화두가 되었던 것이다. 어떻게 심리의 환영들을 횡단하여 그것이 처음 시작된 장소로서의 공백으로 되돌아가 모든 것을 다른 시각으로 바라보게 될 수 있을 것인가의 문제는 무한성의 분석을 통해 비로소 가능해진다. 라깡은 바로 이러한 '대의'만을 남기고, 자신의 모든 이론들의 파괴를 실천한다. 그의 세미나가 시작된 50년대 초에서부터 70년대 말까지 라깡 이론의 모험은 바로 이러한 정립과 파괴의 시지프스적 반복 운동에 다름 아니었기 때문이다. 그렇기 때문에 우리가 그의 이론 속에서 진리라고 부를 수 있는 것은 바로 이러한 운동 그 자체일 뿐이다. 특정 이론의 의미가 아닌 것이다. 엄밀한 의미에서 라깡학파가 따라야 할 것은 바로 진리의 의미 방향, 공백을 향한, 죽음을 향한 방향일 뿐이다. 라깡은 단 한 번도 무의식의 진리를 기의의 차원인 시니피카시옹에서 발견하려 하지 않았던 것이다.

라깡의 인간학

초판 1쇄   2017년 6월 20일
초판 4쇄   2024년 5월 30일

지은이   백상현
펴낸이   이재현, 조소정
디자인   일구공스튜디오
제작   세걸음

펴낸곳   위고
출판등록   2012년 10월 29일 제406-2012-000115호
주소   경기도 파주시 돌곶이길 180-38 1층
전화   031-946-9276
팩스   031-946-9277

ISBN 979-11-86602-22-5 03100

hugo@hugobooks.co.kr
hugobooks.co.kr

한국출판문화산업진흥원 2017년 우수출판콘텐츠 제작지원 사업 선정작입니다.